21世纪会计系列规划教材

应用型

会计学原理

马玉洁 主　编
卜祥云 张朝辉 姜　鑫 副主编

Kuaijixue
Yuanli

东北财经大学出版社
Dongbei University of Finance & Economics Press
大连

图书在版编目（CIP）数据

会计学原理 / 马玉洁主编. —大连 ：东北财经大学出版社，2018.5
（21世纪会计系列规划教材·应用型）
ISBN 978-7-5654-3141-8

Ⅰ. 会… Ⅱ. 马… Ⅲ. 会计学-高等学校-教材 Ⅳ. F230

中国版本图书馆CIP数据核字（2018）第076038号

东北财经大学出版社出版
（大连市黑石礁尖山街217号 邮政编码 116025）
网 址：http://www.dufep.cn
读者信箱：dufep@dufe.edu.cn

大连雪莲彩印有限公司印刷 东北财经大学出版社发行

幅面尺寸：170mm×240mm 字数：445千字 印张：21.25
2018年5月第1版 2018年5月第1次印刷

责任编辑：高 铭 孔利利 周 慧 王 丽 责任校对：孔利利 周 慧 王 丽
封面设计：冀贵收 版式设计：钟福建

定价：43.00元

教学支持 售后服务 联系电话：（0411）84710309

如有印装质量问题，请联系营销部：（0411）84710711

前　言

“会计学原理”课程教学的目的是使学生掌握会计的基本原理、基本方法和基本操作技能，具备从事会计工作的基本功，也为进一步学习会计学体系的专业课程打下基础。本教材依据2017年11月4日修订的《会计法》以及企业会计准则、《会计基础工作规范》等规章制度编写，分为基本原理、核算方法、技能训练和规章制度四部分，具有厚基础、宽口径、重实践、利就业的特点。

本教材重视对会计原理的阐述，力求概念与原理表达准确、通俗易懂，便于学生理解和掌握。第一章总论，讲述会计的定义、职能、假设、基础、信息质量要求和核算方法等。第二章会计要素与会计等式，讲述会计对象、会计要素、会计等式、会计科目与账户。第三章复式记账，讲述借贷记账法记账符号的含义、账户结构、记账规则、会计分录、试算平衡及总分类账户与明细分类账户的平行登记。第四章工业企业主要经济业务的核算，讲述资金筹集业务、供应过程业务、生产过程业务、销售过程业务、利润形成及分配业务的核算。第五章账户，讲述账户的用途和结构。第六章会计凭证、第七章会计账簿、第八章财产清查、第九章财务报告、第十章账务处理程序，讲述填制和审核会计凭证、登记账簿、财产清查、编制财务报告的操作方法，是使学生学习和掌握会计技能的章节。第十一章会计工作组织，讲述会计的工作组织及相关法规，也是财务类专业学生必备的素质。

本教材由马玉洁担任主编，卜祥云、张朝辉、姜鑫担任副主编。教材共十一章。马玉洁负责统筹全稿。各章执笔人员如下：马玉洁负责第一、八、九、十一章，卜祥云负责第二、三、五章，张朝辉负责第四章，姜鑫负责第六、七、十章。

本教材参考并吸收了同类教材的观点和内容，在编写过程中得到院系领导的关心、指导和帮助，同时得到了出版社的支持，在此一并表示感谢。

由于时间仓促和水平有限，教材中难免有错误和不足之处，敬请读者斧正。

编　者

2018年2月

目　录

第一章

总　论

学习目的

通过本章的学习，了解会计的定义及其特点；理解会计的核算和监督职能；理解和掌握会计假设即会计主体、持续经营、会计分期和货币计量的含义及其相互关系；理解企业会计基础即权责发生制和收付实现制的含义、优点、缺点及适用范围；理解和掌握财务会计目标的内容、会计信息质量要求的含义及其应用；理解和掌握会计核算方法的含义及其相互关系；了解会计学体系的构成及“会计学原理”课程的内容；了解学习会计的方法中“基本原理”的学习与会计实验、实习的关系。

第一节　会计的定义及职能

一、会计的定义

会计是以货币作为主要计量工具，运用专门方法，对企业和行政事业单位的经济活动进行核算和监督的经济管理活动。会计具有以下基本特征：

（一）会计的本质是经济管理活动

会计是经济管理的重要组成部分，是以提供会计信息、提高经济效益为目的的经济管理活动。

（二）会计具有核算和监督的基本职能

核算和监督是会计进行经济管理活动的途径和手段。核算就是运用专门的会计方法反映经济活动。监督就是通过专门的会计方法控制经济活动。

（三）会计核算和监督拥有一系列专门方法

会计核算和监督必须运用各种专门的会计方法。会计核算方法包括会计预测、会计决策、编制预算、责任会计，以及对发生的交易和事项的确认、计量、报告方法。会计监督方法包括对会计凭证及各种会计信息的合法、合理、合规的审核方法。

（四）会计进行核算和监督的特点是货币计量

会计核算和监督所提供和使用的会计资料必须以货币作为主要计量单位。会计与其他经济管理活动相比，其特点是货币计量。从数量方面反映经济活动，可以采用实物计量、劳动计量和货币计量。在发达的市场经济条件下，会计以货币作为主要计量单位，能够综合反映特定对象的经济活动，通过提供和使用可靠的会计信息进行经济管理。货币反映的经济活动就是会计核算和监督的内容，即资金运动。

二、会计的职能

会计的职能是指会计在经济管理中所具有的功能，包括核算和监督。

（一）会计核算职能

会计核算职能亦称反映职能，是通过专门的会计方法，反映企业、行政事业单位的经济活动。它包括事前核算、事中核算、事后核算。这里的“事”就是指经济活动，以货币计量为主，以实物计量、劳动计量为辅，综合反映经济活动的过程和结果。会计核算是将各单位经济活动的全过程进行反映，不仅反映已经发生过的经济活动，而且要反映计划发生的经济活动，还要反映正在进行的经济活动。

事前核算是指对计划进行的经济活动通过专门的会计方法进行反映，进行经济预测、参与决策。例如，企业计划上一条新的生产线，或生产一种新产品，就要采用会计预测分析的方法，预测其市场容量，通过预测价格和需求量预测销售收入，还要通过技术和经济的可行性分析，预测需要投入的人力资源和物资资源，预测其生产成本、销售费用、管理费用和财务费用，进而预测利润。如果存在几种可供选择的方案，在每一种方案的利润预测的基础上进行决策分析，选择最优方案，对实施方案编制预算。

事中核算是指对正在进行的经济活动进行核算，反映其状况。在计划执行过程中，通过核算与监督相结合，对经济活动进行协调、控制，使之按计划和预定的目标进行，如建立各个会计责任中心，实现其管理目标。

事后核算是指对已经发生过的经济活动进行核算，对企业已经发生过的交易和事项通过专门的会计核算方法进行确认、计量、记录、报告，提供会计信息，反映经济活动的现实状况和历史状况。

（二）会计监督职能

会计监督职能亦称控制职能，是会计按照一定的目的和要求，利用会计信息对企业和行政事业单位的经济活动进行控制，使发生的经济活动合理、合法。所谓合理，是指有利于提高宏观经济效益和微观经济效益，对于企业而言就是实现利润最大化，对于行政事业单位而言就是货币支出效用最大化。所谓合法，是指符合法律法规。会计监督包括事前监督、事中监督和事后监督。

事前监督是对计划进行的经济活动在开始前进行的监督，即审查计划进行的经济活动是否符合有关法律法规和政策规定，预测和分析经济活动可能达到的预期结果是否具有经济效益，看是否与单位目标一致。对违反法律法规和政策的各项经济活动进行限制和制止。

事中监督即日常监督，是对正在进行的经济活动进行审查，按规定标准审核、分析，并以会计信息为依据纠正经济活动中的偏差和失误，使其按照预定的目标和要求进行。

事后监督是对已经发生过的经济活动进行审查、分析，判断其是否合理、合法。对于不符合规定的事项，会计不予受理。对于违反国家法律法规的事项，除不予受理外，还应向有关部门举报。所以，会计监督职能，是会计人员在进行会计核算的同时，依据国家法规、政策及会计准则等，对特定主体活动的真实性、合法性、合理性进行审查。

（三）两者之间的关系

会计核算职能与会计监督职能是相辅相成、辩证统一的。核算是监督的基础，会计监督必须依据会计核算所提供的会计资料，没有核算就无法进行监督。只有正确地核算，监督才有真实可靠的依据。监督是核算的保证，通过会计监督，使企业发生的经济活动合理、合法，才能发挥会计的管理作用，保证核算所提供的会计信息真实可靠。两者结合起来，才能正确、及时、完整地反映经济活动、控制经济活动，从而提高经济效益。

会计的核算和监督职能贯穿单位的整个经济活动。事前核算与监督、事中核算与监督是服务于企业内部管理信息及其决策需要的管理会计的内容。本教材主要讲授企业的事后会计核算和监督，它是服务于企业外部信息使用者的。财务会计保护投资者及社会公众利益、维护市场经济秩序及其稳定。我国规范财务会计行为的是由基本准则、具体准则、应用指南和解释公告组成的企业会计准则体系。基本准则是企业会计准则体系的概念框架，起统驭作用；具体准则是在基本准则的基础上，对具体交易或事项的会计处理的规范；应用指南是对具体准则的一些重点难点问题作出的操作性规定；解释公告是对在企业会计准则的贯彻实施过程中遇到的会计实务问题作出的具体解释。

企业会计准则的基本准则从不同角度明确了整个会计准则需要解决的基本问题，内容包括以下方面：

（1）财务报告目标。基本准则明确了我国财务报告的目标是向财务报告使用者提供决策有用的信息，并反映企业管理层受托责任的履行情况。

（2）会计基本假设。基本准则强调了企业会计确认、计量和报告应当以会计主体、持续经营、会计分期和货币计量为会计基本假设。

（3）会计基础。基本准则坚持了企业会计确认、计量和报告应当以权责发生制为基础。

（4）会计信息质量要求。基本准则建立了企业会计信息质量要求体系，规定企业财务报告中提供的会计信息应当满足会计信息质量要求。

（5）会计要素分类及其确认、计量。基本准则将会计要素分为资产、负债、所有者权益、收入、费用和利润六个要素，同时对各要素进行严格定义。会计要素在计量时以历史成本为基础，可供选择的计量属性包括历史成本、重置成本、可变现净值、现值和公允价值等。

（6）财务报告。基本准则为了实现财务报告目标，明确了财务报告的基本概念、应当包括的主要内容和应反映信息的基本要求等。

本章着重讲解会计基本假设、会计基础、财务报告目标、会计信息质量要求。

会计要素及其确认与计量原则、财务报告等问题在后面章节中讲解。

第二节 会计基本假设与会计基础

一、会计基本假设

会计基本假设是企业会计确认、计量和报告的前提，是对会计核算所处时间、空间环境等所作的合理设定。会计假设是对会计核算所提供会计信息的基本规定。会计基本假设包括会计主体、持续经营、会计分期和货币计量。

（一）会计主体假设

会计主体，是指企业会计确认、计量和报告的空间范围，是会计核算和监督的特定单位或者组织。为了向财务报告使用者反映企业财务状况、经营成果和现金流量，提供决策有用的信息，会计核算和财务报告的编制应当反映特定对象的经济活动，才能实现财务报告的目标。

在会计主体假设下，企业应当对其本身发生的交易或者事项进行会计确认、计量和报告，反映企业本身所从事的各项生产经营活动。明确界定会计主体是开展会计确认、计量和报告工作的重要前提。

首先，明确会计主体，才能界定会计所要处理的各项交易或事项的范围。在会计实务中，只有那些影响企业本身经济利益的各项交易或事项才能加以确认、计量和报告，那些不影响企业本身经济利益的各项交易或事项则不能加以确认、计量和报告。会计工作中通常所讲的资产与负债的确认、收入的实现、费用的发生等，都是针对特定会计主体而言的。

其次，明确会计主体，才能将会计主体的交易或者事项与会计主体所有者的交易或者事项以及其他会计主体的交易或者事项区分开来。例如，企业所有者的经济交易或者事项是属于企业所有者主体所发生的，不应纳入企业会计核算的范围，但是企业所有者投入到企业的资本或者企业向所有者分配的利润，则属于企业主体所发生的交易或者事项，应当纳入企业会计核算的范围。

会计核算不应超越会计主体的空间范围界限，而将母公司或个人消费活动作为核算内容。

会计主体不同于法律主体，它可以是独立法人，也可以是非法人。法律主体是承担法律责任的单位或个人。一般来说，法律主体必然是一个会计主体。例如，一个企业作为一个法律主体，应当建立财务会计系统，独立反映其财务状况、经营成果和现金流量。但是，会计主体不一定是法律主体。例如，分公司是总公司的分支机构，分公司不具有独立的法人资格，不属于法律主体，但若分公司能进行独立核算，就属于会计主体。再如，由企业管理的证券投资基金、企业年金基金等，尽管不属于法律主体，但属于会计主体，应当将每项基金作为一个会计主体进行会计确认、计量和报告。会计主体必须是持续经营的会计主体。

（二）持续经营假设

持续经营，是指在可以预见的将来，企业将会按当前的规模和状态持续经营下去，不会因为破产清算而不复存在。在持续经营前提下，会计确认、计量和报告应当以企业持续、正常的生产经营活动为前提。会计准则体系是以企业持续经营为前提加以制定和规范的，涵盖了从企业成立到清算（包括破产）的整个期间的交易或者事项的会计处理。在市场经济中，每一个企业都具有盈利的机遇和存在破产的风险。只有持续经营，企业发生的交易或事项所形成的负债才能通过收到的货币资金或非货币资产偿还，在生产经营中发生的费用才能通过实现的收入补偿，固定资产的原始成本才能在使用的各个受益会计期间分期摊销即计提折旧。一个企业在不能持续经营时就应当停止使用这个假设，否则如仍按持续经营基本假设选择会计确认、计量和报告的原则与方法，就不能客观地反映企业的财务状况、经营成果和现金流量，会误导会计信息使用者的经济决策。持续经营假设意味着企业经营是一个无限的过程，为了及时提供会计信息，需要对这一无限过程进行会计分期。

（三）会计分期假设

会计分期，亦称会计期间假设，是指将一个企业持续不断的生产经营过程划分为一个个连续的、长短相同的期间。会计分期的目的在于通过会计期间的划分，将持续经营的生产经营活动划分成连续、相等的期间，据以结算盈亏，按期编制财务报告，从而及时向财务报告使用者提供有关企业财务状况、经营成果和现金流量的会计信息。

根据持续经营假设，一个企业将按当前的规模和状态持续经营下去，是一个无限的过程。但是，无论是企业进行生产经营决策，还是投资者、债权人等进行经济决策，都需要依据及时的财务信息。只有将企业生产经营活动的无限过程划分为前后相接、间隔时间大致相等的会计期间，才能分期确认、计量和报告企业的财务状况、经营成果和现金流量等会计信息。由于会计分期，才产生了当期与以前期间、以后期间的差别，才使不同类型的会计主体有了记账的基准，进而出现了折旧、摊销等会计处理方法。

在会计分期假设下，企业应当划分会计期间，分期结算账目和编制财务报告。会计期间通常分为会计年度和会计中期。中期，是指短于一个完整的会计年度的报告期间，包括会计月度、会计季度、半年度。我国以公历年度作为会计年度，即从每年的元月1日起，到当年12月31日止。各个会计期间所提供的会计信息采用货币计量。

（四）货币计量假设

货币计量，是指会计主体在财务会计确认、计量和报告时以货币作为统一计量单位，反映会计主体的生产经营活动。

在会计的确认、计量和报告过程中之所以选择货币为基础进行计量，是由货币的本身属性决定的。货币是商品的一般等价物，是衡量一般商品价值的共同尺度，具有价值尺度、流通手段、贮藏手段和支付手段等特点，具有可汇总性和可比性。其他计量单位，如实物计量单位重量、长度、容积、台、件等，劳动计量单位工时等，只能从一个侧面反映企业的生产经营状况，无法在量上进行汇总和比较，不便于会计计量和经营管理。只有选择货币这一共同尺度进行计量，才能全面反映企业的生产经营情况，所以，《企业会计准则——基本准则》规定，会计确认、计量和报告应选择货币作为计量单位。在有些情况下，统一采用货币计量也有缺陷，某些影响企业财务状况和经营成果的因素，如企业经营战略、研发能力、市场竞争力等，往往难以用货币来计量。但这些信息对于使用者决策也很重要，为此，企业可以在财务报告中披露有关非财务信息来弥补上述缺陷。

进行货币计量，必须选择某种货币作为记账本位币，这是因为，市场经济是开放经济，整个世界逐渐变为"地球村"，企业面对的市场是国内市场和国际市场，在生产经营中收付的货币有很多种，如美元、欧元、日元等，每种货币的币值不同，要发挥货币计量的优点，就必须选择某一种货币作为记账本位币，将收付的其他货币按一定汇率折算为记账本位币。中华人民共和国境内经营的企业一般以人民币作为记账本位币。如果企业收付的货币主要是人民币以外的货币，也可将该货币作为记账本位币。记账本位币以外的货币称为外币。在会计上，外币与外国货币是两个不同的概念。

充当记账本位币的货币必须币值稳定。如果币值变动较大，就不能正常核算，则须采用物价变动会计核算。

会计分期要求企业确定收入和费用核算的会计期间，所以，以货币计量提供会计资料必须规定核算时采用的会计基础。

二、会计基础

会计基础，是指会计确认本期收入和费用的原则、依据或标准。企业会计与行政事业单位会计确认、计量、报告的基础不同。

（一）企业会计的确认、计量和报告应当以权责发生制为基础

在权责发生制下，会计主体所享有的权利与承担的责任是统一的。要享有某种权利，就应承担相应的责任，而承担了责任才能享有相应的权利。会计核算中的权利即收款的权利，责任即付款的责任。收款的权利表现为收入的实现，而付款的责任表现为费用的发生。

企业确认收入的实现必须满足两个基本条件：①收到货币资金或取得收取货币资金的权利。②产品或服务已经向购买单位或接收服务的单位提供。

权责发生制要求，凡是当期已经实现的收入无论款项是否收到，都应当作为当期的收入，计入利润表；凡是不属于当期的收入，即使款项已在当期收到，也不应作为当期的收入核算。

企业应当在履行了合同中的履约义务，即在客户取得相关商品控制权时确认收入。取得相关商品控制权，是指能够主导该商品的使用并从中获得几乎全部的经济利益。比如，企业收到购货单位支付的产品定金，在交易达成前不能确认收入的实现，即不能确认本期收入，而应在交易达成后，即购货单位取得商品控制权时才能确认收入。

企业确认费用的发生必须遵循费用受益原则：①谁受益谁承担费用；②谁受益

的程度大，谁承担的费用多；③哪个会计期间受益，哪个会计期间承担费用。

确认费用的发生、进行费用的归集和分配必须依据这三个费用受益原则。这些原则是分析支出、费用和成本关系的基础。支出是指所支付的货币或非货币资源。而费用是企业生产经营活动发生的可以收回的支出，所以发生的费用要用经营实现的收入补偿。根据费用受益原则，按第一和第二条原则将发生的费用在受益对象之间进行归集和分配，从而得出各受益对象的成本。而第三条费用受益原则是按权责发生制确认费用计入哪个会计期间的依据。费用要计入受益的会计期间是划分收益性支出和资本性支出的依据。如果支出只有一个会计期间受益，那么就应将该支出作为费用全部计入受益的会计期间，这些支出属于收益性支出；如果支出涉及多个受益会计期间，那么就应按受益原则由受益的会计期间共同承担，这些支出属于资本性支出。

权责发生制基础要求，凡是当期已经发生或应当负担的费用，无论款项是否支付，都应当作为当期的费用予以确认；凡是不属于当期的费用，即使款项已在当期支付，也不应当作为当期的费用予以确认。

费用作为责任，能否作为本期发生的费用计入本期，关键是看本期是否受益。如银行借款的利息，每季度末结息，非季末的会计月度，由于借款发挥效用，虽然并未支付利息，但在月末时要按效用确认本月发生的利息费用。再如，年初租入一台电脑时预付了全年租金，不能将租金费用全部计入1月份，而应按效用在每月月末将租金总额的1/12作为租金费用计入当月。

在实务中，企业交易或者事项的发生时间与相关货币收支时间有时并不完全一致。例如，款项已经收到，但销售并未实现，就不能作为收入计入本期；或者款项已经支付，但并不是为本期生产经营活动而发生的，也不能作为费用计入本期。如果按购销合同的规定已经向购买单位发出产品，虽然货款尚未收到，但根据收入确认的条件，应将其作为收入的实现计入本期。为了更加真实、公允地反映特定会计期间的财务状况和经营成果，基本准则明确规定，企业在会计确认、计量和报告中应当以权责发生制为基础。

权责发生制的优点是能够反映收入与费用的配比关系或因果关系即经营成果，缺点是核算比较复杂，适用于企业核算。

（二）行政事业单位会计确认、计量和报告一般以收付实现制为基础

收付实现制亦称现金制，是与权责发生制相对应的一种会计基础，它是以本期收到或支付现金（货币资金）作为确认本期实现收入和发生费用等的依据，以货币资金的收付期作为收入、费用的归属期。目前，我国的行政单位会计采用收付实现制，事业单位会计除经营业务可以采用权责发生制外，其他大部分业务采用收付实现制。

收付实现制由于收入、费用的归属期与货币资金的收付期一致，所以其优点是易于理解，核算简单，但缺点是不能反映一定会计期间的经营成果，所以适用于不要求反映经营成果的行政事业单位确认收入费用的会计核算。

第三节 财务报告目标与会计信息质量要求

一、财务报告目标

(一) 财务报告目标的内容

财务报告的目标是向财务报告使用者提供与企业财务状况、经营成果和现金流量等有关的会计信息，反映企业管理层受托责任履行情况，有助于财务报告使用者作出经济决策。

财务报告使用者主要包括投资者、债权人、政府及其有关部门和社会公众等。

1.投资者

满足投资者的信息需要是企业编制财务报告的首要出发点。投资者即企业的所有者，通过财务报告了解被投资企业的盈利能力和成长性，以规避投资的内在风险，获取满意的投资报酬，将财务报告作为投资决策的依据。近年来，我国企业改革持续深入，产权日益多元化，资本市场快速发展，机构投资者及其他投资者队伍日益壮大，对会计信息的要求日益提高，在这种情况下，投资者更加关心其投资的风险和报酬，他们需要会计信息来帮助其作出决策，比如决定是否应当买进、持有或者卖出企业的股票或者股权，他们还需要会计信息来帮助其评估企业支付股利的能力等。投资者作为企业财务报告的首要使用者，凸显了投资者的地位，体现了保护投资者利益的要求，是市场经济发展的必然。

根据投资者决策有用目标，财务报告所提供的信息应当如实反映企业所拥有或者控制的经济资源、对经济资源的要求权以及经济资源及其要求权的变化情况，如实反映企业的各项收入、费用、利得和损失的金额及其变动情况，如实反映企业各项经营活动、投资活动和筹资活动等所形成的现金流入和现金流出情况等，从而有助于现在的或者潜在的投资者正确、合理地评价企业的资产质量、偿债能力、盈利能力和营运效率等，有助于投资者根据相关会计信息作出理性的投资决策，有助于投资者评估与投资有关的未来现金流量的金额、时间和风险等。

2.债权人

除了投资者，债权人是企业财务报告的主要使用者。债权人通过财务报告了解债务人的偿债能力，作为提供债权的依据。债权人包括银行、债券持有者、供应商等。

例如，企业的贷款人通常十分关心企业的偿债能力和财务风险，他们需要会计信息来评估企业能否如期偿还贷款本金和按期支付利息；供应商等债权人必须掌握购买单位能否如期支付所欠购货款；债券持有者需要了解发行债券的企业到期能否兑现债券本息。

3.政府及其有关部门

政府有关部门包括财政、税务、工商、审计等部门。作为经济管理和经济监管部门，政府通常关心经济资源分配的公平、合理，市场经济秩序的公正、有序，需要信息来监管企业的有关活动（尤其是经济活动）、制定税收政策、进行税收征管等；政府制定宏观经济政策，必须依据国民经济运行的实际状况，要求国民经济统计信息真实可靠。微观经济运行状况与宏观经济密切相关，对大多数企业的财务报告进行汇总、分析，能够反映国民经济运行所处经济周期的阶段，从而依据国民经济运行状况制定相应的宏观经济政策。

4.社会公众

社会公众也关心企业的生产经营活动，包括对所在地经济作出的贡献，如增加就业、刺激消费、提供社区服务等，因此，在财务报告中提供有关企业发展前景及其能力、经营效益及其效率等方面的信息，可以满足社会公众的信息需要。员工通过财务报告可以了解所在企业的成长性和盈利状况，以此判断工作的稳定性和个人发展前途，并通过工会与企业集体谈判，作为要求提高工资和改善劳动条件的依据。顾客可以根据企业的财务报告，作为判断所购买的产品和所接收的服务质量的参考。

这些使用者的许多信息需求是相同的。由于投资者是企业资本的主要提供者，通常情况下，如果财务报告能够满足这一群体的会计信息需求，也就可以满足其他使用者的大部分信息需求。

现代企业制度强调企业所有权和经营权相分离，企业管理层是受委托人之托经营管理企业及其各项资产，负有受托责任。即企业管理层所经营管理的企业各项资产基本上为投资者投入的资本（或者留存收益作为再投资）或者向债权人借入的资金所形成的，企业管理层有责任妥善保管并合理、有效运用这些资产。企业投资者和债权人等也需要及时或者经常性地了解企业管理层保管、使用资产的情况，以便于评价企业管理层的受托责任履行情况和业绩，并决定是否需要调整投资或者信贷政策，是否需要加强企业内部控制和其他制度建设，是否需要更换管理层等。因此，财务报告应当反映企业管理层受托责任的履行情况，以有助于外部投资者和债权人等评价企业的经营管理责任和资源使用的有效性。

财务报告目标要求满足投资者等财务报告使用者决策的需要，体现为财务报告的决策有用观，财务报告目标要求反映企业管理层受托责任的履行情况，体现为财务报告的受托责任观。财务报告的决策有用观和其受托责任观是统一的，投资者出资委托企业管理层经营，希望获得更多的投资回报，实现股东财富最大化，从而进行可持续投资；企业管理层接受投资者的委托从事生产经营活动，努力实现资产安全完整、保值增值，防范风险，促进企业可持续发展，就能够更好地持续履行受托责任，向投资者提供回报，为社会创造价值。由此可见，财务报告的决策有用观和受托责任观是有机统一的。

（二）财务报告的构成

财务报告是指企业对外提供的反映企业某一特定日期的财务状况和某一会计期间的经营成果、现金流量等会计信息的文件。财务报告包括财务报表和其他应当在财务报告中披露的相关信息和资料。其中，财务报表由报表本身及其附注两部分构成，附注是财务报表的有机组成部分，而报表至少应当包括资产负债表、利润表和现金流量表等报表。

1.资产负债表

资产负债表是反映企业在某一特定日期的财务状况的财务报表。企业编制资产负债表的目的是通过如实反映企业的资产、负债和所有者权益的金额及其构成情况，来帮助使用者评价企业资产的质量以及短期偿债能力、长期偿债能力、利润分配能力等。

2.利润表

利润表是反映企业在一定会计期间经营成果的财务报表。企业编制利润表的目的是通过如实反映企业实现的收入、发生的费用以及应当计入当期利润的利得和损失等的金额及其构成情况，来帮助使用者分析评价企业的盈利能力及其构成与质量。

3.现金流量表

现金流量表是反映企业在一定会计期间的现金和现金等价物流入和流出的财务报表。企业编制现金流量表的目的是通过如实反映企业各项活动的现金流入和现金流出，来帮助使用者评价企业生产经营过程特别是经营活动中所形成的现金流量和资金周转情况。

4.所有者权益变动表

所有者权益变动表是反映构成所有者权益的各组成部分当期的增减变动情况的报表。所有者权益变动表应当单独列示下列项目：当期净利润、直接计入所有者权益的利得和损失、会计政策变更和差错更正的累积影响金额、所有者投入资本和向所有者分配利润、按规定提取的盈余公积、实收资本，资本公积、盈余公积、未分配利润的期初和期末余额及其调节情况。

5.附注

附注是对在财务报表中列示项目所作的进一步说明，以及对未能在这些报表中列示项目的说明等。附注由若干附表和对有关项目的文字性说明组成。编制附注的目的是通过对财务报表本身作补充说明，以更加全面、系统地反映企业财务状况、经营成果和现金流量的全貌，从而有助于向使用者提供更为有用的决策信息，帮助其作出更加科学合理的决策。

财务报表是财务报告的核心内容，但是除了财务报表之外，财务报告还应当包括其他相关信息，具体可以根据有关法律法规的规定和外部使用者的信息需求而定。如企业可以在财务报告中披露其承担的社会责任、对社区的贡献、可持续发展能力等信息，这些信息对于使用者的决策而言也是相关的，尽管属于非财务信息，无法包括在财务报表中，但是如果有规定或者使用者有需求，企业应当在财务报告中予以披露。

实现财务会计目标，作为使用者进行经济决策依据和反映企业管理层受托责任履行情况的会计信息，从各个方面必须达到一定的质量要求。

二、会计信息质量要求

财务报告所提供的会计信息质量关系到投资者决策、完善资本市场以及市场经济秩序等重大问题，何谓高质量会计信息以及如何提高会计信息质量，基本会计准则进行了明确规定。会计信息质量要求是对企业财务报告中所提供高质量会计信息的基本规范，是使财务报告中所提供会计信息对投资者等使用者决策有用应具备的基本特征。根据基本准则的规定，它包括可靠性、相关性、可理解性、可比性、实质重于形式、重要性、谨慎性和及时性。

（一）可靠性

可靠性要求企业应当以实际发生的交易或者事项为依据进行确认、计量和报告，如实反映符合确认和计量要求的各项会计要素及其他相关信息，保证会计信息真实可靠、内容完整。会计信息真实、客观、全面可靠，无虚假、无隐瞒，才能使会计信息的使用者据以了解企业的实际情况，作出正确的判断、预测和决策。可靠性是高质量会计信息的重要基础和关键所在，如果企业以虚假的经济业务进行确认、计量、报告，属于违法行为，不仅会严重损害会计信息质量，而且会误导投资者等会计信息使用者进行决策，干扰资本市场，导致会计秩序混乱。为了贯彻可靠性要求，企业应当做到：

（1）以实际发生的交易或者事项为依据进行确认、计量，将符合会计要素定义及其确认条件的资产、负债、所有者权益、收入、费用和利润等如实反映在财务报表中，不得根据虚构的、没有发生的或者尚未发生的交易或者事项进行确认、计量和报告。

（2）在符合重要性和成本效益原则的前提下，保证会计信息的完整性，其中包括应当编报的报表及其附注内容等应当保持完整，不能随意遗漏或者减少应予披露的信息，与使用者决策相关的有用信息都应当充分披露。

（3）财务报告中的会计信息应当是中立的、无偏的。如果企业在财务报告中为了达到事先设定的结果或效果，通过选择或列示有关会计信息以影响决策和判断，这样的财务报告信息就不是中立的。

（二）相关性

相关性要求企业提供的会计信息应当与投资者等财务报告使用者的经济决策需要相关，有助于投资者等财务报告使用者对企业过去、现在或者未来的情况作出评价或者预测。

凡是作为会计信息使用者经济决策依据的会计信息，企业都应当提供。财务报告目标就是提供对决策有用的会计信息。会计信息是否有用，是否具有价值，关键是看其与使用者的决策需要是否相关，是否有助于决策或者提高决策水平。相关的会计信息应当有助于使用者评价企业过去的决策，证实或者修正过去的有关预测，因而具有反馈价值。相关的会计信息还应当具有预测价值，有助于使用者根据财务报告所提供的会计信息预测企业未来的财务状况、经营成果和现金流量。

会计信息质量的相关性要求，以可靠性为基础，两者之间是统一的，并不矛盾，不应将两者对立起来。也就是说，会计信息在可靠性的前提下，尽可能地做到相关性，以满足投资者等财务报告使用者的决策需要。

（三）可理解性

可理解性要求企业提供的会计信息应当清晰明了，便于投资者等财务报告使用者理解和使用。企业编制财务报告、提供会计信息的目的在于使用，而要使使用者有效使用会计信息，应当能让其了解会计信息的内涵，弄懂会计信息的内容，这就要求财务报告所提供的会计信息应当清晰明了，易于理解。只有这样，才能提高会计信息的有用性，实现财务报告的目标，满足向投资者等财务报告使用者提供决策有用信息的要求。投资者等财务报告使用者通过阅读、分析、使用财务报告信息，能够了解企业的过去和现状，并根据企业净资产或企业价值的变化过程预测未来发展趋势，从而作出科学决策。可理解性，顾名思义，会计信息的提供，包括会计确认、计量、报告，要遵循会计准则的要求，使用规范的会计术语。企业在核算中所使用的会计科目（账户名称）和财务报表项目所使用的文字必须清晰准确，便于使用者正确理解和使用，不允许使用模棱两可的语言和术语，以免引起误解，导致错误决策。

会计信息是一种专业性较强的信息产品，在强调会计信息的可理解性要求的同时，还应假定使用者具有一定的有关企业经营活动和会计方面的知识，并且愿意付出努力去研究这些信息。对于某些复杂的信息，如交易本身较为复杂或者会计处理较为复杂，但其与使用者的经济决策相关，企业就应当在财务报告中予以充分披露。

（四）可比性

可比性要求企业提供的会计信息应当相互可比。企业提供的会计信息要依据规定的、一贯的会计政策，使不同企业、同一企业不同会计期间所提供的会计信息口径一致、相互可比。这主要包括两层含义：

1.横向可比

具有可比性的会计信息才能作为判断不同国家、地区、行业的经济效益的依据，通过比较，使经济资源在行业之间、地区之间、国家之间进行优化配置和重新配置。为了便于投资者等财务报告使用者评价不同企业的财务状况、经营成果和现金流量及其变动情况，要求不同企业同一会计期间发生的相同或者相似的交易或者事项，应当采用统一规定的会计政策，确保会计信息口径一致、相互可比，以使不同企业按照一致的确认、计量和报告要求提供有关会计信息。在改革开放过程中，我国会计制度的三次重大改革使可比的范围不断扩大。第一次改革产生1992年颁布的企业会计准则和分行业会计制度，使同行业不同所有制、不同规模的企业之间相互可比。第二次改革产生2000年颁布的企业会计制度，使国内一般企业之间会计信息可比。第三次改革产生2006年颁布的企业会计准则基本准则和38项具体准则以及企业会计准则应用指南，实现了我国企业会计准则与国际准则的趋同，使不同国家企业会计信息可比。

可比性要求各类企业执行的会计政策应当统一，要求企业必须用企业会计准则和企业会计准则应用指南及企业会计准则解释规范会计核算，按准则对企业发生的交易或者事项进行确认、计量和报告。企业会计准则于2007年1月1日在所有上市公司执行，实现了上市公司会计信息的可比性。之后，会计准则实施范围进一步扩大，2009年，实现所有大中型企业实施新准则的目标，解决了不同企业之间会计信息的可比性问题。

2.纵向可比

为了便于投资者等财务报告使用者了解企业财务状况、经营成果和现金流量的变化趋势，比较企业在不同时期的财务报告信息，全面、客观地评价过去、预测未来并作出决策，会计信息质量的可比性要求同一企业不同时期发生的相同或者相似的交易或者事项，应当采用一致的会计政策，不得随意变更。例如，企业会计准则规定，企业可以采用先进先出法、月末一次加权平均法、移动加权平均法、个别计价法确定发出存货的实际成本。如果本期采用先进先出法，下期也应采用先进先出法。但是，满足会计信息可比性要求，并非表明企业不得变更会计政策，如果按照规定或者在会计政策变更后可以提供更可靠、更相关的会计信息，企业可以变更会计政策。确需变更的，企业应当在附注中予以说明。

（五）实质重于形式

实质重于形式要求企业应当按照交易或者事项的经济实质进行会计确认、计量和报告，不仅仅以交易或者事项的法律形式为依据。交易或者事项的经济实质，是指商品所有权上的主要风险和报酬是否转移给对方（购货方）。与商品所有权有关的风险，是指商品可能发生减值或毁损等形成的损失；与商品所有权有关的报酬，是指商品价值增值或通过使用商品等产生的经济利益。法律形式，是指法律上的所有权是否转移。会计核算实质重于形式，要求会计确认、计量和报告遵循准则的要求，站在会计主体的立场上，着重于对企业的实际影响，也就是会不会引起经济利益的流入、流出。凡是引起经济利益流入、流出的经济事项都应确认、计量和报告；反之，则不予考虑，如售后回购的商品收入，经营租入、租出的固定资产的原价等。

企业发生的交易或事项在多数情况下其经济实质和法律形式是一致的，但在有些情况下也会出现不一致的现象。例如，企业按照销售合同销售商品但又签订了售后回购协议，虽然从法律形式上看实现了收入，但如果企业没有将商品所有权上的主要风险和报酬转移给购货方，没有满足收入确认的各项条件，即使签订了商品销售合同或者已将商品交付给购货方，也不应当确认销售收入。

例如，融资租入的固定资产，从法律形式上看，在租赁期满前属于出租方所有，在期满时，所有权才转移给承租方。但在租赁开始日后，融资租赁固定资产所有权上的报酬和主要风险已经转移给承租方。所以，承租方应确认固定资产的入账价值并开始计提折旧。

又如，在企业合并中，经常会涉及对“控制”的判断，有些合并，从投资比例来看，虽然投资者拥有被投资企业50%或50%以下的股份，但是投资企业通过章程、协议等有权决定被投资企业财务和经营政策的，就不应当简单地以持股比例来判断控制权，而应当根据实质重于形式的原则来判断投资企业对被投资单位的控制程度。

再如，在关联交易中，通常情况下，只要交易价格是公允的，关联交易就属于正常交易，应按照准则的规定进行确认、计量和报告；但是，在某些情况下，关联交易有可能会不公允，虽然这个交易的法律形式没有问题，但从交易的实质来看，可能会出现关联方之间转移利益或操纵利润的行为，损害会计信息的质量。由此可见，在会计实务中正确贯彻实质重于形式的原则至关重要。

（六）重要性

重要性要求企业提供的会计信息应当反映与企业财务状况、经营成果和现金流量有关的所有重要交易或者事项。

重要交易或者事项，是对会计信息使用者关系重大的经济业务，比如对经济成果影响重大的交易或事项。如果过去的交易或者事项所提供的会计信息对会计信息使用者决策关系重大，包括金额大，要严格按照企业会计准则核算；反之，则可采用简单方法，以减少会计计量成本。

财务报告中会计信息的省略或者错报会影响投资者等使用者据此作出决策的，该信息就具有重要性。重要性的应用需要依赖职业判断，企业应当根据其所处环境和实际情况，从项目的性质和金额大小两个方面加以判断。例如，企业发生的某些支出，金额较小的，从支出的受益期来看，可能需要若在干会计期间进行分摊，但根据重要性要求，可以一次计入当期损益。

（七）谨慎性

谨慎性要求企业对交易或者事项进行会计确认、计量和报告时保持应有的谨慎，不应高估资产或者收益、低估负债或者费用。

通俗地说，在会计核算时，对提供的会计信息，特别是资产或经营成果一定要谨慎。根据会计准则的规定允许确认、计量、报告的金额，对负债或者费用能大不要小，对资产或者收益能小不要大。凡是很可能发生的费用和负债，要计入本期；凡是很可能实现的收入或者产生的资产，不计入本期。

在市场经济环境下，企业的生产经营活动面临着许多风险和不确定性，如应收款项的可收回性、固定资产的使用寿命、无形资产的使用寿命、售出存货可能发生的退货或者返修等。会计信息质量的谨慎性要求，需要企业在面临不确定性因素的情况下作出职业判断时，应当保持应有的谨慎，充分估计到各种风险和损失，既不高估资产或者收益，也不低估负债或者费用。例如，对于企业发生的或有事项，通常不能确认或有资产，只有当相关经济利益基本确定能够流入企业时，才能作为资产予以确认；相反，相关的经济利益很可能流出企业而且构成现时义务时，应当及时确认预计负债，就体现了会计信息质量的谨慎性要求。

再如，企业在进行所得税会计处理时，只有在存在确凿证据表明未来期间很可能获得足够的应纳税所得额用来抵扣暂时性差异时，才应当确认相关的递延所得税资产；而对于发生的相关应纳税暂时性差异，则应当及时足额确认递延所得税负债，这也是会计信息谨慎性要求的具体体现。

谨慎性的应用不允许企业设置秘密准备，如果企业故意低估资产或者收入，故意高估负债或者费用，将不符合会计信息的可靠性和相关性要求，会损害会计信息质量，扭曲企业实际的财务状况和经营成果，从而对使用者的决策产生误导，这是不符合会计准则要求的。

（八）及时性

及时性要求企业对于已经发生的交易或者事项，应当及时进行确认、计量和报告，不得提前或者延后。

即本期发生的交易或者事项，应该计入本期，及时进行确认、计量、报告，不允许留到下期处理。下期很可能发生的经济业务，不能在本期提前确认、计量、报告。

会计信息的及时性源于其时效性。会计信息的价值在于帮助所有者或者其他方面作出经济决策，具有时效性。即使是可靠的、相关的会计信息，如果不及时提供，就失去了时效性，对于使用者的效用就大大降低，甚至不再具有实际意义。

在会计确认、计量和报告过程中贯彻及时性：一是要求及时收集会计信息，即在经济交易或者事项发生后，及时收集整理各种原始单据或者凭证；二是要求及时处理会计信息，即按照会计准则的规定，及时对经济交易或者事项进行确认或者计量，并编制财务报告；三是要求及时传递会计信息，即按照国家规定的有关时限，及时地将编制的财务报告传递给财务报告使用者，便于其及时使用和决策。在实际工作中，财务报告的报送有规定的具体时间要求。

会计信息质量的八项要求，可靠性、相关性、可理解性和可比性是会计信息的首要质量要求，是企业财务报告中所提供会计信息应具备的基本质量特征，实质重于形式、重要性、谨慎性和及时性是会计信息的次级质量要求，是对可靠性、相关性、可理解性和可比性等首要质量要求的补充和完善，尤其是在对某些特殊交易或者事项进行处理时，需要根据这些质量要求来把握其会计处理原则。另外，及时性还是会计信息相关性和可靠性的制约因素，企业需要在相关性和可靠性之间寻求一种平衡，以确定信息及时披露的时间。

提供会计信息要通过会计核算，对各个单位发生的交易和事项进行确认、计量和报告，必须运用专门的会计核算方法。

第四节 会计核算方法及会计学体系

一、会计核算方法

会计方法是指从事会计工作所使用的各种技术方法，包括会计核算方法、会计分析方法和会计检查方法。会计核算方法是对各单位已经发生的经济活动进行反映和监督的方法。会计分析方法是利用会计核算的资料，考核并说明经济活动的效果，在分析过去资料、预测未来前景的基础上，提出未来经济活动的计划、预算、方案，参与决策。会计检查方法，亦称审计，主要根据会计核算，检查经济活动是否合理、合法，会计资料是否真实、准确，根据会计核算资料编制的未来时期的计划和预算是否可行、有效。各种会计方法紧密联系、相辅相成，形成会计方法体系。会计核算是基础，会计分析是其继续，会计检查是保证。

会计核算方法包括设置会计科目和账户、复式记账、填制和审核会计凭证、登记账簿、成本计算、财产清查、编制财务报表。

（一）设置会计科目和账户

会计科目是对会计对象的具体经济内容进行分类核算和监督的项目，会计科目是账户的名称。账户是依据会计科目设置的，具有一定的格式和结构，对会计对象的具体经济内容分类记录、反映的工具或载体。设置账户就是对会计对象的经济活动进行连续、系统、全面的反映和监督的技术方法。由于会计对象的具体经济内容比较复杂，要对其进行系统核算和经常监督，就必须对其经济内容进行科学分类，以便分门别类地、连续地记录，以取得多种不同性质、符合使用者经济决策需要的会计信息。

（二）复式记账

复式记账是指对发生的每一项经济业务，都要以相等的金额，在相互联系的两个或两个以上账户中登记的记账方法。例如，从银行提取现金1 000元，就要在“库存现金”和“银行存款”两个账户都记录1 000元。

复式记账以会计等式为理论基础，系统地反映资金运动的变动结果。复式记账可以反映经济业务的发生所引起的资金运动的来龙去脉，便于检查账簿记录是否正确和完整，是科学的记账方法。复式记账和货币计量是近代会计的两个特点。

（三）填制和审核会计凭证

会计凭证是记录经济业务、明确经济责任的书面证明，是登记账簿的依据。正确填制和审核会计凭证，可以为经济管理提供真实可靠的会计资料，是核算经济业务的基础，是做好会计工作的前提，是会计监督的重要方法。对于已经发生的经济业务，必须由经办人填制或从外部取得会计凭证，以书面形式反映、证明经济业务的发生和完成情况，并审核其真实性、合理性、合法性。对发生的交易或者事项进行确认、计量、报告，是从填制和审核会计凭证开始的。只有审核无误的会计凭证才能作为记账的依据。填制和审核会计凭证是保证会计资料真实可靠的有效手段。

（四）登记账簿

会计账簿由一定格式的账页所组成，以审核无误的会计凭证为依据，用于序时地、分类地登记经济业务的簿籍。登记账簿简称记账，是以审核无误的会计凭证为依据，在账簿中连续地、系统地、全面地记录经济业务，并按期结账、对账，为经济管理提供全面、系统的会计资料，是编制财务报表的依据，也是会计分析、会计检查的依据。

（五）成本计算

成本计算是指对生产经营中发生的各种费用，按照费用受益原则进行归集和分配，确定受益对象的总成本和单位成本的会计方法。正确进行成本计算，确定购建的固定资产的原始成本、原材料的实际采购成本、产品的实际生产成本和销售成本，为企业进行成本分析、成本控制以及考核成本水平提供会计资料。

（六）财产清查

财产清查是指通过对单位的各种货币资金、财产物资、往来款项的实物盘点和核对，弄清实有数，检查与账簿记录是否相符的会计方法。财产清查实际上也是会计对账中的账实核对。通过财产清查，对发现的账实不符的要素，调整账簿记录，做到账实相符，保证会计数据的真实可靠。通过财产清查，可以挖掘资产潜力，改善货币资金、财产物资、往来款项管理，提高经济效益。

（七）编制财务报表

财务报表是反映会计主体某一特定日期的财务状况和某一会计期间的经营成果、现金流量的报告文件，是会计核算的最终产品，是会计报告使用者进行经济决策的依据。编制财务报表，是对日常会计核算资料的总结，就是将账簿记录的内容定期加以分类、汇总，形成会计信息使用者所需要的各种会计数据，提供进行经济决策的各种会计信息。

各种会计核算方法是相互联系的，构成会计核算方法体系。会计主体发生经济业务，要填制或取得会计凭证；依据审核无误的会计凭证，根据复式记账原理，在会计账簿中所设置的账户上登记；在登记账簿的过程中，对发生的费用，要根据费用受益原则进行归集和分配，计算受益对象的总成本和单位成本；为保证会计资料的真实可靠，要进行财产清查；依据账实相符的账簿数据编制财务报告。

二、会计学与会计学科体系

会计是以货币作为主要计量工具，运用专门的方法，对企业和行政事业单位的经济活动进行核算和监督的经济管理活动。研究会计的科学是会计学。

会计学是管理学的分支，是会计核算和监督的会计实践的科学总结的知识体系。会计学研究的内容包括会计的对象、职能、方法、历史等。会计学作为经济应用学科，它借助数学方法形成会计的方法和技术，进行定量分析。会计学随着会计实践的发展，内容越来越丰富，分化出许多分支，形成了一个会计学体系。

会计学体系可以按照不同的依据进行分类。

（一）按研究的内容分类

会计学按照研究的内容可分为会计学原理、财务会计学、成本会计学、管理会计学、财务管理学、审计学、会计制度设计、会计理论、会计史、国际会计学、会计电算化等。

（二）按从事的领域分类

会计学按从事的领域可分为企业会计和行政事业单位会计。企业会计包括财务会计学和管理会计学。行政事业单位会计亦称非营利组织会计，其主要内容是预算会计。

（三）按会计主体分类

会计学按会计主体可分为微观会计学和宏观会计学。微观会计学以具体的微观单位作为核算对象，包括企业会计和预算会计。宏观会计学以一个国家或地区作为核算范围，核算该国家或该地区的经济活动，包括总预算会计、社会会计和国际会计。

【小　结】

会计是以货币作为主要计量单位，运用专门的方法，对企业、行政事业单位的经济活动进行核算和监督的经济管理活动。会计有四个特征：会计的实质是经济管理活动；其职能是核算和监督；会计核算和监督运用各种专门方法；会计的主要计量单位是货币。会计核算职能亦称会计反映职能，体现为运用一系列专门方法反映单位经济活动；会计监督职能亦称会计控制职能，体现为通过会计专门方法控制单位经济活动。会计核算和监督，分为事前、事中和事后三个环节，基础会计学和财务会计学的主要内容是事后核算和监督。会计假设是指会计所必须具备的前提条件，包括会计主体、持续经营、会计分期、货币计量。会计主体，是指企业会计确认、计量和报告的空间范围，是会计核算和监督的特定单位或者组织。持续经营，是指在可以预见的将来，企业将会按当前的规模和状态继续经营下去，不会停业，也不会大规模削减业务。会计分期，亦称会计期间假设，是指将一个企业持续经营的生产经营活动的无限过程划分为一个个连续的、长短相同的期间。货币计量，是指会计主体在财务会计确认、计量和报告时以货币作为统一计量单位，反映会计主体的生产经营活动。

企业会计与行政事业单位会计的基础不同，企业会计的基础是权责发生制，行政事业单位会计的基础是收付实现制。权责发生制与收付实现制在定义、确认条件、优缺点上存在差别。财务报告的目标是向财务报告使用者提供与企业财务状况、经营成果和现金流量等有关的会计信息，反映企业管理层受托责任履行情况，有助于财务报告使用者作出经济决策。财务报告使用者主要包括投资者、债权人、政府及其有关部门和社会公众等。在决策有用观下，会计信息的质量应达到规定的要求。会计信息质量要求包括可靠性、相关性、可理解性、可比性、实质重于形式、重要性、谨慎性、及时性。会计核算方法包括设置会计科目和账户、复式记账、填制和审核会计凭证、登记账簿、成本计算、财产清查、编制财务报表。各种会计核算方法是相互联系的，构成会计核算方法体系。会计主体发生经济业务，要填制或取得会计凭证；依据审核无误的会计凭证，根据复式记账原理，在会计账簿中所设置的账户上登记；在登记账簿的过程中，对发生的费用，要根据费用受益原则进行归集和分配，计算受益对象的总成本和单位成本；为保证会计资料的真实可靠，要进行财产清查；依据账实相符的账簿数据编制财务报告。

【复习思考题】

1.解释下列概念：

会计、核算、监督、会计主体、持续经营、会计分期、货币计量、权责发生制、收付实现制、历史成本、重置成本、预计可变现净值、现值、公允价值、可靠性、相关性、可理解性、可比性、实质重于形式、重要性、谨慎性、及时性、会计科目和账户、复式记账、会计凭证、登记账簿、成本计算、财产清查、财务报表

2.会计有哪些特点？会计的各个特点之间有何联系？

3.简述会计的职能。会计核算和会计监督有哪几个环节？会计核算与会计监督的关系如何？

4.简述会计假设。会计主体、持续经营、会计分期、货币计量的含义是什么？它们之间存在怎样的关系？

5.简述权责发生制与收付实现制的区别。简述收入确认的条件、费用受益原则。

6.财务会计的目标是什么？财务会计的使用者有哪些？

7.简述会计信息质量要求与财务报告目标的关系。

8.会计核算方法有哪几种？它们之间有何联系？

【练习题】

一、单项选择题

1.会计的本质是（　　）。

A.经济管理活动　　B.货币计量

C.会计核算　　D.会计监督

2.会计的基本职能是（　　）。

A.经济管理　　B.货币计量

C.核算和监督　　D.登记账簿

3.会计核算的空间范围是会计假设中的（　　）。

A.持续经营假设　　B.会计主体假设

C.会计分期假设　　D.货币计量假设

4.企业会计的基础是（　　）。

A.收付实现制　　B.权责发生制

C.实地盘存制　　D.永续盘存制

5.企业会计的目标是（　　）。

A.向会计信息的使用者提供经济决策有用的会计信息

B.实现企业利润最大化

C.使企业发生的经济活动合理、合法

D.实现社会效益最大化

6.计提资产减值准备所依据的会计质量要求是（　　）。

A.可靠性　　B.相关性

C.可比性　　D.谨慎性

7.按企业会计准则规定的会计政策进行会计核算（　　）。

A.使企业会计信息符合及时性要求

B.使企业会计信息符合重要性要求

C.使企业会计信息符合可理解性要求

D.使企业会计信息符合实质重于形式要求

8.对发生的交易或者事项进行确认、计量、报告（　　）。

A.是从填制和审核会计凭证开始的　　B.是从登记账簿开始的

C.是从编制会计分录开始的　　D.是从结账开始的

9.会计核算方法（　　）。

A.只是记账、对账

B.就是算账

C.是一个方法体系，包括设置会计科目和账户、复式记账、填制和审核会计凭证、登记账簿、成本计算、财产清查、编制财务报表

D.只是报账

10.会计学（　　）。

A.是管理学的分支　　B.是经济学的分支

C.是数学的分支　　D.是信息学的分支

二、多项选择题

1.会计的基本特征包括（　　）。

A.会计的本质是经济管理活动　　B.会计具有核算和监督的基本职能

C.会计拥有一系列专门方法　　D.会计只是指会计人员

E.会计的特点是货币计量

2.会计的核算职能（　　）。

A.亦称反映的职能，反映单位发生的经济活动

B.包括事前核算　　C.包括事中核算

D.包括事后核算　　E.是指设置会计科目

3.会计的监督职能（　　）。

A.亦称控制的职能　　B.是指政府审计

C.包括事前监督　　D.包括事后监督

E.包括事中监督

4.会计核算职能与会计监督职能（　　）。

A.是相辅相成、辩证统一的　　B.核算是监督的基础

C.是相互制约的

D.监督是核算的保证

E.会计核算职能与会计监督职能是同一含义

5.企业会计准则体系（　　）。

A.由基本准则、具体准则、会计准则应用指南和解释公告组成

B.基本准则是企业会计准则体系的概念框架，起统驭作用

C.具体准则是在基本准则的基础上，对具体交易或事项进行会计处理的规范

D.应用指南是对具体准则的一些重点难点问题作出的操作性规定

E.解释公告是对企业会计准则的贯彻实施过程中遇到的问题作出的具体解释

6.会计基本假设（　　）。

A.是企业会计确认、计量和报告的前提

B.包括会计主体假设

C.包括持续经营假设

D.包括会计分期假设

E.包括货币计量假设

7.关于权责发生制，下列说法正确的有（　　）。

A.亦称应收应付制

B.亦称现金制

C.权利是指收入

D.责任是指费用

E.确认费用应依据费用受益原则

8.财务报告使用者主要包括（　　）。

A.投资者

B.债权人

C.政府及其有关部门

D.社会公众

E.企业经营管理者

9.会计信息质量要求（　　）。

A.是对企业财务报告中所提供高质量会计信息的基本规范

B.是使财务报告中所提供会计信息对投资者等使用者决策有用应具备的基本特征

C.包括可靠性、相关性

D.包括可理解性、可比性

E.包括实质重于形式、重要性、谨慎性和及时性

10.会计核算方法（　　）。

A.是对各单位已经发生的经济活动进行反映和监督的方法

B.包括设置会计科目和账户

C.包括填制和审核会计凭证

D.包括登记账簿、财产清查、编制财务报表

E.包括复式记账、成本计算

三、判断题

1.会计的本质是经济管理活动。（　　）

2.会计的核算职能就是反映职能。（　　）

3.会计基础是以持续经营假设为前提的。 (　　)

4.会计信息质量要求中的可靠性与相关性总是一致的。 (　　)

5.谨慎性要求是指企业应减少账面利润。 (　　)

6.财务报告目标的决策有用与反映受托责任履行情况是矛盾的。 (　　)

7.企业的会计基础是权责发生制。 (　　)

8.填制和审核会计凭证是登记账簿的基础。 (　　)

9.成本计算不是会计核算方法。 (　　)

10.编制财务报表应以账簿记录为依据。 (　　)

四、业务题

资料：大运公司本月发生下列交易和事项：

1.用银行存款5 000元购入甲材料；

2.用银行存款预付原材料货款10 000元；

3.从大华公司购入甲材料5吨，每吨2 000元，货款尚未支付；

4.售给新乡东来商场A产品5件，每件2 000元，货款尚未收到；

5.收到郑州紫荆山商场预付B产品货款20 000元；

6.售出C产品20件，每件2500元，货款通过银行收到。

要求：用权责发生制和收付实现制分别判断本月实现的收入和发生的费用，并填入表1-1中。

表1-1　**权责发生制和收付实现制下的收入与费用**　单位：元

业务	权责发生制		收付实现制	
	收入	费用	收入	费用
1				
2				
3				
4				
5				
6				
合计				

第二章

会计要素与会计等式

学习目的

通过本章的学习，了解会计对象，以及企业会计对象与行政事业单位会计对象的区别；了解生产企业资金运动的内容；了解会计对象与会计要素的关系；理解和掌握资产、负债、所有者权益、收入、费用、利润的定义、特征、确认条件和构成；理解和掌握会计等式的含义、存在的必然性和作用；理解基本会计等式、动态会计等式和反映全部会计要素的扩大会计等式的作用；了解会计科目与会计要素的关系；掌握会计科目的定义、分类以及账户的结构。

第一节 会计对象

一、会计的一般对象

众所周知，任何一个企业要想从事经营活动，必须拥有一定的物质基础，如工业企业进行经营活动，必须拥有货币资金、材料、产品或商品、设备、房屋等。这些物质基础虽然具有不同的形态，但在市场经济条件下它们又都属于商品，有商品就要有衡量商品价值的尺度，即商品价值一般等价物货币。当各项财产物资用货币来计量其价值时，我们就得到了一个会计概念，即资金。资金是指会计主体经济活动中持有的、产权明晰的货币资金和能用货币计量的其他资源，即资金是社会再生产过程中各项财产物资的货币表现以及货币本身。这也意味着生产经营活动的前提是必须拥有资金。

会计对象是指会计核算和监督的经济内容，即会计在经济管理活动中发挥核算和监督职能的领域和范围。会计对象就是会计的客体，是会计以其专门方法作用的特定内容。马克思指出，簿记是对“过程的控制和观念总结”，这里说的过程是社会再生产过程中的价值形成过程。在商品经济条件下，价值形成过程表现为资金运动。因此，会计的一般对象是社会扩大再生产过程中的资金运动。

由于企业、行政事业单位的经济活动内容和性质、任务不同，所以其会计对象存在差别。

二、会计的具体对象

（一）企业的会计对象

企业是从事生产、流通、服务等经济活动，以产品或服务满足社会需要，实行自主经营、独立核算、依法设立的一种盈利性经济组织。企业提供商品，通过市场实现收入和利润。

企业会计对象是经营资金运动。经营资金是企业或其他经济组织用于生产经营活动的以货币表现的财产物资、货币资金及其他资源。经营资金有两个特点：周转性和盈利性。周转性是指企业在生产经营中支出的货币资金经过经营过程回到货币资金形式，即花出去的钱通过经营能够再将其收回来。盈利性是指企业获得利润的能力。企业作为营利性组织，利润是企业的生命。企业盈利能力越强，其生命力就越旺盛。该企业就能不断发展壮大。如果发生亏损，企业就处于病态。长期亏损的结果，必然导致破产。企业的成长性与其盈利性正相关。

企业的经济活动包括经营活动、筹资活动和投资活动。经营资金运动一般存在资金进入企业、经营过程和资金退出企业三个环节。投资活动包括购买股票、债券、基金等金融资产或直接将资金投入其他企业的对外投资和购买固定资产、无形资产和其他非流动资产的对内投资。筹资活动包括资金进入企业和资金退出企业。企业筹集资金通过两个渠道：所有者投入资本和负债筹集资金。所有者包括国家、其他单位、外国投资者、个人，国家投入的资本称为国家资本；其他单位投入的资本称为法人资本；外国投资者投入的资本称为外商资本；个人投入的资本称为私人资本。所有者投资的形式可能是货币资金，也可能是原材料、固定资产、无形资产等。负债筹集资金是向债权人借入资金，债权人可以是银行或其他金融机构，也可能是其他单位和个人。负债筹集资金的方式可以是借款，也可以是发行债券。

经营过程是企业的投入产出过程。企业的经营过程是投入生产要素产出产品并实现利润的过程。由于企业的经营内容不同，所以经营过程存在差别。根据经营内容可将企业分为产品生产企业、商品流通企业和服务企业。资金退出企业主要是指资金通过偿还负债、缴纳税费和向所有者分配利润的方式不再参与资金的循环和周转。

1.工业企业的会计对象

工业企业的会计对象是生产销售产品的经营资金运动，同样包括筹集资金、经营过程和资金退出企业三个环节。筹集资金和资金退出企业与其他企业相同，而经营过程包括供应过程、生产过程和销售过程，资金相应采取货币资金、储备资金、生产资金、成品资金等各种形态。供应过程是生产经营的准备过程，是用货币资金购买各种生产要素的过程。通过用货币购买原材料、固定资产、无形资产、劳动等要素，为生产经营准备条件。会计一般将固定资产和无形资产单独核算，所以供应过程从狭义上是指用货币购买原材料的过程。通过供应过程，货币资金转化为储备资金。生产过程是将各种生产要素组合生产产品的过程。通过生产过程耗费生产要素产出产品，储备资金转化为成品资金。销售过程是售出产品实现收入的过程。通过销售过程，成品资金转化为货币资金。

在工业企业的经营过程中，货币资金经过供、产、销三个环节，依次转化为储备资金、生产资金、成品资金，最终回到货币资金，这就是资金循环，周而复始的资金循环就是资金周转。企业通过资金周转实现利润，但也可能发生亏损。工业企业的资金运动可用图2-1表示。

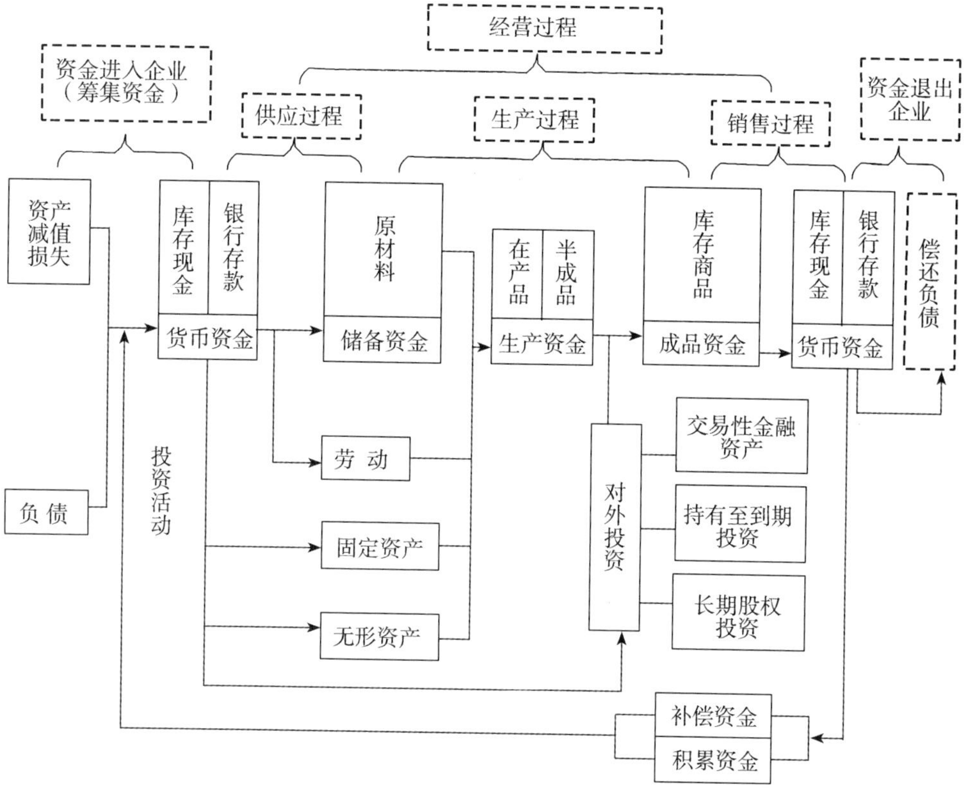

图2-1 工业企业的资金运动

2.商品流通企业的会计对象

商品流通企业的经营过程分为商品购进和商品销售两个过程。在前一个过程中，主要是采购商品，此时货币资金转换为商品资金；在后一个过程中，主要是销售商品，此时资金又由商品资金转换为货币资金。在商业企业经营过程中，也要消耗一定的人力、财力和物力，它们表现为商品流通费用。在销售过程中，企业会获得销售收入、实现经营成果。因此，商业企业的资金是沿着“货币资金-商品资金-货币资金”的方式运动的，其具体内容也是资产、负债、所有者权益、收入、费用和利润六大要素。

基础会计学以最复杂的经营内容的生产企业经营资金运动作为实例（务）的会计处理进行讲授，其他企业的会计处理会更易理解。

会计对企业经营资金运动的核算从两个不同的侧面进行：从静态来看，资金的分布状况和存在形式表现为资产，资金的所有权即权益包括债权人权益和所有者权益；从动态来看，表现为经营资金运动过程中实现的收入、发生的费用和收入补偿费用后的净额，即利润。

（二）行政事业单位的会计对象

行政事业单位为完成国家赋予的任务，同样需要一定数量的资金，它们所运用的资金主要来源于国家的财政拨款。行政事业单位在正常业务活动中消耗人力、物力和财力的货币表现即为行政费用和业务费用。一般来说，行政事业单位没有或者只有很少一部分业务收入，因为费用开支主要靠国家财政预算拨款，因此，行政事业单位的经济活动，一方面按预算向国家财政取得拨入资金；另一方面又按预算以货币资金支付各项费用。因此，行政事业单位会计对象的内容就是预算资金运动。其资金运动过程可用图 2-2 表示。

图 2-2 行政事业单位的资金运动过程

第二节 会计要素

一、会计要素的含义

会计要素是根据交易或者事项的经济特征所确定的财务会计对象的基本分类，是会计对象的具体化，是反映企业会计主体的财务状况和经营成果的基本单位。

《企业会计准则——基本准则》规定，会计要素按照其性质分为资产、负债、所有者权益、收入、费用和利润。其中，资产、负债和所有者权益要素反映企业的财务状况，收入、费用和利润要素反映企业的经营成果。

二、会计要素的内容

（一）资产

1.资产的特征

资产是指企业过去的交易或者事项形成的、由企业拥有或者控制的、预期会给企业带来经济利益的资源。根据资产的定义，资产具有以下特征：

（1）资产是由企业过去的交易或者事项形成的。

资产应当由企业过去的交易或者事项所形成，过去的交易或者事项包括购买、生产、建造行为或者其他交易或事项。换句话说，只有过去的交易或者事项才能形成资产，企业预期在未来发生的交易或者事项不形成资产。例如，企业有购买某存货的意愿或者计划，但是购买行为尚未发生，就不符合资产的定义，不能确认存货资产。

（2）资产应为企业拥有或者控制的资源。

资产作为一项资源，应当由企业拥有或者控制，具体是指企业享有某项资源的所有权，或者虽然不享有某项资源的所有权，但该资源能被企业控制。

企业享有资产的所有权，通常表明企业能够排他性地从资产中获取经济利益。一般而言，在判断资产是否存在时，所有权是考虑的首要因素。有些情况下，资产虽然不为企业所拥有，即企业并不享有其所有权，但企业控制了这些资产，同样表明企业能够从资产中获取经济利益，符合会计上对资产的定义。例如，某企业以融资租赁方式租入一项固定资产，尽管企业并不拥有其所有权，但是如果租赁合同规定的租赁期相当长，接近于该资产的使用寿命，表明企业控制了该资产的使用及其所能带来的经济利益，应当将其作为企业资产予以确认、计量和报告。

（3）资产预期会给企业带来经济利益。

资产预期会给企业带来经济利益，是指资产直接或者间接导致现金和现金等价物流入企业的潜力。这种潜力可以来自企业日常的生产经营活动，也可以是非日常活动；带来经济利益可以是现金或者现金等价物的形式，也可以是能转化为现金或者现金等价物的形式，或者是可以减少现金或者现金等价物流出的形式。

预期会为企业带来经济利益是资产的重要特征。例如，企业采购的原材料、购置的固定资产等可以用于生产经营，制造商品或者提供劳务，对外出售后收回货款，货款即为企业所获得的经济利益。如果某一项目预期不能给企业带来经济利益，那么就不能将其确认为企业的资产。前期已经确认为资产的项目，如果不能再为企业带来经济利益，也不能再确认为企业的资产。例如，待处理财产损失以及某些财务挂账等，由于不符合资产的定义，均不应当确认为资产。

此外，资产作为一项经济资源，与其有关的经济利益必须是很可能流入企业，而且该资源的成本或者价值能够可靠地计量。

2.资产的分类

资产按其流动性不同，分为流动资产和非流动资产。

（1）流动资产。

流动资产是一年或超过一年的一个营业周期内变现的资产。流动资产按其内容又可细分为：①货币资金，是以货币作为存在形式的资金，包括库存现金、银行存款等；②交易性金融资产，是指持有动机为赚取价差，短期获利的股票、债券、基金等金融资产；③债权，是其他单位或个人欠本企业的款项，本企业有收回的权利，包括应收票据、应收账款、预付账款、应收利息、应收股利、其他应收款等；④存货，是准备对外销售或生产耗费的财产物资，包括原材料和库存商品等。

（2）非流动资产。

非流动资产是指必须超过一年才能变现的资产。

非流动资产按其内容又可细分为：①持有至到期投资，是指计划并有能力持有至到期的债券；②可供出售金融资产；③长期股权投资；④固定资产；⑤无形资产；⑥商誉；⑦长期待摊费用等。

（二）负债

1.负债的定义

负债是指企业过去的交易或者事项形成的，预期会导致经济利益流出企业的现时义务。根据负债的定义，负债具有以下特征：

（1）负债是由企业过去的交易或者事项形成的。

负债应当由企业过去的交易或者事项形成。换句话说，只有过去的交易或者事项才能形成负债，企业将在未来发生的承诺、签订的合同等交易或者事项，不形成负债。销售商品向购买者承诺的“三包”，是在已经发生销售商品的交易后发生的预计负债。

（2）负债预期会导致经济利益流出企业。

预期会导致经济利益流出企业也是负债的一个本质特征，只有企业在履行义务时会导致经济利益流出企业的，才符合负债的定义，如果不会导致经济利益流出企业，就不符合负债的定义。在履行现时义务清偿负债时，导致经济利益流出企业的形式多种多样，例如，以库存现金或实物资产的形式偿还；以提供劳务的形式偿还；以部分转移资产、部分提供劳务的形式偿还；将负债转为资本等。预期导致经济利益流出企业，是指直接或间接支付货币资金。

（3）负债是企业承担的现时义务。

负债必须是企业承担的现时义务，这是负债的一个基本特征。其中，现时义务是指企业在现行条件下已承担的义务。未来发生的交易或者事项形成的义务，不属于现时义务，不应当确认为负债。这里所指的义务可以是法定义务，也可以是推定义务。其中法定义务是指具有约束力的合同或者法律法规规定的义务，通常必须依法执行。例如，企业购买原材料形成应付账款，企业从银行借入款项形成借款，企业按照税法规定应当缴纳的税款等，均属于企业承担的法定义务，需要依法予以偿还。推定义务是指根据企业多年来的习惯做法、公开的承诺或者公开宣布的政策而导致企业将承担的责任，这些责任也使有关各方形成了企业将履行义务解脱责任的合理预期。例如，企业销售商品向购买者承诺的“三包”服务。

2.负债的分类

负债通常是按照流动性进行分类的。这样分类的目的在于了解企业流动资产和流动负债的相对比例，大致反映出企业的短期偿债能力，从而向债权人揭示债权的相对安全程度。负债按其流动性不同，分为流动负债和非流动负债。

（1）流动负债。

流动负债是将在一年或者超过一年的一个营业周期内偿还的债务。流动负债按债权人不同又可细分为：①债权人为银行或其他金融结构的负债，即短期借款；②债权人为供应单位的负债，存在形式为应付票据和应付账款；③债权人为购买单位的负债，即预收账款；④债权人为企业员工的负债，即应付职工薪酬；⑤应付利息，指应向债券持有者或银行支付的债券利息、借款利息；⑥应付股利，指应向所有者支付的现金股利；⑦应交税费，指应向税务机关缴纳的各种税金和附加费等。

（2）非流动负债。

非流动负债是偿还期在一年或者超过一年的一个营业周期以上的债务。非流动负债包括：①长期借款，指本企业从银行或其他金融结构借入的期限超过一年的借款；②应付债券，指本企业发行的债券，持有人为债权人；③长期应付款等。

（三）所有者权益

1.所有者权益的定义

所有者权益是指企业资产扣除负债后由所有者享有的剩余权益。公司的所有者权益又称为股东权益。所有者权益是所有者对企业资产的剩余索取权，它是企业资产中扣除债权人权益后应由所有者享有的部分，既可反映所有者投入资本的保值增值情况，又体现了保护债权人权益的理念。

所有者权益的基本特征表现为：

（1）所有者权益表示了企业经济资源的基本来源，是决定企业权利及利益分配的主要依据。

（2）除非发生减资、清算，企业不需要偿还所有者权益。

（3）企业清算时，只有在清算所有的负债后，所有者权益才能返还给所有者。

2.所有者权益的来源

所有者权益的来源包括所有者投入的资本、直接计入所有者权益的利得和损失、留存收益。

（1）所有者投入的资本。

所有者投入的资本是指所有者投入企业的资本部分，是构成企业注册资本或者股本部分的金额。投入资本就是投资者实际投入企业经营活动的各种财产物资。

（2）直接计入所有者权益的利得和损失。

直接计入所有者权益的利得和损失是指不应计入当期损益、会导致所有者权益发生增减变动的、与所有者投入资本或者向所有者分配利润无关的利得或者损失。其中，利得是指由企业非日常活动所形成的、会导致所有者权益增加的、与所有者投入资本无关的经济利益的流入，包括直接计入所有者权益的利得和直接计入当期利润的利得。损失是指由企业非日常活动所发生的、会导致所有者权益减少的、与向所有者分配利润无关的经济利益的流出，包括直接计入所有者权益的损失和直接计入当期利润的损失。直接计入所有者权益的利得和损失主要包括投入资本超过注册资本或者股本部分的金额，即资本溢价或者股本溢价；可供出售金融资产的公允价值变动额；现金流量套期中套期工具公允价值变动额（有效套期部分）等。直接计入所有者权益的利得和损失在我国企业会计准则体系中被计入了资本公积和其他综合收益，并在资产负债表中的资本公积和其他综合收益项目下反映。

（3）留存收益。

留存收益是企业历年实现的净利润留存于企业的部分，主要包括累计提取的盈余公积和未分配利润。

所有者权益通常由实收资本（或股本）、资本公积（含资本溢价或股本溢价、其他资本公积）、盈余公积和未分配利润构成。一般企业的所有者权益由四部分构成：实收资本、资本公积、盈余公积和未分配利润。实收资本是企业投资者投入的资本。资本公积和盈余公积作为公积金，都是所有者共同拥有的积累资金，但资本公积来源于直接计入所有者权益的利得和损失，而盈余公积是在净利润的分配过程中经提取形成的。未分配利润是指尚未确定去向的利润。

（四）收入

1.收入的定义

收入是指企业在日常活动中形成的、会导致所有者权益增加的、与所有者投入资本无关的经济利益的总流入。根据收入的定义，收入具有以下特征：

（1）收入是从企业的日常活动中产生的。

日常活动是指企业为完成其经营目标所从事的经常性活动以及与之相关的活动。例如，工业企业制造并销售产品、商业企业销售商品、保险公司签发保单、咨询公司提供咨询服务、软件企业为客户开发软件、安装公司提供安装服务、商业银行对外贷款、租赁公司出租资产等，均属于企业的日常活动。而企业非日常活动所形成的经济利益的流入不能确认为收入，而应当确认为利得。比如，处置固定资产、无形资产等都属于非日常活动，所形成的净收益就不应确认为收入，而应当确认为利得。

（2）收入会导致所有者权益的增加。

与收入相关的经济利益流入会导致所有者权益的增加，不会导致所有者权益增加的经济利益的流入不符合收入的定义，不应确认为收入。例如，企业从银行借入款项，尽管也导致了企业经济利益的流入，但该流入并不导致所有者权益的增加，而使企业承担了一项现时义务，故不应将其确认为收入，应当确认一项负债。

（3）收入是与所有者投入资本无关的经济利益的总流入。

收入应当会导致经济利益的流入，从而导致资产的增加。例如，企业销售商品，应当收到现金或者在未来有权收到现金，才表明该交易符合收入的定义。但是，经济利益的流入有时是所有者投入资本的增加所致，所有者投入资本的增加不应当确认为收入，应当将其直接确认为所有者权益。

（4）收入只包括本企业经济利益的流入，不包括为第三方或客户代收的款项。

2.收入的确认条件

企业收入的来源渠道多种多样，不同收入来源的特征有所不同，其收入确认条件也往往存在差别，如销售商品、提供劳务、让渡资产使用权等。一般而言，收入只有在经济利益很可能流入从而导致企业资产增加或者负债减少、经济利益的流入额能够可靠计量时才能予以确认。即收入的确认至少应当符合以下条件：一是与收入相关的经济利益应当很可能流入企业；二是经济利益流入企业的结果会导致资产的增加或者负债的减少；三是经济利益的流入额能够可靠计量。

3.收入的构成

（1）主营业务收入。

主营业务收入是指企业经营主要业务所实现的收入，包括工业企业的产品销售收入，商品流通企业的商品销售收入等。

（2）其他业务收入。

其他业务收入是指除主营业务以外的企业其他业务所实现的收入，如固定资产租金收入、原材料销售收入等。

（3）投资收益。

投资收益是指企业对外投资所实现的收入，包括购买的债券利息收入、所分配的股利收入、有价证券的价差或从被投资企业分配的利润等。

（4）公允价值变动收益。

公允价值变动收益是指采用公允价值计价的资产，其期末公允价值上升而实现的收益。

（五）费用

1.费用的定义

费用是指企业在日常活动中发生的、会导致所有者权益减少的、与向所有者分配利润无关的经济利益的总流出。根据费用的定义，费用具有以下特征：

（1）费用是企业在日常活动中发生的。

费用必须是企业在日常活动中所发生的，这些日常活动的界定与收入定义中涉及的日常活动的界定相一致。企业日常活动中所发生的费用通常包括销售成本（营业成本）、管理费用等。将费用界定为日常活动所发生的，目的是将其与损失相区分，企业非日常活动所发生的经济利益的流出不能确认为费用，而应当计入损失。

（2）费用会导致所有者权益的减少。

与费用相关的经济利益的流出应当会导致所有者权益的减少，不会导致所有者权益减少的经济利益的流出不符合费用的定义，不应确认为费用。

（3）费用能导致所有者权益减少，但与向所有者分配利润无关。

费用的发生应当会导致经济利益的流出，从而导致资产的减少或者负债的增加。其表现形式包括现金或者现金等价物的流出，存货、固定资产和无形资产等的流出或者消耗等。企业向所有者分配利润也会导致经济利益的流出，而该经济利益的流出属于投资者投资回报的分配，是所有者权益的直接抵减项目，不应确认为费用，应当将其排除在费用的定义之外。

2.费用的确认条件

费用的确认除了应当符合定义外，也应当满足严格的条件，即费用只有在经济利益很可能流出企业从而导致企业资产减少或者负债增加、经济利益的流出额能够可靠计量时才能予以确认。即费用的确认至少应当符合以下条件：一是与费用相关的经济利益应当很可能流出企业；二是经济利益流出企业的结果会导致资产的减少或者负债的增加；三是经济利益的流出额能够可靠计量。

3.费用的构成

费用按是否计入资产成本分为成本和期间费用。

（1）成本。

成本是对象化的费用。费用发生时，根据受益原则，即谁受益谁承担费用、谁受益的程度大谁承担的费用多，对费用进行归集和分配。在各受益对象上归集和分配的费用就是该对象的成本，它需要随其所生产的产品收入的实现予以收回。例如，计入产品成本的费用，只有在产品销售出去实现收入时，才能作为主营业务成本得到补偿。其他业务成本也是如此。可计入资产成本的费用按是否需要分配，分为直接费用和间接费用。凡是受益对象明确，可以直接计入资产成本的费用就是直接费用，包括直接材料、直接人工和其他直接支出。凡是由几种资产共同受益，经过按受益程度进行分配才能计入资产成本的费用就是间接费用，包括间接材料费用、间接人工费用和其他间接支出。

（2）费用。

费用一般是指企业在日常活动中发生的营业税费、期间费用和资产减值损失。

①营业税费，也称销售税费，是指企业营业活动应当负担并根据销售收入确定的各种税费，如消费税、城市维护建设税、教育费附加等。

②期间费用是指企业本期发生的、不能直接或间接计入营业成本，而是直接计入当期损益的各项费用，包括销售费用、管理费用和财务费用等。

A.销售费用。销售费用是指为销售产品或实现收入而发生的费用，是企业在销售产品、自制半成品和提供劳务等过程中发生的费用，包括由企业负担的包装费、运输费、广告费、装卸费、保险费、委托代销手续费、展览费、租赁费（不含融资租赁费）和销售服务费、销售部门人员工资、职工福利费、差旅费、办公费、折旧费、修理费、物料消耗、低值易耗品摊销以及其他经费等。

B.管理费用。管理费用是指企业为组织和管理生产经营发生的费用。具体包括的项目有：企业的董事会和行政管理部门在企业的经营管理中发生的，或者应当由企业统一负担的公司经费、工会经费、待业保险费、劳动保险费、董事会费、聘请中介机构费、咨询费（含顾问费）、诉讼费、业务招待费、技术转让费、无形资产摊销、职工教育经费、研究与开发经费、排污费、存货盘亏或盘盈等。

C.财务费用。财务费用是指企业为筹集生产经营资金而发生的各项费用。它包括企业生产经营期间发生的利息支出（减利息收入）、汇兑净损失（有的企业，如商品流通企业、保险企业，进行单独核算，不包括在财务费用中）、金融机构手续费，以及筹资发生的其他财务费用，如债券印刷费、国外借款担保费等。

③资产减值损失是指企业计提的坏账准备、存货跌价准备和固定资产减值准备等所形成的损失。

上面定义的费用属于狭义上的概念。广义的费用还包括直接计入当期利润的损失和所得税费用。

直接计入当期利润的损失，即营业外支出，是指企业发生的与其他生产经营活动无直接关系的各项支出，包括固定资产盘亏、罚款支出、捐赠支出和非常损失等。

所得税费用是指企业按企业所得税法的规定应向国家缴纳的所得税。

（六）利润

1.利润的定义

利润是指企业在一定会计期间的经营成果。通常情况下，如果企业实现了利润，表明企业的所有者权益将增加，业绩得到了提升；反之，如果企业发生了亏损（即利润为负数），表明企业的所有者权益将减少，业绩有所下降。利润是评价企业管理层业绩的指标之一，也是投资者等财务报告使用者进行决策的重要参考指标。

2.利润的确认条件

利润反映收入减去费用、利得减去损失后的净额。利润的确认主要依赖于收入和费用以及利得和损失的确认，其金额的确定也主要取决于收入、费用、利得、损失金额的计量。

3.利润的构成

利润包括收入减去费用后的净额、直接计入当期利润的利得和损失等。利润分为营业利润、利润总额和净利润。

（1）营业利润。

营业利润是指收入减去费用后的净额，反映企业日常活动的经营业绩。

营业利润=营业收入（主营业务收入+其他业务收入）-营业成本（主营业务成本+其他业务成本）-税金及附加+投资收益+公允价值变动收益+资产处置收益+其他收益-销售费用-管理费用-财务费用-资产减值损失

（2）利润总额。

利润总额是指营业利润加上直接计入当期利润的利得即营业外收入减去直接计入当期利润的损失即营业外支出后的利润。直接计入当期利润的利得和损失与企业日常活动无关。企业应当严格区分收入和利得、费用和损失之间的区别，以反映企业的经营业绩。

利润总额=营业利润+营业外收入-营业外支出

（3）净利润。

净利润亦称税后利润，是指实际归企业（所有者）支配的利润。

净利润=利润总额-所得税费用

要素的确认解决的是能否计入本期的问题，而要确认计入多少则是要素的计量问题。要素计量按计入时间分为初始计量、后续计量和期末计量。会计要素计量的金额由会计要素的计量属性决定。

三、划分会计要素的意义

会计要素的划分在会计核算中具有十分重要的作用，具体表现在：

第一，会计要素是对会计对象的科学分类。会计对象的内容是多种多样的，为了科学系统地对其进行反映和监督，必须对它们进行分类，然后按类设置账户并登记账簿。

第二，会计要素是设置会计科目和会计账户的基本依据。对会计对象进行分类，必须确定分类的标志，而这些标志本身就是账户的名称即会计科目。不将会计对象划分为会计要素，就无法设置会计账户，也就无法进行会计核算。

第三，会计要素是构成财务报表的基本框架。财务报表是提供会计信息的基本手段，财务报表应该提供一系列指标，这些指标主要由会计要素构成。从这个意义上讲，会计要素为设计财务报表奠定了基础。

四、会计要素计量属性及其应用原则

（一）会计要素的计量属性

会计要素计量是为了将符合确认条件的会计要素登记入账并列报于财务报表而确定其金额的过程。企业应当按照规定的会计要素计量属性进行计量，确定相关金额。计量属性是指所予计量的某一要素的特性方面，如桌子的长度、铁矿石的重量、楼房的面积等。从会计角度，计量属性反映的是会计要素金额的确定基础，主要包括历史成本、重置成本、可变现净值、现值和公允价值等。

1.历史成本

历史成本又称实际成本，就是取得或制造某项财产物资时所实际支付的现金或其他等价物。在历史成本计量下，资产按照其购置时支付的现金或者现金等价物的金额，或者按照购置资产时所付出的对价的公允价值计量。负债按照其因承担现时义务而实际收到的款项或者其他资产的金额，或者承担现时义务的合同金额，或者按照日常活动中为偿还负债预期需要支付的现金或者现金等价物的金额计量。

2.重置成本

重置成本又称现行成本，是指按照当前市场条件，重新取得同样一项资产所需支付的现金或现金等价物金额。在重置成本计量下，资产按照现在购买相同或者相似资产所需支付的现金或者现金等价物的金额计量。负债按照现在偿付该项债务所需支付的现金或者现金等价物的金额计量。在实务中，重置成本多应用于盘盈固定资产的计量等。

3.可变现净值

可变现净值是指在正常生产经营过程中，资产预计售价减去进一步加工成本和预计销售费用以及相关税费后的净值。在可变现净值计量下，资产按照其正常对外销售所能收到的现金或者现金等价物的金额扣减该资产至完工时估计将要发生的成本、估计的销售费用以及相关税费后的金额计量。可变现净值通常应用于存货发生减值情况下的后续计量。

4.现值

现值是指对未来现金流量以恰当的折现率进行折现后的价值，是考虑货币时间价值的一种计量属性。在现值计量下，资产按照预计从其持续使用和最终处置中所取得的未来净现金流入量的折现金额计量。负债按照预计期限内需要偿还的未来净现金流出量的折现金额计量。

5.公允价值

公允价值是指市场参与者在计量日发生的有序交易中，销售资产或转移负债所收取或支付的价格。有序交易是指计量日前一段时期内具有惯常市场活动的交易，不包括清算和抛售。交易价格（入账价值），是指购买或承担负债时支付或收取的价格；而公允价值中强调的是转让资产和负债时收到或支付的价格，即脱手价格（资产处置变现的价格而不是购买时的成本，负债的转移成本而不是承担负债所收到的金额）。该定义强调基于市场进行计量，而不是基于特定主体。公允价值不同于完全有效市场条件下的均衡（出清）价格。

（二）计量属性的应用原则

基本准则规定，企业在对会计要素进行计量时，一般应当采用历史成本，采用重置成本、可变现净值、现值、公允价值计量的，应当保证所确定的会计要素金额能够取得并可靠计量。

企业会计准则体系适度、谨慎地引入公允价值这一计量属性，是因为随着我国资本市场的发展，越来越多的股票、债券、基金等金融产品在交易所挂牌上市，使得这类金融资产的交易已经形成了较为活跃的市场，因此，我国已经具备了引入公允价值的条件。在这种情况下，引入公允价值更能反映企业的实际情况，对投资者等财务报告使用者的决策更具有相关性。

在引入公允价值的过程中，我国充分考虑了国际财务报告准则中公允价值应用的三个级次，即：第一，资产或负债等存在活跃市场的，活跃市场中的报价应当用于确定其公允价值；第二，不存在活跃市场的，参考熟悉情况并自愿交易的各方最近进行的市场交易中使用的价格或参照实质上相同或相似的其他资产或负债等的市场价格确定其公允价值；第三，不存在活跃市场，且不满足上述两个条件的，应当采用估值技术等确定其公允价值。

企业会计准则体系引入公允价值是适度、谨慎和有条件的。原因是考虑到我国尚属新兴和转型的市场经济国家，如果不加限制地引入公允价值，有可能出现公允价值计量不可靠，甚至借机人为操纵利润的现象。因此，在投资性房地产和生物资产等具体准则中规定，只有存在活跃市场、公允价值能够取得并可靠计量的情况下，才能采用公允价值计量。

第三节 会计等式

一、会计等式的含义

会计等式是反映会计要素关系的数学模型。会计等式，也称会计平衡公式，或会计方程式，它是对各会计要素的内在经济关系利用数学公式所作的概括表达，即反映各会计要素数量关系的等式。它提示各会计要素之间的联系，是复式记账、试算平衡和编制财务报表的理论依据。

二、静态会计等式

任何一个会计主体为了进行生产经营活动，都需要拥有一定数量的经济资源，这些经济资源在会计上称为“资产”。资产最初进入企业时总有其提供者，他们对企业的资产具有索偿权，这种对企业资产具有索偿权的，在会计上称为“权益”。因此，一个会计主体的全部资产应当等于各有关提供者对这些资产的权益总和，即用公式表示为：

资产=权益

资产表明企业拥有什么经济资源和多少经济资源，而权益则表明是谁提供了这些经济资源，是谁对这些经济资源具有索偿权。因此，资产和权益之间存在着相互依存的关系：资产不能离开权益而存在；权益不能没有资产。从数量上来看，一定数额的资产，就必然有一定数额的权益。即一个企业的资产总额与权益总额必定彼此相等，从任何时点上看都是如此。

由于权益分为债权人权益和所有者权益，并且债权人权益又称为负债，因此，会计等式可改写为：

资产=负债+所有者权益

这一会计等式是最基本的会计等式，也称为会计方程式，它反映了静态要素之间的数量关系。它是复式记账、试算平衡和编制资产负债表的理论依据。

资产总额与负债、所有者权益总额必然相等，这反映了资产、负债和所有者权益之间量（货币计量）的关系，是企业一定时点的财务状况。

三、动态会计等式

动态会计等式是描述动态会计要素之间内在数量关系的数学表达式。收入、费用和利润三个要素属于动态会计要素，因为它们是一段时期内资金处于运动状态下的表现。收入、费用和利润三个动态会计要素之间的数量关系用公式表示为：

收入-费用=利润

其含义是，企业实现的收入总额减去发生的费用总额就是实现的利润总额。

这里的利润总额是指营业利润。作为企业经营成果的利润总额还包括直接计入当期损益的利得和损失。利润是企业一定会计期间的经营成果，包括收入减去费用的净额，直接计入利润的利得和损失。

动态会计等式反映了某一会计期间企业收入、费用和利润之间的数量关系，是编制利润表的理论依据。

四、综合会计等式

资产+费用=负债+所有者权益+收入

这一会计等式的推导过程如下：

资产=负债+所有者权益　（1）

利润属于所有者权益，因为企业的主人是所有者，企业实现的利润当然归所有者所有，因此，所有者权益中包括利润。如果将利润从所有者权益中单列出来，公式就变为：

资产=负债+所有者权益+利润　（2）

用动态会计等式“收入-费用=利润”左边的“收入-费用”代替等式（2）右边的“利润”，则等式（2）变为：

资产=负债+所有者权益+收入–费用 (3)

将费用要素从等式右边移到等式左边，则等式（3）变为：

资产+费用=负债+所有者权益+收入 (4)

等式（4）是理解借贷记账法的理论基础，因为这一等式的两边反映了资金运动的来龙去脉。等式左边“资产+费用”反映了资金的去向，等式右边“负债+所有者权益+收入”反映了资金的来源。

这一综合会计等式的含义是：企业成立之日，在资产、负债、所有者权益平衡的基础上经过一个会计期间的经营，在期末，三者之间又建立了新的平衡关系。由此推理得出结论：在企业持续经营期间的任何一个时点上，资产与负债和所有者权益在数量上总是保持平衡关系，因此，“资产=负债+所有者权益”被称为恒等式，有着重要的意义。

五、经济业务的发生对会计等式的影响

1.经济业务的类型

企业在生产经营过程中，不断地发生各种经济业务。这些经济业务的发生会对有关的会计要素产生影响，但是，却不会破坏上述等式的恒等关系，因为一个企业的经济业务虽然数量多、花样多，但归纳起来不外乎以下9种类型：

（1）经济业务的发生导致资产项目此增彼减，但增减金额相等，故等式保持平衡。

（2）经济业务的发生导致负债项目此增彼减，但增减金额相等，故等式保持平衡。

（3）经济业务的发生导致所有者权益项目此增彼减，但增减金额相等，故等式保持平衡。

（4）经济业务的发生导致负债项目增加，而所有者权益项目减少，但增减金额相等，故等式保持平衡。

（5）经济业务的发生导致所有者权益项目增加，而负债项目减少，但增减金额相等，故等式保持平衡。

（6）经济业务的发生导致资产项目增加，而负债项目也增加相同金额，故等式保持平衡。

（7）经济业务的发生导致资产项目增加，而所有者权益项目也增加相同金额，故等式保持平衡。

（8）经济业务的发生导致资产项目减少，而负债项目也减少相同金额，故等式保持平衡。

（9）经济业务的发生导致资产项目减少，而所有者权益项目也减少相同金额，故等式保持平衡。

2.各类经济业务对基本会计等式的影响

通过分析，我们可以得出如下结论：

（1）一项经济业务的发生，可能仅涉及资产与负债和所有者权益中的一方，也

可能涉及双方，但无论如何，结果一定是基本会计等式的恒等关系保持不变。

（2）一项经济业务的发生，如果仅涉及资产与负债和所有者权益中的一方，则既不会影响到双方的恒等关系，也不会使双方的总额发生变动。

（3）一项经济业务的发生，如果涉及资产与负债和所有者权益中的双方，则虽然不会影响到双方的恒等关系，但会使双方的总额发生同增或同减的变动。

下面以具体的经济业务为例，说明经济业务的发生对会计等式的影响。

（1）经济业务的发生引起等式两边同时增加，且增加的金额相等。

【例2-1】企业收到东方公司投入设备1 000万元。

该业务的发生，一方面引起企业的设备增加1 000万元，设备属于固定资产，所以企业的资产总额增加1 000万元；另一方面，所增加的1 000万元是东方公司投入的资本，引起企业的实收资本增加1 000万元，实收资本属于所有者权益，所以企业的权益总额增加1 000万元。即会计等式两边同时增加，且增加的金额都是1 000万元。这笔交易发生后会计等式仍然成立。

【例2-2】企业收到银行半年期贷款100万元。

该业务的发生，一方面使企业的银行存款增加100万元，银行存款属于资产，所以企业的资产总额增加100万元；另一方面，从银行取得半年期贷款使企业的短期借款增加100万元，短期借款属于负债，所以企业的负债总额增加100万元。即会计等式两边同时增加，且增加的金额都是100万元。这笔交易发生后会计等式仍然成立。

（2）经济业务的发生引起等式两边同时减少，且减少的金额相等。

【例2-3】企业签发转账支票缴纳所得税10万元。

该业务的发生，一方面使企业的银行存款减少10万元，银行存款属于资产，所以企业的资产总额减少10万元；另一方面，企业缴纳所得税使应交所得税减少10万元，应交所得税作为应交税费属于负债，所以企业的负债总额减少10万元。即会计等式两边同时减少，且减少的金额都是10万元。这笔交易发生后会计等式仍然成立。

【例2-4】用银行存款100万元回购本企业发行的普通股20万股，每股股本为1元。

该业务的发生，一方面使企业的银行存款减少100万元，银行存款属于资产，所以企业的资产总额减少100万元；另一方面，企业回购普通股20万股，每股股本为1元，使股本减少20万元，企业多支付80万元，属于股本溢价，股本和股本溢价都属于所有者权益，所以使企业的所有者权益减少100万元。这笔交易涉及等式左边的资产项目和等式右边的所有者权益项目，都是减少100万元。这笔交易不涉及负债项目，负债总额不变。该业务发生后会计等式仍然成立。

（3）经济业务的发生引起等式左边不同项目的此增彼减，且增减的金额相等，等式右边不变。

【例2-5】企业签发现金支票，从银行提取现金5万元。

该业务的发生，一方面使企业的银行存款减少5万元，银行存款属于资产，所以企业的资产总额减少5万元；另一方面，从银行提取现金使库存现金增加5万元，库存现金属于资产，所以企业的资产总额增加5万元。本次交易引起一种资产库存现金增加5万元，同时引起另一种资产银行存款减少5万元，交易发生后资产总额不变。这笔交易不涉及等式右边的项目，负债和所有者权益总额不变。这笔交易发生后会计等式仍然成立。

（4）经济业务的发生引起等式右边不同项目此增彼减，且增减的金额相等，等式左边不变。

【例2-6】前欠大桥公司货款10万元到期，企业签发商业汇票，承诺3个月付款。

该业务的发生，一方面使企业的应付票据增加10万元，应付票据属于负债，所以企业的负债总额增加10万元；另一方面，签发商业汇票抵偿货款，使应付账款减少10万元，应付账款属于负债，所以企业的负债总额减少10万元。这笔交易引起一种负债应付票据增加10万元，同时引起另一种负债应付账款减少10万元，负债总额不变。这笔交易不涉及资产和所有者权益，所以资产总额和所有者权益总额不变。这笔交易发生后会计等式仍然成立。

【例2-7】经股东大会批准，企业将资本公积500万元转增资本。

该业务的发生，一方面使企业的实收资本增加500万元，实收资本属于所有者权益，所以企业的所有者权益总额增加500万元；另一方面，资本公积减少500万元，资本公积属于所有者权益，所以企业的所有者权益总额减少500万元。这笔交易引起一种所有者权益增加，同时引起另一种所有者权益减少，且增减的金额相等，因此所有者权益总额不变。这笔交易不涉及资产和负债，所以资产总额和负债总额不变。这笔交易发生后会计等式仍然成立。

【例2-8】经持券人申请，将本企业发行的可转换债券200万元转换为普通股。

该业务的发生，一方面使企业的应付债券减少200万元，应付债券属于负债，所以企业的负债总额减少200万元；另一方面，普通股增加200万元，引起企业的所有者权益增加200万元。这笔交易引起负债总额减少200万元，同时引起所有者权益增加200万元，负债与所有者权益总额不变。这笔交易不涉及资产，所以资产总额不变。这笔交易发生后会计等式仍然成立。

【例2-9】经股东大会审议通过，企业向所有者分配现金股利20万元。

该业务的发生，一方面使企业的应付股利增加20万元，应付股利属于负债，所以企业的负债总额增加20万元；另一方面，分配利润20万元，引起企业的所有者权益减少20万元。这笔交易引起负债总额增加20万元，同时引起所有者权益减少20万元，负债与所有者权益总额不变。这笔交易不涉及资产，所以企业的资产总额不变。这笔交易发生后会计等式仍然成立。

引起会计等式发生增减变化的经济业务不外乎以上4种类型，每一种类型的交易或事项的发生，都不破坏会计等式的平衡。所以，无论何时，发生何种经济业务，会计等式都会成立。

企业发生的引起会计等式增减变动的4种经济业务可用图2-3表示。

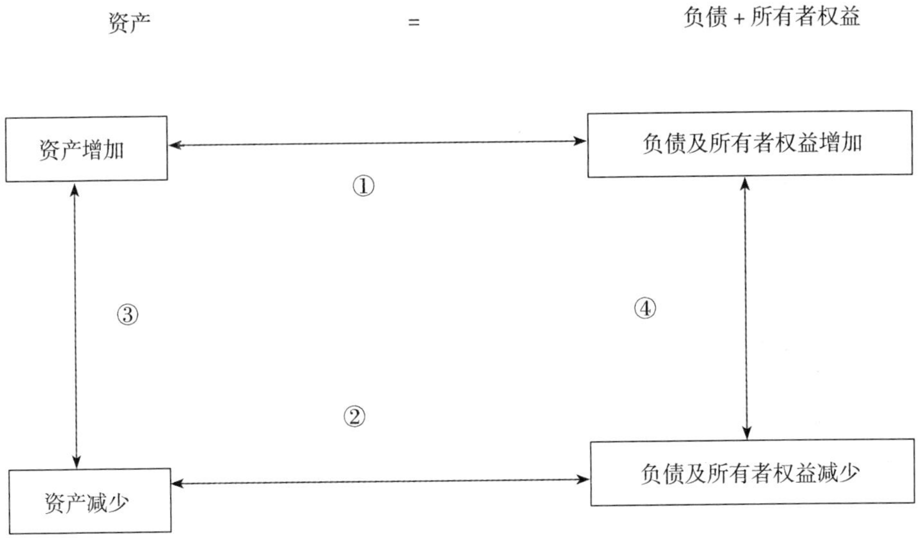

图2-3 引起会计等式发生增减变动的4种经济业务

第四节 会计科目

一、会计科目的定义

会计科目，是指对会计要素的具体经济内容进行分类核算和监督的项目，是对会计要素按照经济内容和经营管理需要所进行的进一步分类。每一个会计科目都反映了特定的经济内容。会计科目是会计制度的重要组成部分，是编制会计凭证、设置账簿、编制财务报表的依据。

在企业的生产经营过程中，会经常发生各种各样的经济业务，这些业务的发生必然会引起各项会计要素发生增减变化，而这些变化或者涉及不同的会计要素，或者涉及某一会计要素各内部项目。这些变化是如何进行的，变化的结果是什么，就需要借助于会计来记录，提供变化过程和结果的信息。但是，如果只将六大会计要素作为会计数据的归类标准，就过于笼统、概括，不能完整地提供管理所需资料。因此，还必须在会计要素的基础上按具体项目进行进一步分类，即设置会计科目。

二、会计科目的分类

（一）按所核算的经济内容分类

会计科目按其经济内容的分类是主要的、基本的分类，亦称按所归属的会计要素分类。会计科目按其核算的经济内容，可以划分为资产类科目、负债类科目、共同类科目、所有者权益类科目、成本类科目和损益类科目。

1.资产类科目

资产类科目是用于核算资产要素的科目，按资产的流动性分为反映流动资产的科目和反映非流动资产的科目。

（1）反映流动资产的科目。按流动资产的内容，又可细分为：①反映货币资金的科目，如“库存现金”和“银行存款”等科目；②反映交易性金融资产的科目；③反映债权的科目，如“应收账款”和“其他应收款”等科目；④反映存货的科目，如“原材料”和“库存商品”等科目。

（2）反映非流动资产的科目。按非流动资产的内容，又可细分为：①反映持有至到期投资的科目，如“持有至到期投资”等科目；②反映可供出售金融资产的科目；③反映长期股权投资的科目，如“长期股权投资”等科目；④反映固定资产的科目，如“固定资产”和“累计折旧”等科目；⑤反映无形资产的科目，如“无形资产”和“累计摊销”等科目。

2.负债类科目

负债类科目是用于核算负债要素的科目，按负债的偿还期限分为反映流动负债的科目和反映非流动负债的科目。

（1）反映流动负债的科目。按债权人不同又可细分为：①债权人为银行或其他金融机构，如“短期借款”科目；②债权人为供应单位，如“应付票据”和“应付账款”科目；③债权人为购买单位，如“预收账款”科目；④债权人为企业员工，如“应付职工薪酬”科目；⑤债权人为税务机关，如“应交税费”科目；⑥债权人为本企业所发行债券的持有人或贷款单位，如“应付利息”科目；⑦债权人为所有者，如“应付股利”科目等。

（2）反映非流动负债的科目。如“长期借款”“应付债券”“长期应付款”等科目。

3.共同类科目

共同类科目亦称资产负债共同类科目，其核算的内容不固定，有时为资产，有时为负债，有时既核算资产又核算负债。共同类科目需要从其期末余额所在方向界定其性质，是金融企业使用的科目，包括“清算资金往来”“货币兑换”“衍生工具”“套期工具”“被套期项目”等科目。

4.所有者权益类科目

所有者权益类科目是用于核算所有者权益的科目。按所有者权益的形成和性质可分为反映资本的科目和反映留存收益的科目，如“实收资本”“资本公积”“盈余公积”“本年利润”“利润分配”等科目。

5.成本类科目

成本类科目是用于计算成本的科目，如“生产成本”“制造费用”等科目。

6.损益类科目

损益类科目是用于核算利润形成的科目，根据企业经营损益形成的内容又可以分为两类：

（1）收入与利得类科目。核算收入的科目，如“主营业务收入”“其他业务收入”“投资收益”“公允价值变动损益”等科目；核算利得的科目，如“营业外收入”科目。

（2）费用与损失类科目。核算费用的科目，如“主营业务成本”“其他业务成本”“税金及附加”“销售费用”“管理费用”“财务费用”“资产减值损失”等科目；核算损失的科目，如“营业外支出”科目。

（二）按提供信息的详细程度及其统驭关系分类

1.总分类科目

总分类科目，又称一级科目或总账科目，它是对会计要素具体内容进行总括分类、提供总括信息的会计科目。总分类科目反映各种经济业务的概括情况，是进行总分类核算的依据。会计科目表上的科目都是总分类科目，如“库存现金”“银行存款”“库存商品”“固定资产”“短期借款”“实收资本”等。

2.明细分类科目

明细分类科目，又称明细科目，是对总分类科目作进一步分类、提供更详细和更具体会计信息的科目。如在“应付债券”总分类科目下设置“债券面值”“债券溢价”“债券折价”“应计利息”等明细科目，分类反映应付债券的具体情况。明细分类科目的设置要根据经济管理的具体需要进行。有的总分类科目需要设置较多的明细科目，如“应收账款”“应付账款”“管理费用”等；有的总分类科目无须设置明细分类科目，如“累计折旧”“本年利润”等。在实际的会计核算工作中，若一个总分类科目下设置的明细分类科目过多，往往会给记账、稽核、查对等带来诸多不变，此时就可在总分类科目与明细分类科目之间增设子目，将总分类科目称为一级科目，将子目称为二级科目，将明细科目称为三级科目。

3.总分类科目与明细分类科目的关系

总分类科目对其所属的明细分类科目具有统驭和控制的作用，而明细分类科目是对其所归属的总分类科目的补充和说明。同一会计科目内部的纵向级次关系举例见表2-1，它们之间是总括与详细、统驭与从属的关系。

表2-1 会计科目的纵向级次关系举例

总分类科目（一级科目）	明细分类科目	
	二级科目（子目）	三级科目（细目）
原材料	原料及主要材料	圆钢
		方钢
		角钢
	辅助材料	油漆

三、会计科目的设置

（一）会计科目的设置原则

1.合法性原则

合法性原则，是指所设置的会计科目应当符合国家统一的会计制度的规定。2006年10月30日，财政部制定了《企业会计准则——应用指南》（以下简称《指南》），在附录中依据企业会计准则中确认和计量的规定制定了涵盖各类企业的主要交易或事项的会计科目和主要账务处理，要求各企业在不违反会计准则中确认、计量和报告规定的前提下，可以根据本单位的实际情况自行增设、分拆、合并会计科目。企业不存在的交易或者事项，可不设置相关会计科目。各具体单位在设计一级会计科目名称时，只要会计事项的相关核算内容在《指南》中有明确的会计科目名称，就要遵循国家的统一规定，不另外确定科目名称，以增强会计科目名称的统一性和会计信息的可比性。

2.相关性原则

相关性原则，是指所设置的会计科目应当为提供有关各方所需要的会计信息服务，满足对外报告与对内管理的要求。会计核算的目标就是向各方使用者提供有用的会计信息，以满足他们的判断、决策需要。一方面，会计科目的名称要明了，代表了经济业务的主要特点，使人易懂；另一方面，不同的信息使用者，如国家宏观调控部门、企业内部管理部门、投资者、债权人、社会公众等对会计信息的需求不尽相同，会计科目设置既要兼顾不同信息使用者的需要，又要考虑会计信息的成本。也就是说，会计科目设置应简单明了、通俗易懂，要突出重点，对不重要的信息要合并或删减，要尽量使报表阅读者一目了然，易于理解。同时，要考虑会计信息化的要求，方便计算机操作，要加设会计科目编号。

3.实用性原则

实用性原则，是指所设置的会计科目应符合单位自身特点，满足单位实际需要。根据经济业务的多少，经济业务所涉及的科目来设置，如果某些业务很少发生，或不发生，则可以不设置会计科目。设置会计科目必须适应会计对象的特点，是指必须根据各行业会计对象的特点，本着全面核算其经济业务的全过程及结果的目的来确定应设置的会计科目。例如，工业企业是从事生产制造的企业，根据这一特点，工业企业必须设置反映生产过程的会计科目，如“生产成本”“制造费用”等科目；而商品流通企业不生产产品，而是以商品买卖作为主要经营业务，故其会计科目应反映商品的买卖过程，不需要设置“生产成本”和“制造费用”两个科目。

（二）会计科目表

会计科目表和会计科目使用说明是会计科目设计的最终成果。会计科目表的作用是帮助会计人员全面掌握和正确运用会计科目，规范账户的开设和会计分录的编制。

会计科目表的设计主要是要解决会计科目的名称确定、分类排列、科目编号的问题。《指南》的会计科目表中，资产类科目基本是按照其流动性快慢排列的，负债类科目基本是按照其偿还期限的短长排列的，所有者权益类科目是按照其永久性程度高低排列的，成本及损益类会计科目是按照类别及重要性程度大小排列的。该会计科目表还列出了一级会计科目的名称和科目编号，各具体单位在设计会计科目表时，应根据需要设计并列示全部一级科目及其所属的全部明细科目名称及编号。

会计科目编号的主要作用是使会计科目排列井然有序，有助于查阅和记忆，便于分类安排账簿、账页顺序，便于财务报表依序编制，有助于会计事项的归类。会计科目编号是利用数字、文字和其他特定的符号等作为工具，按一定的方式，组成一定形式的编码，作为科目的符号，以利于对会计科目的记忆和使用。《指南》中会计科目是按照十进位数字编号法中的4位数字组来编号的：其中左起第一个数字表示科目的大类；左起第二个数字表示大类中的小类（或科目的性质）；左起第三和第四个数字表示小类中的顺序，各序号之间可留出一定的空号以备增加科目。一级科目编号为4位数，左起第五位和第六位数字表示二级明细科目，如果还有三级明细科目，则用左起第七位和第八位数字表示，依次类推。各具体单位在设计会计科目编号时应采用与《指南》相一致的编号方法，以利于加强会计信息的横向比较，并充分利用会计信息。《指南》中的会计科目表见表2-2。其中，后面有“V”的会计科目是基础会计使用的科目。

表2-2 会计科目表

序号	编号	名称
		一、资产类
1	1001	库存现金V
2	1002	银行存款V
3	1003	存放中央银行款项（银行专用）
4	1011	存放同业（银行专用）
5	1012	其他货币资金
6	1021	结算备付金（证券专用）
7	1031	存出保证金（金融共用）
8	1101	交易性金融资产V
9	1111	买入返售金融资产（金融共用）
10	1121	应收票据V
11	1122	应收账款V
12	1123	预付账款V
13	1131	应收股利V
14	1132	应收利息V
15	1201	应收代位追偿款（保险专用）
16	1211	应收分保账款（保险专用）
17	1212	应收分保合同准备金（保险专用）
18	1221	其他应收款V
19	1231	坏账准备V
20	1301	贴现资产（银行专用）
21	1302	拆出资金（金融共用）
22	1303	贷款（银行和保险共用）
23	1304	贷款损失准备（银行和保险共用）
24	1311	代理兑付证券（银行和证券共用）
25	1321	代理业务资产

续表

序号	编号	名称
26	1401	材料采购√
27	1402	在途物资√
28	1403	原材料√
29	1404	材料成本差异√
30	1405	库存商品√
31	1406	发出商品
32	1407	商品进销差价
33	1408	委托加工物资
34	1411	周转材料
35	1421	消耗性生物资产
36	1431	贵金属（金融共用）
37	1441	抵债资产（金融共用）
38	1451	损余物资（保险专用）
39	1461	融资租赁资产（租赁专用）
40	1471	存货跌价准备
41	1481	持有待售资产
42	1501	持有至到期投资√
43	1502	持有至到期投资减值准备
44	1503	可供出售金融资产
45	1511	长期股权投资√
46	1512	长期股权投资减值准备
47	1521	投资性房地产
48	1531	长期应收款
49	1532	未实现融资收益
50	1541	存出资本保证金（保险专用）
51	1601	固定资产√
52	1602	累计折旧√
53	1603	固定资产减值准备
54	1604	在建工程√
55	1605	工程物资
56	1606	固定资产清理√
57	1611	未担保余值（租赁专用）
58	1621	生产性生物资产（农业专用）
59	1622	生产性生物资产累计折旧（农业专用）
60	1623	公益性生物资产（农业专用）
61	1631	油气资产（石油天然气开采专用）

续表

序号	编号	名称
62	1632	累计折耗（石油天然气开采专用）
63	1701	无形资产V
64	1702	累计摊销V
65	1703	无形资产减值准备
66	1711	商誉
67	1801	长期待摊费用V
68	1811	递延所得税资产
69	1821	独立账户资产（保险专用）
70	1901	待处理财产损溢V
		二、负债类
71	2001	短期借款V
72	2002	存入保证金（金融共用）
73	2003	拆入资金（金融共用）
74	2004	向中央银行借款（银行专用）
75	2011	吸收存款（银行专用）
76	2012	同业存放（银行专用）
77	2021	贴现负债（银行专用）
78	2101	交易性金融负债
79	2111	卖出回购金融资产款（金融共用）
80	2201	应付票据V、
81	2202	应付账款V
82	2203	预收账款V
83	2211	应付职工薪酬V
84	2221	应交税费V
85	2231	应付利息V
86	2232	应付股利V
87	2241	其他应付款V
88	2251	应付保单红利（保险专用）
89	2261	应付分保账款（保险专用）
90	2271	持有待售负债
91	2311	代理买卖证券款（证券专用）
92	2312	代理承销证券款（证券和银行共用）
93	2313	代理兑付证券款（证券和银行共用）
94	2314	代理业务负债
95	2401	递延收益
96	2501	长期借款V
97	2502	应付债券V

续表

序号	编号	名称
98	2601	未到期责任准备金（保险专用）
99	2602	保险责任准备金（保险专用）
100	2611	保护储金（保险专用）
101	2621	独立账户负债（保险专用）
102	2701	长期应付款
103	2702	未确认融资费用
104	2711	专项应付款
105	2801	预计负债
106	2901	递延所得税负债
		三、共同类
107	3001	清算资金往来（银行专用）
108	3002	货币兑换（金融共用）
109	3101	衍生工具
110	3201	套期工具
111	3202	被套期项目
		四、所有者权益类
112	4001	实收资本√
113	4002	资本公积√
114	4003	其他综合收益
115	4101	盈余公积√
116	4102	一般风险准备（金融共用）
117	4103	本年利润√
118	4104	利润分配√
119	4201	库存股
		五、成本类
120	5001	生产成本√
121	5101	制造费用√
122	5201	劳务成本
123	5301	研发支出
124	5401	工程施工（建造承包商专用）
125	5402	工程结算（建造承包商专用）
126	5403	机械作业（建造承包商专用）
		六、损益类
127	6001	主营业务收入√
128	6011	利息收入（金融共用）
129	6021	手续费及佣金收入（金融共用）

续表

序号	编号	名称
130	6031	保费收入（保险专用）
131	6041	租赁收入（租赁专用）
132	6051	其他业务收入√
133	6061	汇兑损益（金融专用）
134	6101	公允价值变动损益√
135	6111	投资收益√
136	6112	资产处置收益
137	6113	其他收益
138	6201	摊回保险责任准备金（保险专用）
139	6202	摊回赔付支出（保险专用）
140	6203	摊回分保费用（保险专用）
141	6301	营业外收入√
142	6401	主营业务成本√
143	6402	其他业务成本√
144	6403	税金及附加√
145	6411	利息支出（金融共用）
146	6421	手续费及佣金支出（金融共用）
147	6501	提取未到期责任准备金（保险专用）
148	6502	提取保险责任准备金（保险专用）
149	6511	赔付支出（保险专用）
150	6521	保单红利支出（保险专用）
151	6531	退保金（保险专用）
152	6541	分出保费（保险专用）
153	6542	分保费用（保险专用）
154	6601	销售费用√
155	6602	管理费用√
156	6603	财务费用√
157	6604	勘探费用
158	6701	资产减值损失√
159	6711	营业外支出√
160	6801	所得税费用√
161	6901	以前年度损益调整√

【小　结】

会计对象是指会计核算和监督的经济内容。企业的会计对象是经营资金运动，行政事业单位的会计对象是预算资金运动。经营资金运动与预算资金运动相比，有两个特点：周转性和盈利性。会计核算资金运动，从静态上看，即从资产、负债和所有者权益三个方面反映企业一定时点的财务状况；从动态上看，即从收入、费用和利润三个方面反映企业一定会计期间的经营成果。会计要素就是对会计对象的经济内容的基本分类，包括资产、负债、所有者权益、收入、费用和利润。

会计要素的计量属性主要包括历史成本、重置成本、可变现净值、现值和公允价值。企业在对会计要素进行计量时，一般应当采用历史成本。采用重置成本、可变现净值、现值、公允价值计量的，应当保证所确定的会计要素金额能够取得并可靠计量。会计等式是反映会计要素相互关系的方程式。“资产=负债+所有者权益”是基本会计等式。它表示资产总额与负债、所有者权益总额存在必然相等的关系。“收入-费用=利润”是反映动态会计要素的会计等式，它的依据就是利润的定义。依据基本会计等式和动态会计等式可推出扩大的会计等式：资产+费用=负债+所有者权益+收入。这一会计等式反映了资金运动的来龙去脉，是借贷记账法的理论基础。

会计科目是对会计对象进行核算和监督的项目，是会计要素的进一步分类。会计科目按所核算的经济内容可分为资产类、负债类、共同类、所有者权益类、成本类和损益类科目；按所提供的会计资料的详细程度可分为总分类科目和明细分类科目。会计科目是账户的名称。会计科目与账户核算的内容相同，会计科目的分类也是账户的分类。

【复习思考题】

1.什么是会计对象？企业与行政事业单位的会计对象是什么？

2.会计要素分为几种？各有什么特征和确认条件？

3.简述会计要素的计量属性。

4.简述会计等式，并证明基本会计等式的成立。

5.静态会计等式与动态会计等式之间如何相互转化？试举例说明。

6.如何从会计反映和监督资金运动的规律理解会计对象、会计要素，进而理解会计等式之间的关系？

7.企业常见经济业务可以分为哪几种类型？它们的发生会对会计等式产生什么样的影响？

8.什么是会计科目与会计账户？二者关系如何？

【练习题】

一、单项选择题

1.下列不能确认为企业资产项目的是（　　）。

A.投资者投入的货币资金　　B.交易性金融资产

C.应收账款　　D.合同中约定下月采购的100吨原材料

2.企业会计准则中设置的会计科目是（　　）。

A.会计账簿的名称　　B.财务报表的项目

C.会计要素的名称　　D.会计账户的名称

3.下列属于流动资产的项目是（　　）。

A.固定资产　　B.应收账款

C.预收账款　　D.盈余公积

4.下列属于非流动资产的项目是（　　）。

A.货币资金　　B.原材料

C.长期股权投资　　D.长期借款

5.市场参与者在计量日发生的有序交易中，销售资产或转移负债所收取或支付的价格，其计量属性是（　　）。

A.可变现净值　　B.历史成本

C.公允价值　　D.现值

6.某企业6月21日用银行存款偿还一项短期借款50 000元，该业务会引起（　　）。

A.会计等式仍成立，资产减少50 000元，负债减少50 000元

B.会计等式仍成立，资产总额不变，所有者权益总额不变

C.会计等式不再成立

D.等式仍成立，银行存款减少50 000元，负债增加50 000元

7.大鸿公司签发转账支票，缴纳所得税20万元，使得（　　）。

A.资产增加20万元，所有者权益减少20万元

B.资产增加20万元，负债增加20万元

C.资产减少20万元，负债减少20万元

D.资产减少20万元，负债增加20万元

8.属于所有者权益类的科目是（　　）。

A.所得税费用　　B.无形资产

C.资本公积　　D.应付职工薪酬

9.按照所核算的经济内容分类，“制造费用”科目属于（　　）。

A.资产类科目　　B.成本类科目

C.负债类科目　　D.损益类科目

10.账户的四个金额的关系是（　　）。

A.期末余额=期初余额-本期增加额-本期减少额

B.期末余额=期初余额+本期增加额+本期减少额

C.期末余额=期初余额-本期增加额+本期减少额

D.期末余额=期初余额+本期增加额-本期减少额

二、多项选择题

1.所有者出资的形式可以采用（ ）。

A.货币资金 B.机器设备

C.原材料 D.专利权、商标权等

2.留存收益包括（ ）。

A.实收资本 B.资本公积

C.盈余公积 D.未分配利润

3.确认为企业的资产必须同时满足（ ）。

A.该资源的出资人为国有企业

B.与该资源有关的经济利益很可能流入企业

C.该资源的成本或价值能够可靠地计量

D.该资源具有实物形态

4.引起企业资产一增一减的经济业务有（ ）。

A.从银行提取现金 B.以银行存款购入原材料

C.应收账款收回存入银行 D.以银行存款偿还前欠货款

5.用银行存款采购原材料支付2 600元，引起（ ）。

A.总资产增加2 600元 B.总资产不变

C.会计等式仍成立 D.资产形式变化

6.会计要素的计量属性有（ ）。

A.公允价值 B.历史成本

C.重置成本 D.可变现净值

E.现值

7.保利公司资产负债表中总资产为59 300万元，负债为8 200万元，所有者权益为51 100万元，则（ ）。

A.净资产为51 100万元 B.权益为59 300万元

C.债权人权益为8 200万元 D.符合基本会计等式

8.下列选项中属于负债科目的有（ ）。

A.应付账款 B.预付账款

C.应收账款 D.预收账款

9.引起会计等式两方同时发生增减变动的经济业务有（ ）。

A.以现金偿还短期借款

B.投资者以货币资金追加投资

C.以银行存款支付购货款，材料验收入库

D.从银行提取现金

10.会计科目按照提供信息的详细程度及其统驭关系可分为（　　）。

A.明细分类科目　　B.资产类科目

C.损益类科目　　D.总分类科目

三、判断题

1.负债与所有者权益账户是反映资金来源的账户。（　　）

2.经济业务的发生一定会引起资金总额发生变化。（　　）

3.无论发生何种经济业务，都不会破坏会计等式。（　　）

4.会计账户是依会计科目开设的，其性质和内容与其科目一致。（　　）

5.企业融资租赁的机器设备不属于企业的资产。（　　）

6.某项资源的成本或价值不能可靠计量，就不能确认为资产。（　　）

7.费用的发生会导致所有者权益减少，有时会引起负债增加。（　　）

8.任何流入企业的现金或现金等价物都可定义为收入。（　　）

9.负债类账户借方登记增加数，贷方登记减少数，余额在借方。（　　）

10.资产的增减变动可能是由收入的实现或费用的发生引起的，因此“资产=负债+所有者权益”不应作为基本会计等式。（　　）

四、业务分析题

1.资料：

项目	会计要素
（1）交易性金融资产	A.资产
（2）融资租入固定资产	
（3）管理费用	B.负债
（4）应收账款	
（5）利润分配	C.所有者权益
（6）主营业务收入	D.收入
（7）应付职工薪酬	
（8）盈余公积	E.费用
（9）应付票据	
（10）实收资本	F.利润

要求：用直线连接有关项目所归属的会计要素。

2.资料：

广大公司2017年6月份发生下列经济业务：

（1）1日，接受捐赠加工类机器设备一台，所附单据列示价值290 000元。

（2）3日，从银行提取现金2 800元备用。

（3）15日，向中国工商银行贷款350 000元，存入开户行账户。

（4）16日，以银行存款支付前欠货款28 500元。

（5）20日，接受甲投资人投入货币资金600 000元，存入银行。

（6）20日，职工张某借差旅费，以现金2 000元支付。

（7）22日，购买甲材料30吨，价款及运费等共18 700元，均以银行存款支付（税金暂不考虑）。

（8）25日，以银行存款缴纳应交未交税金8 500元。

（9）30日，以银行存款支付本月水电费39 600元。

（10）30日，以现金支付本月借款利息300元。

要求：分析每项经济业务的发生所引起的资产、负债等要素的变化情况。

第三章

复式记账

学习目的

通过本章的学习，了解复式记账的定义、优点、分类；理解借贷记账法记账符号的含义，记账符号与会计等式的关系；理解账户结构与会计等式的关系、账户性质的判断、双重性质账户的结构；掌握记账规则、账户对应关系和对应账户，会计分录的定义、三要素、编制程序和分类；了解试算平衡的定义、分类；掌握试算平衡及所依据的理论基础和编制试算平衡表的方法；理解和掌握总分类账户与明细分类账户平行登记的定义、要点及对账方法。

第一节 复式记账概述

一、复式记账的含义

复式记账是指对发生的每一笔经济业务，都要以相等的金额，在相互联系的两个或两个以上账户进行登记的记账方法。

所谓记账方法，是指在账簿中登记经济业务的方法，即以会计凭证为依据，运用一定的记账原理和规则，把经济业务记到账簿中去，并通过试算平衡来检查账簿记录是否正确。

复式记账是相对于单式记账的记账方法。单式记账只设货币资金和债权债务账户，所以只登记货币资金和债权债务。而复式记账对每一笔业务都以相等的金额，在相互联系的两个或两个以上账户登记。例如，某企业收到宏发公司投入设备价值500万元，在单式记账法下，企业不必登记账簿，而在复式记账法下，企业应在“固定资产”和“实收资本”两个账户各登记500万元。

二、复式记账的优点

与单式记账法相比较，复式记账法具有以下两个优点：

第一，通过复式记账，可以了解经济业务的发生所引起的资金运动的来龙去脉。由于对于发生的每一项经济业务，都要在两个或两个以上相互联系的账户中进行登记。因此，通过账户记录不仅可以全面、清晰地反映经济业务的来龙去脉，而且还能通过会计要素的增减变动全面、系统地反映经济活动的过程和结果。例如，某企业收到宏发公司投入设备价值500万元，在相互联系的两个账户即“固定资产”和“实收资本”账户各登记500万元，就可以反映宏发公司投入设备所引起的资金运动的来龙去脉。固定资产增加500万元，通过实收资本增加500万元可以发现其来源于所有者投入资本。同样，实收资本增加500万元，通过固定资产增加500万元可以知道其去向，该投资现在是以固定资产的形式存在的。

第二，便于试算平衡。试算平衡是指依据会计等式和记账规则检查账簿记录是否正确。由于每项经济业务发生后，都要以相等的金额在有关账户中进行登记，因此，可以对账户记录的结果进行试算平衡，以检查账户记录是否正确。

三、复式记账法的分类

根据记账符号进行分类，我国曾经存在收付记账法、增减记账法和借贷记账法。收付记账法是以“收”和“付”作为记账符号的复式记账法，账户的左方为“收方”，右方为“付方”。增减记账法是以“增”和“减”作为记账符号的复式记账法，账户的左方为“增方”，右方为“减方”。借贷记账法是以“借”和“贷”作为记账符号的复式记账法，账户的左方为“借方”，右方为“贷方”。会计制度改革后，我国会计核算现在统一采用借贷记账法。

第二节 借贷记账法

一、借贷记账法的记账符号

借贷记账法是以“借”“贷”作为记账符号来记录会计要素增减变动情况的一种复式记账法。它属于复式记账法中的一种，因此，也具备复式记账法的基本原理。

借贷记账法起源于13、14世纪资本主义萌芽时期意大利的钱庄。钱庄是现代银行的前身。钱庄与两种人打交道，从贷主吸收存款和将货币贷给需要货币的借主。贷主是钱庄资金的来源，借主是钱庄资金的去向。与钱庄打交道的贷主有很多人，借主也有很多人。钱庄将全部贷主归为一类，即贷方。将全部借主归为一类，即借方。吸收存款记贷方，表示负债增加，反映资金的来源。向外贷款记借方，表示债权的增加，反映资金的去向。钱庄资金运动的来龙去脉如图3-1所示。

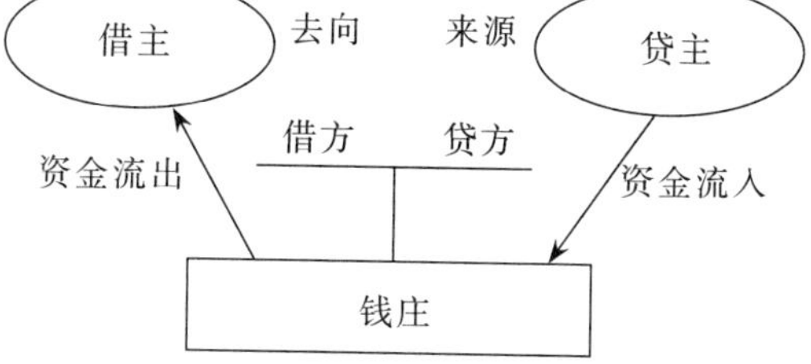

图3-1 钱庄资金运动的来龙去脉

随着市场经济的发展，借贷记账法应用于所有企业，借方不仅记债权的增加，而且记资产的增加和费用的发生；贷方不仅记负债的增加，而且记所有者权益的增加和收入的实现。但借方仍然反映资金的去向，贷方仍然反映资金的来源。资金从哪里来？从贷方来。资金到哪里去？到借方去。贷方和借方反映资金运动的来龙去脉。

二、借贷记账法的账户结构

账户结构是根据管理需要和信息使用者的具体要求，对会计要素的内容进行科学的再分类，并给每一类别标准的名称和相应的结构。简单的说就是发生经济业务时，增加额和减少额应记在账户的哪一方，余额在哪一方。借贷记账法是以“借”“贷”作为记账符号的复式记账法，账户的左方为“借方”，右方为“贷方”。本教材第二章中讲账户结构时曾经说到，账户分左右两方，一方记增加，另一方记减少。如果一个账户借方登记增加额，则贷方登记减少额；反之，贷方登记增加额，则借方登记减少额。至于哪一方登记增加额，哪一方登记减少额，则取于账户所反映的经济内容或账户的性质。

借贷记账法下，账户性质与其在会计等式中的方向有关。从第二章我们知道，会计对象是资金运动。核算资金运动，就要反映资金运动的来龙去脉，简单的说就是会计要素相互关系扩大的会计等式左右两边资金运动的来龙去脉。扩大的会计等式为：资产+费用=负债+所有者权益+收入。等式左边的会计要素资产和费用反映资金的去向；等式右边的会计要素负债、所有者权益和收入反映资金的来源。而借贷记账法下的账户，左方为借方，反映资金的去向，右方为贷方，反映资金的来源。会计等式的左方和右方与账户的借方和贷方在反映资金运动的方向上是一致的，如图3-2所示。

资产 + 费用 = 负债 + 所有者权益 + 收入

去向　　　　来源

借方　　**账户名称**　　贷方

图3-2　会计等式与账户资金运动方向的关系

因为会计等式左方的会计要素反映资金的去向，账户的借方也反映资金的去向，所以增加额记在账户的同方向即借方；同样，会计等式右边的会计要素反映资金的来源，账户的贷方也反映资金的来源，所以增加额记在账户的同方向即贷方。等式左边的账户包括资产类和费用类账户，其增加额记借方；等式右边的账户包括负债类、所有者权益类和收入类账户，其增加额记贷方。增加额记借方的账户在结构上归为一类，称为资产性质账户，包括资产类账户和费用类账户；增加额记贷方的账户在结构上归为一类，称为负债性质账户，包括负债类账户、所有者权益类账户和收入类账户。

【例3-1】企业收到宏发公司投入设备，价值500万元。

该业务的发生，一方面引起本企业的设备增加500万元，设备属于固定资产，应记入“固定资产”账户，固定资产属于资产要素，在等式的左边，在账户结构上属于资产性质账户，增加额记借方；另一方面，所增加的500万元是宏发公司投入的资本，引起本企业的实收资本增加500万元，实收资本属于所有者权益，在等式的右边，在账户结构上属于负债性质账户，增加额记贷方。

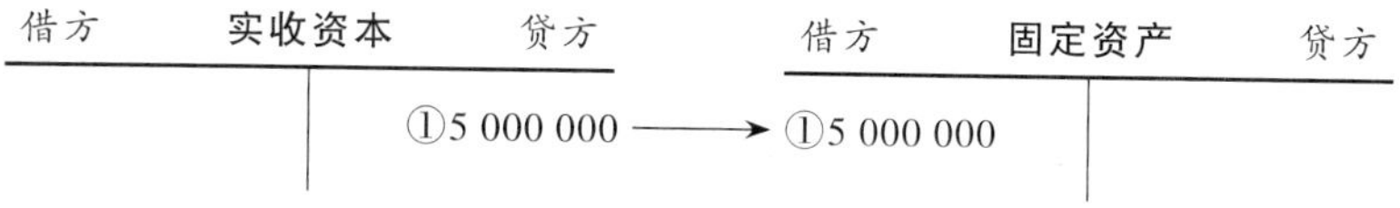

【例 3-2】企业收到银行半年期贷款100万元。

该业务的发生，一方面使企业在银行的存款增加100万元，银行存款属于资产，在等式的左边，在账户结构上属于资产性质账户，增加额记借方；另一方面，从银行取得半年期贷款使短期借款增加100万元，短期借款属于负债，在等式的右边，在账户结构上属于负债性质账户，增加额记贷方。

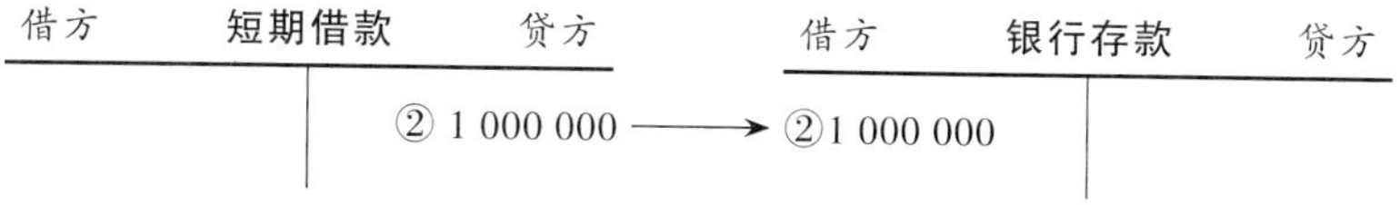

综上所述：资产性质账户，包括资产类、费用类账户，借方记增加额，贷方记减少额；负债性质账户，包括负债类、所有者权益类、收入类账户，贷方记增加额，借方记减少额。

【例 3-3】企业签发转账支票，缴纳所得税20万元。

该业务的发生，一方面使企业在银行的存款减少20万元，银行存款属于资产，在等式的左边，在账户结构上属于资产性质账户，减少额记贷方；另一方面，缴纳所得税使应交所得税减少20万元，应交所得税作为应交税费属于负债，在等式的右边，在账户结构上属于负债性质账户，减少额记借方。

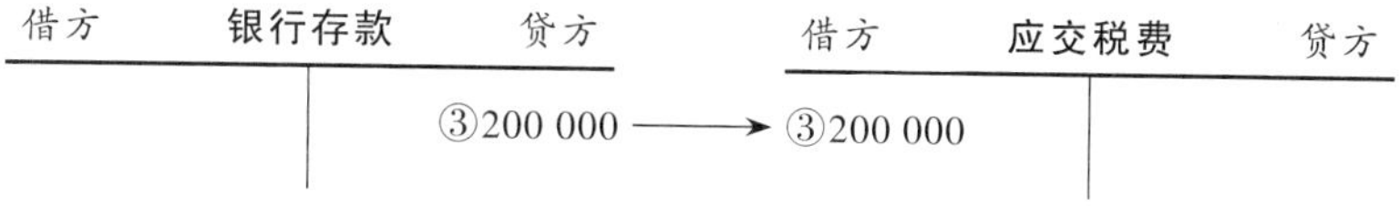

【例 3-4】用银行存款100万元回购本企业发行的普通股20万股，每股股本为1元。

该业务的发生，一方面使企业在银行的存款减少100万元，银行存款属于资产，在等式的左边，在账户结构上属于资产性质账户，减少额记贷方；另一方面，回购普通股20万股，每股股本1元，使股本减少20万元，企业多支付80万元，属于股本溢价，股本应记入“实收资本”账户，股本溢价应记入“资本公积”账户，实收资本和资本公积都属于所有者权益，在等式的右边，在账户结构上属于负债性质账户，减少额记借方。

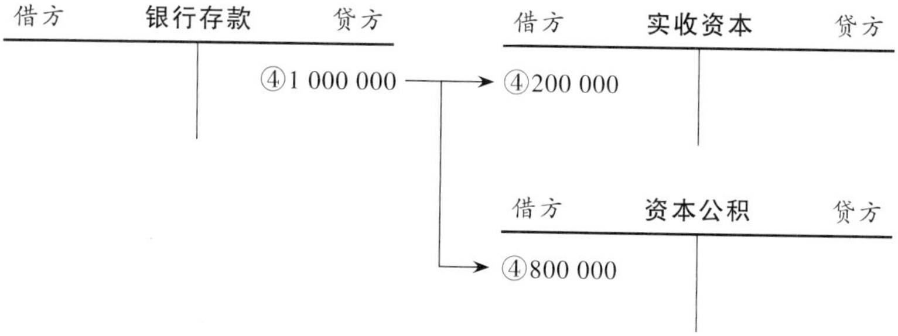

【例3-5】企业签发现金支票，从银行提取现金10万元。

该业务的发生，一方面使企业在银行的存款减少10万元，银行存款属于资产，在等式的左边，在账户结构上属于资产性质账户，减少额记贷方；另一方面，从银行提取现金使库存现金增加10万元，库存现金属于资产，在等式的左边，在账户结构上属于资产性质账户，增加额记借方。

借方 银行存款	贷方		借方 库存现金	贷方
	⑤100 000	→	⑤100 000	

【例3-6】前欠大华公司货款10万元到期，企业签发商业汇票，承诺3个月付款。

该业务的发生，一方面使企业应付票据增加10万元，应付票据属于负债，在等式的右边，在账户结构上属于负债性质账户，增加额记贷方；另一方面，签发商业汇票抵偿货款，使应付账款减少10万元，应付账款属于负债，在等式的右边，在账户结构上属于负债性质账户，减少额记借方。

借方 应付票据	贷方		借方 应付账款	贷方
	⑥100 000	→	⑥100 000	

【例3-7】经股东大会批准，企业将资本公积300万元转增资本。

该业务的发生，一方面使企业实收资本增加300万元，实收资本属于所有者权益，在等式的右边，在账户结构上属于负债性质账户，增加额记贷方；另一方面，资本公积减少300万元，资本公积属于所有者权益，在等式的右边，在账户结构上属于负债性质账户，减少额记借方。

借方 实收资本	贷方		借方 资本公积	贷方
	⑦3 000 000	→	⑦3 000 000	

【例3-8】经持券人申请，将本企业发行的可转换债券200万元转换为普通股。

该业务的发生，一方面使企业应付债券减少200万元，应付债券属于负债，在等式的右边，在账户结构上属于负债性质账户，减少额记借方；另一方面，普通股增加200万元，使企业实收资本增加200万元，实收资本属于所有者权益，在等式的右边，在账户结构上属于负债性质账户，增加额记贷方。

借方 实收资本	贷方		借方 应付债券	贷方
	⑧2 000 000	→	⑧2 000 000	

【例3-9】经股东大会批准，企业向所有者分配现金股利20万元。

该业务的发生，一方面使企业应付股利增加20万元，应付股利属于负债，在等式的右边，在账户结构上属于负债性质账户，增加额记贷方；另一方面，利润分配增加20万元，利润分配属于所有者权益，在等式的右边，但由于“利润分配”账户是“本年利润”账户的备抵调整账户，在账户结构上属于资产性质账户，增加额记借方。

借方	**利润分配** 贷方
⑨200 000 →	

借方	**应付股利** 贷方
	⑨200 000

在借贷记账法下，账户余额与账户在会计等式中的方向是同方向。等式左边的账户即资产性质账户，包括资产类和费用类账户，如果有余额，余额在借方；等式右边的账户即负债性质账户，包括负债类、所有者权益类、收入类账户，如果有余额，余额在贷方。因为费用类和收入类账户属于损益类账户，期末应将本期发生额转入“本年利润”账户，以核算本期的经营成果，所以无期末余额，相应的，也无期初余额。

在一定时期内，企业还要将账户所登记的数额进行汇总，结出本期发生额。

在借贷记账法下，账户的本期发生额是指在一定时期内记入某个账户借方或贷方的数额合计。本期发生额反映各资产、负债、所有者权益在一定时期内的增减变动情况（即动态）。

从账户的结构来讲，可以根据每个账户的期初余额、本期借方发生额和本期贷方发生额，计算出账户的期末余额。期末余额主要反映各项资产、负债和所有者权益在一定时期内增减变动的结果（即静态）。

将借贷记账法的账户结构引入反映账户的四个金额关系的等式：期初余额+本期增加额−本期减少额=期末余额，则：

资产类账户的期初余额（借）+本期借方发生额−本期贷方发生额=期末余额（借）

负债及所有者权益类账户期初余额（贷）+本期贷方发生额−本期借方发生额=期末余额（贷）

在借贷记账法下，记录发生的经济业务时，必须先判断所登记的账户的性质，才能确定增加额或减少额记在哪一方。从账户结构上看，资产性质账户增加额记借方，减少额记贷方，余额在借方，表示某种资产的实有数；负债性质账户增加额记贷方，减少额记借方，如果有余额，在贷方，表示某种负债或所有者权益的实有数。反过来，根据账户余额的方向，可以判断账户的性质，余额在借方的账户是资产性质账户，余额在贷方的账户是负债性质账户。因此，根据账户在会计等式中的方向可以判断各个要素账户的性质：

资产类账户在等式左边，在账户结构上一般是资产性质账户（但其备抵调整账户是负债性质账户），借方记录资产的增加额，贷方记录资产的减少额，余额一般在借方，表示期末资产的实有数。

借方	资产类账户 贷方
增加额	减少额
本期发生额	本期发生额
期末余额：资产的实有数	

负债类、所有者权益类账户在等式的右边，一般是负债性质账户。

负债类账户贷方记录负债的发生额，借方记录负债的偿还额，余额一般在贷方，表示期末负债的实有数或尚未偿还的负债。

借方	负债类账户 贷方
减少额	增加额
本期发生额	本期发生额
	期末余额：负债的实有数

所有者权益类账户贷方记录所有者权益的增加额，借方记录所有者权益的减少额，余额在贷方，表示所有者权益的实有数。

借方	所有者权益类账户 贷方
减少额	增加额
本期发生额	本期发生额
	期末余额：所有者权益的实有数

成本类账户在等式左边，属于资产性质账户，借方记录可计入成本的费用发生额，贷方记录已形成资产的成本转出额，期末如果有余额，在借方，表示正在形成的资产成本。

借方	成本类账户 贷方
发生额	已形成资产的成本
本期发生额	本期发生额
期末余额：正在形成某种资产的成本	

损益类账户包括收入类账户和费用类账户。

收入（含利得）类账户在等式的右边，属于负债性质账户，贷方记录收入的实现额，借方记录收入的减少额或期末转出额，期末一般无余额。

借方	收入类账户 贷方
减少额或期末转出额	实现额
本期发生额	本期发生额

费用（含损失）类账户在等式的左边，属于资产性质账户，借方记录费用的发生额，贷方记录费用的减少额或期末转出额，期末一般无余额。

借方　　费用类账户	贷方
发生额	减少额或期末转出额
本期发生额	本期发生额

通过上面的分析，各类账户的结构可归纳如下：

借方　　账　户	贷方
资产（+） 负债（-） 所有者权益（-） 成本（+） 费用（+） 收入（-）	资产（-） 负债（+） 所有者权益（+） 成本（-） 费用（-） 收入（+）
本期发生额	本期发生额
期末余额：某种资产的实有数	期末余额：某种权益的实有数

在借贷记账法下，并不是对所有账户都进行固定分类，也可以设置双重性质账户。所谓双重性质账户，是指这些账户的性质不固定，有时是资产性质账户，有时是负债性质账户。判断其是资产性质还是负债性质，要根据所记录金额的性质：如果登记的是资产性质金额，按资产性质账户确定登记的账户方向，即增加额记借方、减少额记贷方；如果登记的是负债性质金额，就按负债性质账户确定登记的账户方向，即增加额记贷方、减少额记借方。双重性质账户的余额方向不固定，如果余额在借方，表示某种资产的实有数；如果余额在贷方，表示某种负债或所有者权益的实有数。

例如，在市场经济下，产品市场一般是买方市场，所以企业一般不设“预付账款”账户，在实际经营过程中，如果发生预付账款就通过“应付账款”账户核算。这时，“应付账款”账户就成为双重性质账户。当核算应付账款时，就是负债性质账户；当核算预付账款时，就是资产性质账户。期末余额若在贷方，表示应付账款的实有数；期末余额若在借方，表示预付账款的实有数。

借方　　应付账款	贷方
应付账款的偿还额 预付账款的发生额	应付账款的发生额 预付账款的冲减额
本期发生额	本期发生额
期末余额：预付账款的实有数	期末余额：应付账款的实有数

再如，企业一般不设“预收账款”账户，在实际经营过程中，如果发生预收账

款就通过“应收账款”账户核算。这时，“应收账款”账户就成为双重性质账户。当核算应收账款时，就是资产性质账户；当核算预收账款时，就是负债性质账户。期末余额若在借方，表示应收账款的实有数；期末余额若在贷方，表示预收账款的实有数。

借方　　　　　　　　　　**应收账款**　　　　　　　　　　贷方

应收账款的发生额 预收账款的冲减额	应收账款的收回额 预收账款的发生额
本期发生额	本期发生额
期末余额：应收账款的实有数	期末余额：预收账款的实有数

三、借贷记账法的记账规则

“有借必有贷，借贷必相等”是借贷记账法的记账规则。其含义是，在记录发生的经济业务时，必须在登记借方账户的同时登记贷方相对应的账户，并且记录在借方的金额与记录在贷方的金额相等。如果一笔经济业务未在相互联系的账户的借方和贷方登记相等的金额，就违反了记账规则，就是错误的。

记账规则存在和发挥作用的必然性可以从引起会计等式发生增减变动的四类经济业务与借贷记账法的账户结构的关系证明，如图3-3所示。

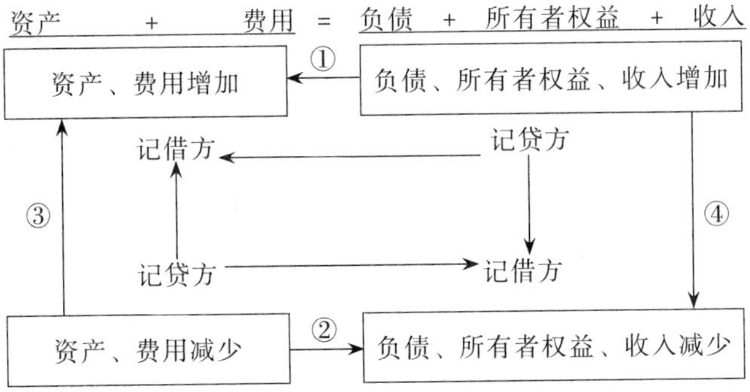

图3-3　四类经济业务与账户结构的关系

引起会计等式增减变动的经济业务不外乎四种类型：

1.引起会计等式两边同时增加，且增加的金额相等

等式左边的账户，包括资产类、费用类账户，是资产性质账户，增加额记借方；会计等式右边的账户，包括负债类、所有者权益类、收入类账户，是负债性质账户，增加额记贷方。因为等式两边增加的金额相等，所以记在借方的金额和记在贷方的金额相等。

在【例3-1】中，企业收到宏发公司投入设备，价值500万元。

该业务的发生，一方面引起等式左边固定资产增加500万元，“固定资产”账户属于资产性质账户，在借方登记500万元；另一方面引起等式右边实收资本增加500万元，“实收资本”账户属于负债性质账户，在贷方登记500万元。符合“有借必有贷，借贷必相等”的记账规则。

在【例3-2】中，企业收到银行半年期贷款100万元。

该业务的发生，一方面引起等式左边银行存款增加100万元，“银行存款”账户属于资产性质账户，在借方登记100万元；另一方面引起等式右边短期借款增加100万元，“短期借款”账户属于负债性质账户，在贷方登记100万元。符合“有借必有贷，借贷必相等”的记账规则。

2.引起等式两边同时减少，且减少的金额相等

等式左边的账户，包括资产类、费用类账户，是资产性质账户，减少额记贷方；等式右边的账户，包括负债类、所有者权益类、收入类账户，是负债性质账户，减少额记借方。因为等式两边减少的金额相等，所以记在借方的金额和记在贷方的金额相等。

在【例3-3】中，企业签发转账支票，缴纳所得税20万元。

该业务的发生，一方面引起等式左边银行存款减少20万元，“银行存款”账户属于资产性质账户，在贷方登记20万元；另一方面引起等式右边应交税费减少20万元，“应交税费”账户属于负债性质账户，在借方登记20万元。符合“有借必有贷，借贷必相等”的记账规则。

在【例3-4】中，企业用银行存款100万元回购本企业发行的普通股20万股，每股股本为1元。

该业务的发生，一方面引起等式左边银行存款减少100万元，“银行存款”账户属于资产性质账户，在贷方登记100万元；另一方面引起等式右边实收资本减少20万元、资本公积减少80万元，“实收资本”和“资本公积”账户均属于负债性质账户，分别在借方登记20万元和80万元。符合“有借必有贷，借贷必相等”的记账规则。

3.只引起等式左边不同账户此增彼减，且增减的金额相等

等式左边的账户，包括资产类、费用类账户，是资产性质账户，增加额记借方，减少额记贷方，且增减的金额相等，所以记在借方和贷方的金额相等。

在【例3-5】中，企业签发现金支票，从银行提取现金10万元。

该业务的发生，一方面引起等式左边银行存款减少10万元，“银行存款”账户属于资产性质账户，在贷方登记10万元；另一方面引起等式左边库存现金增加10万元，“库存现金”账户属于资产性质账户，在借方登记10万元。符合“有借必有贷，借贷必相等”的记账规则。

4.只引起等式右边不同账户此增彼减，且增减的金额相等

等式右边的账户，包括负债类、所有者权益类、收入类账户，是负债性质账户，增加额记贷方，减少额记借方，且增减的金额相等，所以记在借方和贷方的金额相等。

在【例3-6】中，前欠大华公司货款10万元到期，企业签发商业汇票，承诺3个月付款。

该业务的发生，一方面引起等式右边应付票据增加10万元，“应付票据”账户

属于负债性质账户，在贷方登记10万元；另一方面引起等式右边应付账款减少10万元，“应付账款”账户属于负债性质账户，在借方登记10万元。符合“有借必有贷，借贷必相等”的记账规则。

在【例3-7】中，经股东大会批准，企业将资本公积300万元转增资本。

该业务的发生，一方面引起等式右边实收资本增加300万元，“实收资本”账户属于负债性质账户，在贷方登记300万元；另一方面引起等式右边资本公积减少300万元，“资本公积”账户属于负债性质账户，在借方登记减少额300万元。符合“有借必有贷，借贷必相等”的记账规则。

在【例3-8】中，经持券人申请，将本企业发行的可转换债券200万元转换为普通股。

该业务的发生，一方面引起等式右边应付债券减少200万元，“应付债券”账户属于负债性质账户，在借方登记200万元；另一方面引起等式右边实收资本增加200万元，“实收资本”账户属于负债性质账户，在贷方登记200万元。符合“有借必有贷，借贷必相等”的记账规则。

在【例3-9】中，经股东大会批准，企业向所有者分配现金股利20万元。

该业务的发生，一方面引起等式右边应付股利增加20万元，“应付股利”账户属于负债性质账户，在贷方登记20万元；另一方面引起等式右边利润分配增加20万元，“利润分配”账户属于资产性质账户，在借方登记20万元。符合“有借必有贷，借贷必相等”的记账规则。

通过以上例子可知，经济业务的发生引起会计要素增减变化的情况是四种类型，而这四种类型中的每一种，都可以通过借贷双方记录下来。因此，在借贷记账法下，对于任何一笔经济业务，不论它只涉及资产类、费用类账户，还是只涉及负债类、所有者权益类、收入类账户，或是同时涉及资产类、费用类账户与负债类、所有者权益类、收入类账户，都必须以相等金额记录在一个（或几个）账户的借方和另一个（或几个）账户的贷方。

所以，不论发生哪一种经济业务，都应遵循借贷记账法的“有借必有贷，借贷必相等”的记账规则。

四、账户的对应关系和会计分录

（一）账户的对应关系

账户的对应关系是指发生经济业务所引起的账户之间的应借应贷关系。根据借贷记账法“有借必有贷，借贷必相等”的记账规则，记录发生的经济业务时，必须在不同账户上分别记录借方和贷方。应借是指应记入账户的借方，应贷是指应记入账户的贷方。一笔经济业务不能同时在涉及的所有账户记入同一方向，全记借方或全记贷方都是错误的。发生经济业务，记入借方的账户和记入贷方的账户之间发生了相互关系，这一关系称为账户的对应关系。账户的对应关系反映了记账时账户之间的相互联系。发生对应关系的账户互为对应账户。账户的对应关系反映了经济业务的发生引起资金运动的来龙去脉。因为借方反映资金的去向，贷方反映资金的来源。也就是资金从贷方账户来，到借方账户去。因此，账户的对应关系是指运用复式记账法记录经济业务时，账户之间发生的应借、应贷的相互关系。存在着对应关系的账户，就称为对应账户。

例如，以银行存款5 000元偿还所欠货款。这笔业务的发生，需要记入“应付账款”账户的借方和“银行存款”账户的贷方。这笔经济业务就使得“应付账款”和“银行存款”两个账户形成应借、应贷的对应关系，成为对应账户。

在【例3-1】中，企业收到宏发公司投入设备，价值500万元。

记账时，应借账户“固定资产”，应贷账户“实收资本”。在这个业务中，“固定资产”与“实收资本”账户发生了对应关系，这两个账户互为对应账户，反映了资金从实收资本来，现在以固定资产的形式存在。

在【例3-2】中，企业收到银行半年期贷款100万元。

记账时，应借账户“银行存款”，应贷账户“短期借款”。在这个业务中，“银行存款”与“短期借款”账户发生了对应关系，这两个账户互为对应账户，反映了资金从短期借款来，现在以银行存款的形式存在。

在【例3-3】中，企业签发转账支票，缴纳所得税20万元。

记账时，应借账户“应交税费”，应贷账户“银行存款”。在这个业务中，“银行存款”与“应交税费”账户发生了对应关系，这两个账户互为对应账户，反映了资金从银行存款来，用于缴纳所得税，使企业负债减少。

在【例3-4】中，企业用银行存款100万元回购本企业发行的普通股20万股，每股股本为1元。

记账时，应贷账户“银行存款”，应借账户“实收资本”“资本公积”。在这个业务中，“银行存款”与“实收资本”和“资本公积”账户发生了对应关系，“银行存款”与“实收资本”和“资本公积”互为对应账户，反映资金从银行存款来，用于回购股票，使企业所有者权益减少。

在【例3-5】中，企业签发现金支票，从银行提取现金10万元。

记账时，应贷账户“银行存款”账户，应借账户“库存现金”。在这个业务中，“银行存款”与“库存现金”账户发生了对应关系，这两个账户互为对应账户，反映了资金从银行存款来，现在以库存现金的形式存在。

在【例3-6】中，前欠大华公司货款10万元到期，企业签发商业汇票，承诺3个月付款。

记账时，应贷账户“应付票据”，应借账户“应付账款”。在这个业务中，“应付票据”与“应付账款”账户发生了对应关系，这两个账户互为对应账户，反映了资金从原来源应付账款变为新来源应付票据。

在【例3-7】中，经股东大会批准，企业将资本公积300万元转增资本。

记账时，应借账户“资本公积”，应贷账户“实收资本”。在这个业务中，“资本公积”与“实收资本”账户发生了对应关系，这两个账户互为对应账户，反映了资金从原来源资本公积变为新来源实收资本，企业的所有者权益从资本公积变为实收资本。

在【例3-8】中，经持券人申请，将本企业发行的可转换债券200万元转换为普通股。

记账时，应借账户"应付债券"，应贷账户"实收资本"。在这个业务中，"应付债券"与"实收资本"账户发生了对应关系，这两个账户互为对应账户，反映了资金从原来源应付债券变为新来源实收资本，企业的负债转换为所有者权益。

在【例3-9】中，经股东大会批准，企业向所有者分配现金股利20万元。

记账时，应借账户"利润分配"，应贷账户"应付股利"。在这个业务中，"利润分配"与"应付股利"账户发生了对应关系，这两个账户互为对应账户，反映了资金从原来企业的净利润确定为向所有者分配现金股利，企业的所有者权益转换为负债。

（二）会计分录

根据账户的对应关系和对应账户的原理，在记账时可以编制会计分录，确定应借应贷账户及其金额，然后按照会计分录确定的账户、方向和金额登记账簿。

1.定义

会计分录，是指在记账凭证中所指明的应借应贷账户及其金额。

在实际工作中，会计分录存在于记账凭证中，是记账凭证的主要内容。企业对发生的经济业务进行核算，关键是要确定所要登记的账户、方向和金额，所以，应记账户、应记方向和应记金额是会计分录的三要素。缺少三要素中的任何一个，都无法记账。记账时，首先必须确定要记入哪一个账户；账户确定后，再确定应登记的方向，是借方还是贷方；方向确定后，还要确定应登记的金额。

2.编制程序

会计分录的编制，可以按照以下程序进行：

（1）分析经济业务，找出应记账户。对于发生的经济业务，首先必须弄清它会引起哪些方面的增减变动。例如，企业收到宏发公司投入设备价值500万元。这个业务的发生，使本企业的设备增加500万元，资本增加500万元。然后，要弄清设备的增加应通过哪一个账户核算，收到所有者投入资本应通过哪一个账户核算。根据会计信息质量要求中的可理解性要求，账户名称与所核算的经济内容是一致的。设备属于企业的固定资产，所以应该通过"固定资产"账户核算。收到所有者投入资本应该通过"实收资本"账户核算。这样就找出了这个业务所涉及的两个账户，即"固定资产"和"实收资本"账户。

（2）判断账户性质。根据账户结构与会计等式的关系，可以判断账户的性质。等式左边的账户，包括资产类、费用类账户，除备抵调整账户以外，一般都是资产性质账户；等式右边的账户，包括负债类、所有者权益类、收入类账户，除备抵调整账户以外，一般都是负债性质账户。宏发公司投入设备500万元的经济业务所涉及的"固定资产"账户是资产类账户，在会计等式的左边，属于资产性质账户；所涉及的"实收资本"账户是所有者权益类账户，在等式的右边，属于负债性质账户。

（3）弄清增减变动。每一个具体账户是记录增加额还是记录减少额，可以结合账户的性质来判断。如果涉及的对应账户在等式两边，即属于两种不同性质的账户，其变动不是同增就是同减；如果只涉及等式的一边，即对应账户为同种性质账户，其变动必定是有增有减。在宏发公司投入设备500万元的经济业务中，所涉及的对应账户“固定资产”和“实收资本”是两种不同性质的账户，所以肯定是同增或者同减。只要判断出固定资产增加，那么实收资本也一定是增加。

（4）确定应借应贷。根据所确定的账户性质和增减变动情况，就可以确定应借应贷。资产性质账户的增加额记借方，减少额记贷方；负债性质账户的增加额记贷方，减少额记借方。“固定资产”账户属于资产性质账户，增加额记借方；“实收资本”账户属于负债性质账户，增加额记贷方。

（5）写上应记金额。账户、方向确定后，要确定每一个账户的应记金额。当每一个账户的金额确定后，在相应的账户后写上应记金额。

会计分录的书写规则：账户单列、先借后贷、借贷错开。即每一个账户要单独占一行，先写应借账户，再写应贷账户。书写应贷账户时要向后错开一个字。如：

在【例3-1】中，宏发公司投入设备价值500万元，会计分录为：

借：固定资产　　5 000 000

　贷：实收资本　　5 000 000

在【例3-2】中，收到银行半年期贷款100万元，会计分录为：

借：银行存款　　1 000 000

　贷：短期借款　　1 000 000

在【例3-3】中，签发转账支票，缴纳所得税20万元，会计分录为：

借：应交税费　　200 000

　贷：银行存款　　200 000

在【例3-4】中，用银行存款100万元回购本企业发行的普通股20万股，每股股本为1元，会计分录为：

借：实收资本　　200 000

　　资本公积　　800 000

　贷：银行存款　　1 000 000

在【例3-5】中，签发现金支票，从银行提取现金10万元，会计分录为：

借：库存现金　　100 000

　贷：银行存款　　100 000

在【例3-6】中，前欠大华公司货款10万元到期，签发商业汇票，承诺3个月付款，会计分录为：

借：应付账款　　100 000

　贷：应付票据　　100 000

在【例3-7】中，经股东大会批准，将资本公积300万元转增资本，会计分录为：

借：资本公积　　　　3 000 000

　贷：实收资本　　　　3 000 000

在【例3-8】中，经持券人申请，将本企业发行的可转换债券200万元转换为普通股，会计分录为：

借：应付债券　　　　2 000 000

　贷：实收资本　　　　2 000 000

在【例3-9】中，经股东大会批准，向所有者分配现金股利20万元，会计分录为：

借：利润分配　　　　200 000

　贷：应付股利　　　　200 000

3.分类

会计分录按照账户数量可分为简单分录和复合分录。只有两个账户的会计分录称为简单分录，是仅在两个账户之间发生对应关系的分录，即一借一贷的会计分录。之所以两个账户的分录称为简单分录，是因为账户的对应关系要求最少有两个账户，少于两个账户不可能发生对应关系。复合分录是超过两个账户的会计分录，包括一个账户的借方和另几个账户的贷方的对应关系，或一个账户的贷方和另几个账户的借方的对应关系。复合分录是一个或几个简单分录的合并，复合分录可以分解成一个或几个简单分录。

在前面的会计分录中，除【例3-4】的会计分录是复合分录以外，其他分录都是简单分录。

【例3-4】中的会计分录可以分解成两个简单分录：

借：实收资本　　　　200 000

　贷：银行存款　　　　200 000

借：资本公积　　　　800 000

　贷：银行存款　　　　800 000

【例3-10】企业向郑州百货大楼销售冰箱5台，每台2 000元，适用的增值税税率为16%，货款尚未收到。

这个业务的发生，引起郑州百货大楼欠本企业的货款即应收账款发生，涉及“应收账款”账户，该账户反映债权，在等式左边，属于资产性质账户。本企业按商品购销合同发出冰箱，向购买单位提供了产品，并取得了收取货款的权利，可确认产品销售收入的实现，通过“主营业务收入”账户核算，该账户作为收入类账户，在等式右边，属于负债性质账户；应交增值税应记入“应交税费”账户，该账户在等式右边，属于负债性质账户。本业务涉及的对应账户“应收账款”与“主营业务收入”和“应交税费”是两种不同性质的账户，不是同增就是同减。在本题中为同增，即引起应收账款增加，主营业务收入增加，应交税费增加。“应收账款”账户作为资产性质账户，其增加额记借方，“主营业务收入”和“应交税费”账户作为负债性质账户，其增加额记贷方。

借：应收账款　　11 600
　贷：主营业务收入　　10 000
　　　应交税费　　1 600

【例3-10】中的会计分录也是复合分录，可以分解为两个简单分录：

借：应收账款　　10 000
　贷：主营业务收入　　10 000
借：应收账款　　1 600
　贷：应交税费　　1 600

为了反映账户的对应关系，可以编制一借一贷、一借多贷（如【例3-10】）、一贷多借（如【例3-4】）分录，一般不编制多借多贷分录。

【例3-11】企业期末结转主营业务收入10 000元。

本业务是期末将本期实现的主营业务收入从“主营业务收入”账户结转到“本年利润”账户，“主营业务收入”账户记录收入的转出额，记入借方，“本年利润”账户记录收入的转入额，记入贷方。

借：主营业务收入　　10 000
　贷：本年利润　　10 000

五、借贷记账法的试算平衡

试算平衡，是指依据会计等式或记账规则，检查账簿记录是否正确。便于试算平衡是借贷记账法的优点之一。借贷记账法的试算平衡方法有两种：发生额平衡法和余额平衡法。本章例题所涉及账户的期初余额、本期发生额及期末余额如下：

借方　　**应收账款**　　贷方

期初余额：	5 000		
	⑤100 000		
本期发生额：	100 000	本期发生额：	0
期末余额：	105 000		

借方　　**银行存款**　　贷方

期初余额：	400 000		
	②1 000 000		
			③ 200 000
			④1 000 000
			⑤ 100 000
本期发生额：	1 000 000	本期发生额：	1 300 000
期末余额：	100 000		

交易性金融资产

借方		贷方	
期初余额：	7 5000		
本期发生额：	0	本期发生额：0	
期末余额：	7 5000		

原材料

借方		贷方	
期初余额：	600 000		
本期发生额：	0	本期发生额：	0
期末余额：	600 000		

库存商品

借方		贷方	
期初余额：	200 000		
本期发生额：	0	本期发生额：0	
期末余额：	200 000		

应收账款

借方		贷方	
期初余额：	0		
	⑩11 600		
本期发生额：	11 600	本期发生额：	0
期末余额：	11 600		

持有至到期投资

借方		贷方	
期初余额：	120 000		
本期发生额：	0	本期发生额：0	
期末余额：	120 000		

长期股权投资

借方		贷方	
期初余额：	100 000		
本期发生额：	0	本期发生额：	0
期末余额：	100 000		

固定资产

借方		贷方	
期初余额：	7 000 000		
	①5 000 000		
本期发生额：	5 000 000	本期发生额：	0
期末余额：	12 000 000		

借方 **累计折旧** 贷方

		期初余额：	180 000
本期发生额：	0	本期发生额：	0
		期末余额：	180 000

借方 **无形资产** 贷方

期初余额：	1 000 000		
本期发生额：	0	本期发生额：	0
期末余额：	1 000 000		

借方 **长期待摊费用** 贷方

期初余额：	680 000		
本期发生额：	0	本期发生额：	0
期末余额：	680 000		

借方 **短期借款** 贷方

		期初余额：	500 000
			②1 000 000
本期发生额：	0	本期发生额：	1 000 000
		期末余额：	1 500 000

借方 **应付账款** 贷方

	⑥100 000	期初余额：	150 000
本期发生额：	100 000	本期发生额：	0
		期末余额：	50 000

借方 **预收账款** 贷方

		期初余额：	100 000
本期发生额：	0	本期发生额：	0
		期末余额：	100 000

借方 **应交税费** 贷方

	③200 000	期初余额：	250 000
			⑩1 600
本期发生额：	200 000	本期发生额：	1 600
		期末余额：	51 600

应付股利

借方	贷方
	期初余额： 300 000
	⑨200 000
本期发生额：0	本期发生额： 200 000
	期末余额： 500 000

应付票据

借方	贷方
	期初余额： 0
	⑥100 000
本期发生额： 0	本期发生额： 100 000
	期末余额： 100 000

长期借款

借方	贷方
	期初余额： 500 000
本期发生额：0	本期发生额： 0
	期末余额： 500 000

应付债券

借方	贷方
⑧2 000 000	期初余额： 2 000 000
本期发生额： 2 000 000	本期发生额： 0
	期末余额： 0

实收资本

借方	贷方
④200 000	期初余额： 1 000 000
	①5 000 000
	⑦3 000 000
	⑧2 000 000
本期发生额： 200 000	本期发生额： 10 000 000
	期末余额： 10 800 000

资本公积

借方	贷方
④800 000	期初余额： 4 000 000
⑦3 000 000	
本期发生额： 3 800 000	本期发生额： 0
	期末余额： 200 000

借方 **盈余公积** 贷方

		期初余额：	750 000
本期发生额：0		本期发生额：	0
		期末余额：	750 000

借方 **本年利润** 贷方

		期初余额：	0
			⑪10 000
本期发生额：	0	本期发生额：	10 000
		期末余额：	10 000

借方 **利润分配** 贷方

	⑨200 000	期初余额：	250 000
本期发生额：	200 000	本期发生额：	0
		期末余额：	50 000

借方 **主营业务收入** 贷方

	⑪10 000		⑩10 000
本期发生额：	10 000	本期发生额：	10 000

（一）发生额平衡法

1.定义

发生额平衡法是用账户发生额进行试算平衡的方法。

2.公式

全部账户借方本期发生额合计数=全部账户贷方本期发生额合计数

如果相等，记账一般没有问题；如果不相等，记账肯定有错误。注意：这里是全部账户，不能是部分账户，更不能是一个账户。发生额平衡法可以在期末进行，也可以随时进行。但必须是在每笔业务借方、贷方金额全部入账后进行。

3.理论依据

上述公式试算平衡的依据是记账规则。因为，借贷记账法的记账规则是“有借必有贷，借贷必相等”，依据记账规则登记发生的每笔经济业务时，会计分录中的借、贷双方金额相等，全部账户借方本期发生额合计数和全部账户贷方本期发生额合计数实际上就是本期发生的全部经济业务逐笔以相等的金额分别在账户借方和贷方登记金额的各方合计数，每笔业务借方与贷方金额相等，所以借方合计数与贷方合计数应该相等。如果不相等，说明某个经济业务的记账违反了记账规则。

4.具体方法

编制发生额试算表，其格式见表3-1。

表3-1 总分类账户发生额试算表

编制单位:宏发公司 2×18年8月31日 单位：元

会计科目	借方发生额	贷方发生额
库存现金	100 000	0
银行存款	1 000 000	1 300 000
交易性金融资产	0	0
应收票据	0	0
应收账款	11 600	0
预付账款	0	0
应收利息	0	0
应收股利	0	0
其他应收款	0	0
坏账准备	0	0
原材料	0	0
库存商品	0	0
持有至到期投资	0	0
长期股权投资	0	0
固定资产	5 000 000	0
累计折旧	0	0
在建工程	0	0
固定资产清理	0	0
无形资产	0	0
累计摊销	0	0
长期待摊费用	0	0
待处理财产损溢	0	0
短期借款	0	1 000 000
应付票据	0	100 000
应付账款	100 000	0
预收账款	0	0
应付职工薪酬	0	0
应交税费	200 000	1 600

续表

会计科目	借方发生额	贷方发生额
应付利息	0	0
应付股利	0	200 000
其他应付款	0	0
长期借款	0	0
应付债券	2 000 000	0
实收资本	200 000	10 000 000
资本公积	3 800 000	0
盈余公积	0	0
本年利润	0	10 000
利润分配	200 000	0
生产成本	0	0
制造费用	0	0
主营业务收入	10 000	10 000
其他业务收入	0	0
投资收益	0	0
公允价值变动损益	0	0
营业外收入	0	0
主营业务成本	0	0
其他业务成本	0	0
税金及附加	0	0
销售费用	0	0
管理费用	0	0
财务费用	0	0
资产减值损失	0	0
营业外支出	0	0
所得税费用	0	0
合计	12 621 600	12 621 600

（二）余额平衡法

1.定义

余额平衡法是用账户余额进行试算平衡的方法。

2.公式

全部账户借方期初余额合计数=全部账户贷方期初余额合计数

全部账户借方期末余额合计数=全部账户贷方期末余额合计数

如果相等，记账一般没有问题；如果不相等，记账肯定有错误。注意：这里是全部账户，不能是部分账户，更不能是一个账户。余额平衡法可以在期末进行，也可以随时进行，但必须是在每笔业务借方、贷方金额全部入账后进行。

3.理论依据

上述公式试算平衡的依据是会计等式。基本会计等式：资产=负债+所有者权益。因为只有资产类账户的期初、期末余额在借方，所以账户的借方余额，表示某种资产的实有数，全部账户借方期初余额合计数就是期初时点的资产总额，全部账户借方期末余额合计数就是期末时点的资产总额。因为只有负债类、所有者权益类账户的期初、期末余额在贷方，所以账户的贷方余额表示某种负债或所有者权益的实有数，全部账户贷方期初余额合计数就是期初时点的负债和所有者权益总额，全部账户贷方期末余额合计数就是期末时点的负债和所有者权益总额。基本会计等式的含义就是资产总额与负债、所有者权益总额必然相等，所以，“全部账户借方期初余额合计数=全部账户贷方期初余额合计数”“全部账户借方期末余额合计数=全部账户贷方期末余额合计数”是余额平衡法的公式。

4.具体方法

编制余额试算表，其格式见表3-2。

表3-2 总分类账户余额试算表

编制单位：宏发公司 2×18年8月31日 单位：元

会计科目	期初余额		期末余额	
	借方	贷方	借方	贷方
库存现金	5 000	0	105 000	0
银行存款	400 000	0	100 000	0
交易性金融资产	75 000	0	75 000	0
应收票据	0	0	0	0
应收账款	0	0	11 600	0
预付账款	0	0	0	0
应收利息	0	0	0	0
应收股利	0	0	0	0
其他应收款	0	0	0	0
坏账准备	0	0	0	0
原材料	600 000	0	600 000	0
库存商品	200 000	0	200 000	0
持有至到期投资	120 000	0	120 000	0
长期股权投资	100 000	0	100 000	0

续表

会计科目	期初余额		期末余额	
	借方	贷方	借方	贷方
固定资产	7 000 000	0	12 000 000	0
累计折旧	0	180 000	0	180 000
在建工程	0	0	0	0
固定资产清理	0	0	0	0
无形资产	1 000 000	0	1 000 000	0
累计摊销	0	0	0	0
长期待摊费用	680 000	0	680 000	0
短期借款	0	500 000	0	1 500 000
应付票据	0	0	0	100 000
应付账款	0	150 000	0	50 000
预收账款	0	100 000	0	100 000
应付职工薪酬	0	200 000	0	200 000
应交税费	0	250 000	0	51 600
应付利息	0	0	0	0
应付股利	0	300 000	0	500 000
其他应付款	0	0	0	0
长期借款	0	500 000	0	500 000
应付债券	0	2 000 000	0	0
实收资本	0	1 000 000	0	10 800 000
资本公积	0	4 000 000	0	200 000
盈余公积	0	750 000	0	750 000
本年利润	0	0	0	10 000
利润分配	0	250 000	0	50 000
生产成本	0	0	0	0
合计	10 180 000	10 180 000	14 991 600	14 991 600

（三）六栏式试算平衡表

账户的发生额和余额试算平衡，一般是在月末结出各账户本期发生额和期末余额后，通过编制六栏式试算平衡表进行。所谓六栏式试算平衡表，是指在期末根据账户的期初借贷方余额、本期借贷方发生额、期末借贷方余额编制，用以检查和验证账户记录有无错误的一种计算表。因为其有六栏金额，所以称为六栏式试算平衡表。其格式见表3-3。

表3-3

总分类账户本期发生额及余额表

编制单位：宏发公司　　2×18年8月31日　　单位：元

会计科目	期初余额		本期发生额		期末余额	
	借方	贷方	借方	贷方	借方	贷方
库存现金	5 000	0	100 000	0	105 000	0
银行存款	400 000	0	1 000 000	1 300 000	100 000	0
交易性金融资产	75 000	0	0	0	75 000	0
应收票据	0	0	0	0	0	0
应收账款	0	0	11 600	0	11 600	0
预付账款	0	0	0	0	0	0
应收利息	0	0	0	0	0	0
应收股利	0	0	0	0	0	0
其他应收款	0	0	0	0	0	0
坏账准备	0	0	0	0	0	0
原材料	600 000	0	0	0	600 000	0
库存商品	200 000	0	0	0	200 000	0
持有至到期投资	120 000	0	0	0	120 000	0
长期股权投资	100 000	0	0	0	100 000	0
固定资产	7 000 000	0	5 000 000	0	12 000 000	0
累计折旧	0	180 000	0	0	0	180 000
在建工程	0	0	0	0	0	0
固定资产清理	0	0	0	0	0	0
无形资产	1 000 000	0	0	0	1 000 000	0
累计摊销	0	0	0	0	0	0
长期待摊费用	680 000	0	0	0	680 000	0
待处理财产损溢	0	0	0	0	0	0
短期借款	0	500 000	0	1 000 000	0	1 500 000
应付票据	0	0	0	100 000	0	100 000
应付账款	0	150 000	100 000	0	0	50 000
预收账款	0	100 000	0	0	0	100 000
应付职工薪酬	0	200 000	0	0	0	200 000
应交税费	0	250 000	200 000	1 600	0	51 600
应付利息	0	0	0	0	0	0
应付股利	0	300 000	0	200 000	0	500 000
其他应付款	0	0	0	0	0	0

续表

会计科目	期初余额		本期发生额		期末余额	
	借方	贷方	借方	贷方	借方	贷方
长期借款	0	500 000	0	0	0	500 000
应付债券	0	2 000 000	2 000 000	0	0	0
实收资本	0	1 000 000	200 000	10 000 000	0	10 800 000
资本公积	0	4 000 000	3 800 000	0	0	200 000
盈余公积	0	750 000	0	0	0	750 000
本年利润	0	0	0	10 000	0	10 000
利润分配	0	250 000	200 000	0	0	50 000
生产成本	0	0	0	0	0	0
制造费用	0	0	0	0	0	0
主营业务收入	0	0	10 000	10 000	0	0
其他业务收入	0	0	0	0	0	0
投资收益	0	0	0	0	0	0
公允价值变动益	0	0	0	0	0	0
营业外收入	0	0	0	0	0	0
主营业务成本	0	0	0	0	0	0
其他业务成本	0	0	0	0	0	0
税金及附加	0	0	0	0	0	0
销售费用	0	0	0	0	0	0
管理费用	0	0	0	0	0	0
财务费用	0	0	0	0	0	0
资产减值损失	0	0	0	0	0	0
营业外支出	0	0	0	0	0	0
所得税费用	0	0	0	0	0	0
合计	10 180 000	10 180 000	12 621 600	12 621 600	14 991 600	14 991 600

（四）例外

试算平衡表只是通过借贷金额是否平衡来检查账户记录是否正确。如果借贷不平衡，可以肯定账户记录或计算有错误；如果借贷平衡，只能大体推断总分类账户的记录是正确的，但不能肯定记账无错误。因为，有可能发生下列错误，但借方合计数与贷方合计数仍然相等。

1. 记错账户。如用存款支付厂部水电费 1 000 元，正确的做法为“借：管理费用 1 000；贷：银行存款 1 000”，但如果写成“借：管理费用 1 000；贷：库存现金 1 000”，仍不影响全部账户借方发生额合计数和贷方发生额合计数。

2.一笔业务漏记。借贷双方金额同时少记相同金额，不影响全部账户借方发生额合计数和贷方发生额合计数。

3.一笔业务重记。在记录时，借贷双方金额同时多记相同金额，不影响全部账户借方发生额合计数和贷方发生额合计数。

4.一笔经济业务在记账时应借、应贷账户方向全部颠倒。借贷双方金额仍然是应记金额，不影响全部账户借方发生额合计数和贷方发生额合计数。

此外，借方或贷方的各账户金额偶然一多一少、恰好抵销等情况，是不能通过试算平衡发现的。所以，应对会计记录进行经常或定期的复核，以保证账户记录的正确性。

第三节 总分类账户和明细分类账户的平行登记

一、总分类账户和明细分类账户平行登记的含义

会计核算的目的，是为企业管理提供各种所需的核算资料。而从管理上讲，要求会计既要提供各种综合、全面的总括会计资料，又要提供某类详细、具体的明细会计资料。例如，管理层既需要了解企业整个固定资产总额的资料，又需要了解每项固定资产的情况，以便掌握企业固定资产的构成及生产能力等情况，为了满足管理需要，就应同时设置“固定资产”总分类账户和明细分类账户。

1.总分类账户

总分类账户是在总账中按照会计科目分别开设的，仅以货币计量进行登记，进行总分类核算，提供总括会计资料的账户。按会计科目表上的会计科目设置的账户都是总分类账户，如“固定资产”“原材料”“库存现金”等账户。

2.明细分类账户

明细分类账户是在明细账中根据明细分类科目设置的，进行明细分类核算，提供具体的、详细的会计资料的账户。在设置明细分类账户时，应根据各个总分类账户核算的经济内容，按经济管理对会计资料的需要设置。例如，“原材料”“库存商品”明细分类账户，一般可按每一种实物名称、类别、规格来设置；各种债权的明细分类账户，可按债务单位单位的名称或个人姓名设置。

在企业中，通常每个总分类账户都可以设置明细分类账户，以提供详细指标。但明细分类账户设置过多，又会加大企业的核算工作量。因此，究竟哪些总分类账户应设置明细分类账户，哪些不设明细分类账户，这主要取决于经营管理需要，同时，应考虑简化核算手续。明细分类账户的名称除应交税费的明细账户按税种设置以外，一般根据管理需要由单位确定。

3.总分类账户与明细分类账户的关系

总分类账户对明细分类账户起统驭、控制作用，明细分类账户对总分类账户起补充作用。

如果一个总分类账户下设置的明细分类账户较多，在总分类账户与明细分类账

户之间根据经济管理的需要设置二级账户。二级账户提供的会计资料比总分类账户详细具体，比明细分类账户概括、综合。如在“原材料”总分类账户下可设置“原料及主要材料”“辅助材料”“燃料”等二级账户。可以将二级账户作为中间环节控制所属明细分类账户。二级账户不宜多设，也可不设。

4.平行登记法

所谓平行登记法，是指根据记账凭证一方面登记有关总分类账户，另一方面登记其所属有关明细分类账户。总分类账户与其所属明细分类账户的核算对象是同一经济业务，它们提供的会计资料相互补充。进行平行登记，对同一核算对象提供既概括又详细的会计资料，能够满足经营管理的需要。

二、总分类账户与明细分类账户平行登记的要点

（一）依据相同

总分类账户和明细分类账户平行登记，所依据的会计凭证相同。因为平行登记所记录的是同一笔交易或事项，所取得或填制的原始凭证和依据原始凭证填制的记账凭证是同一会计凭证。对发生的每一项经济业务，应根据同一记账凭证和所附的原始凭证，一方面记入有关的总分类账户，另一方面记入该总分类账户所属有关明细分类账户。

（二）方向一致

每一笔经济业务在记入总分类账户和所属明细分类账户时，其借贷方向必须一致。总分类账户记借方，其所属明细分类账户也要记借方；总分类账户记贷方，其所属明细分类账户也要记贷方。

（三）期间同一

所记录的经济业务，必须在同一会计期间分别记入总分类账户及其所属明细分类账户，提供同一会计期间的总括会计资料和具体、详细的会计资料。

（四）金额相等

记入总分类账户的金额，应与记入其所属明细分类账户的金额的合计数相等。

【例3-12】假定某企业“原材料”明细分类账户的期初数据为：

甲材料	100吨	每吨2 000元	共计200 000元
乙材料	200吨	每吨1 500元	共计300 000元
丙材料	100吨	每吨1 000元	共计100 000元
合计			600 000元

“应付账款”明细分类账户的期初数据为：

首都钢铁公司	30 000元
上海宝山钢铁公司	20 000元
合计	50 000元

该企业9月发生如下业务：

5日，从首都钢铁公司购入甲材料10吨，每吨2 000元，增值税税率为16%，

首钢代垫运费600元，甲材料经验收入库，货款尚未支付。

甲材料验收入库，引起企业库存甲材料增加，通过“原材料”账户及其所属“甲材料”明细分类账户核算；在采购过程中支付的增值税作为增值税进项税额允许抵扣，涉及“应交税费”账户及其所属“应交增值税”明细分类账户；货款尚未支付，涉及“应付账款”账户及其所属“首都钢铁公司”明细分类账户。允许抵扣的增值税进项税额，企业并无实际承担费用，不计入甲材料成本。“原材料”账户属于资产性质账户，“应交税费”和“应付账款”属于负债性质账户。“原材料”与“应付账款”账户发生对应关系，是两种不同性质的账户，不是同增就是同减，在本业务中为同增。“原材料”账户作为资产性质账户，其增加额记借方；“应付账款”账户作为负债性质账户，其增加额记贷方。“应交税费”与“应付账款”账户都是负债性质账户，此增彼减。应交税费减少，应付账款增加。“应交税费”账户作为负债性质账户，其减少额记借方；“应付账款”账户作为负债性质账户，其增加额记贷方。其会计分录为：

借：原材料——甲材料　　20 600
　　应交税费——应交增值税（进项税额）　　3 200
　贷：应付账款——首都钢铁公司　　23 800

【例3-13】10日，从上海宝山钢铁公司购入乙材料20吨，每吨1 500元，增值税税率为16%，宝钢代垫运费800元，乙材料验收入库，款项尚未支付。

乙材料验收入库，引起企业库存乙材料增加，通过“原材料”账户及其所属“乙材料”明细分类账户核算；在采购过程中支付的增值税作为增值税进项税额允许抵扣，涉及“应交税费”账户及其所属“应交增值税”明细分类账户；货款尚未支付，涉及“应付账款”账户及其所属“上海宝山钢铁公司”明细分类账户。允许抵扣的增值税进项税额，企业并无实际承担费用，不计入乙材料成本。“原材料”账户属于资产性质账户，“应交税费”和“应付账款”账户属于负债性质账户。“原材料”与“应付账款”账户发生对应关系，它们是两种不同性质账户，不是同增就是同减，在本业务中为同增。“原材料”账户作为资产性质账户，其增加额记借方；“应付账款”账户作为负债性质账户，其增加额记贷方。“应交税费”与“应付账款”账户都是负债性质账户，此增彼减。应交税费减少，应付账款增加。“应交税费”账户作为负债性质账户，其减少额记借方；“应付账款”账户作为负债性质账户，其增加额记贷方。其会计分录为：

借：原材料——乙材料　　30 800
　　应交税费——应交增值税（进项税额）　　4 800
　贷：应付账款——上海宝山钢铁公司　　35 600

【例3-14】12日，从仓库发出甲材料2吨，每吨2 000元，用于生产A产品。

从仓库发出甲材料，引起企业库存甲材料减少，通过“原材料”账户及其所属“甲材料”明细分类账户核算。企业生产A产品，发生直接材料费用，根据费用受益原则，应计入A产品成本，通过“生产成本”账户及其所属“A产品”明细分类账户核算。

“原材料”“生产成本”账户都属于资产性质账户，它们之间发生对应关系，必定是此增彼减。本业务的发生引起生产成本增加，原材料减少。“生产成本”账户作为资产性质账户，其增加额记借方；“原材料”账户作为资产性质账户，其减少额记贷方。

借：生产成本——A产品　　4 000

　贷：原材料——甲材料　　4 000

【例3-15】18日，从仓库发出乙材料2吨，每吨1 500元，用于生产B产品。

从仓库发出乙材料，引起企业库存乙材料减少，通过“原材料”账户及其所属“乙材料”明细分类账户核算。企业生产B产品，发生直接材料费用，根据费用受益原则，应计入B产品成本，通过“生产成本”账户及其所属“B产品”明细分类账户核算。

“原材料”“生产成本”账户都属于资产性质账户，它们之间发生对应关系，必定是此增彼减。本业务的发生引起生产成本增加，原材料减少。“生产成本”账户作为资产性质账户，其增加额记借方；“原材料”账户作为资产性质账户，其减少额记贷方。

借：生产成本——B产品　　3 000

　贷：原材料——乙材料　　3 000

【例3-16】22日，用银行存款偿还前欠首都钢铁公司货款50 000元、上海宝山钢铁公司货款55 000元。

用银行存款偿还前欠首都钢铁公司和上海宝山钢铁公司货款，一方面引起银行存款减少，用“银行存款”账户核算；另一方面引起应付账款减少，用“应付账款”及其所属“首都钢铁公司”“上海宝山钢铁公司”明细分类账户核算。“银行存款”与“应付账款”作为对应账户是两种性质不同的账户，不是同增就是同减。本业务的发生引起银行存款和应付账款同时减少。“银行存款”账户属于资产性质账户，其减少额记贷方；“应付账款”账户属于负债性质账户，其减少额记借方。

借：应付账款——首都钢铁公司　　50 000

　　　　　——上海宝山钢铁公司　　55 000

　贷：银行存款　　105 000

根据【例3-12】至【例3-16】的经济业务进行平行登记。一方面登记“原材料”“应付账款”总分类账户，另一方面登记原材料的明细分类账户“甲材料”“乙材料”账户和应付账款的明细分类账户“首都钢铁公司”“上海宝山钢铁公司”账户。

在【例3-12】中，根据平行登记的要点，9月，在“原材料”账户及其所属“甲材料”明细分类账户的借方（收入）都登记20 600元；在“应付账款”账户及其所属“首都钢铁公司”明细分类账户的贷方都登记23 800元。

在【例3-13】中，根据平行登记的要点，9月，在“原材料”账户及其所属

“乙材料”明细分类账户的借方（收入）都登记30 800元；在“应付账款”账户及其所属“上海宝山钢铁公司”明细分类账户的贷方都登记35 600元。

在【例3-14】中，根据平行登记的要点，9月，在“原材料”账户及其所属“甲材料”明细分类账户的贷方（发出）都登记4 000元；在“生产成本”账户及其所属“A产品”明细分类账户的借方都登记4 000元。

在【例3-15】中，根据平行登记的要点，9月，在“原材料”账户及其所属“乙材料”明细分类账户的贷方（发出）都登记3 000元；在“生产成本”账户及其所属“B产品”明细账户的借方都登记3 000元。

在【例3-16】中，根据平行登记的要点，9月，在“银行存款”账户的贷方登记105 000元；在“应付账款”账户的借方登记105 000元，在其所属“首都钢铁公司”明细分类账户的借方登记50 000元，在其所属“上海宝山钢铁公司”明细分类账户的借方登记55 000元。

在“原材料”账户及其所属明细分类账户进行登记的结果见表3-4至表3-7。

表3-4 **总分类账户——原材料**

会计科目：原材料　　单位：元

2×18年		凭证		摘要	借方	贷方	借或贷	余额
月	日	字	号					
9	1			月初余额			借	600 000
	5			购入甲材料	20 600		借	620 600
	10			购入乙材料	30 800		借	651 400
	12			发出甲材料		4 000	借	647 400
	18			发出乙材料		3 000	借	644 400
9	30			本月合计	51 400	7 000	借	644 400

表3-5 **原材料明细账户——甲材料**

储存地点：1号库　　名称：甲材料　计量单位：吨、元　　编号：101

2×18年		凭证		摘要	收入			发出			结存		
月	日	字	号		数量	单价	金额	数量	单价	金额	数量	单价	金额
9	1			月初余额							100	2 000	200 000
	5			购进	10	2 060	20 600				110		220 600
	12			生产领用				2	2000	4 000	108		216 600
	30			本月合计	10	2 060	20 600	2	2000	4 000	108		216 600

表 3-6　**原材料明细账户——乙材料**

储存地点：2号库　名称：乙材料　计量单位：吨、元　编号：102

2×18年		凭证		摘要	收入			发出			结存		
月	日	字	号		数量	单价	金额	数量	单价	金额	数量	单价	金额
9	1			月初余额							200	1 500	300 000
	10			购进	20	1 540	30 800				220		330 800
	18			生产领用				2	1500	3 000	218		327 800
	30			本月合计	20	1 540	30 800	2	1500	3 000	218		327 800

表 3-7　**原材料明细账户——丙材料**

储存地点：2号库　名称：丙材料　计量单位：吨、元　编号：102

2×18年		凭证		摘要	收入			发出			结存		
月	日	字	号		数量	单价	金额	数量	单价	金额	数量	单价	金 额
9	1			月初余额							100	1 000	100 000
	30			本月合计							100	1 000	100 000

在“应付账款”账户及其所属明细分类账户进行登记的结果见表 3-8 至表 3-10。

表 3-8　**总分类账户——应付账款**

会计科目：应付账款　单位：元

2×18年		凭证		摘要	借方	贷方	借或贷	余额
月	日	字	号					
9	1			月初余额			贷	50 000
	5			购入甲材料		23 800	贷	73 800
	10			购入乙材料		35 600	贷	109 400
	22			偿还前欠货款	105 000		贷	4 400

表 3-9　**应付账款明细账户——首都钢铁公司**

会计科目：首都钢铁公司　单位：元

2×18年		凭证		摘要	借方	贷方	借或贷	余额
月	日	字	号					
9	1			月初余额			贷	30 000
	5			购入甲材料		23 800	贷	53 800
	22			偿还前欠货款	50 000		贷	3 800
9	30			本月合计	50 000	23 800	贷	3 800

表3-10 应付账款明细账户——上海宝山钢铁公司

会计科目：上海宝山钢铁公司 单位：元

2×18年		凭证		摘要	借方	贷方	借或贷	余额
月	日	字	号					
9	1			月初余额			贷	20 000
	10			购入乙材料		35 600	贷	55 600
	22			偿还前欠货款	55 000		贷	600
9	30			本月合计	55 000	35 600	贷	600

三、总分类账户与明细分类账户对账

（一）公式

采用平行登记法处理经济业务后，其平行登记的结果必然使总分类账户与所属明细分类账户之间形成相等的数量关系，其公式如下：

总分类账户期初余额=该总分类账户所属明细分类账户期初余额的合计数

总分类账户本期借方发生额=该总分类账户所属明细分类账户本期借方发生额的合计数

总分类账户本期贷方发生额=该总分类账户所属明细分类账户本期贷方发生额的合计数

总分类账户期末余额=该总分类账户所属明细分类账户期末余额的合计数

（二）具体方法

编制明细账户发生额及余额试算表。

期末，负责管理明细账的会计应将所经管的明细账在结账的基础上，编制每一个明细账户的发生额及余额试算表，其格式见表3-11、表3-12。

表3-11 原材料明细账户本期发生额及余额试算表 单位：元

会计科目	期初余额	本期借方发生额	本期贷方发生额	期末余额
甲材料	200 000	20 600	4 000	216 600
乙材料	300 000	30 800	3 000	327 800
丙材料	100 000	0	0	100 000
合计	600 000	51 400	7 000	644 400

“原材料”明细分类账户的期初余额合计数600 000元、本期借方发生额合计数51 400元、本期贷方发生额合计数7 000元和期末余额644 400元与总分类账户四个金额核对相符，表明“原材料”总分类账户与其所属明细分类账户平行登记未发生差错。

表3-12 应付账款明细账户本期发生额及余额试算表 单位：元

会计科目	期初余额	本期借方发生额	本期贷方发生额	期末余额
首都钢铁公司	30 000	50 000	23800	3800
上海宝山钢铁公司	20 000	55 000	35 600	600
合计	50 000	10 500	59 400	4 400

“应付账款”明细分类账户的期初余额合计数50 000元、本期借方发生额合计数10 500元、本期贷方发生额合计数59 400元和期末余额4 400元与总分类账户四个金额核对相符，表明“应付账款”总分类账户与其所属明细分类账户平行登记未发生差错。

【小 结】

复式记账是指对发生的每一笔经济业务，都要以相等的金额，在相互联系的两个或两个以上账户进行登记的记账方法。复式记账根据记账符号进行分类，我国曾经存在收付记账法、增减记账法和借贷记账法，我国会计核算现在统一采用借贷记账法。

借贷记账法是以“借”“贷”作为记账符号，来记录会计要素增减变动情况的一种复式记账。账户的左方为“借方”，右方为“贷方”。借方反映资金的去向，贷方反映资金的来源。在借贷记账法下，账户的四个金额的关系为：资产类账户的期初余额（借）+本期借方发生额-本期贷方发生额=期末余额（借），负债及所有者权益类账户期初余额（贷）+本期贷方发生额-本期借方发生额=期末余额（贷）。

在借贷记账法下，并不是对所有账户都进行固定分类，可以设置双重性质账户是借贷记账法的特点。所谓双重性质账户，是指这些账户的性质不固定，有时是资产性质账户，有时是负债性质账户。借贷记账法的记账规则是“有借必有贷，借贷必相等”。账户的对应关系，是指发生经济业务所引起的账户之间的应借应贷关系。依据账户的对应关系登记账簿时可以先编制会计分录。会计分录是指在记账凭证中所指明的应借应贷账户及其金额。应记账户、应记方向和应记金额是会计分录的三要素。会计分录的编制可以按照一定程序进行：①分析经济业务，找出应记账户；②判断账户性质；③弄清增减变动；④确定应借应贷；⑤写上应记金额。

试算平衡，是指依据会计等式或记账规则，检查账簿记录是否正确。借贷记账法的试算平衡方法有两种：发生额平衡法和余额平衡法。平行登记法，是指根据会计凭证一方面登记有关总分类账户，另一方面登记该总分类账户所属有关明细分类账户。平行登记的要点：①依据相同；②方向一致；③期间同一；④金额相等。采用平行登记法处理经济业务后，其平行登记的结果，必然使总分类账户与所属明细分类账户之间形成相等的数量关系，其对账公式如下：

总分类账户期初余额=该总分类账户所属明细分类账户期初余额的合计数

总分类账户本期借方发生额=该总分类账户所属明细分类账户本期借方发生额的合计数

总分类账户本期贷方发生额=该总分类账户所属明细分类账户本期贷方发生额的合计数

总分类账户期末余额=该总分类账户所属明细分类账户期末余额的合计数

【复习思考题】

1.什么是复式记账？复式记账相对单式记账有何优点？

2.什么是借贷记账法？它主要包括哪些方面的内容？

3.如何正确理解借贷记账法下的账户结构？试举例说明。

4.如何正确理解借贷记账法下的记账规则“有借必有贷，借贷必相等”？试举例说明。

5.什么是会计分录？如何正确编制一笔经济业务的会计分录？试举例说明。

6.试算平衡的理论依据是什么？常见的试算平衡方法有哪两种？

7.什么是对应账户？

8.企业为什么要进行总分类账户和明细分类账户的平行登记？这种做法对企业有何帮助？

9.平行登记法在使用中应注意哪些要点？

【练习题】

一、单项选择题

1.目前，我国会计核算统一采用的复式记账方法是（　　）。

A.增减记账法　　B.收付记账法

C.借贷记账法　　D.单项记账法

2.资产类账户借方一般（　　）。

A.登记增加额　　B.登记减少额

C.没有余额　　D.金额不变

3.收到短期借款28万元，（　　）。

A.“银行存款”账户贷方登记28万元　　B.“短期借款”账户不用登记

C.“银行存款”账户借方登记28万元　　D.“短期借款”账户贷方登记28万元

4.负债类账户的贷方一般（　　）。

A.登记增加额　　B.登记减少额

C.金额不变　　D.没有余额

5.用银行存款1 000万元回购发行流通的普通股600万股，每股股本为1元，则（　　）。

A.资产不变，所有者权益减少　　B.资产减少，所有者权益减少

C.资产减少，所有者权益不变　　D.负债、资产同减

6.借贷记账法的试算平衡通常指（　　）。

A.发生额平衡和余额平衡　　B.方向平衡

C.收入平衡　　D.账户平衡

7.可以通过借贷记账法的试算平衡发现错账的情况是（ ）。

A.漏记经济业务 B.借贷方向颠倒

C.借贷金额不等 D.重记经济业务

8.接受所有者投入机器设备一台，价值800万元，其会计分录为（ ）。

A.借：机器设备 8 000 000
  贷：实收资本 8 000 000

B.借：固定资产 8 000 000
  贷：资本公积 8 000 000

C.借：固定资产 8 000 000
  贷：实收资本 8 000 000

D.借：固定资产 8 000 000
  贷：盈余公积 8 000 000

9.与资产类账户结构相同性质的是（ ）。

A.负债类账户 B.费用类账户

C.收入类账户 D.所有者权益类账户

10.借贷记账法大约起源于13、14世纪的资本主义萌芽的（ ）。

A.美国 B.西班牙

C.意大利 D.英国

二、多项选择题

1.属于复式记账法的有（ ）。

A.借贷记账法 B.增减记账法

C.平行登记法 D.收付记账法

2.所有者权益类账户的贷方（ ）。

A.登记增加额 B.登记减少额

C.是余额存在的方向 D.期末无余额

3.会计分录三要素包括（ ）。

A.应记账户 B.应记方向

C.应记金额 D.应记日期

4.以现金支付生产车间工人工资593 000元，则（ ）。

A.借记应付职工薪酬593 000元 B.借记库存现金593 000元

C.贷记应付职工薪酬593 000元 D.贷记库存现金593 000元

5.下列选项中，可能成为双重性质账户的账户有（ ）。

A.预收账款 B.应收账款

C.预付账款 D.应付账款

6.贷方登记（ ）。

A.资产的增加额 B.负债的增加额

C.所有者权益的增加额 D.收入的增加额

7.总分类账户与明细分类账户的平行登记的要点包括（　　）。

A.依据相同　　B.方向相同

C.金额相同　　D.期间相同

8.不能通过借贷记账法的试算平衡发现的情况有（　　）。

A.记错账户　　B.借贷方向颠倒

C.重记经济业务　　D.漏记经济业务

9.余额平衡法的公式有（　　）。

A.全部账户借方期初余额合计数=全部账户贷方期末余额合计数

B.全部账户借方余额合计数=全部账户贷方余额合计数

C.全部账户借方期初余额合计数=全部账户贷方期初余额合计数

D.全部账户借方期末余额合计数=全部账户贷方期末余额合计数

10.与负债类账户在结构上性质相同的账户有（　　）。

A.资产类账户　　B.收入类账户

C.费用类账户　　D.所有者权益类账户

三、判断题

1.复式记账可反映每笔经济业务发生所引起的资金运动的来龙去脉。（　　）

2.借贷记账法是以“借”“贷”作为记账符号的复式记账法，账户的左方为“借方”，右方为“贷方”。（　　）

3.每一账户当期借方发生额合计数与贷方发生额合计数肯定相等。（　　）

4.借贷记账法下会计分录应同时具备账户、方向和金额三项基本内容。（　　）

5.在借贷记账法下，如果试算平衡，说明记账肯定无差错。（　　）

6.账户的对应关系是指发生经济业务所引起的账户之间的应借应贷关系。（　　）

7.对应账户只有在某具体经济业务中才可以这么称谓，离开具体经济业务，某两个账户间一般不存在对应关系。（　　）

8.平行登记只有在某些特殊行业、企业会计业务中使用。（　　）

9.每笔经济业务在记入总分类账户和所属明细分类账户时其借贷方向必须一致。（　　）

10.总分类账户本期贷方发生额=该总分类账所属明细分类账户本期贷方发生额的合计数。（　　）

四、业务分析题

资料：国光公司2×18年8月1日有关账户余额见表3-13。

表3-13

账户余额表

单位：元

资产		负债和所有者权益	
账户名称	金 额	账户名称	金 额
库存现金	8 000	短期借款	65 000
银行存款	260 000	应付票据	108 000
交易性金融资产	12 000	其他应付款	12 000
应收账款	80 000	应交税费	31 000
应收票据	50 000	应付利息	100 000
其他应收款	9 000	应付股利	120 000
原材料	100 000	长期借款	115 000
生产成本	52 000	实收资本	1 200 000
库存商品	324 000	资本公积	94 000
固定资产	800 000	盈余公积	55 000
长期股权投资	205 000	利润分配	0
资产合计	1 900 000	负债和所有者权益合计	1 900 000

该公司8月份发生如下经济业务：

（1）3日，销售商品一批，价款200 000元，增值税32 000元，款项均已收到并存入银行。

（2）4日，生产A产品领用一批原材料，价值36 000元。

（3）4日，以银行存款30 000元偿还一项到期短期借款。

（4）6日，接受投资者投入货币资金290 000元。

（5）8日，购买材料一批，价款10 000元，增值税1 600元，签发转账支票结算，材料验收入库。

（6）15日，职工李四预借差旅费1 600元，签发现金支票付讫。

（7）18日，应付商业汇票58 000元到期，以银行存款支付。

（8）21日，以银行存款发放现金股利120 000元。

（9）22日，A产品完工，成本36 000元，已验收入库。

（10）26日，以银行存款缴纳应交税金31 000元。

（11）28日，经批准，将资本公积80 000元转增资本。

要求：

（1）根据公司8月1日的会计资料开设账户，登记期初余额；

（2）对本月发生的11笔经济业务，编制会计分录；

（3）根据会计分录登记有关账户，并结出期末余额；

（4）根据全部账户的月初余额、本月发生额和月末余额编制试算平衡表。

第四章

工业企业主要经济业务的核算

学习目的

本章以工业企业经济业务核算为例，进一步阐述了设置账户、复式记账方法的实际应用问题，目的是使初学者通过实践提高应用会计核算方法的能力。学习本章，要求理解和掌握工业企业资金筹集业务、供应过程业务、产品生产过程业务、产品销售过程业务以及财务成果形成与分配业务的具体核算内容，从而提高运用账户和复式记账方法处理企业各种经济业务的熟练程度。

第一节 企业主要经济业务概述

企业作为市场经济活动的主体，通过自身的生产活动向其他单位和个人提供所需的产品，并在该经营活动中为权益人创造相应的价值。企业存在和发展，需要一定的资金，企业会计的对象是社会在生产过程中的资金运动，以工业企业为例，企业的生产经营活动由供应过程、生产过程、销售过程组成，资金在生产活动中的形态为货币资金、储备资金、生产资金、成品资金，随着生产活动的不断进行，这些资金形态不断转化，形成经营资金的循环与周转，从而实现资本的保值增值。

企业生产活动的正常进行，需要一定的资金做保证。在资金的筹集阶段，企业通过吸收所有者投入资本和向债权人借入各种款项的方式筹集资金；在生产准备阶段，企业需要用筹集到的资金购买生产所需的材料、物料及人力等，为进行生产活动准备必要的物质基础，然后把这些物质基础投入到生产过程中；在产品的生产阶段，劳动者通过劳动资料按照一定的生产流程对劳动对象进行加工，从而生产出社会所需的产品；在销售阶段，企业要对生产的产品进行销售，并办理各种款项的结算。在上述生产经营过程中，资金的占用形态不断转化，周而复始，形成资金的循环与周转，表现为资金的运动。

为了全面核算和监督企业在生产过程中的资金运动，企业必须根据管理的需要，通过设置账户、运用借贷记账法，对企业发生的经济业务进行确认、计量、记录和报告，从而提供有用的会计信息，以满足信息使用者的需求。

本书以工业企业为例，以生产过程中发生的经济业务为应用实例进行相关的会计账务处理。工业企业所发生的经济业务包括以下几个方面：（1）资金筹集业务的核算；（2）供应过程的核算；（3）生产过程的核算；（4）销售过程的核算；（5）经营成果形成和分配过程的核算。

第二节 资金筹集业务的核算

一个企业的生存和发展离不开资产要素，资产是企业进行生产经营活动的物质基础。对于任何一个企业而言，形成其资产的资金来源主要有两条渠道：一是投资者的投资及其增值，形成投资者的权益，该部分业务可以称为所有者权益资金筹集业务；二是向债权人借入的资金，形成债权人的权益，该部分业务可以称为负债资金筹集业务。资金筹集业务的核算包括所有者投入资本业务的核算和负债筹集资金业务的核算。

一、所有者投入资本业务的核算

所有者投入的资本是所有者权益的基础。按照《公司法》的规定，公司的股东可以用货币出资，也可以用实物、知识产权、土地使用权等出资，所有者把这些资本投入到企业中，变为企业拥有和控制的资源即资产，也形成了企业所有者的权益。企业收到所有者投入企业的资本后，应根据有关原始凭证，如银行通知单、投资清单等，分别对不同的出资方式进行会计处理。企业这些资产增加的核算，会涉及“原材料”“固定资产”“库存商品”“无形资产”等账户，另外企业所有者权益的增加也将通过“实收资本”“资本公积”等账户进行核算。

（一）涉及账户的用途和结构

1.“实收资本”账户

用途：核算实收资本的增加、减少和实有数额。实收资本是企业确认接受投资者投入的资本。股份公司应将本科目改为“股本”科目。实收资本属于所有者权益，按核算的经济内容分类属于所有者权益类账户。

结构：属于负债性质账户。其贷方登记实收资本的增加数额，借方登记实收资本的减少数额，期末贷方余额，反映企业实收资本或股本总额。

本账户可按投资者的名称或姓名设置明细账户，进行明细核算。

“实收资本”账户的结构如下：

借方 **实收资本** 贷方

借方	贷方
实收资本的减少额	实收资本的增加额
	期末余额：实收资本的实有数额

2.“资本公积”账户

用途：核算资本公积的增加、减少和实有数额。资本公积是企业收到投资者出资额超过其在注册资本或股本中所占份额的部分，以及直接计入所有者权益的利得和损失的增减变动及结余情况。资本公积属于所有者权益。按核算的经济内容分类属于所有者权益类账户。

结构：属于负债性质账户。该账户贷方登记资本公积的增加数额，借方登记资本公积的减少数额，期末余额在贷方，反映企业资本公积的实有数额。

本账户应当分别设置“资本溢价（或股本溢价）”“其他资本公积”明细账户，进行明细核算。

“资本公积”账户的结构如下：

借方　　　　　　**资本公积**　　　　　　贷方

资本公积的减少额（使用数）	资本公积的增加额
	期末余额：资本公积的实有数额

3.“银行存款”账户

用途：专门用于核算银行存款的增加、减少和实有数额，按核算的经济内容分类属于资产类账户。

结构：属于资产性质账户。该账户借方登记企业银行存款的增加数额，贷方登记银行存款的减少数额，期末余额在借方，表示企业银行存款的实有数。

本账户可以按币种存款户设置明细账户，进行明细分类核算。

“银行存款”账户的结构如下：

借方　　　　　　**银行存款**　　　　　　贷方

银行存款的增加额	银行存款的减少额
	期末余额：银行存款的实有数额

4.“固定资产”账户

用途：专门用于核算固定资产原价的增加、减少和实有数额，按核算的经济内容分类属于资产类账户。

结构：属于资产性质账户。该账户借方登记企业固定资产原价的增加数额，贷方登记固定资产原价的减少数额，期末借方余额，反映企业固定资产原价的实有数。

本账户可以按固定资产的种类和编号设置明细账户，进行明细分类核算。

“固定资产”账户的结构如下：

借方　　　　　　**固定资产**　　　　　　贷方

固定资产原价的增加额	固定资产原价的减少额
	期末余额：固定资产原价的实有数额

5.“无形资产”账户

用途：专门用于核算无形资产原价的增加、减少和实有数额，按核算的经济内容分类属于资产类账户。

结构：属于资产性质账户。该账户借方登记企业无形资产原价的增加额，贷方登记无形资产原价的减少额，期末余额在借方，反映企业无形资产原价的实有数额。

本账户可以按无形资产的种类设置明细账户，进行明细分类核算。

“无形资产”账户的结构如下：

借方	无形资产	贷方
无形资产原价的增加额		无形资产原价的减少额
		期末余额：无形资产原价的实有数额

6.“原材料”账户

用途：专门用于核算库存原材料的增加、减少和实有数额，按核算的经济内容分类属于资产类账户。

结构：属于资产性质账户。该账户借方登记原材料的增加额，贷方登记原材料的减少额，期末余额在借方，反映原材料的实有数额。

本账户可以按原材料的种类或名称设置明细账户，进行明细分类核算。

借方	原材料	贷方
原材料的入库额		原材料的出库额
		期末余额：原材料的实有数额

（二）经济业务的核算

1.企业接受货币资金投资的核算

【例4-1】宏发有限责任公司于设立时收到A公司投入资本3 000万元，并存入银行。

这项经济业务的发生，一方面使企业的银行存款增加了3 000万元，另一方面使企业的实收资本增加了3 000万元，因此，该项经济业务涉及“银行存款”和“实收资本”两个账户。“银行存款”账户属于资产性质账户，其增加额应记入借方；“实收资本”账户属于负债性质账户，其增加额应记入贷方。其会计分录为：

借：银行存款　　30 000 000

　贷：实收资本——A公司　　30 000 000

【例4-2】宏发有限责任公司设立一年后，为扩大经营规模，经批准，将注册资本由4 000万元增加到5 000万元，按照投资协议，E公司需缴入现金1 200万元，同时享有宏发有限责任公司20%的股份。

这项经济业务的发生，一方面使企业的银行存款增加了1 200万元，另一方面使企业的实收资本增加了1 000万元，使企业的资本公积（资本溢价）增加了200万元，因此，该项经济业务涉及“银行存款”“实收资本”“资本公积（资本溢价）”三个账户。“银行存款”账户是资产性质账户，其增加额应记入账户的借方；“实收资本”账户是负债性质账户，其增加额应记入贷方，“资本公积——资本溢价”账户是负债性质账户，其增加额应记入贷方。其会计分录为：

借：银行存款　　12 000 000

　贷：实收资本——E公司　　10 000 000

　　　资本公积——资本溢价　　2 000 000

2.企业接受固定资产投资的核算

【例4-3】宏发有限责任公司设立时，收到B公司作为资本投入的不需要安装的机器设备一批，合同约定该批机器设备的价值为2 000万元。

这项经济业务的发生，一方面使企业的固定资产增加了2 000万元，另一方面使企业的实收资本增加了2 000万元，因此，该项经济业务涉及“固定资产”“实收资本”两个账户。“固定资产”账户是资产性质账户，其增加额应记入借方；“实收资本”账户是负债性质账户，其增加额应记入贷方。其会计分录为：

借：固定资产	20 000 000	
贷：实收资本——B公司		20 000 000

3.企业接受原材料投资的核算

【例4-4】宏发有限责任公司设立时，2×18年5月20日收到D公司作为资本投入钢材200吨，每吨2 000元，增值税64 000元。投资合同约定的价值为464 000元。

借：原材料——钢材	400 000	
应交税费——应交增值税（进项税额）	64 000	
贷：实收资本——D公司		464 000

4.企业接受无形资产投资的核算

【例4-5】宏发有限责任公司设立时，收到C公司作为资本投入的土地使用权一项，投资合同约定的价值为800万元，同时收到D公司作为资本投入的非专利技术一项，投资合同约定的价值为200万元。

这项经济业务的发生，一方面使企业的无形资产（土地使用权和非专利技术）增加了1 000万元，另一方面使企业的实收资本增加了1 000万元，因此，该项经济业务涉及“无形资产”“实收资本”两个账户。“无形资产”账户是资产性质账户，其增加额应记入借方；“实收资本”账户是负债性质账户，其增加额应记入贷方。其会计分录为：

借：无形资产——土地使用权	8 000 000	
——非专利技术	2 000 000	
贷：实收资本——C公司		8 000 000
——D公司		2 000 000

所有者投入资本的账务处理，其贷方账户为“实收资本”“资本公积”账户，借方账户为“银行存款”“固定资产”“原材料”“无形资产”等账户，应依据投资的资产形式来确定。

所有者投入资本的账务处理主要涉及企业取得投资时资本与相关资产增加的核算。所有者投入资本的主要业务的核算可用图4-1表示：

二、负债筹集资金业务的核算

企业从债权人那筹集到的资金形成企业的负债，它表示企业的债权人对企业资产的要求权，即债权人权益。当企业为了取得生产经营所需的资金、商品或劳务等而向银行借款或向其他单位和个人发行债券，就形成了企业同其他经济实体之间的债务关系。

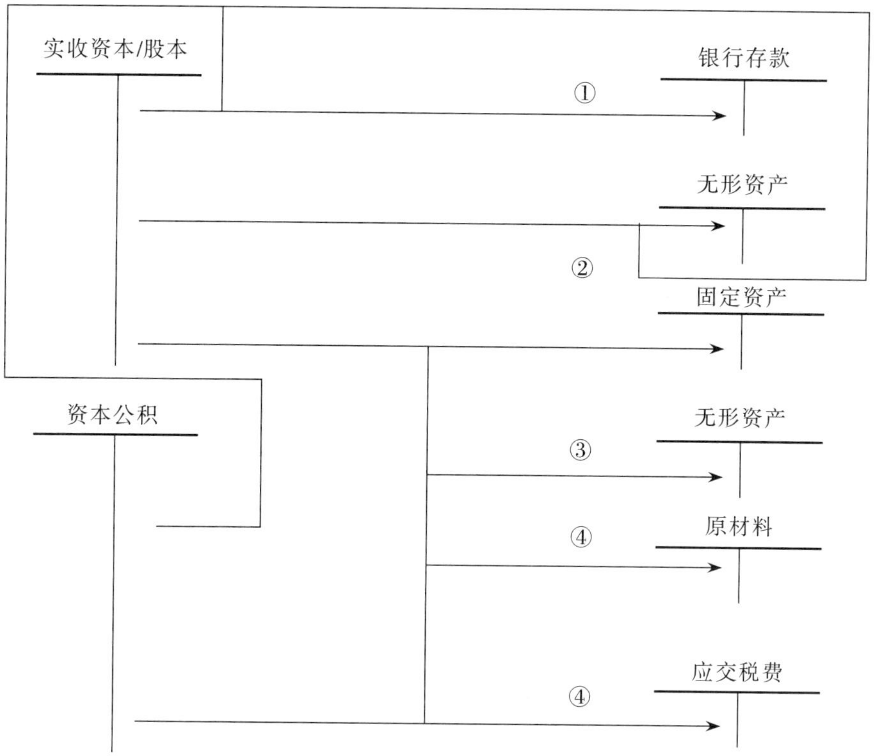

图4-1 所有者投入资本核算

说明：①所有者投入银行存款或股份有限公司发行股票取得的银行存款；②所有者投入固定资产；③所有者投入无形资产；④所有者投入原材料。

借款是指企业向银行或其他金融机构借入的各种款项或通过发行债券向其他单位或个人借入的款项。短期借款是指企业向银行或其他金融机构借入的期限在一年以下（含一年）的各种借款，通常是为了满足正常生产经营的需要。长期借款是指企业向银行或其他金融机构借入的期限在一年以上（不含一年）的各项借款。应付债券是企业通过发行债券从其他单位或个人手中借入的款项，期限一般超过一年，企业发行债券多数是为了形成和保持长期经营能力，如用于固定资产的购建、改扩建工程、购买土地使用权等无形资产或对外投资。企业借入的各种借款，必须按规定用途使用，按期偿还借款的本金及利息。

在实际工作中，银行一般于每季度末结算和收取短期借款利息，依据权责发生制，企业的借款利息一般采用月末计息的方式进行核算，借款利息属于企业的筹资费用。向债权人借入资金的业务，通过“短期借款”“长期借款”“应付债券”“应付利息”“财务费用”等账户进行会计核算。

（一）涉及账户的用途和结构

1.“短期借款”账户

用途：核算企业向银行或其他金融机构等借入的期限在一年以下（含一年）的各种借款的借入、归还和尚未偿还余额，按核算的经济内容分类属于负债类账户。

结构：属于负债性质账户。其贷方登记企业借入的短期借款的本金数额，借方登记企业偿还的短期借款的本金数额，期末余额在贷方，反映企业尚未偿还的短期借款的本金。

本账户可按借款种类、贷款人和币种设置明细账户，进行明细核算。

“短期借款”账户的结构如下：

借方　**短期借款**　贷方

短期借款的偿还（减少）额	短期借款的取得（增加）额
	期末余额：短期借款的实有数额

2.“长期借款”账户

用途：核算企业向银行或其他金融机构等借入的期限在一年以上（不含一年）的各项借款的归还和结余情况，按核算的经济内容分类属于负债类账户。

结构：属于负债性质账户。其贷方登记取得的长期借款的本金及利息调整的增加额，借方登记归还的本金及利息调整的减少额，期末余额在贷方，反映企业尚未偿还的长期借款。

本账户可按贷款单位和贷款种类分别设置“本金”“利息调整”明细账户进行明细核算。

“长期借款”账户的结构如下：

借方　**长期借款**　贷方

长期借款的偿还（减少）额	长期借款本金的取得和未付利息的计算（增加）额
	期末余额：长期借款的实有数额

3.“应付债券”账户

用途：核算企业为筹集（长期）资金而发行债券的本金和利息，按核算的经济内容分类属于负债类账户。

结构：属于负债性质账户。其贷方登记债券的发行额，借方登记债券到期偿还额，期末余额在贷方，反映企业应付债券的实有数额。

本账户可按购券人的名称或姓名设置明细账户，进行明细核算。

“应付债券”账户的结构如下：

借方　**应付债券**　贷方

应付债券的偿还（减少）额	应付债券的发行额（增加）
	期末余额：应付债券的实有数额

4.“应付利息”账户

用途：核算企业按照合同约定应支付的利息的发生、归还和实有数情况，按核算的经济内容分类属于负债类账户。

结构：属于负债性质账户。其贷方登记本期应付利息的增加额，借方登记本期应付利息的偿还额，期末余额在贷方，反映企业应付未付的利息数额。

本账户可按借款种类、贷款人和币种设置明细账户，进行明细核算。

“应付利息”账户的结构如下：

借方 **应付利息** 贷方

借方	贷方
应付利息的偿还（减少）额	应付利息的增加额
	期末余额：应付未付的利息数额

5.“财务费用”账户

用途：核算企业为筹集生产经营所需资金等而发生的筹资费用，包括利息支出（减利息收入）、汇兑损益以及相关的手续费、企业发生的现金折扣或收到的现金折扣等。按核算的经济内容分类属于费用类账户。

结构：属于资产性质账户。其借方登记财务费用的发生数额，贷方登记期末转入“本年利润”账户的财务费用，该账户期末结转后无余额。

本账户可按费用项目设置明细账胡进行明细核算。

“财务费用”账户的结构如下：

借方 **财务费用** 贷方

借方	贷方
财务费用的发生额	利息收入、汇兑收益 期末转入“本年利润”账户的财务费用额

（二）经济业务的核算

1.短期借款的核算

【例4-6】宏发有限责任公司于2×18年12月1日向银行借入一笔生产经营用短期借款，共计100 000元，期限为5个月，年利率为12%，根据与银行签署的协议，该借款本金到期后一次归还；利息分月计提，按季支付。该借款已于当天存入银行存款账户。

这项经济业务的发生，一方面使企业的银行存款增加了100 000元，另一方面使企业的短期借款增加了100 000元，因此，该项经济业务涉及“银行存款”“短期借款”两个账户。“银行存款”账户是资产性质账户，其增加额应记入借方；“短期借款”账户是负债性质账户，其增加额应记入贷方。其会计分录为：

借：银行存款 100 000

　贷：短期借款 100 000

【例4-7】沿用【例4-6】，宏发有限责任公司于2×18年12月31日计提12月份的应付利息。

应付利息=100 000×12%×1/12=1 000（元）

借款利息属于企业负担的一项财务费用，但由于借款利息是按季度支付的，所以本月的利息虽然在本月计算，但不在本月实际支付，因此形成企业本月的一项应付利息负债。这项经济业务的发生，一方面使企业的财务费用增加了1 000元，另一方面使企业的应付利息增加了1 000元，因此，该项经济业务涉及“财务费用”“应付利息”两个账户。“财务费用”账户是资产性质账户，其增加额应记入借方；

“应付利息”账户是负债性质账户，其增加额应记入贷方。其会计分录为：

借：财务费用 1 000

贷：应付利息 1 000

【例 4-8】沿用【例 4-6】，宏发有限责任公司于2×19年1月31日计提1月份应付利息。

利息计算及业务分析同【例 4-7】，其会计分录为：

借：财务费用 1 000

贷：应付利息 1 000

2.长期借款的核算

【例 4-9】宏发有限责任公司为购建固定资产，于2×18年1月1日向银行借入1 000 000元，借款期限为2年，年利率为7.2%，每年付息一次，期满后一次还清本金。借款已于当天存入银行存款账户。固定资产的建设期为1年。

这项经济业务的发生，一方面使企业的银行存款增加了1 000 000元，另一方面使企业的长期借款增加了1 000 000元，因此，该项经济业务涉及“银行存款”“长期借款”两个账户。“银行存款”账户是资产性质账户，其增加额应记入借方；“长期借款”账户是负债性质账户，其增加额应记入贷方。其会计分录为：

借：银行存款 1 000 000

贷：长期借款——本金 1 000 000

【例 4-10】沿用【例 4-9】，宏发有限责任公司所购建的固定资产于2×18年12月31日竣工并投入使用，计算本年利息。

应付利息=1 000 000×7.2%=72 000（元）

企业发生的为购建固定资产的专门借款的利息费用，自固定资产开始购建并且已经发生资产支出起，至所购建的固定资产达到预定可使用状态前，根据费用受益原则，是形成固定资产所发生的费用，允许资本化，计入所建造固定资产的成本，即记入“在建工程”账户。

这项经济业务的发生，一方面使企业的固定资产成本增加了72 000元，另一方面使企业的应付利息增加了72 000元，因此，该项经济业务涉及“在建工程”“应付利息”两个账户。“在建工程”账户是资产性质账户，其增加额应记入借方；“应付利息”账户是负债性质账户，其增加额应记入贷方。其会计分录为：

借：在建工程 72 000

贷：应付利息 72 000

【例 4-11】沿用【例 4-9】，宏发有限责任公司所购建的固定资产投入使用后，请计算该公司2×19年应负担的借款利息。

应付利息=1 000 000×7.2%=72 000（元）

由于所购建的固定资产已经投入使用，所以，该借款利息不应资本化，应作为企业负担的一项财务费用，但由于借款利息尚未支付，因此形成企业的一项应付利息负债。

这项经济业务的发生，一方面使企业的财务费用增加了72 000元，另一方面使企业的应付利息增加了72 000元，因此，该项经济业务涉及“财务费用”“应付利息”两个账户。“财务费用”账户是资产性质账户，其增加额应记入借方；“应付利息”账户是负债性质账户，其增加额应记入贷方。其会计分录为：

借：财务费用　　72 000

　贷：应付利息　　72 000

【小补丁4-1】企业发生的为购建固定资产专门借款的利息费用，自固定资产开始购建并且已经发生资产支出起，至所购建的固定资产达到预定可使用状态前，允许资本化，计入所购建的固定资产的成本；在所购建的固定资产达到预定可使用状态后发生的借款利息费用，计入当期的财务费用。

【小思考4-1】假如用该项借款购入需要安装的设备，在设备达到预定可使用状态前发生的借款利息费用应该如何处理？

3.应付债券的核算

【例4-12】宏发有限责任公司为购建固定资产，于2×18年1月1日对外发行3年期债券2 000 000元，年利率为9%，期满后一次性还本付息。固定资产的建设期为1年。

这项经济业务的发生，一方面使企业的银行存款增加了2 000 000元，另一方面使企业的应付债券增加了2 000 000元，因此，该项经济业务涉及“银行存款”“应付债券”两个账户。“银行存款”账户是资产性质账户，其增加额应记入借方；“应付债券”账户是负债性质账户，其增加额应记入贷方。其会计分录为：

借：银行存款　　2 000 000

　贷：应付债券——面值　　2 000 000

【例4-13】沿用【例4-12】，宏发有限责任公司所购建的固定资产于2×18年12月31日竣工并投入使用，请计算本年利息。

应计利息=2 000 000×9%=180 000（元）

企业发生的为购建固定资产发行债券的利息费用，自固定资产开始购建并且已经发生资产支出起，至所购建的固定资产达到预定可使用状态前，根据费用受益原则，是形成固定资产所发生的费用，允许资本化，计入建造的固定资产的成本，即记入“在建工程”账户。计算出的利息两年后支付，属于非流动负债，通过“应付债券——应计利息”账户核算。这项经济业务的发生，一方面使企业的在建固定资产成本增加了180 000元，另一方面使企业的应计利息增加了180 000元，因此，该项经济业务涉及“在建工程”“应付债券——应计利息”两个账户。“在建工程”账户是资产性质账户，其增加额应记入借方；“应付债券——应计利息”账户是负债性质账户，其增加额应记入贷方。其会计分录为：

借：在建工程　　180 000

　贷：应付债券——应计利息　　180 000

【例4-14】沿用【例4-12】，宏发有限责任公司所购建的固定资产投入使用后，请计算该公司2×19年应负担的借款利息。

应计利息=2 000 000×9%=180 000（元）

由于所购建的固定资产已经投入使用，所以，该借款利息不应资本化，应作为企业负担的一项财务费用，但由于借款利息尚未支付，因此形成企业的一项应付利息负债。

这项经济业务的发生，一方面使企业的财务费用增加了180 000元，另一方面使企业的应付利息增加了180 000元，因此，该项经济业务涉及“财务费用”“应付债券——应计利息”两个账户。“财务费用”账户是资产性质账户，其增加额应记入借方；“应付债券——应计利息”账户是负债性质账户，其增加额应记入贷方。其会计分录为：

借：财务费用　　180 000

　贷：应付债券——应计利息　　180 000

负债筹集资金的经济业务的账务处理：通过“短期借款”“长期借款”“应付债券”等账户，具体应依据负债形式决定。计算利息业务的账务处理：借方账户一般是“财务费用”等费用类账户，贷方账户为“应付利息”等账户。

资金进入企业的经济业务涉及等式两边的资产与负债和所有者权益两类不同性质的账户，金额同时增加，增加的金额相等，导致企业资金总额增加。

这里需要说明的是，有关长期借款利息、应付债券核算的情况比较复杂，本章只进行简单的介绍，有关内容将在后面的有关专业课程中介绍。

向债权人借入资金的账务处理，主要是核算借入与归还本金、偿付利息以及确认利息费用。向债权人借入资金的主要业务的核算可用图4-2表示：

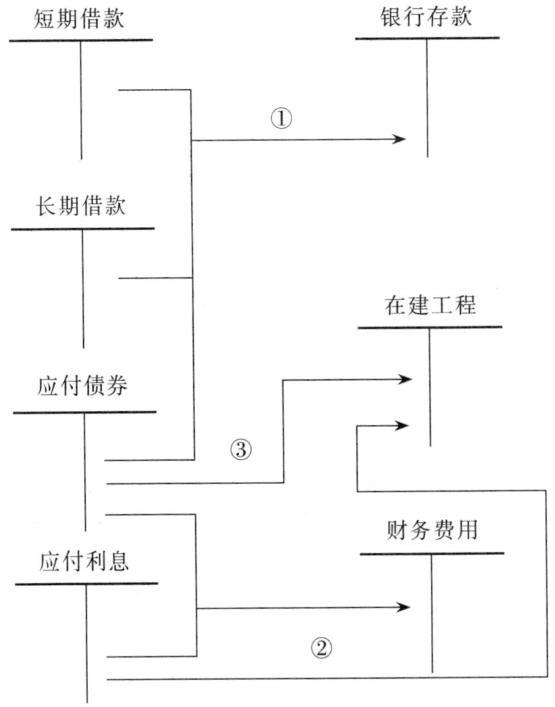

图4-2　向债权人借入资金的核算

说明：①向债权人借入款项；②③计算利息。

第三节 供应过程业务的核算

供应过程是企业购买生产产品所需要的各种生产要素的过程，包括购买固定资产、无形资产和其他长期资产、原材料、水电暖、人力资源等各种资源，本章重点讲述原材料的供应过程，就是用货币资金购买原材料的过程。在原材料的采购过程中，要支付材料本身的价款以及运杂费等，并且要向供应单位支付增值税。在供应过程中所支付的增值税，取得增值税专用发票的一般纳税人在缴纳增值税时作为应交增值税进项税额允许抵扣，购买单位并未实际承担，不构成所购原材料的实际成本，所以原材料的成本只包括材料的买价和运杂费。如果企业在购买时并没有支付货币资金，而是签发并承兑商业汇票，或暂欠供应单位款项，就形成了企业的负债；如果向供应单位预付货款，就形成了企业的债权，在供应单位发货时收回债权。企业在取得材料的同时引起资产的减少或负债的增加。供应过程的核算，就是核算供应过程所发生的费用，计算所购买原材料成本的过程。

供应过程应当核算的内容包括所购买的原材料的成本，以及在此过程中发生的费用。在实际工作中，工业企业根据本企业生产经营的实际状况和经营管理需要，选择采用按实际成本计量和按计划成本计量的核算方法。

一、按实际成本计量

工业企业进行产品生产需要各种材料。在供应过程中，企业要购买各种材料，为生产建立储备。供应过程所发生的经济业务包括：从供货单位购买材料，支付材料价款；向供应单位支付增值税；支付采购过程中发生的各种采购费用，包括运输费、装卸费、保险费、包装费、仓储费等，这些采购费用统称运杂费；材料验收入库。购入材料到达企业，经计量、验收入库后，结转入库材料的采购成本。

采购材料与销售产品业务涉及的主要税费是增值税。增值税是以商品和劳务在流转过程中产生的增值额作为征税对象而征收的一种流转税。

当期应纳税额=当期销项税额-当期进项税额

=当期销售额×适用税率-当期进项税额

销项税额是指纳税人销售货物、提供应税劳务以及发生应税行为时，按照销售额或者应税劳务收入或者应税行为收入与规定税率计算并向购买方收取的增值税税额；进项税额是指纳税人购进货物、加工修理修配劳务、服务、无形资产或者不动产，所支付或者负担的增值税额。

自2018年5月1日起，增值税有三大重大变更：（1）将制造业等行业增值税税率从17%降至16%，将交通运输、建筑、基础电信服务等行业及农产品等货物的增值税税率从11%降至10%。（2）将工业企业小规模纳税人年销售额标准由50万元上调至500万元，将商业企业小规模纳税人年销售额标准80万元也上调至500万元，以统一增值税小规模纳税人标准，并在一定期限内允许已登记为一般纳税人的企业转登记为小规模纳税人。（3）对装备制造等先进制造业、研发等现代服务业符合条件的企业和电网企业在一定时期内未抵扣完的进项税额予以一次性退还。因此从2018年5月1日起，我国增值税税率为16%、10%、6%三档。

（一）涉及账户的用途和结构

供应过程经济业务的核算，就是核算供应过程中发生的各种支出。通过核算可计入原材料成本的费用，从而得出原材料的实际采购成本。

“原材料”账户按实际成本计量是指原材料的入库额、出库额和结存额的计量都以实际成本为依据。原材料的实际成本是其取得时所发生的由本企业承担的费用。

原材料实际采购成本包括：购买价款，是指购货发票所注明的货款金额；采购过程中发生的运杂费（不包括按规定根据运输费的一定比例计算的可抵扣的增值税税额）；按规定计入材料成本的各种税费；材料在运输途中的合理损耗；材料入库前的整理挑选费用（包括整理挑选过程中发生的人工费支出和必要的损耗，并减去回收的下脚料价值）；其他费用，如大宗物资的市内运杂费等（市内零星运杂费、采购人员的差旅费以及采购机构的经费等不构成材料的采购成本，而是计入期间费用）。

以上材料采购成本的各构成项目中，购买价款是直接费用，可直接计入所购原材料的实际采购成本；其他费用项目中，凡是由一种材料受益的，属于直接费用，应由其负担，直接计入该种材料的实际采购成本；凡由几种材料共同受益的，属于间接费用，应按受益程度分配计入各种材料的实际采购成本。

对材料采购过程中所发生的经济业务，通过“在途物资”“原材料”“应付账款”“预付账款”“应付票据”“应交税费”等账户进行核算。

1.“在途物资”账户

用途：核算对原材料采用实际成本计量的企业在供应过程中发生的可计入原材料成本的费用发生额，按核算的经济内容分类属于资产类账户。

结构：属于资产性质账户。其借方登记企业购入的材料、商品等在途物资可计入成本的费用发生额，贷方登记验收入库物资的实际成本转出额，期末如果有余额，在借方反映企业在途材料、商品等物资的实际采购成本。

本账户按所购买物资的种类或名称设置明细账户进行明细核算，也可按供应单位名称设置二级账户进行核算。

“在途物资”账户的结构如下：

借方　　　　**在途物资**　　　　贷方

可计入成本的费用发生额	验收入库材料的实际采购成本的转出额
期末余额：在途材料的实际成本	

2.“原材料”账户

用途：核算企业各种库存材料的收发与结存情况。原材料包括原料及主要材料、辅助材料、外购半成品（外购件）、修理用备件（备品备件）、包装材料、燃料等的实际成本，按核算的经济内容分类属于资产类账户。

结构：属于资产性质账户。在原材料按实际成本核算时，其借方登记入库材料的实际成本，贷方登记发出材料的实际成本，期末余额在借方，反映库存材料的实际成本。

本账户可按照原材料的种类、名称设置明细账户进行明细核算。

“原材料”账户的结构如下：

借方 **原材料** 贷方

借方	贷方
入库额	出库额
期末余额：库存材料的实际成本	

3.“应付账款”账户

用途：核算企业应付账款的发生额和偿还额。应付账款是指因购买材料、商品和接受劳务等经营活动暂欠供应单位的款项。按核算的经济内容分类属于负债类账户。

结构：属于负债性质账户。其贷方登记应付账款的发生额，借方登记应付账款的偿还额，期末如果有余额，在贷方，表示企业尚未偿还的应付账款。

本账户可按供应单位的名称设置明细账户进行明细核算。

“应付账款”账户的结构如下：

借方 **应付账款** 贷方

借方	贷方
应付账款的偿还（减少）额	应付账款的发生额
	期末余额：尚未偿还的应付账款

4.“预付账款”账户

用途：核算预付账款的发生额和冲销额。预付账款是指企业按照合同规定预付的货款或服务款项。按核算的经济内容分类属于资产类账户。

结构：属于资产性质账户。其借方登记预付账款的发生额，贷方登记预付账款的冲销额，期末如果有余额，一般在借方，表示企业的预付账款；如果期末余额在贷方，表示企业的应付账款。

预付账款业务不多的企业，可以不设置“预付账款”账户，发生相关业务时通过“应付账款”账户核算。

本账户可按供货单位设置明细账户进行明细核算。

“预付账款”账户的结构如下：

借方 **预付账款** 贷方

借方	贷方
预付账款的发生额	预付账款的冲销额
期末余额：预付账款的实有数额	期末余额：应付账款的实有数额

5.“应付票据”账户

用途：核算应付票据的发生额和兑现额。应付票据是指企业购买材料、商品和接受劳务供应等开出、承兑的商业汇票，包括银行承兑汇票和商业承兑汇票。按核算的经济内容分类属于负债类账户。

结构：属于负债性质账户。其贷方登记应付票据的发生额，借方登记应付票据的兑现额，期末如果有余额，在贷方，表示尚未到期兑现商业汇票的票面金额。

本账户可按供应单位设置明细账户进行明细核算。企业应设置“应付票据备查簿”，详细登记商业汇票的种类、号数和出票日期、到期日、票面金额、交易合同号和收款人姓名或单位名称以及付款日期和金额等。应付票据到期结清时，在备查簿中应予注销。

“应付票据”账户的结构如下：

借方 **应付票据** 贷方

借方	贷方
应付票据的兑现额	应付票据的发生额
	期末余额：尚未到期兑现的商业汇票

6.“应交税费”账户

用途：核算应交税费的发生额和缴纳额。应交税费是指企业按照税法等规定计算应缴纳的各种税费，包括增值税、消费税、所得税、资源税、土地增值税、城市维护建设税、教育费附加等。按核算的经济内容分类属于负债类账户。

结构：属于负债性质账户。其贷方登记应交税费的增加额，借方登记实际缴纳额或减少额，期末如果有余额，在贷方，表示企业尚未缴纳的税费；期末余额在借方，反映企业多交或尚未抵扣的应交税费。按核算的经济内容分类属于负债类账户。

本账户可按应交税费的种类设置明细账户进行明细核算。

“应交税费”账户的结构如下：

借方 **应交税费** 贷方

借方	贷方
实际缴纳额或减少额	增加额
期末余额：应交税费待扣额	期末余额：应交税费的实有数额

供应过程所涉及应交税费是应交增值税。增值税应纳税额计算的核心是用纳税人收取的销项税额抵扣其支付的进项税额，其余额为纳税人实际应向税务机关缴纳的增值税税额。其基本计算公式为：

应纳税额=当期销项税额-当期进项税额

应交增值税销项税额是应交增值税的增加额，因应交税费是负债性质账户，应记入“应交税费——应交增值税”账户的贷方；应交增值税进项税额是应交增值税的减少额，应记入“应交税费——应交增值税”账户的借方。

从上述公式可以看出，进项税额作为可抵扣的部分，对于纳税人实际纳税金额具有重要的作用。企业在向税务部门实际缴纳本期增值税时，按实际缴纳的金额借记“应交税费——应交增值税（已交税金）”科目，贷记“银行存款”科目。

“应交税费——应交增值税”明细账户的格式见表4-1。

表4-1　　应交税费（应交增值税）明细账

年		凭证号数	内容摘要	借方				贷方				借或贷	余额
月	日			进项税额	已交税额	…	合计	销项税额	进项税额转出	…	合计		

（二）经济业务的核算

【例4-15】2×18年12月5日，宏发有限责任公司从光明公司购入甲、乙两种材料。甲材料1 000千克，单价120元，计120 000元；乙材料2 000千克，单价500元，计1 000 000元。增值税专用发票上注明的税款共计179 200元，全部款项已用银行存款付清，材料尚未到达。

这项经济业务的发生，一方面使甲材料的采购成本（买价）增加120 000元、乙材料的采购成本（买价）增加1 000 000元、增值税进项税额增加179 200元；另一方面使银行存款减少1 299 200元（120 000+1 000 000+179 200）。因此，该项经济业务涉及“在途物资”“应交税费——应交增值税（进项税额）”“银行存款”三个账户。“在途物资”账户是资产性质账户，其增加额应记入借方；“应交税费——应交增值税（进项税额）”账户是负债性质账户，其减少额应记入借方；“银行存款”账户是资产性质账户，其减少额应记入贷方。其会计分录为：

借：在途物资——甲材料　　120 000
　　　　　　——乙材料　　1 000 000
　　应交税费——应交增值税（进项税额）　　179 200
　贷：银行存款　　1 299 200

【例4-16】2×18年12月6日，宏发有限责任公司以银行存款9 000元支付上述购入甲、乙材料的外地运杂费。

对于在采购过程中发生的采购费用，凡是能够明确其归属对象的，直接计入相关材料的成本中，凡是不能分清应由哪种材料直接负担的，属于间接费用，应按照适当的分配标准，在该批材料各品种间进行合理分配，以便确定各种材料的实际采购成本。

间接费用的分配程序：

第一步，确定分配标准。

所谓适当的分配标准，是指分配间接费用的依据。分配标准的选择，一方面要能体现各受益对象的受益程度，另一方面，所选分配标准的数据应能够可靠取得。

本例中的运杂费可按材料的重量比例进行分配，因为运杂费一般按吨千米计算，甲材料和乙材料从光明公司到本公司的距离相同可不予考虑，所以选择材料重量作为分配标准。

分配标准：甲材料1 000千克，乙材料2 000千克。

第二步，计算分配率。

某种间接费用分配率=待分配间接费用总额÷分配标准总额

在本例中，

$$采购费用分配率=\frac{材料采购费用}{各种材料的重量之和}=\frac{9\,000}{1\,000+2\,000}=3(元/千克)$$

第三步，确定某种受益对象或某分配对象应负担的间接费用。

某种受益对象或某分配对象应负担的间接费用=该产品或对象的分配标准×间接费用分配率

在本例中，确定各材料应分摊的费用数额为：

甲材料应分摊的运杂费=甲材料分配标准×采购费用分配率=1 000×3=3 000（元）

乙材料应分摊的运杂费=乙材料分配标准×采购费用分配率=2 000×3=6 000（元）

或者：乙材料应分摊的运杂费=9 000−3 000=6 000（元）

第四步，验算。

各受益对象所分配的间接费用合计数=待分配的间接费用

甲材料运杂费+乙材料运杂费=3 000+6 000=9 000（元）

与待分配运费9 000元相等，可得出计算无误的结论。

这项经济业务的发生，一方面使甲材料采购成本增加3 000元、乙材料的采购成本增加6 000元；另一方面使企业银行存款减少9 000元。因此，该项经济业务涉及“在途物资”“银行存款”两个账户。

“在途物资”账户是资产性质账户，其增加额应记入借方；“银行存款”账户也是资产性质账户，其减少额应记入贷方。其会计分录为：

借：在途物资——甲材料	3 000	
——乙材料	6 000	
贷：银行存款		9 000

【例4-17】2×18年12月7日，宏发有限责任公司向新兴公司购进丙材料200千克，每千克500元，计100 000元，增值税专用发票上注明的税款为16 000元，新兴公司代垫运杂费4 000元，材料尚未入库，所有款项均未支付。

这项经济业务的发生，一方面使丙材料的采购成本（买价+运杂费）增加104 000元（100 000+4 000）、增值税进项税额增加16 000元；另一方面使应付供应单位的款项增加120 000元（104 000+16 000）。因此，该项经济业务涉及“在途物资”“应交税费——应交增值税（进项税额）”“应付账款”三个账户。“在途物资”是资产性质账户，其增加额应记入借方；“应交税费——应交增值税（进项税额）”账户是负债性质账户，其减少额应记入借方；“应付账款”账户是负债性质账户，其增加额应记入贷方。其会计分录为：

借：在途物资——丙材料	104 000	
应交税费——应交增值税（进项税额）	16 000	
贷：应付账款——新兴公司		120 000

【例4-18】2×18年12月7日，宏发有限责任公司按照合同规定以银行存款预付

给振华公司订购乙材料的款项200 000元。

这项经济业务的发生，一方面使企业预付的订货款增加200 000元，另一方面使企业银行存款减少200 000元。因此，该项经济业务涉及“预付账款”“银行存款”两个账户。“预付账款”账户是资产性质账户，其增加额应记入借方；“银行存款”账户也是资产性质账户，其减少额应记入贷方。其会计分录为：

借：预付账款——振华公司　　200 000

　贷：银行存款　　200 000

【例4-19】2×18年12月19日，宏发有限责任公司收到振华公司发来的乙材料，增值税专用发票上注明的价款为500 000元，增值税为80 000元，振华公司代垫运杂费3 000元，冲销原预付账款后，所欠款项以银行存款支付，材料尚未入库。

这项经济业务的发生，应分购入材料和补付货款两步进行处理。

购入材料时，一方面乙材料的采购成本（买价+运杂费）增加了503 000元（500 000+3 000），增值税进项税额增加了80 000元；另一方面使预付账款减少了583 000元。因此，购入材料时涉及“在途物资”“应交税费——应交增值税（进项税额）”“预付账款”三个账户。“在途物资”账户是资产性质账户，其增加额应记入借方；“应交税费——应交增值税（进项税额）”账户是负债性质账户，其减少额应记入借方；“预付账款”账户是资产性质账户，其减少额应记入贷方。其会计分录为：

借：在途物资——乙材料　　503 000

　　应交税费——应交增值税（进项税额）　　80 000

　贷：预付账款——振华公司　　583 000

补付货款时，一方面使企业的预付账款增加了383 000元，另一方面使银行存款减少了383 000元（503 000+80 000-200 000）。因此，补付货款时涉及“预付账款”“银行存款”两个账户。“预付账款”账户是资产性质账户，其增加额应记入借方；“银行存款”账户是资产性质账户，其减少额应记入贷方。其会计分录为：

借：预付账款——振华公司　　383 000

　贷：银行存款　　383 000

【例4-20】2×18年12月19日，宏发有限责任公司从兴业公司购进丁材料100千克，每千克1 000元，价款合计100 000元，增值税为16 000元，签发并承兑商业汇票一张，该商业汇票的面值为116 000元，期限为3个月，材料已验收入库。

这项经济业务的发生，一方面使企业库存原材料的实际采购成本增加100 000元、应交税费减少16 000元；另一方面使企业的应付票据增加116 000元（100 000+16 000）。因此，该项经济业务涉及“原材料”“应交税费”“应付票据”三个账户。“原材料”账户是资产性质账户，其增加额应记入借方；“应交税费”账户是负债性质账户，其减少额应记入借方；“应付票据”账户是负债性质账户，其增加额应记入贷方。其会计分录为：

借：原材料——丁材料　　100 000

　　应交税费——应交增值税（进项税额）　　16 000

　贷：应付票据——兴业公司　　116 000

原材料以实际成本计量时，购买原材料的经济业务的账务处理为：应借账户是“在途物资”和“应交税费——应交增值税（进项税额）”账户，如果材料入库，也可直接登记“原材料”账户。其应贷账户应根据不同的付款情况确定。如果已经支付货款和运杂费，应登记“银行存款”账户；如果签发并承兑商业汇票，应登记“应付票据”账户；如果货款暂欠，应登记“应付账款”账户；如果以前已预付货款，则应冲销“预付账款”账户。

【例4-21】2×18年12月21日，本月购入的甲、乙、丙材料均已验收入库，结转各种材料的实际采购成本。

应根据“在途物资”明细账（见表4-2、表4-3、表4-4）中所归集的各种材料的买价和采购费用，编制材料采购成本计算表（见表4-5），计算确定验收入库材料的实际采购成本。

表4-2　　在途物资明细账

材料名称：甲材料　　单位：元

2×18年		凭证号数	摘要	借方			贷方
月	日			买价	运杂费	合计	
12	5	略	购入1 000千克，单价120元	120 000		120 000	
12	6	略	支付运杂费		3 000	3 000	
12	21	略	结转入库1 000千克材料的采购成本				123 000

表4-3　　在途物资明细账

材料名称：乙材料　　单位：元

2×18年		凭证号数	摘要	借方			贷方
月	日			买价	运杂费	合计	
12	5	略	购入2 000千克，单价500元	1 000 000		1 000 000	
12	6	略	支付运杂费		6 000	6 000	
12	19	略	购入1 000千克，单价500元，支付运杂费3 000元	500 000	3 000	503 000	
12	21	略	结转入库3 000千克材料的采购成本				1 509 000

表 4-4 **在途物资明细账**

材料名称：丙材料 单位：元

2×18年		凭证号数	摘要	借方			贷方
月	日			买价	运杂费	合计	
12	7	略	购入200千克，单价500元	100 000	4 000	104 000	
12	21	略	结转入库200千克材料的采购成本				104 000

表 4-5 **材料采购成本计算表** 金额单位：元

成本项目	甲材料（1 000千克）		乙材料（3 000千克）		丙材料（200千克）		合　计
	总成本	单位成本	总成本	单位成本	总成本	单位成本	
买价	120 000	120	1 500 000	500	100 000	500	1 720 000
运杂费	3 000	3	9 000	3	4 000	20	16 000
采购成本	123 000	123	1 509 000	503	104 000	520	1 736 000

从表4-5中可以看出，企业购入并已验收入库甲、乙、丙材料的实际采购成本分别为：123 000元、1 509 000元和104 000元。这项经济业务的发生，一方面使企业库存原材料的实际采购成本增加1 736 000元，另一方面使企业的材料采购成本结转1 736 000元，因此，该项经济业务涉及“原材料”“在途物资”两个账户。“原材料”账户是资产性质账户，其增加额应记入借方；“在途物资”账户也是资产性质账户，其减少额应记入贷方。其会计分录为：

借：原材料——甲材料　　123 000
　　　　　——乙材料　　1 509 000
　　　　　——丙材料　　104 000
　贷：在途物资——甲材料　　123 000
　　　　　　——乙材料　　1 509 000
　　　　　　——丙材料　　104 000

原材料验收入库的账务处理：其借方为“原材料”账户，贷方为“在途物资”账户。在明细账户登记的直接费用和分配的间接费用的合计数就是该材料的实际采购成本的总成本，总成本除以其数量就是其单位成本。结转入库材料的实际采购成本的账务处理的原始凭证是材料成本计算表。

【小思考4-2】原材料的仓储费用是否能够计入原材料成本？

二、按计划成本计量

计划成本是指企业在年初核定的本年度核算时固定不变的存货的单位成本。计划成本的核定以上年实际成本为基础，以预计本年存货供求关系变化引起的价格升降幅度为调整依据制定。实际成本高于计划成本的差额称为超支差异，实际成本低于计划成本的差额称为节约差异。存货账户按计划成本计算有利于存货消耗的变化，考核实际业务部门的业绩。

（一）涉及的账户

对材料采购过程中所发生的经济业务，通过“材料采购”“原材料”“材料成本差异”“应付账款”“预付账款”“应付票据”“应交税费”等账户进行核算。“应付账款”“预付账款”“应付票据”“应交税费”等账户与第一节的账户用途和结构相同。

原材料按计划成本计量的企业核算供应过程中发生的可计入成本的费用使用“材料采购”账户，用“原材料”账户核算库存材料的计划成本，用“材料成本差异”账户核算成本差异。

1.“材料采购”账户

用途：核算对原材料采用计划成本计量的企业供应过程中发生的可计入原材料成本的费用发生额。按核算的经济内容分类属于资产类账户。

结构：属于资产性质账户。其借方登记企业购入原材料可计入成本的费用发生额，贷方登记验收入库物资的计划成本和成本差异转出额，期末如果有余额，在借方，表示企业在途材料的实际采购成本。

本账户按所购买的物资的种类或名称设置明细账户进行明细核算，也可按供应单位名称设置二级账户进行核算。

“材料采购”账户的结构如下：

借方　　材料采购	贷方
可计入成本的费用的发生额 验收入库材料的节约差异转出额	验收入库材料的计划成本的转出额和超支差异转出额
期末余额：在途材料的实际成本	

2.“原材料”账户

用途：核算原材料采用计划成本计量的企业的各种库存材料的收发与结存情况，包括原料及主要材料、辅助材料、外购半成品（外购件）、修理用备件（备品备件）、包装材料、燃料等的计划成本。按核算的经济内容分类属于资产类账户。

结构：属于资产性质账户。在原材料按计划成本核算时，其借方登记入库材料的计划成本，贷方登记发出材料的计划成本，期末余额在借方，反映库存材料的计划成本。

本账户可按照原材料的种类、名称设置明细账户进行明细核算。

“原材料”账户的结构如下：

借方　　原材料	贷方
验收入库材料的计划成本	发出库存材料的计划成本
期末余额：库存材料的计划成本	

3.“材料成本差异”账户

用途：核算原材料采用计划成本计量的企业的各种库存材料的成本差异。按核算的经济内容分类属于资产类账户。

结构：属于双重性质账户。其借方登记入库材料的超支差异和发出库存材料的节约差异，贷方登记入库材料的节约差异和发出材料的超支成本。本账户期末余额方向不固定，期末借方余额，表示库存材料的超支差异；期末贷方余额，表示库存材料的节约差异。

本账户可按照原材料的种类设置明细账户进行明细核算。

“材料成本差异”账户的结构如下：

借方　　**材料成本差异**　　贷方

验收入库材料的超支差异 发出库存材料的节约差异	验收入库材料的节约差异 发出库存材料的超支差异
期末余额：库存材料的超支差异	期末余额：库存材料的节约差异

（二）经济业务的核算

仍采用本节前面的例子，假设甲材料的计划成本为每千克100元，乙材料为每千克500元，丙材料为每千克450元。

【例4-22】2×18年12月5日，宏发有限责任公司从光明公司购入甲、乙两种材料，甲材料1 000千克，单价120元，计120 000元，乙材料2 000千克，单价500元，计1 000 000元，增值税专用发票上注明的税款共计179 200元，全部款项已用银行存款付清，材料尚未到达。

这项经济业务的发生，一方面使甲材料的采购成本（买价）增加120 000元、乙材料的采购成本（买价）增加1 000 000元、增值税进项税额增加179 200元；另一方面使银行存款减少1 299 200元（120 000+1 000 000+179 200）。因此，该项经济业务涉及“材料采购”、“应交税费—应交增值税（进项税额）”和“银行存款”三个账户。“材料采购”是资产性质账户，其增加额应记入账户的借方；应交税费是负债性质账户，其减少额应记入“应交税费——应交增值税（进项税额）”账户的借方；“银行存款”是资产性质账户，其减少额应记入账户的贷方。

应编制会计分录为：

借：材料采购——甲材料	120 000	
——乙材料	1 000 000	
应交税费——应交增值税（进项税额）	179 200	
贷：银行存款		1 299 200

【例4-23】2×18年12月6日，宏发有限责任公司以银行存款9 000元支付上述购入甲、乙材料的外地运杂费。

“材料采购”是资产性质账户，其增加额应记入账户的借方；“银行存款”也是资产性质账户，其减少额应记入账户的贷方。应编制会计分录为：

借：材料采购——甲材料　　3 000

——乙材料　　6 000

贷：银行存款　　9 000

【例4-24】2×18年12月7日，宏发有限责任公司向新兴公司购进丙材料200千克，每千克500元，计价款100 000元，增值税专用发票上注明的税款为16 000元，新兴公司代垫运杂费4 000元，材料尚未入库，所有款项均未支付。

这项经济业务的发生，一方面使丙材料的采购成本（买价+运杂费）增加104 000元（100 000+4 000）、增值税进项税额增加16 000元；另一方面使应付供应单位的款项增加120 000元（104 000+16 000）。因此，该项经济业务涉及“材料采购”、“应交税费—应交增值税（进项税额）”和“应付账款”三个账户。“材料采购”是资产性质账户，其增加额应记入账户的借方；应交税费是负债性质账户，其减少额，应记入“应交税费——应交增值税（进项税额）”账户的借方；“应付账款”是负债性质账户，其增加额应记入账户的贷方。应编制会计分录为：

借：材料采购——丙材料　　104 000

应交税费——应交增值税（进项税额）　　16 000

贷：应付账款——新兴公司　　120 000

【例4-25】2×18年12月7日，宏发有限责任公司按照合同规定，以银行存款预付给振华公司订购乙材料的款项200 000元。

这项经济业务的发生，一方面使企业预付的订货款增加了200 000元，另一方面使企业银行存款减少200 000元。因此，该项经济业务涉及“预付账款”和“银行存款”两个账户。“预付账款”是资产性质账户，其增加额应记入账户的借方；“银行存款”也是资产性质账户，其减少额应记入账户的贷方。应编制会计分录为：

借：预付账款——振华公司　　200 000

贷：银行存款　　200 000

【例4-26】2×18年12月19日，宏发有限责任公司收到振华公司发运来的乙材料1 000千克，增值税专用发票上注明价款500 000元，增值税额80 000元，振华公司代垫运杂费3 000元，冲销原预付账款后，所欠款项以银行存款支付，材料尚未入库。

这项经济业务的发生，应分别购入材料和补付货款进行处理。购入材料时，一方面乙材料的采购成本（买价+运杂费）增加了503 000元（500 000+3 000），增值税进项税额增加80 000元；另一方面使预付账款减少了583 000元。因此，购入材料时涉及“材料采购”、“应交税费—应交增值税（进项税额）”和“预付账款”三个账户。“材料采购”是资产性质账户，其增加额应记入账户的借方；应交税费是负债性质账户，其减少额，应记入“应交税费——应交增值税（进项税额）”账户的借方；“预付账款”是资产性质账户，其减少额应记入账户的贷方。应编制会计分录为：

借：材料采购——乙材料 503 000

应交税费——应交增值税（进项税额） 80 000

贷：预付账款——振华公司 583 000

补付货款时，一方面使企业的预付账款增加了383 000元，另一方面使银行存款减少了383 000元（503 000+80 000-200 000）。因此，补付货款时涉及“预付账款”和“银行存款”两个账户。“预付账款”是资产性质账户，其增加额应记入账户的借方；“银行存款”是资产性质账户，其减少额应记入账户的贷方。应编制会计分录为：

借：预付账款——振华公司 383 000

贷：银行存款 383 000

【例4-27】2×18年12月19日，宏发有限责任公司从兴业公司购进丁材料100千克，每千克1 000元，价款合计100 000元，增值税税额16 000元，签发并承兑商业汇票一张，该商业汇票的面值为116 000元，期限为3个月，材料已验收入库，其计划成本每千克1 200元。

这项经济业务的发生，一方面使企业丁材料的实际采购成本增加100 000元、应交税费减少16 000元；另一方面使公司的应付票据增加116 000元（100 000+16 000）。因此，该项经济业务涉及“材料采购”、“应交税费”和“应付票据”三个账户。“材料采购”是资产性质账户，其增加额应记入账户的借方；应交税费是负债性质账户，其减少额应记入“应交税费”账户的借方；“应付票据”是负债性质账户，其增加额应记入账户的贷方。应编制会计分录为：

借：材料采购——丁材料 100 000

应交税费——应交增值税（进项税额） 16 000

贷：应付票据——兴业公司 116 000

验收入库丁材料的计划成本=1 200×100=120 000（元）

120 000-100 000=20 000（元），为节约差异。

这项经济业务的发生，一方面使企业入库丁材料计划成本增加120 000元，另一方面结转丁材料计划成本100 000元，发生节约差异20 000元。因此，该项经济业务涉及“材料采购”“原材料”“材料成本差异”三个账户。“材料采购”账户是资产性质账户，其减少额应记入贷方；“原材料”账户是资产性质账户，其增加额应记入借方；“材料成本差异”账户是双重性质性质账户，其节约差异额属于负债性质金额，应记入贷方。其会计分录为：

借：原材料——丁材料 120 000

贷：材料采购——丁材料 100 000

材料成本差异 20 000

购买原材料的经济业务的账务处理：应借账户是“材料采购”“应交税费——

应交增值税（进项税额）”账户。应贷账户应根据不同的付款情况确定。如果已经支付货款和运杂费，应登记“银行存款”账户；如果签发并承兑商业汇票，应登记“应付票据”账户；如果货款暂欠，应登记“应付账款”账户；如果以前已预付货款，则应登记“预付账款”账户。购买原材料同时验收入库不能直接使用“原材料”账户，必须分两步核算，即采购材料和材料入库。

【例 4-28】2×18 年 12 月 21 日，本月购入的甲、乙、丙材料均已验收入库，结转各种材料的计划成本材料成本差异。

从表 4-5 中可以看出，企业购入并已验收入库甲、乙、丙材料的实际采购成本分别为：123 000元、1 509 000元和104 000元。这项经济业务的发生，一方面使企业入库甲材料计划成本增加120 000元、乙材料计划成本增加1 500 000元、丙材料计划成本增加90 000元，发生超支差异26 000元。因此，该项经济业务涉及“材料采购”“原材料”“材料成本差异”三个账户。“材料采购”账户是资产性质账户，其减少额应记入贷方；“原材料”账户是资产性质账户，其增加额应记入借方；“材料成本差异”账户是双重性质性质账户，其节约差异额属于负债性质金额，应记入贷方。其会计分录为：

借：原材料——甲材料	120 000	
——乙材料	1 500 000	
——丙材料	90 000	
材料成本差异	26 000	
贷：材料采购——甲材料		123 000
——乙材料		1 509 000
——丙材料		104 000

原材料验收入库的账务处理：借方为“原材料”账户，贷方为“材料采购”账户。入库材料的计划成本与实际成本的差额通过“材料成本差异”账户核算，其超支差异记入该账户的借方，其节约差异记入该账户的贷方。

期末结存材料的实际采购成本通过“原材料”和“材料成本差异”两个账户核算。“原材料”账户的借方余额表示库存材料的计划成本，“材料成本差异”账户的借方余额表示库存材料的超支差异，“材料成本差异”账户的贷方余额表示库存材料的节约差异。

库存材料的实际成本 = “原材料”账户的借方余额 + “材料成本差异”账户的借方余额 − “材料成本差异”账户的贷方余额

原材料采用实际成本计量的工业企业日常供应业务处理的主要内容可用图 4-3 表示：

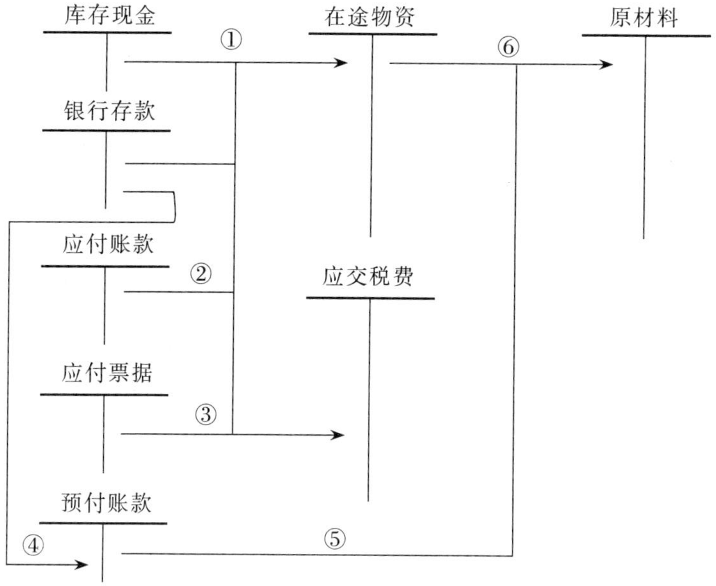

图4-3　工业企业供应过程的业务核算（实际成本）

说明：①购进材料，支付价款及其他采购费用；②以赊购的方式购进材料；③购入材料并开出商业汇票抵付货款；④预付货款；⑤验收入库已预付货款的材料；⑥结转验收入库的材料成本。

原材料采用计划成本计量的工业企业日常供应业务处理的主要内容可用图4-4表示：

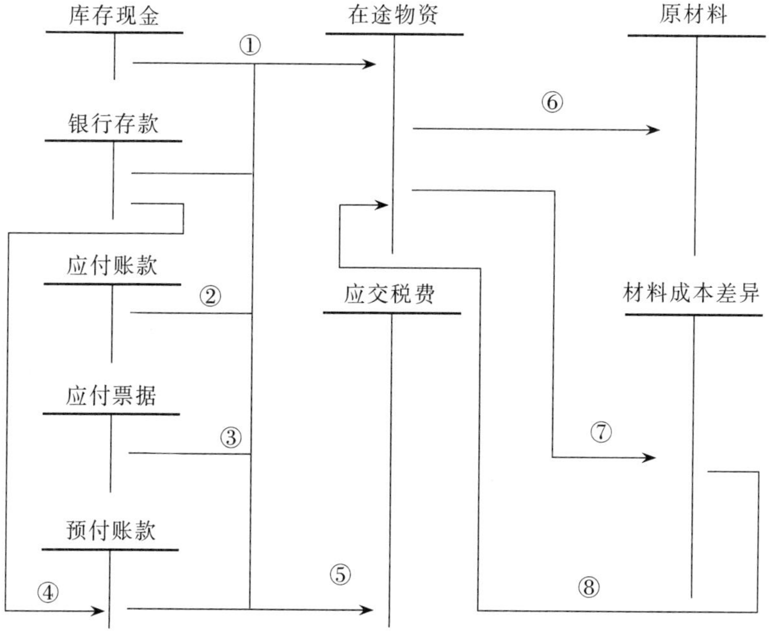

图4-4　工业企业供应过程的业务核算（计划成本）

说明：①购进材料，支付价款及其他采购费用；②以赊购的方式购进材料；③购入材料并开出商业汇票抵付货款；④预付货款；⑤验收入库已预付货款的材料；⑥结转验收入库的材料成本；⑦结转入库材料超支差异；⑧结转入库材料节约差异。

第四节 生产过程业务的核算

企业的生产过程是指投入各种生产要素生产产品的过程。在生产过程中生产要素的耗费就是所发生的费用。生产过程所发生的各种费用，依据费用受益原则进行归集和分配，计算产品的总成本和单位成本。

一、产品成本计算简述

（一）费用与成本

费用是指企业在生产经营活动中发生的各种生产要素耗费。产品的生产过程是指各种生产要素即经济资源的耗费过程，主要包括所投入的固定资产、无形资产、原材料、动力、人力资源的使用或耗费。生产过程发生的费用包括能够计入产品成本的费用即生产成本和期间费用。生产费用最终都要归集、分配到企业所生产的各种产品中去，从而形成各种产品的生产成本。也就是说，生产费用对象化于产品就形成了产品的成本。由此可见，费用与成本有着密切的联系，生产费用的发生过程也就是产品成本的形成过程，生产费用发生是产品成本形成的基础。但是，费用与成本也有一定的区别，费用是在一定会计期间生产经营活动而发生的各项生产要素耗费，费用与发生的会计期间直接相关，费用强调期间。成本是为生产某一种产品或提供某一项劳务所消耗的费用，成本与承担者直接相关，成本强调对象。

费用按经济内容分为外购材料、外购燃料、外购动力、职工薪酬、折旧费、利息支出、税金、其他支出8个费用要素。其他支出是指不能进入前7种费用要素的支出，包括差旅费、租赁费、外部加工费、保险费等。

费用按经济用途分为生产费用和期间费用。生产费用按反映的经济内容分为直接材料、直接燃料和动力、直接人工、制造费用。这一分类就构成产品的成本项目。产品成本就是归集和分配到产品中的生产费用。期间费用按经济内容分为销售费用、管理费用和财务费用。

（二）成本计算

成本计算是指通过对生产经营中发生的各种费用，依据受益原则，按照一定受益对象进行归集和分配，计算各受益对象的总成本和单位成本。费用受益原则的内容是谁受益，谁承担费用；谁受益的程度大，谁承担的费用多；哪个会计期间受益，哪个会计期间承担费用。工业企业在生产过程中发生的各种人力、物力、财力的耗费，即各种费用，依据费用受益原则，采用一定的成本计算方法按照受益对象进行归集、分配，计算各种产品的总成本和单位成本。能够计入产品成本的费用称为生产费用。生产费用按其计入产品成本的方式不同，分为直接费用和间接费用。直接费用是指生产产品时发生的某一种产品受益（即可以分清哪种产品所耗用），可以直接计入该产品成本的费用，包括直接材料费用，直接人工费用和其他直接支出等。间接费用是指企业生产产品时发生的几种产品共同受益（即不能分清哪种产品所耗用、不能直接计入某种产品成本），需要按照各受益对象的受益程度进行分配，才能计入各对象成本的费用，包括间接材料费用，间接人工费用和其他间接支出等。间接费用通常称为制造费用。直接费用在发生时直接计入产品成本，间接费用在发生时首先在“制造费用”账户归集，期末再按照一定的标准在各产品之间进行分配，最后结转到产品成本中。

生产费用按其经济用途的分类一般称为成本项目。

成本项目主要包括：

直接材料，是指企业在生产产品和提供劳务的过程中所消耗的、直接用于产品生产并构成产品实体的各种原料、主要材料、外购半成品以及有助于产品形成的辅助材料等。

直接燃料和动力，是指企业在生产产品和提供劳务的过程中所消耗的，有助于产品形成的资源。本项目往往并入直接材料项目。

直接人工，是指企业在生产产品和提供劳务的过程中，直接参加产品生产的工人工资以及其他各种形式的职工的薪酬，包括工资、职工福利、社会保险、非货币性福利等。

制造费用，是指企业生产车间（部门）为生产产品和提供劳务而发生的各项间接费用，包括间接材料费用，间接燃料和动力，间接人工费用，其他间接费用，具体包括生产车间发生的机物料消耗、生产车间管理人员的工资等职工薪酬、生产车间计提的固定资产折旧、生产车间支付的办公费、水电费、保险费、发生季节性的停工损失等。

生产过程主要经济业务的内容包括：①发出材料；②计算应付职工薪酬；③发生动力费用；④计提固定资产折旧；⑤预借、报销差旅费；⑥预付、摊销租金；⑦支付固定资产修理费；⑧制造费用的分配；⑨产品完工入库。

生产过程发生的经济业务需要通过账户进行核算。

二、涉及账户的用途和结构

（一）“生产成本”账户

用途：本账户用来核算在生产过程中发生的生产费用，计算产品成本，属于成本类账户。

结构：其借方登记应计入产品生产成本的费用发生额，包括直接计入产品生产成本的直接材料费、直接人工费和期末按照一定的方法分配计入产品生产成本的制造费用；贷方登记已经生产完工并已验收入库的产成品以及自制半成品的生产成本的转出额。期末如果有余额，在借方，表示在产品成本。

本账户可按产品的种类、名称设置明细账户进行明细分类核算；也可按基本生产成本和辅助生产成本设置二级账户进行核算。

“生产成本”账户的结构如下：

生产成本

直接费用的发生额 间接费用的分配额	结转完工验收入库产品成本结转额
期末余额：在产品成本	

（二）“制造费用”账户

用途：本账户用来核算制造费用的发生和分配，属于成本类账户。

制造费用是指企业生产车间（部门）为生产产品和提供劳务而发生的各项间接费用，包括车间管理人员的工资等人工费用、生产车间计提的固定资产折旧费、生产车间的办公费、水电费、保险费、机物料消耗等、发生季节性的停工损失等。

制造费用是企业为了生产产品和提供劳务而发生的各种间接费用。其主要内容是企业的生产部门为组织和管理生产活动以及为生产活动服务而发生的费用。制造费用具体包括：车间用于组织和管理生产的费用，如车间管理人员的薪酬、车间管理用固定资产的折旧费、车间管理用的水电费、办公费、差旅费等；车间间接用于产品生产的费用，如车间生产用照明费、劳动保护费、车间生产用固定资产的折旧费、保险费、机物料消耗等；车间直接用于产品生产，但管理上不要求或者不便于单独核算，因而没有单独设置成本项目进行核算的费用，如周转材料摊销费、设计制图费等。在生产多种产品的车间里，制造费用在发生时一般无法直接判定其归属的成本核算对象，因而不能直接计入所生产的产品成本，应先在“制造费用”账户中进行归集、汇总，然后根据制造费用的性质，选择合理的分配方法将制造费用在各种产品之间分配。

结构：其借方登记各种间接费用的发生额；贷方登记期末分配转出额，期末无余额。

本账户可按制造费用种类设置明细账户进行明细核算。

“制造费用”账户的结构如下：

制造费用

间接费用的发生额	制造费用的月末分配转出额

（三）“管理费用”账户

用途：本账户用来核算管理费用的发生额，属于损益类账户。

管理费用是指企业发生的组织和管理生产经营的费用，包括企业开办费、公司经费（包括行政管理部门职工薪酬、物料消耗、低值易耗品摊销、办公费和差旅费等）、工会经费、职工教育经费、董事会费（包括董事会成员津贴、会议费和差旅费等）、聘请中介机构费、咨询费（含顾问费）、诉讼费、业务招待费、技术转让费、矿产资源补偿费、研究费用、排污费用、绿化费、生产车间（部门）和行政管理部门等发生的固定资产修理费用等。

结构：其借方登记管理费用的发生额，贷方登记期末转出额，期末无余额。

本账户可按管理费用种类设置明细账户进行明细核算。

“管理费用”账户的结构如下：

管理费用

发生额	减少额 月末转出额

（四）“应付职工薪酬”账户

用途：本账户用来核算应付职工薪酬的计算和支付，属于负债类账户。

应付职工薪酬是指企业根据有关规定应付给职工的各种薪酬，包括应付职工工资、职工福利费、社会保险费、住房公积金、工会经费、职工教育经费、解除职工劳动关系补偿等。

结构：其贷方登记计算额，借方登记实际发放额，期末如果有余额，在贷方，表示尚未支付的职工薪酬。

本账户可按员工姓名设置明细账户进行明细分类核算，也可按“工资”“职工福利”“社会保险费”“住房公积金”“工会经费”“职工教育经费”“非货币性福利”“辞退福利”“股份支付”等设置二级账户进行明细核算。

“应付职工薪酬”账户的结构如下：

应付职工薪酬

实际支付额	月末计算（分配）额
	期末余额：应付职工薪酬的实有数

（五）“累计折旧”账户

用途：本账户用来核算固定资产折旧的计提和转销。

结构：本账户属于资产性质的账户，作为“固定资产”账户的备抵调整账户，“累计折旧”账户的余额与“固定资产”账户的余额方向相反，其贷方登记企业固定资产折旧的计提额，借方登记处置固定资产累计折旧的转出额，期末如果有余额，在贷方，表示固定资产的累计折旧额。因此，“累计折旧”账户的余额在贷方，属于资产类的备抵账户。

本账户可按固定资产的类别和编号设置明细账户进行明细核算。

“累计折旧”账户的结构如下：

累计折旧

固定资产折旧的转出额	固定资产折旧的计提额
	期末余额：现有固定资产累计折旧额

（六）“其他应收款”账户

用途：本账户用来核算其他应收款的发生和收回，属于资产类账户。

其他应收款是指除货款、利息、利润以外的债权。

结构：其借方登记其他应收款的发生额，贷方登记收回额，期末如果有余额，在借方，表示其他应收款的实有数。

本账户可按债务人设置明细账户，进行明细分类核算。

“其他应收款”账户的结构如下：

其他应收款

发生额	收回额
期末余额：其他应收款的实有数	

（七）“库存商品”账户

用途：本账户用来核算库存商品的入库和发出，属于资产类账户。

库存商品的金额表示企业库存商品的实际成本（或进价）或计划成本（或售价）。库存商品包括库存产成品、外购商品、存放在门市部准备出售的商品、发出展览的商品以及寄存在外的商品等。

结构：其借方登记验收入库的库存商品成本，贷方登记发出的库存商品成本，期末借方余额，表示库存商品的实际成本（或进价）或计划成本（或售价）。

本账户可按库存商品的种类、品种和规格等设置明细账户，进行明细分类核算。

“库存商品”账户的结构如下：

库存商品

验收入库额	发出额
期末余额：库存商品的结存额	

三、经济业务的核算

（一）发出材料

1.“原材料”账户按实际成本计量

工业企业无论是自制材料还是外购材料，经验收入库后，都形成了企业的储备物资，以备生产领用。材料被领用时，应填制领料单，向仓库办理领料手续。仓库保管员登记后，将领料凭证递交会计部门。会计部门对领料凭证进行计价，并编制发料凭证汇总表，进行材料发出的总分类核算。成本核算人员可根据发料凭证汇总表编制材料费用分配表，据以进行成本的明细核算。

（1）发出材料的计价方法

当材料按实际成本核算时，仓库发出材料单位成本的确定方法有：先进先出法、加权平均法、个别认定法等。

①先进先出法

先进先出法，是以先购入的存货先发出这样一种存货实物流转假设为前提，对发出存货进行计价的一种方法。

②加权平均法

加权平均法，也称全月一次加权平均法，是指以月初存货数量加上本月全部进货数量作为权数，去除月初存货成本加上本月全部进货成本，计算出存货的加权平均单位成本，以此为基础计算本月发出存货的成本和期末存货的成本的一种方法。

③个别认定法

个别认定法，是假设存货的成本流转与实物流转一致，完全按照该存货所属购进批次或生产批次入账时的实际成本进行确定的一种方法。

这里需要说明的是，有关发出材料的计价方法的具体应用比较复杂，本章只进行简单的介绍，有关内容将在以后的章节中介绍。

（2）核算

企业各部门领用的材料，应根据领料凭证上注明的车间、部门和用途，区分受益对象，将发出材料的成本分别计入“生产成本”“制造费用”“管理费用”等账户。设置产品生产成本明细账，对于直接用于某种产品生产的材料费，领用时，应直接计入该产品生产成本明细账中的直接材料费项目；对于由几种产品共同耗用、应由这几种产品共同负担的材料费，应选择适当的标准在各种产品之间进行分配之后，计入各有关产品成本的直接材料项目；对于为创造生产条件等需要而间接消耗的各种材料费，应先在“制造费用”账户中进行归集，期末按照一定的方法分配计入有关产品成本中；对于为组织和管理企业生产经营而消耗的各种材料费，应计入当期损益。

【例4-29】2×18年12月31日，宏发有限责任公司根据当月领料凭证，月末编制“发出材料汇总表”（见表4-6）。

表4-6 发出材料汇总表 金额单位：元

用途	甲材料			乙材料			丙材料			丁材料			合计
	数量（千克）	单价	金额	数量（千克）	单价	金额	数量（千克）	单价	金额	数量（千克）	单价	金额	
生产产品领用													
A产品耗用	500	123	61 500	2 000	503	1 006 000	20	520	10 400	30	1 000	30 000	1 107 900
B产品耗用	300		36 900	1 000		503 000	50		26 000	60		60 000	625 900
小计	800		98 400	3 000		1 509 000	70		36 400	90		90 000	1 733 800
车间一般耗用	10		1 230				5		2 600				3 830
管理部门耗用	20		2 460							10		10 000	12 460
合计	830		102 090	3 000		1 509 000	75		39 000	100		100 000	1 750 090

为了简化核算，这里假定按照本月购入甲、乙、丙、丁材料的单位成本作为发出材料的单位成本。

从表4-6所列资料可以看出该企业的材料费用可分为三部分：第一部分为直接材料费，A、B两种产品供耗用1 733 800元，其中A产品耗用1 107 900元，B产品耗用625 900元；第二部分为车间一般性消耗的间接材料费3 830元；第三部分为行政管理部门耗用的应计入期间费用的材料费12 460元。这项经济业务的发生，一方面使直接材料费增加1 733 800元，使间接材料费增加3 830元，使期间费用增加12 460元；另一方面使原材料减少1 750 090元，因此，该项经济业务涉及“生产成本”“制造费用”“管理费用”和“原材料”四个账户。“生产成本”增加额应记入账户的借方；“制造费用”增加额应记入账户的借方；“管理费用”增加额应记入账户的借方；“原材料”减少额应记入账户的贷方。应编制会计分录为：

借：生产成本——A产品	1 107 900	
——B产品	625 900	
制造费用	3 830	
管理费用	12 460	
贷：原材料——甲材料		102 090
——乙材料		1 509 000
——丙材料		39 000
——丁材料		100 000

从仓库发出材料核算的会计处理，应贷账户为“原材料”账户；应借账户为费用账户，确认具体的费用账户要根据发出材料的用途决定。

2.“原材料”账户按计划成本计量

“原材料”账户按计划成本计量，发出材料的金额为计划成本。月末应依据发出材料的计划成本和材料成本差异率分摊材料成本差异。其计算公式：

$$\text{材料成本差异率}=\frac{(\text{月初结存材料成本差异}+\text{本月入库材料超支差异}-\text{本月入库材料节约差异})}{(\text{月初材料计划成本}+\text{本月入库材料计划成本})}$$

本月发出材料成本差异=本月发出材料计划成本×材料成本差异率

月末结存材料成本差异=月末结存材料计划成本×材料成本差异率

各费用账户应摊销的材料成本差异应依据各费用账户按计划成本计算的费用金额和成本差异率确定。

发出材料如果是超支差异，摊销材料成本采用的会计处理为：

借：生产成本——A产品

——B产品

制造费用

管理费用

贷：材料成本差异

发出材料如果是节约差异，则摊销材料成本采用的会计处理为：

借：材料成本差异

贷：生产成本——A产品

——B产品

制造费用

管理费用

（二）发生动力费用

动力费用是指企业在生产经营过程中消耗电力、热力等而形成的费用。企业消耗的动力可以通过外购取得，也可以通过辅助生产车间提供。外购动力一般是根据电表等计量仪器所显示的计量数为准，按一定的计价标准计算确定消耗的动力费用。计算工作是由动力供应单位定期从仪表上抄录用户所耗用的动力数量，计价后，开列账单向耗用企业收取费用。因此，企业是将账单上的数额作为外购动力费用支出。

企业应根据动力的用途确定费用账户，如果生产产品耗用，作为生产费用计入产品成本。管理部门办公用，计入管理费用。

【例4-30】2×18年12月31日，用存款支付电费5 000元，其中生产用电4 000元，厂部办公用电1 000元。

这项经济业务的发生，一方面使企业的银行存款减少5 000元，另一方面使企业的生产费用增加4 000元和期间费用增加1 000元。生产费用的受益对象不确定，先计入制造费用；期间费用计入管理费用。对应账户银行存款、制造费用和管理费用都是资产性质账户，必然有增有减。银行存款减少，制造费用和管理费用增加。制造费用和管理费用账户是费用性质账户，增加额记账户借方；银行存款是资产性质账户，减少额记账户贷方。

借：制造费用——动力费用 4 000

管理费用——办公费 1 000

贷：银行存款 5 000

发生动力费用的会计处理，应贷账户一般是"银行存款"账户，如果尚未支付，用应付账款账户；应借账户是费用账户，确认具体的费用账户要根据动力的用途决定。

（三）计算职工薪酬

职工薪酬是指企业为获得所提供的服务而给予员工的各种形式报酬以及其他与员工利益相关的支出。

职工薪酬包括：职工工资、奖金、津贴和补贴；职工福利费；医疗保险费、养老保险费、失业保险费、工伤保险费和生育保险费等社会保险费；住房公积金；工会经费和职工教育经费；非货币性福利；因解除与职工的劳动关系给予的补偿；其他与获得职工提供的服务相关的支出。总之，职工薪酬的范围包括在职和离职后提供给职工的货币性和非货币性薪酬；提供给职工本人、配偶、子女或其他被赡养人的福利；以商业保险形式提供的保险待遇等。

企业应当在职工为其提供服务的会计期间，将应付的职工薪酬确认为负债，同时，应当根据职工提供服务的受益对象分别按以下情况处理：应由生产产品、提供劳务负担的职工薪酬，计入产品成本或劳务成本；应由在建工程、无形资产负担的职工薪酬，计入建造固定资产或无形资产成本；除上述两种情况之外的其他职工薪酬计入当期损益。

在企业采用计件工资制的情况下，生产工人计件工资和福利费等属于直接费用，直接计入有关产品的成本。除生产工人以外的其他生产管理人员的工资和福利费属于间接费用，应记入"制造费用"等账户。如果企业采用计时工资制，在只生产一种产品的情况下，生产工人的工资和福利费等也是直接费用，可直接计入产品的成本；如果生产多种产品，则需要采用一定的分配标准（实际生产工时、定额生产工时等）将生产工人的工资和福利费分配计入产品成本。

【例4-31】2×18年12月31日，宏发有限责任公司本月应付工资总额为1 000 000元，工资费用分配汇总表中列示的产品生产人员工资总额为500 000元，其中：A产品生产工人工资为300 000元，B产品生产工人工资为200 000元，车间管理人员工资为100 000元，厂部管理人员工资为150 000元，专设销售机构人员工资为50 000元，建造厂房人员工资为200 000元。

这项经济业务的发生，一方面使企业的应付职工薪酬增加了1 000 000元，另一方面使企业的生产费用和期间费用增加了1 000 000元。其中A产品生产工人工资300 000元，B产品生产工人工资200 000元，车间管理人员工资100 000元，厂部管理人员工资150 000元，专设销售机构人员工资50 000元，建造厂房人员工资200 000元。根据各类职工提供服务的受益对象不同，车间生产工人和管理人员的工资，应分别计入产品的生产成本（直接人工费用）和制造费用，厂部管理人员和专设销售机构人员的工资应计入期间费用，建造厂房人员工资应计入在建固定资产成本。因此，该项经济业务涉及“生产成本”“制造费用”“管理费用”“销售费用”“在建工程”和“应付职工薪酬”6个账户。“生产成本”是费用性质账户，其增加额应记入账户的借方；“制造费用”是费用性质账户，其增加额应记入账户的借方；“管理费用”是费用性质账户，其增加额应记入账户的借方；“销售费用”是费用性质账户，其增加额应记入账户的借方；“在建工程”是资产性质账户，其增加额应记入账户的借方；“应付职工薪酬”是负债性质账户，其增加额应记入账户的贷方。应编制会计分录为：

借：生产成本——A产品	300 000	
——B产品	200 000	
制造费用	100 000	
管理费用	150 000	
销售费用	50 000	
在建工程	200 000	
贷：应付职工薪酬——工资		1 000 000

【例4-32】沿用【例4-31】，根据当地政府规定，宏发有限责任公司按照职工工资总额的20%计提医疗保险费和养老保险费，缴纳给当地社会保险经办机构。

首先，根据职工提供服务的受益对象不同，计算各类职工的社会保险费：

应计入A产品生产成本的社会保险费=300 000×20%=60 000（元）

应计入B产品生产成本的社会保险费=200 000×20%=40 000（元）

应计入制造费用的社会保险费=100 000×20%=20 000（元）

应计入管理费用的社会保险费=150 000×20%=30 000（元）

应计入销售费用的社会保险费=50 000×20%=10 000（元）

应计入在建工程的社会保险费=200 000×20%=40 000（元）

这项经济业务的发生，一方面使企业的应付职工薪酬增加了200 000元（1 000 000×20%），另一方面使企业的生产费用和期间费用增加了200 000元（1 000 000×20%）。其中应计入A产品生产成本的社会保险费60 000元，应计入B产品生产成本的社会保险费40 000元，应计入制造费用的社会保险费20 000元，应计入管理费用的社会保险费30 000元，应计入销售费用的社会保险费10 000元，应计入在建工程的社会保险费40 000元。因此，该项经济业务涉及“生产成本”“制造费用”“管理费用”“销售费用”“在建工程”和“应付职工薪酬”6个账户。“生产成本”“制造费用”“管理费用”“销售费用”是费用性质账户，其增加额应记入账户的借方；“在建工程”是资产性质账户，其增加额应记入账户的借方；“应付职工薪酬”是负债性质账户，其增加额应记入账户的贷方。应编制会计分录为：

借：生产成本——A产品　　60 000
　　　　　　——B产品　　40 000
　　制造费用　　20 000
　　管理费用　　30 000
　　销售费用　　10 000
　　在建工程　　40 000
　贷：应付职工薪酬——社会保险费　　200 000

计算职工薪酬的会计处理，应贷账户是“应付职工薪酬”账户，应借账户是费用账户，确认具体的费用账户要根据员工的岗位和在生产经营中所起的作用来决定。

【例4-33】宏发有限责任公司开出现金支票，从银行提取现金1 000 000元，准备发放工资。

这项经济业务的发生，一方面使企业的库存现金增加1 000 000元，另一方面使企业的银行存款减少1 000 000元，因此，该项经济业务涉及“库存现金”和“银行存款”两个账户。“库存现金”是资产性质账户，其增加额应记入账户的借方；“银行存款”是资产性质账户，其减少额应记入账户的贷方。应编制会计分录为：

借：库存现金　　1 000 000
　贷：银行存款　　1 000 000

【例4-34】宏发有限责任公司根据“工资结算汇总表”结算本月应付职工工资总额1 000 000元，用库存现金实际发放工资1 000 000元。

这项经济业务的发生，一方面使企业的库存现金减少1 000 000元，另一方面使企业的应付职工薪酬减少1 000 000元，因此，该项经济业务涉及“库存现金”和“应付职工薪酬”两个账户。“应付职工薪酬”是负债性质账户，其减少额应记入账户的借方；“库存现金”是资产性质账户，其减少额应记入账户的贷方。应编制会计分录为：

借：应付职工薪酬——工资　　1 000 000

贷：库存现金　　1 000 000

【例 4–35】宏发有限责任公司以银行存款缴纳职工医疗保险费 80 000 元。

这项经济业务的发生，一方面使企业的银行存款减少 80 000 元，另一方面使企业的应付职工薪酬减少 80 000 元，因此，该项经济业务涉及“银行存款”和“应付职工薪酬”两个账户。“应付职工薪酬”是负债性质账户，其减少额应记入账户的借方；“银行存款”是资产性质账户，其减少额应记入账户的贷方。应编制会计分录为：

借：应付职工薪酬——社会保险费　　80 000

贷：银行存款　　80 000

（四）计提固定资产折旧

【例 4–36】宏发有限责任公司本月固定资产计提折旧 110 000 元，其中，生产车间使用的固定资产计提折旧 20 000 元，厂部使用的固定资产计提折旧 10 000 元，专设销售机构使用的固定资产计提折旧 80 000 元。

这项经济业务的发生，一方面使企业计提的累计折旧增加 110 000 元，另一方面使企业固定资产折旧费增加 110 000 元。其中，生产车间使用的固定资产计提的折旧 20 000 元，应计入制造费用，厂部使用的固定资产计提的折旧 10 000 元，应计入管理费用，专设销售机构使用的固定资产计提折旧 80 000 元，应计入销售费用；因此，该项经济业务涉及“制造费用”、“管理费用”、“销售费用”和“累计折旧”4 个账户。“制造费用”“管理费用”“销售费用”是费用性质账户，其增加额应记入账户的借方；“累计折旧”是资产类备抵性质账户，其增加额记入账户的贷方，应编制会计分录为：

借：制造费用　　20 000

管理费用　　10 000

销售费用　　80 000

贷：累计折旧　　110 000

计提固定资产折旧的会计处理，应贷账户应为“累计折旧”账户，应借账户为费用账户，确认具体的费用账户要根据员工的岗位和在生产经营中所起的作用来决定。

（五）支付固定资产修理费

【例 4–37】宏发有限责任公司开出转账支票 9 000 元，支付车间机器设备修理费 8 000 元，专设销售机构机器设备修理费 1 000 元。

机器设备的修理费应当在发生时直接计入当期损益。这项经济业务的发生，一方面使企业的期间费用增加 9 000 元，另一方面使企业的银行存款减少 9 000 元。因此，该项经济业务涉及“管理费用”、“销售费用”和“银行存款”3 个账户。“管理费用”是费用性质账户，其增加额应记入账户的借方；“销售费用”是费用性质账户，其增加额应记入账户的借方；“银行存款”是资产性质账户，其减少额应记入账户的贷方。应编制会计分录为：

借：管理费用 8 000

销售费用 1 000

贷：银行存款 9 000

支付固定资产修理费业务的会计处理，应贷账户为“银行存款”账户，应借账户为“管理费用”账户。

【小补丁4-2】固定资产的后续支出是固定资产在使用过程中发生的修理费用等。后续支出的处理原则为：与固定资产有关的更新改造等后续支出，符合固定资产确认条件的，应当计入固定资产成本，同时将被替换部分的账面价值扣除；与固定资产有关的修理费用等后续支出，不符合固定资产确认条件的，应当计入当期损益。通常的处理方法为：固定资产修理费直接计入当期损益；固定资产更新改造支出计入固定资产成本。

（六）支付办公费

【例4-38】宏发有限责任公司以库存现金支付厂部办公用品费700元，车间办公用品费170元。

这项经济业务的发生，一方面使企业的车间办公用品费增加170元、期间费用增加700元，另一方面使企业的库存现金减少870元。因此，该项经济业务涉及“制造费用”、“管理费用”和“库存现金”三个账户。“制造费用”是费用性质账户，其增加额应记入账户的借方；“管理费用”是费用性质账户，其增加额应记入账户的借方；“库存现金”是资产性质账户，其减少额应记入账户的贷方。应编制会计分录为：

借：制造费用 170

管理费用 700

贷：库存现金 870

支付办公费业务的会计处理，应贷账户为“库存现金”账户，应借账户为费用账户，确认具体的费用账户要根据发生办公费的部门职能决定。

（七）预付、摊销财产保险费

1.预付财产保险费

【例4-39】宏发有限责任公司开出支票84 000元，预付本年财产保险费。

这项经济业务的发生，一方面使预付账款增加84 000元，另一方面使企业的银行存款减少84 000元。因此，该项经济业务涉及“预付账款”和“银行存款”两个账户。“预付账款”是资产性质账户，其增加额应记入账户的借方；“银行存款”是资产性质账户，其减少额应记入账户的贷方。应编制会计分录为：

借：预付账款——预付财产保险费 84 000

贷：银行存款 84 000

预付财产保险费业务的会计处理，应贷账户为“银行存款”账户，应借账户“预付账款”账户。

2.摊销财产保险费

【例4-40】经计算，本月摊销财产保险费7 000元。

这项经济业务的发生，一方面使管理费用增加7 000元，另一方面使预付账款就是7 000元，“管理费用”是费用性质账户，其增加额应记入账户的借方；“预付账款”是资产性质账户，其减少额应记入账户的贷方。应编制会计分录为：

借：管理费用——财产保险费　　7 000

　贷：预付账款——预付财产保险费　　7 000

摊销财产保险费业务的会计处理，应借账户为“管理费用”账户，应贷账户为“预付账款”账户。

（八）支付租入固定资产租金

【例4-41】宏发有限责任公司开出现金支票2 000元，用于支付本月车间经营性租入设备的租金。

这项经济业务的发生，一方面使车间经营租赁费用增加2 000元，另一方面使企业的银行存款减少2 000元。因此，该项经济业务涉及“制造费用”和“银行存款”两个账户。“制造费用”是费用性质账户，其增加额应记入账户的借方；“银行存款”是资产性质账户，其减少额应记入账户的贷方。应编制会计分录为：

借：制造费用　　2 000

　贷：银行存款　　2 000

支付本月租入固定资产租金业务的会计处理，应借账户为费用账户，确认具体的费用账户要根据租入固定资产的用途决定；应贷账户为“银行存款”账户。

（九）预借差旅费

【例4-42】宏发有限责任公司车间主任李兰出差借款2 000元，以库存现金支付。

这项经济业务的发生，一方面使企业的其他应收款增加2 000元，另一方面使企业的库存现金减少2 000元。因此，该项经济业务涉及“其他应收款”和“库存现金”两个账户。“其他应收款”是资产性质账户，其增加额应记入账户的借方；“库存现金”是资产性质账户，其减少额应记入账户的贷方。应编制会计分录为：

借：其他应收款——李兰　　2 000

　贷：库存现金　　2 000

预借差旅费业务的会计处理，应借账户为“其他应收款”账户，应贷账户为货币资金账户，应根据支付货币资金的形式选择“库存现金”账户或“银行存款”账户。

（十）报销差旅费

【例4-43】宏发有限责任公司车间主任李兰出差回厂报销差旅费1 970元，多余现金30元交回。

这项经济业务的发生，一方面使企业的管理费用增加1 970元、库存现金增加30元，另一方面使企业的其他应收款减少2 000元。因此，该项经济业务涉及“管理费用”、“库存现金”和“其他应收款”三个账户。“管理费用”是费用性质账户，其增加额应记入账户的借方；“库存现金”是资产性质账户，其增加额应记入账户的贷方；“其他应收款”是资产性质账户，其减少额应记入账户的贷方。应编制会计分录为：

借：管理费用——差旅费 1 970

库存现金 30

贷：其他应收款——李兰 2 000

报销差旅费业务的会计处理，应借账户为“管理费用”账户，应贷账户为“其他应收款”账户。如果报销金额与预借金额不相等，其差额根据报销金额与预借金额的关系记“库存现金”账户的借方或贷方。

【小思考4-3】如果李兰出差回厂报销差旅费2 500元，那么应如何进行账务处理？

（十一）分配制造费用

本月发生的制造费用，在月末依据各种产品之间按受益程度进行分配。在各种产品之间分配制造费用时，分配标准可根据能否反映受益程度和取得资料的可靠性选择。可供选择的分配标准有生产工人工资、生产工人工时、机器工时、耗用原材料的数量或成本、直接成本（原材料、燃料、动力、生产工人工资等职工薪酬之和）及按产品产量等。无论选择哪种分配标准，都必须与制造费用的发生具有较密切的相关性，并且使分配到每种产品上的制造费用金额科学合理，同时还应适当考虑计算手续的简便。制造费用的分配可由以下三个步骤完成：

第一步，合理选择分配标准，如选择按生产工人工资、按生产工人工时、按机器工时等为分配标准；

第二步，计算制造费用分配率；

$$制造费用分配率=\frac{制造费用总额}{分配标准之和(如各种产品生产工人工资之和等)}$$

第三步，计算各产品应负担的制造费用；

某产品应负担的制造费用=该产品的分配标准（如该产品生产工人工资）×制造费用分配率

第四步，验算。

各产品所分配的制造费用合计数=待分配的制造费用

【例4-44】宏发有限责任公司在月末将本月发生的制造费用按照生产工人工资比例分配计入A、B产品生产成本。

月末，计算本月“制造费用”账户的借方发生额合计数，即为本月待分配的制造费用。从【例4-29】至【例4-41】可知，本月发生的制造费用有：材料费3 830元、动力费4 000元、工资费100 000元、社会保险费20 000元、折旧费20 000元、办公用品费170元、设备租赁费2 000元，合计150 000元，按照生产工人工资比例分配如下：

制造费用分配率=制造费用总额÷$\sum$分配标准

某产品应负担的制造费用=该产品的分配标准×制造费用分配率

本例中：

制造费用分配率=150 000÷（300 000+200 000）=0.30（元）

A产品应负担的制造费用=300 000×0.30=90 000（元）

B产品应负担的制造费用=200 000×0.30=60 000（元）

这项经济业务的发生，一方面使企业的生产成本增加150 000元，另一方面使企业的制造费用减少150 000元。因此，该项经济业务涉及“生产成本”和“制造费用”两个账户。“生产成本”是资产性质账户，其增加额应记入账户的借方；“制造费用”是费用性质账户，其减少额应记入账户的贷方，应编制会计分录为：

借：生产成本——A产品　　90 000

　　　　　　——B产品　　60 000

　贷：制造费用　　150 000

分配制造费用业务的会计处理，应借账户为“生产成本”账户，应贷账户为“制造费用”账户。生产成本明细账户的金额通过制造费用按分配标准分配确定。

（十二）产品完工入库

产品成本计算是将企业在生产过程中所发生的各种费用按照费用受益原则，区分生产费用和期间费用。对确定的生产费用按成本计算对象进行归集和分配，计算各种产品的总成本和单位成本。产品生产成本的计算是通过生产成本明细账进行的，因此，应按照各个成本计算对象分别开设产品生产成本明细账，按规定成本项目设置专栏。生产成本明细账中的期初余额，就是某种产品的期初在产品成本。本月发生的生产费用，能够分清应由哪种产品负担的，应根据有关凭证直接计入该种产品生产成本明细账；不能分清应由哪种产品负担的，应按照适当的分配标准在各成本计算对象之间进行分配，然后计入各产品生产成本明细账。各产品生产成本明细账中所归集的期初在产品成本与本月生产费用之和，就是该产品负担的生产费用总额。如果月末某种产品全部完工并验收入库，该种产品生产成本明细账中归集的费用总额，就是该种完工产品的总成本，用完工产品的总成本除以该种产品的完工总产量，即可计算出该种产品的单位成本。如果月末某种产品全部未完工，那么该种产品生产成本明细账中归集的费用总额，就是该种产品的在产品总成本。如果月末某种产品一部分完工，一部分未完工，那么应当采用适当的分配标准将该种产品生产成本明细账中归集的费用总额，在完工产品和在产品之间进行分配，然后计算出完工产品的总成本和单位成本。完工产品总成本的计算公式如下：

月初在产品成本+本月发生的生产费用=完工产品成本+月末在产品成本

完工产品成本=月初在产品成本+本月发生的生产费用-月末在产品成本

【例4-45】宏发有限责任公司生产车间本月生产A、B两种产品。A产品月初在产品数量2 000件，本月投产加工8 000件，月末全部完工并验收入库。A产品月初在产品成本为872 100元，其中直接材料687 100元，直接人工150 000元，制造费用35 000元。根据A产品本期发生的生产费用（见【例4-29】至【例4-44】），登记A产品生产成本明细账（见表4-7）。

表4-7

A产品生产成本明细账

产品名称：A产品

单位：元

2×18年		凭证号数	摘要	借方（成本项目）				贷方	余额
月	日			直接材料	直接人工	制造费用	合计		
12	1		期初余额	687 100	96 000	35 000	818 100		
	略	略	领用材料	1 107 900			1 107 900		
			生产工人工资		300 000		300 000		
			生产工人福利费		60 000		60 000		
			分配制造费用			90 000	90 000		
			本月发生生产费用小计	1 107 900	360 000	90 000	1 557 900		
			全部生产费用合计	1 795 000	456 000	125 000	2 376 000		2 376 000
			结转完工产品成本	(1 795 000)	(456 000)	(125 000)		2 376 000	0

根据表4-7登记的资料，归集在A产品上的生产费用总额为2 376 000元，其中直接材料1 795 000元，直接人工456 000元，制造费用125 000元。由于A产品月末全部完工并验收入库，所以月末完工并验收入库A产品成本为2 376 000元，A产品月末在产品成本为0。

根据A产品生产成本明细账中的有关资料，编制A产品完工产品成本成本计算表（见表4-8）。

表4-8

A产品完工产品成本成本计算表

2×18年12月

金额单位：元

成本项目	A产品（10 000件）	
	总成本	单位成本（元/件）
直接材料	1 795 000	179.50
直接人工	456 000	45.60
制造费用	125 000	12.50
生产成本	2 376 000	237.60

这项经济业务的发生，一方面使企业的库存商品增加2 376 000元，另一方面使企业的生产过程中占用的生产资金减少2 376 000元。因此，该项经济业务涉及

“库存商品”和“生产成本”两个账户。

“库存商品”是资产性质账户，其增加额应记入账户的借方；“生产成本”是资产性质账户，其减少额应记入账户的贷方。应编制会计分录为：

借：库存商品——A产品　　2 376 000

　贷：生产成本——A产品　　2 376 000

【例4-46】B产品月初无在产品，本月投产加工12 000件，月末完工产品8 000件，尚有4 000件产品未完工，完工程度为50%。计算并结转入库B产品的生产成本。B产品本期发生的生产费用见【例4-29】至【例4-44】，登记B产品生产成本明细账见表4-9。

表4-9　**B产品生产成本明细账**

产品名称：B产品　　单位：元

2×18年		凭证号数	摘要	借方（成本项目）				贷方	余额
月	日			直接材料	直接人工	制造费用	合计		
12	略	略	领用材料	625 900			625 900		
			生产工人工资		200 000		200 000		
			生产工人福利费		40 000		40 000		
			分配制造费用			60 000	60 000		
			本月发生生产费用合计	625 900	240 000	60 000	925 900		925 900
			结转完工产成品成本	500 720	192 000	48 000	740 720		
			月末在产品成本	125 180	48 000	12 000	185 180		185 180

根据表4-9登记的资料，归集在B产品上的生产费用总额为925 900元，其中直接材料625 900元，直接人工240 000元，制造费用60 000元。由于B产品月完工8 000件，未完工4 000件，完工程度为50%，需要将生产费用总额在月末B产品和产成品之间进行分配，计算B产品产成品成本和月末在产品成本。

假定生产费用总额在月末在产品和产成品之间进行分配，采用约当产量法。约当产量法是指以产成品数量和在产品的约当产量作为分配标准分配生产费用总额，计算月末在产品和产成品的方法。

在产品的约当产量=在产品数量×完工程度

B产品约当产量=4 000×50%=2 000（件）

分配标准：产成品8 000件，在产品约当产量2 000件。

B产品生产费用分配率=925 900÷（8 000+2 000）=92.59（元/件）

产成品成本=8 000×92.59=740 720（元）

在产品成本=2 000×92.59=185 180（元）

验算：740 720+185 180=925 900（元）

与B产品生产费用相等。

根据B产品生产成本明细账中的有关资料，编制B产品成本计算表（见表4-10）。

表 4-10　　**B产品成本计算表（约当产量法）**　　金额单位：元

项目	直接材料	直接人工	制造费用	合计
月初在产品成本	0	0	0	0
本月发生费用	625 900	240 000	60 000	925 900
合计	625 900	240 000	60 000	925 900
完工产品产量（件）	8 000	8 000	8 000	
在产品约当产量（件）	2 000	2 000	2 000	
合计	10 000	10 000	10 000	
单位成本（分配率）	62.59	24.00	6.00	92.59
转出产成品成本	500 720	192 000	48 000	740 720
在产品成本	125 180	48 000	12 000	185 180

B产品的产成品完工入库，一方面使企业的库存商品增加740 720元，另一方面使企业的生产过程中占用的生产资金减少740 720元。因此，该项经济业务涉及“库存商品”和“生产成本”两个账户。

“库存商品”是资产性质账户，其增加额应记入账户的借方；“生产成本”是资产性质账户，其减少额应记入账户的贷方。应编制会计分录为：

借：库存商品——B产品　　740 720

　贷：生产成本——B产品　　740 720

产成品验收入库业务的会计处理，应借账户为“库存商品”，应贷账户为“生产成本”。

完工产品成本=月初在产品成本+本月发生的生产费用-月末在产品成本

生产过程账务处理的主要内容如图4-5所示：

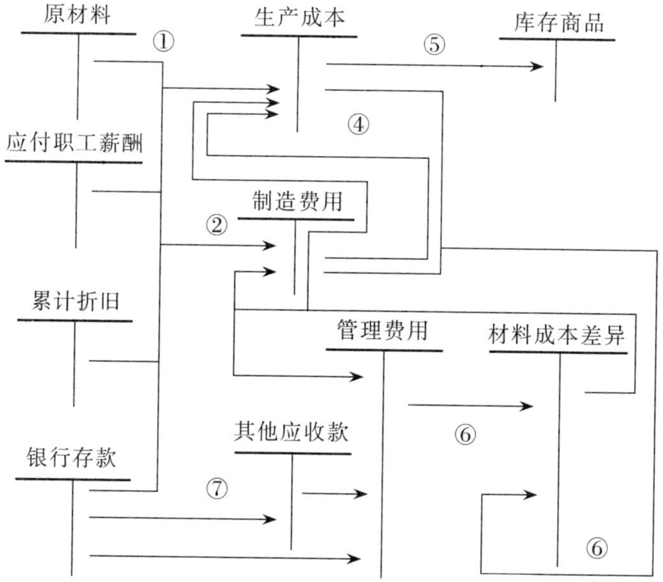

图4-5　生产过程账务处理

说明：①归集各种直接生产成本；②归集生产车间发生的各种间接生产成本；③归集管理部门组织管理生产经营过程中发生的各种耗费；④分配制造费用；⑤结转完工产品成本；⑥摊销材料成本差异；⑦预借差旅费。

第五节 销售过程业务的核算

销售过程是售出产品、实现收入的过程。销售业务是制造企业经营过程以及资金循环过程中的重要环节。市场经济的市场是买方市场，购买者在市场中处于主导地位。从货币转化为商品容易，但从商品转化为货币困难，而产品销售收入的实现是产品生产者经济成果多少的关键，关系到企业的经济效益。收入的实现，才能使企业投入的资金收回，实现利润。反之，产品卖不出去，意味着成品资金无法顺利转化为货币资金，企业的资金循环中断。正如马克思所说，从商品到货币的跳跃，是惊险的跳跃，如果跳跃不成功，摔伤的不是商品，而是商品的生产者。

产品销售过程所核算的经济业务，包括产品销售收入的实现、销售费用的发生、税金及附加的计算和售出产品成本的结转。其他业务收入所核算的业务包括售出多余原材料、对外租出资产业务和其他经营业务的会计核算。

收入是企业在日常活动中形成的、会导致所有者权益增加的、与所有者投入资本无关的经济利益的总流入。《企业会计准则第14号——收入》(财会〔2017〕22号）规定，当企业与客户之间的合同同时满足下列条件时，企业应当在客户取得相关商品控制权时确认收入：①合同各方已批准该合同并承诺将履行各自义务；②该合同明确了合同各方与所转让商品或提供劳务（以下简称“转让商品”）相关的权利和义务；③该合同有明确的与所转让商品相关的支付条款；④该合同具有商业实质，即履行该合同将改变企业未来现金流量的风险、时间分布或金额；⑤企业因向客户转让商品而有权取得的对价很可能收回。

营业成本是指实现收入的产品或服务的实际成本。销售费用是为售出产品实现收入所发生的各种费用，包括产品广告费、由本企业承担的运杂费、展销费、销售人员的人工费用、销售机构的办公费、固定资产折旧费等。

税金及附加，是指在收入实现过程中所发生的，由本企业承担的税金费用和按销售税金的一定比例计算的附加费，如消费税、资源税、城市维护建设税、教育费附加等。

一、涉及账户的用途和结构

收入的实现、成本的结转、销售费用的发生和税金及附加的计算，通过“主营业务收入”“主营业务成本”“其他业务收入”“其他业务成本”“税金及附加”“销售费用”等科目进行会计核算；为了核算款项的收到情况，企业应设置“应收账款”“应收票据”“预收账款”“资产减值损失”“坏账准备”科目。

（一）“主营业务收入”账户

用途：“主营业务收入”账户核算企业在销售商品、提供劳务等主营业务中所取得的收入，属于损益类账户。

结构：其贷方登记主营业务收入的实现额，即主营业务收入的增加额，借方登记发生销售退回或销售折让时主营业务收入的减少额和期末转出额（按净额结转）。本账户期末无余额。“主营业务收入”账户可按主营业务的种类或产品名称和管理需要设置明细账户进行明细分类核算。

“主营业务收入”账户的结构如下：

主营业务收入

销售退回等收入减少额 期末转出额	主营业务收入的实现额（增加）

（二）“主营业务成本”账户

用途：“主营业务成本”账户核算企业确认已实现收入的商品、劳务成本，属于损益类账户。

结构：其借方登记已售出产品成本转入额，贷方登记期末成本转出额，本账户期末无余额。本账户可按照主营业务的种类或产品名称设置明细账户，进行明细分类核算。

“主营业务成本”账户的结构如下：

主营业务成本

主营业务成本的发生额	期末成本转出额

（三）“其他业务收入”账户

用途：“其他业务收入”账户核算其他业务收入的实现。其他业务收入是指经营除主营业务以外的其他业务实现的收入，包括销售材料、出租包装物、出租固定资产、出租无形资产、出租商品、用材料进行非货币性交换或债务重组等活动实现的收入，属于损益类账户。

结构：其贷方登记其他业务收入的实现额，即增加额；借方登记期末转出额，本账户期末无余额。本账户可按照其他业务的种类设置明细账户，进行明细分类核算。

“其他业务收入”账户的结构如下：

其他业务收入

其他业务收入的期末转出额	其他业务收入的实现额（增加）

（四）“其他业务成本”账户

用途：“其他业务成本”账户核算企业除主营业务以外的其他业务成本的发生额及转销情况，包括销售材料的成本，出租固定资产的折旧额、出租无形资产成本的摊销额、出租包装物成本的摊销额等。

结构：本账户属于费用性质账户。其借方登记其他业务成本的发生额，贷方登记期末转出额，本账户期末无余额。本账户应按照其他业务的种类设置明细账户，进行明细分类核算。

“其他业务成本”账户的结构如下：

其他业务成本

其他业务成本发生额（增加）	其他业务成本的期末转出额

（五）“税金及附加”账户

用途：“税金及附加”账户核算企业税金及附加的发生额，属于损益类账户。

结构：其借方登记税金及附加的发生额，即增加额；贷方登记期末转出额，即减少额。本账户期末无余额。本账户可按税金及附加的种类设置明细账户进行明细分类核算。

“税金及附加”账户的结构如下：

税金及附加

按照计税依据计算出的消费税、城建税和教育费附加等的金额	期末转出额

（六）“销售费用”账户

用途：“销售费用”账户核算销售费用的发生额，包括企业销售商品、提供劳务过程中发生的运输费、装卸费、保险费、展览费和广告费，以及专设销售机构发生的职工薪酬、折旧费、业务费等费用，属于损益类账户。

结构：其借方登记销售费用的发生额，贷方登记期末销售费用的转出额。本账户期末无余额。本账户可按销售费用种类设置明细账户进行明细分类核算。

“销售费用”账户的结构如下：

销售费用

销售费用的发生额	期末销售费用转出额

（七）“应收账款”账户

用途：“应收账款”账户用来核算应收账款的发生额，属于资产类账户。

结构：其借方登记由于销售商品以及提供劳务等应收账款的发生额（即应收账款的增加额），包括应收取的价款、税款和代垫款等；贷方登记应收账款的收到额（即应收账款的减少额）。期末余额如在借方，表示尚未收回的应收账款。该账户应按不同的购货单位名称或接受劳务单位名称设置明细账户，进行明细分类核算。

“应收账款”账户的结构如下：

应收账款

发生的应收账款（应收账款的增加）	收回的应收账款（应收账款的减少）
期末余额：应收未收款项	

（八）“应收票据”账户

用途：“应收票据”账户用来核算企业销售商品而收到购货单位开出并承兑的商业承兑汇票或银行承兑汇票的增减变动及其结余情况，属于资产类账户。

结构：企业收到购货单位开出并承兑的商业汇票，表明企业票据应收款的增加，应记入“应收票据”账户的借方；票据到期兑现票据本息表明企业应收票据的减少，应记入“应收票据”账户的贷方，期末该账户如有余额在借方，表示尚未到期兑现的应收票据金额。该账户可按购买单位名称设置明细账户进行明细分类核算。为了了解每一项应收票据的结算情况，企业应设置“应收票据备查簿”逐笔登记每一商业汇票的种类，号数和出票日，票面金额，交易合同号和付款人、承兑人、背书人的姓名或单位名称，到期日，背书转让日，贴现日，贴现率和贴现净额以及收款日和收回金额，退票情况等资料。商业汇票到期结清票款或退票后在备查簿中注销。

“应收票据”账户的结构如下：

应收票据

本期收到的商业汇票（增加）	到期兑现（或提前贴现）的商业汇票（减少）
期末余额：尚未到期兑现的商业汇票金额	

（九）“预收账款”账户

用途：“预收账款”账户核算企业按照合同规定预收购买单位的货款或预收服务单位的款项的发生和转销，属于负债类账户。

结构：其贷方登记预收购货单位的货款或预收服务单位的服务款项；借方登记向购买单位发出产品或提供服务的款项、应交增值税销项税额及代垫运杂费。期末余额如在贷方，反映企业预收的款项；如在借方，则反映应由购货单位或接收服务单位补付的款项。本账户可按购货单位或接收服务单位名称设置明细账户进行明细核算。

“预收账款”账户的结构如下：

预收账款

发出产品或提供服务的结算款项	预收购货单位或接收服务单位的款项
期末余额：应收的款项	期末余额：预收的款项

（十）“资产减值损失”账户

用途：“资产减值损失”账户核算资产减值损失的发生额，属于损益类账户。

资产减值损失是依据会计信息质量要求中的谨慎性要求，在期末对资产的预计可变现净值或可收回金额低于其账面价值或摊余成本的金额即预计不能收回的成本计提减值准备而发生的损失。

结构：其借方登记资产减值损失的发生额，贷方登记资产减值损失的期末转出额，本账户期末无余额。可按资产类别设置明细分类账户进行明细分类核算。

"资产减值损失"账户的结构如下：

资产减值损失

发生额	期末转出额

（十一）"坏账准备"账户

用途："坏账准备"账户用于核算应收账款坏账准备的计提和坏账的转销。因为各种债权属于企业的资产，坏账准备是可能发生的坏账，所以按核算的内容，属于资产类账户。

企业会计准则基本准则的谨慎性要求，企业对交易或者事项进行会计确认、计量和报告应当保持应有的谨慎，不应高估资产或者收益、低估负债或者费用。会计信息质量的谨慎性要求，需要企业在面临不确定性因素的情况下做出职业判断时，应当保持应有的谨慎，充分估计到各种风险和损失，既不高估资产或者收益，又不低估负债或者费用。对各种应收款项按可能发生的坏账损失，依据历史经验的坏账百分比计提坏账准备。

结构：该账户属于资产备抵性质账户，其贷方登记坏账准备的计提额，借方登记发生坏账的转销额。期末余额在贷方，表示已计提的坏账准备。如果余额在借方，表示待补提的坏账准备。

"坏账准备"账户的结构如下：

坏账准备

发生坏账，坏账准备转销额 本期发生额	坏账准备的计提额 本期发生额
期末余额：应补提的坏账准备	

二、经济业务的核算

（一）主营业务收支的核算

产品销售过程是产品生产企业的主营经济业务，其所核算的经济业务，包括产品销售收入的实现、售出产品成本的结转，销售费用的发生、税金及附加的计算等。

其内容包括：①以赊销或者商业汇票的结算方式实现销售；②预收款项存入银行；③履行预收款项时规定的义务，实现销售；④实现销售的同时收取货款存入银行；⑤收回赊销款项，或是商业汇票到期获得清偿；⑥结转销售成本；⑦计提销售过程中发生的税金；⑧用银行存款支付销售过程中发生的费用；⑨计提坏账准备。

具体来说，销售业务的核算过程如下：

对于正常的销售商品活动，应按照收入确认的条件进行确认和计量，然后对计量的结果进行会计处理。按确认的收入金额与应收取的增值税税额，借记"银行存款""应收账款""应收票据"等账户，按确定的收入金额，贷记"主营业务收入"账户，按应收取的增值税税额，贷记"应交税费——应交增值税（销项税额）"账户。同时，将相应的已售出存货的成本，借记“主营业务成本”，贷记“库存商品”。

关于增值税销项税额在前面已经做过说明，它是指企业销售应税货物或提供应税劳务而收取的增值税税额，应按照增值税专用发票记载的货物售价和规定的税率进行计算，即：

增值税销项税额=销售货物的不含税售价×增值税税率

增值税的销项税额计算出来以后，应在“应交税费——应交增值税”账户的贷方反映，以便用以抵扣其借方的增值税进项税额，确定增值税的应交额。为了核算增值税的进、销税额以及增值税的已交和未交情况，需要在应交增值税明细账中设置“进项税额”“销项税额”“已交税金”“出口退税”“进项税额转出”“转出未交增值税”“转出多交增值税”等专栏对其进行明细核算。应交税费——应交增值税明细账的格式见表4-11：

表4-11 **应交税费——应交增值税明细账**

年		凭证号数	内容摘要	借方				贷方				借或贷	余额
月	日			进项税额	已交税金	…	合计	贷项税额	进项税额转出	…	合计		

下面举例说明主营业务收入的实现、结转成本及其有关款项结算的核算过程：

【例4-47】宏发有限责任公司向深海工厂销售A产品3 000件，每件售价500元，增值税专用发票上注明价款为1 500 000元，增值税税额为240 000元，货款1 740 000元已收存银行。

这项经济业务的发生，一方面使宏发公司的银行存款增加1 740 000元（1 500 000+240 000），另一方面使宏发公司销售商品的收入增加1 500 000元，应交增值税销项税额增加240 000元。因此，该项经济业务涉及“银行存款”“主营业务收入”“应交税费——应交增值税（销项税额）”3个账户。银行存款是资产性质账户，其增加额应记入账户的借方；主营业务收入是收入性质账户，其增加额应记入账户的贷方；应交税费是负债性质账户，其增加额应记入“应交税费——应交增值税（销项税额）”账户的贷方。应编制会计分录为：

借：银行存款　　1 740 000

　贷：主营业务收入——A产品　　1 500 000

　　应交税费——应交增值税（销项税额）　　240 000

【例4-48】宏发有限责任公司向甲公司销售A产品2 000件，每件售价500元，增值税专用发票上注明价款为1 000 000元，增值税税额为160 000元，用银行存款为甲公司支付代垫运输费1 000元，款项尚未收到。

这项经济业务的发生，一方面使宏发公司的应收账款增加1 161 000元（1 000 000+160 000+1 000），另一方面使宏发公司销售商品的收入增加1 000 000元，应交增值税销项税额增加160 000元，银行存款减少1 000元。因此，该项经济业务涉及“应收账款”“主营业务收入”“应交税费——应交增值税（销项税额）”“银行存款”4个账户。应收账款是资产性质账户，其增加额应记入账户的借方；主营业务收入是收入性质账户，其增加额应记入账户的贷方；应交税费是负债性质账户，其增加额应记入“应交税费——应交增值税（销项税额）”账户的贷方；银行存款是资产性质账户，其减少额应记入“银行存款”账户的贷方。应编制会计分录为：

借：应收账款——甲公司	1 161 000	
贷：主营业务收入——A产品		1 000 000
应交税费——应交增值税（销项税额）		160 000
银行存款		1 000

【例4-49】宏发有限责任公司向乙公司销售A产品2 000件，每件售价500元，增值税专用发票上注明价款为1 000 000元，增值税税额为160 000元；销售B产品300件，每件售价1 200元，增值税专用发票上注明价款为360 000元，增值税税额为57 600元；收到乙公司签发并承兑的商业汇票一张，面值1 577 600元，期限3个月。

这项经济业务的发生，一方面使宏发公司的应收票据增加1 577 600元（1 000 000+160 000+360 000+57 600），另一方面使宏发公司销售商品的收入增加1 360 000元，应交增值税销项税额增加217 600元（160 000+57 600）。因此，该项经济业务涉及“应收票据”、“主营业务收入”和“应交税费——应交增值税（销项税额）”3个账户。应收票据是资产性质账户，其增加额应记入账户的借方；主营业务收入是收入性质账户，其增加额应记入账户的贷方；应交税费是负债性质账户，其增加额应记入“应交税费——应交增值税（销项税额）”账户的贷方。应编制会计分录为：

借：应收票据——乙公司	1 577 600	
贷：主营业务收入——A产品		1 000 000
——B产品		360 000
应交税费——应交增值税（销项税额）		217 600

【例4-50】宏发有限责任公司按照合同规定预收丙公司订购A产品的货款120 000元，存入银行。

这项经济业务的发生，一方面使宏发公司的银行存款增加120 000元，另一方面使宏发公司的预收账款增加120 000元。因此，该项经济业务涉及“银行存款”和“预收账款”两个账户。银行存款是资产性质账户，其增加额应记入账户的借方；预收账款是负债性质账户，其增加额应记入“预收账款”账户的贷方，应编制会计分录为：

借：银行存款	120 000	
贷：预收账款——丙公司		120 000

【例4-51】沿用【例4-50】宏发有限责任公司按照合同规定向丙公司发出A产品6 000件，每件售价500元，增值税专用发票上注明价款为3 000 000元，增值税税额为480 000元。

这项经济业务的发生，一方面使宏发公司的预收账款减少3 480 000元（3 000 000+480 000），另一方面使宏发公司的销售商品的收入增加3 000 000元，应交增值税销项税额增加480 000元。因此，该项经济业务涉及“预收账款”“主营业务收入”“应交税费——应交增值税（销项税额）”3个账户。预收账款是负债性质账户，其减少额应记入账户的借方，主营业务收入是收入性质账户，其增加额应记入账户的贷方，应交税费是负债性质账户，其增加额应记入“应交税费——应交增值税（销项税额）”账户的贷方。应编制会计分录为：

借：预收账款——丙公司	3 480 000	
贷：主营业务收入——A产品		3 000 000
应交税费——应交增值税（销项税额）		480 000

【例4-52】沿用【例4-50】【例4-51】，宏发有限责任公司收到丙公司补付的购货款3 360 000元，存入银行。

这项经济业务的发生，一方面使企业的银行存款增加3 360 000元，另一方面使企业的预收账款增加3 360 000元。因此，该项经济业务涉及“银行存款”和“预收账款”两个账户。银行存款是资产性质账户，其增加额应记入账户的借方；预收账款是负债性质账户，其增加额应记入“预收账款”账户的贷方。应编制会计分录为：

借：银行存款	3 360 000	
贷：预收账款——丙公司		3 360 000

【例4-53】沿用【例4-48】，宏发有限责任公司收到甲公司签发并承兑的商业汇票一张，面值1 161 000元，期限6个月，用以抵偿其以前所欠本公司的货款。

借：应收票据——甲公司	1 161 000	
贷：应收账款——甲公司		1 161 000

【例4-54】沿用【例4-47】至【例4-53】，宏发有限责任公司月末结转本月已销售的A、B产品的销售成本，其中A产品13 000件，单位成本每件200元，B产品300件，单位成本每件500元。

首先需要计算确定已销售的A、B产品的销售成本。本期销售A产品总计13 000件，其销售总成本为2 600 000元（200×13 000），本期销售B产品300件，其销售总成本为150 000元（500×300）。这项经济业务的发生，一方面使企业销售商品的成本增加2 750 000元（2 600 000+150 000），其中A产品销售成本为2 600 000元，B产品销售成本为150 000元；另一方面使企业的库存商品成本减少2 750 000元（2 600 000+150 000），其中A产品成本2 600 000元，B产品成本150 000元。因此，该项经济业务涉及“主营业务成本”和“库存商品”两个账户。主营业务成本是费用性质账户，其增加额应记入借方；库存商品是资产性质账户，其减少额应记入“库存商品”账户的贷方。应编制会计分录为：

借：主营业务成本——A产品	2 600 000	
——B产品	150 000	

贷：库存商品——A 产品　　2 600 000

——B 产品　　150 000

【例 4-55】宏发有限责任公司开出现金支票3 000元支付广告费。

这项经济业务的发生，一方面使企业的销售费用增加3 000元，另一方面使企业的银行存款减少3 000元。因此，该项经济业务涉及“销售费用”和“银行存款”两个账户。销售费用是费用性质账户，其增加额应记入“销售费用”账户的借方；银行存款是资产性质账户，其减少额应记入“银行存款”账户的贷方。应编制会计分录为：

借：销售费用——广告费　　3 000

贷：银行存款　　3 000

【例 4-56】宏发有限责任公司开出转账支票1 000元支付销售产品的运输费。

这项经济业务的发生，一方面使企业的销售费用增加1 000元，另一方面使企业的银行存款减少1 000元。因此，该项经济业务涉及“销售费用”和“银行存款”两个账户。销售费用是费用性质账户，其增加额应记入“销售费用”账户的借方；银行存款是资产性质账户，其减少额应记入“银行存款”账户的贷方。应编制会计分录为：

借：销售费用——运输费　　1 000

贷：银行存款　　1 000

【例 4-57】宏发有限责任公司开出现金支票8 000元，支付本公司某销售网点业务费3 000元，固定资产修理费5 000元。

这项经济业务的发生，一方面使企业的销售费用增加8 000元，另一方面使企业的银行存款减少8 000元。因此，该项经济业务涉及“销售费用”和“银行存款”两个账户。销售费用是费用性质账户，其增加额应记入“销售费用”账户的借方；银行存款是资产性质账户，其减少额应记入“银行存款”账户的贷方。应编制会计分录为：

借：销售费用　　8 000

贷：银行存款　　8 000

【例 4-58】沿用【例 4-49】，宏发有限责任公司生产的B产品为应税消费品，适用的消费税税率为10%，计算并结转销售B产品应缴纳的消费税。

首先需要计算销售B产品应缴纳的税消费。由于本期销售B产品的销售额为360 000元，其应交消费税为36 000元（360 000×10%）。这项经济业务的发生，一方面使企业的税金及附加增加36 000元，另一方面使企业的应交税费增加36 000元。因此，该项经济业务涉及“税金及附加”和“应交税费——应交消费税”两个账户。税金及附加是费用性质账户，其增加额记入“税金及附加”账户的借方；应交税费是负债性质账户，其增加额应记入“应交税费——应交消费税”账户的贷方。应编制会计分录为：

借：税金及附加　　36 000

贷：应交税费——应交消费税 36 000

【小补丁 4-3】消费税是在我国境内生产、委托加工和进口应税消费品的单位和个人，按其流转额缴纳的一种税。消费税有从价定率和从量定额两种征收方法。采用从价定率征收方法征收的消费税，以不含增值税的销售额为税基，按照税法规定的税率计算。企业的销售收入包含增值税的，应将其换算为不含增值税的销售额。

（二）其他业务收支的核算

如前所述，企业发生的与经常性活动相关的其他活动属于其他业务。工业企业的其他业务主要包括：销售材料、出租固定资产、出租无形资产、出租包装物和商品、用材料进行非货币性资产交换（以公允价值为基础时）或债务重组等。其他业务收支核算的主要内容有：其他业务收入的确认与计量、其他业务成本的结转、计算与缴纳税金及附加等。

对于其他业务收支活动，应按照收入确认的条件进行确认和计量，然后对计量的结果进行会计处理。按确认的收入金额与应收取的增值税税额，借记“银行存款”“应收账款”“应收票据”等账户，按确定的收入金额，贷记“其他业务收入”账户，按应收取的增值税税额，贷记“应交税费——应交增值税（销项税额）”账户。同时，将相应的已售出材料的成本借记“其他业务成本”，贷记“原材料”；或者根据已出租固定资产的累计折旧，借记“其他业务成本”，贷记“累计折旧”；或者根据已出租无形资产的累计摊销，借记“其他业务成本”，贷记“累计摊销”。

下面通过举例说明其他业务收支的核算：

【例 4-59】宏发有限责任公司向M公司销售丙材料100千克，单价700元，增值税专用发票上注明价款为70 000元，增值税税额为11 200元，款项已收存银行。

这项经济业务的发生，一方面使企业的银行存款增加81 200元（70 000+11 200），另一方面使企业的其他业务收入增加70 000元，应交增值税销项税额增加11 200元。因此，该项经济业务涉及“银行存款”、“其他业务收入”和“应交税费——应交增值税（销项税额）”3个账户。银行存款是资产性质账户，其增加额应记入“银行存款”账户的借方；其他业务收入是收入性质账户，其增加额应记入“其他业务收入”账户的贷方；应交增值税是负债账户，其增加额应记入“应交税费——应交增值税（销项税额）”账户的贷方。应编制会计分录为：

借：银行存款 81 200

贷：其他业务收入 70 000

应交税费——应交增值税（销项税额） 11 200

【例 4-60】沿用【例 4-59】，结转已销售丙材料的实际成本。假设向M公司销售丙材料的单位成本为每千克520元。

这项经济业务的发生，一方面使企业的其他业务成本增加52 000元（520×100），另一方面使企业的库存材料减少52 000元。因此，该项经济业务涉及“其他业务成本”和“原材料”两个账户。其他业务成本是费用性质账户，其增加额应记入“其他业务成本”账户的借方，原材料是资产性质账户，其减少额应记入“原材料”账户的贷方。应编制会计分录为：

借：其他业务成本　　52 000

　贷：原材料——丙材料　　52 000

【例 4-61】宏发有限责任公司向W公司转让专有技术的使用权，取得收入83 585元，存入银行。

这项经济业务的发生，一方面使企业的银行存款增加83 585元，另一方面使企业的其他业务收入增加83 585元。因此，该项经济业务涉及“银行存款”和“其他业务收入”两个账户。银行存款是资产性质账户，其增加额应记入“银行存款”账户的借方；其他业务收入是收入性质账户，其增加额应记入“其他业务收入”账户的贷方。应编制会计分录为：

借：银行存款　　83 585

　贷：其他业务收入　　83 585

【例 4-62】沿用【例 4-61】宏发有限责任公司对已转让使用权的某专利权进行摊销，本月摊销额为7 000元。

这项经济业务的发生，一方面使企业的其他业务成本增加7 000元，另一方面使无形资产成本的累计摊销额增加7 000元。因此，该项经济业务涉及“其他业务成本”和“累计摊销”两个账户。其他业务成本是资产性质账户，其增加额应记入“其他业务成本”账户的借方；累计摊销是资产类备抵性质账户，其增加额应记入“累计摊销”账户的贷方。应编制会计分录为：

借：其他业务成本　　7 000

　贷：累计摊销　　7 000

【例 4-63】宏发有限责任公司出租一批包装物，收到含税租金5 800元库存现金。

该租金中包含有增值税，首先需要将包装物的租金进行价税分离，计算出不含增值税的租金收入为5 000元［5 800÷（1+16%）］，增值税销项税额为800元（5 000×16%）。这项经济业务的发生，一方面使企业的库存现金增加5 800元，另一方面使企业的其他业务收入增加5 000元，应交增值税销项税额增加800元。因此，该项经济业务涉及“库存现金”、“其他业务收入”和“应交税费——应交增值税（销项税额）”3个账户。银行存款是资产性质账户，其增加额应记入“库存现金”账户的借方；其他业务收入是收入性质账户，其增加额应记入“其他业务收入”账户的贷方；应交增值税是负债性质账户，其增加额应记入“应交税费——应交增值税（销项税额）”账户的贷方。应编制会计分录为：

借：库存现金　　5 800

　贷：其他业务收入　　5 000

　　　应交税费——应交增值税（销项税额）　　800

【例 4-64】沿用【例 4-63】，宏发有限责任公司结转出租包装物的成本

3 900元。

这项经济业务的发生，一方面使企业的其他业务成本增加3 900元，另一方面使企业库存包装物成本减少3 900元。因此，该项经济业务涉及“其他业务成本”和“周转材料——包装物”两个账户。其他业务成本是费用性质账户，其增加额应记入“其他业务成本”账户的借方；周转材料是资产性质账户，其减少额应记入“周转材料”账户的贷方。应编制会计分录为：

借：其他业务成本　　3 900

　贷：周转材料——包装物　　3 900

【例4-65】宏发有限责任公司按本月应交流转税的7%和3%，分别计算本月应缴纳的城市维护建设税和教育费附加。

首先确定应交城市维护建设税和教育费附加的计税依据并计算应纳税额，计算公式为：

应纳税额=（应交增值税+应交消费税）×适用税率

本月销项税额为1 109 600元（240 000+160 000+217 600+480 000+11 200+800），本月进项税额为291 200元（179 200+16 000+80 000+16 000），本月应交增值税为818 400元（本月销项税额1 109 600元-本月进项税额291 200元）；本月应交消费税为36 000元；所以：

应交城市维护建设税=（818 400+36 000）×7%=59 808（元）

应交教育费附加=（818 400+36 000）×3%=25 632（元）

这项经济业务的发生，一方面使企业的税金及附加增加85 440元（59 808+25 632），另一方面使企业的应交税费增加85 440元，其中应交城市维护建设税增加59 808元，应交教育费附加增加25 632元。因此，该项经济业务涉及“税金及附加”和“应交税费”两个账户。税金及附加是费用性质账户，其增加额应记入“税金及附加”账户的借方；应交税费是负债性质账户，其增加额应记入“应交税费”账户的贷方。应编制会计分录为：

借：税金及附加　　85 440

　贷：应交税费——应交城市维护建设税　　59 808

　　　　　　——应交教育费附加　　25 632

【小补丁4-4】城市维护建设税和教育费附加是以增值税、消费税为计税依据征收的一种税。城市维护建设税税率因纳税人所在地不同从1%到7%不等。

【例4-66】将库存现金5 800元存入银行。

这项经济业务的发生，一方面使企业的银行存款增加5 800元，另一方面使库存现金减少5 800元。因此，该项经济业务涉及“银行存款”和“库存现金”两个账户。银行存款是资产性质账户，其增加额应记入“银行存款”账户的借方；库存现金是资产性质账户，其减少额应记入“库存现金”账户的贷方。应编制会计分录为：

借：银行存款　　5 800

贷：库存现金 5 800

销售过程账务处理的主要内容如图4-6所示：

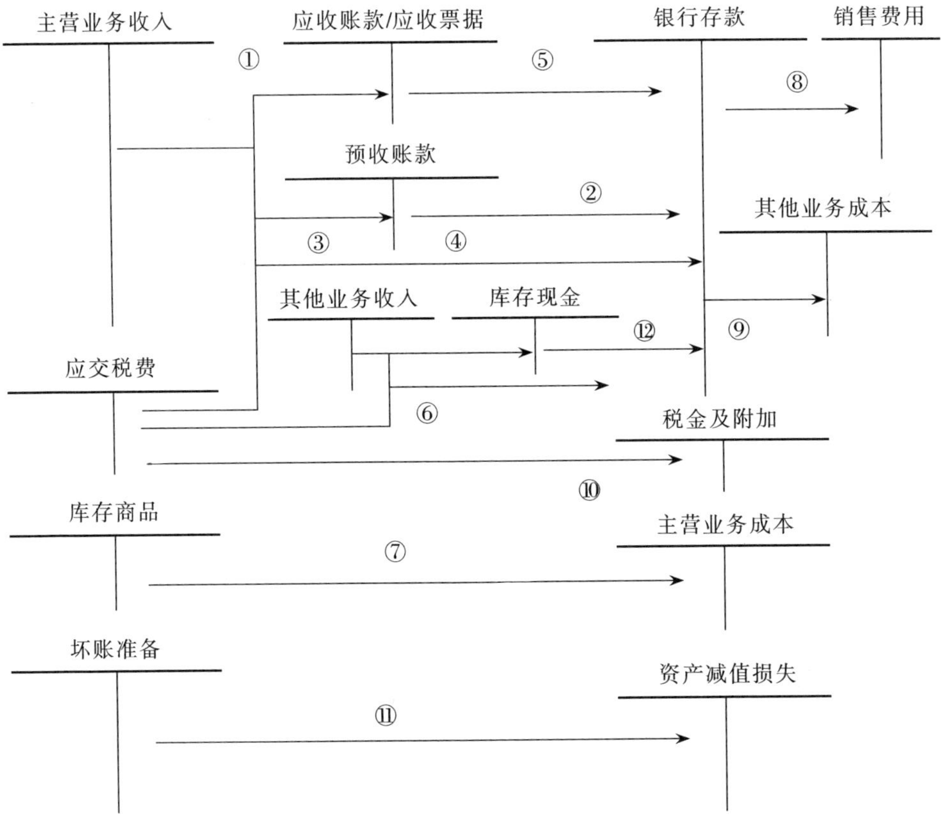

图4-6 销售过程账务处理

说明：①售出商品，货款暂欠或收到商业汇票；②预收货款；③发货冲销预收款；④售出商品收到货款；⑤收到购买单位欠款；⑥收到经营其他业务收入款项；⑦结转售出货物成本；⑧支付销售费用；⑨结转其他业务成本；⑩计算税金及附加；⑪计提坏账准备；⑫将现金存入银行。

第六节 利润形成及分配业务的核算

利润是指企业在一定会计期间的经营成果。利润包括收入减去费用后的净额、直接计入当期利润的利得和损失等。经营成果的核算包括利润实现的核算和利润分配的核算。通过利润实现的核算，反映企业一定会计期间所实现的净利润或发生净亏损。通过利润分配的核算，确定企业利润的去向，即本期所提取的盈余公积和确认的应付股利。

一、利润实现的核算

(一）利润的构成

企业在一定会计期间的经营成果是所实现的利润。利润按其对所有者和社会的贡献，分为营业利润、利润总额和净利润。

1.营业利润

营业利润是指企业日常的营业活动中收支相抵后的余额，即收入减去费用后的净额，反映了企业管理层的经营业绩。企业将生产的产品销售出去，必然会带来一定的资金流入，这些流入我们通常作为收入来核算，根据该项收入在企业中的比例及重要程度，我们将其分为主营业务收入和其他业务收入。

企业为实现利润，必须投入各种生产要素以生产产品和提供服务。在经营活动中，生产要素的耗费，包括材料费用、动力费用、劳动费用、租金费用等费用以及在营业活动中需要缴纳的税金及附加费用，依据谁受益谁承担费用的费用受益原则，分别确认为产品和劳务成本、管理费用和销售费用等费用。产品和劳务成本随着收入的实现而确认为主要业务成本和其他业务成本。再则企业通过购置固定资产、无形资产和其他非流动资产形成并扩大企业的生产经营能力。在购置时将所发生的费用计入所购置的资产成本，在企业的经营活动中，根据配比原则计提固定资产折旧和摊销无形资产及其他非流动资产成本，确认管理费用、制造费用、销售费用等费用。另外企业还通过对外投资将资源投入到其他企业，实现投资收益，包括收取的债券、贷款利息，获得的现金股利、利润，有价证券的买卖价差，以及期末公允价值变动收益。根据谨慎性的会计信息质量要求，对采用历史成本计量的资产依据期末账面价值（摊余成本）与可变现净值孰低计价的原则，对可变现净值低于成本的差额计提减值准备，使企业发生资产减值损失。因此在日常营业活动中产生的收入包括营业收入、投资收益、公允价值变动收益；费用包括营业成本、税金及附加、销售费用、管理费用、财务费用、资产减值损失等。企业投入生产要素生产产品或提供服务所实现的收入补偿所发生的费用的余额，就是企业所实现的利润。收入-费用=利润。这里的利润是指营业利润。

$$\text{营业利润}=\text{营业收入}-\text{营业成本}-\text{税金及附加}-\text{销售费用}-\text{管理费用}-\text{财务费用}-\text{资产减值损失}+\frac{\text{公允价值变动收益}}{(-\text{公允价值变动损失})}+\frac{\text{投资收益}}{(-\text{投资损失})}+\frac{\text{资产处置收益}}{(-\text{资产处置损失})}+\text{其他收益}$$

其中，营业收入是指企业经营业务所确认的收入总额，包括主营业务收入和其他业务收入。

营业成本是指企业经营业务所发生的实际成本总额，包括主营业务成本和其他业务成本。

资产减值损失是指企业计提各项资产减值准备所形成的损失。

公允价值变动收益（或损失）是指企业交易性金融资产等按公允价值计量的资产由于期末公允价值变动形成的计入当期损益的利得（或损失）。

投资收益（或损失）是指企业以各种方式对外投资所取得的收益（或发生的损失）。

资产处置收益（或损失）是指出售固定资产、在建工程、生产性生物资产及无形资产而产生的处置利得或损失。

其他收益是指与企业日常活动相关的政府补助。

2.利润总额

利润总额不仅包括收入补偿费用后的营业利润，而且包括直接计入利润的利得和损失。利得是指企业在非日常活动中形成的、会导致所有者权益增加的、与所有者投入资本无关的经济利益的流入，直接计入利润的利得即营业外收入，包括非流动资产处置利得、非货币性资产交换利得、债务重组利得、政府补助、盘盈利得、捐赠利得等。利得是在非日常活动中形成的，不投入生产要素，所以与发生费用无关，是一种不付代价的收益，但利得是偶然所得，可遇不可求。损失是指企业在日常活动中发生的、会导致所有者权益减少的、与向所有者分配利润无关的经济利益的总流出，直接计入利润的损失即营业外支出，包括非流动资产处置损失、非货币性资产交换损失、债务重组损失、公益性捐赠支出、非常损失、盘亏损失等。损失是非日常活动中发生的，不是所投入生产要素的耗费，不能通过收入补偿，是一种无收益的支出。企业的利润包括收入减去费用的净额，也包括直接计入利润的利得和损失。

利润总额=营业利润+营业外收入-营业外支出

其中，营业外收入是指企业发生的与其日常活动无关的各项利得。

营业外支出是指企业发生的与其日常活动无关的各项损失。

3.净利润

所得税费用是指企业应缴纳所得税所发生的费用。所得税是依据应纳税所得额和所得税税率计算的税金。应纳税所得额是企业实现的利润总额，减去税法规定允许扣除的收益如政府债券利息收益等，加上不允许扣除的费用的净额。税金是政府向社会提供公共物品的资金来源。目前，我国所得税税率为25%。

净利润是实际归企业（所有者）支配的利润。其中，所得税费用是指企业确认的应从当期利润总额中扣除的所得税费用。

净利润=利润总额-所得税费用

（二）利润形成的核算

有关营业收入、投资收益、公允价值变动损益、营业外收入等收入、利得的实现和营业成本、税金及附加、销售费用、管理费用、财务费用、资产减值损失、营业外支出等费用、损失的发生通过各相关账户核算。利润实现的核算就是将本期实现的收入、利得和发生的费用、损失从各个收入、利得、费用、损失账户结转到“本年利润”账户。按照我国企业会计准则的要求，企业一般应当按月核算利润，按月核算利润有困难的，经批准，也可以按季或者按年核算利润。企业计算确定本期利润总额、净利润和本年累计利润总额、累计净利润的具体方法有“账结法”和“表结法”两种。其中账结法是在每个会计期末（一般是指月末）将各损益类账户记录的金额全部转入“本年利润”账户，通过“本年利润”账户借、贷方的记录结算出本期损益总额和本年累计损益额，在这种方法下需要在每个会计期末通过编制结账分录，结清各损益类账户；表结法是在每个会计期末（月末）按各损益类项目的本期发生额、本年累计数额填报财务报表（主要是指利润表），在财务报表中直接计算确定损益额，即利润总额、净利润额，年终，在年度决算时再用账结法，将各损益类账户全年累计发生额通过编制结账分录转入“本年利润”账户。“本年利润”账户集中反映了全年累计净利润的实现或亏损的发生情况。

1.账户设置

（1）“本年利润”账户

用途：“本年利润”账户用于核算企业当期实现的净利润（或发生的净亏损），属于所有者权益类账户。

结构：“本年利润”账户属于双重性质账户。其贷方登记收入、利得账户的期末转入额，包括主营业务收入、其他业务收入、公允价值变动损益、投资收益、营业外收入等账户转入“本年利润”账户的金额；借方登记费用、损失账户期末转入额，包括主营业务成本、其他业务成本、税金及附加、销售费用、管理费用、财务费用、资产减值损失、营业外支出、所得税费用等账户转入“本年利润”账户的金额。结转后该账户贷方余额为本年实现的净利润；借方余额为本年发生的净亏损。年度终了，应将该账户的余额，转入“利润分配”账户（如果是净利润，应自该账户的借方转入“利润分配”账户的贷方，如果是亏损，应自该账户的贷方转入“利润分配”账户的借方），结转后该账户应无余额。

“本年利润”账户的结构如下：

本年利润

本期主营业务成本 税金及附加 其他业务成本 管理费用 财务费用 销售费用 投资损失 资产减值损失 营业外支出的转入额 年末净利润的转出额	本期主营业务收入 其他业务收入 投资收益 公允价值变动损益 营业外收入的转入额 年末净亏损的转出额
本期发生额：本期发生费用、损失合计数	本期发生额：本期实现收入、利得的合计数
1—11月末余额：本年累计净亏损	1—11月末余额：本年累计净利润

（2）“所得税费用”账户

用途：“所得税费用”账户用于核算所得税费用，属于损益类账户。

结构：其借方登记企业计算的所得税费用，贷方登记期末转入“本年利润”账户的所得税费用，该账户期末结转后应无余额。

所得税费用是企业按照国家税法的有关规定，对企业某一经营年度实现的经营所得和其他所得，按照税法规定的所得税税率计算缴纳的一种税款。所得税费用是企业使用政府所提供的各种服务而应向政府尽的义务。所得税从本质上说是以在分配领域内产生的各项收益额为征税对象的一个通行税种，不论是企业还是个人，只要有收益就应该缴纳所得税。

所得税是根据企业的所得额征收的，而企业的所得额又可以依据不同的标准分别计算确定，即所谓的会计所得和纳税所得。会计所得是指由企业根据会计准则要求确认的收入与费用进行配比计算得出的税前会计利润；纳税所得是指根据税收法规规定的收入和准予抵扣的费用计算得出的企业纳税所得，即应税利润。由于会计法规和税收法规是两个不同的经济范畴，两者的适度分离被认为是允许的，它们分别遵循着不同的原则和方法，规范着不同的对象。

企业所得税通常是按年计算、分期预交、年末汇总清缴的，其计算公式为：

应交所得税=应纳税所得额×所得税税率

应纳税所得额=利润总额±所得税前利润中予以调整的项目

“所得税费用”账户的结构如下：

所得税费用

计算出的所得税费用额	期末转入“本年利润”账户的所得税费用额

2.核算举例

【例4-67】2×18年12月5日，宏发有限责任公司收到捐赠设备一台，该设备价值76 200元，不需要安装，不考虑增值税。

捐赠利得属于企业的营业外收入。这项经济业务的发生，一方面使企业的固定资产增加76 200元，另一方面使企业的营业外收入增加76 200元。因此，该项经济业务涉及“固定资产”和“营业外收入”两个账户。固定资产账户在结构上属于资产性质账户，其增加额应记入“固定资产”账户的借方；营业外收入在结构上属于收入性质账户，其增加额应记入“营业外收入”账户的贷方。应编制会计分录为：

借：固定资产　　76 200

　贷：营业外收入　　76 200

【例4-68】2×18年12月2日，宏发有限责任公司收到捐赠现金18 000元，已存入银行。

这项经济业务的发生，一方面使企业的银行存款增加18 000元，另一方面使企业的营业外收入增加18 000元。因此，该项经济业务涉及“银行存款”和“营业外收入”两个账户。银行存款在结构上属于资产性质账户，其增加额应记入账户的借方；营业外收入在结构上属于收入性质账户，其增加额应记入账户的贷方。应编制会计分录为：

借：银行存款　　18 000

　贷：营业外收入　　18 000

【例4-69】2×18年12月25日，宏发有限责任公司收到某单位违约罚款收入

5 800元，已存入银行。

罚款收入属于企业的营业外收入。这项经济业务的发生，一方面使企业的银行存款增加5 800元，另一方面使企业的营业外收入增加5 800元。因此，该项经济业务涉及“银行存款”和“营业外收入”两个账户。“银行存款”在结构上属于资产性质账户，其增加额应记入账户的借方；营业外收入在结构上属于收入性质账户，其增加额应记入“营业外收入”账户的贷方。应编制会计分录为：

借：银行存款 5 800

贷：营业外收入 5 800

【例4-70】2×18年12月1日，宏发有限责任公司用银行存款支付一项公益性捐赠274 000元。

公益性捐赠属于企业的营业外支出。这项经济业务的发生，一方面使企业的营业外支出增加274 000元，另一方面使企业的银行存款减少274 000元。因此，该项经济业务涉及“营业外支出”和“银行存款”两个账户。营业外支出在结构上属于费用性质账户，其增加额应记入账户的借方；银行存款在结构上属于资产性质账户，其减少额应记入账户的贷方。应编制会计分录为：

借：营业外支出 274 000

贷：银行存款 274 000

【例4-71】2×18年12月25日，宏发有限责任公司用银行存款支付环境污染处罚款20 000元。

违约罚款属于企业的营业外支出。这项经济业务的发生，一方面使企业的营业外支出增加20 000元，另一方面使企业的银行存款减少20 000元。因此，该项经济业务涉及“营业外支出”和“银行存款”两个账户。营业外支出在结构上属于费用性质账户，其增加额应记入账户的借方；银行存款在结构上属于资产性质账户，其减少额应记入账户的贷方。应编制会计分录为：

借：营业外支出 20 000

贷：银行存款 20 000

【例4-72】2×18年12月20日，宏发有限责任公司用银行存款支付税款滞纳金80 000元。

税款滞纳金属于企业的营业外支出。这项经济业务的发生，一方面使企业的营业外支出增加80 000元，另一方面使企业的银行存款减少80 000元。因此，该项经济业务涉及“营业外支出”和“银行存款”两个账户。营业外支出在结构上属于费用性质账户，其增加额应记入账户的借方；银行存款在结构上属于资产性质账户，其减少额应记入账户的贷方。应编制会计分录为：

借：营业外支出 80 000

贷：银行存款 80 000

【例4-73】宏发有限责任公司期末，将本期实现的各项收入包括主营业务收入6 860 000元，其他业务收入158 585元，营业外收入100 000元，转入“本年利润”

账户。

企业期（月）末应将各损益类账户的金额转入“本年利润”账户，结平各损益类账户。这项经济业务的发生，一方面使企业各损益类收入账户的发生额减少，另一方面使企业的本年利润增加。因此，该项经济业务涉及“主营业务收入”“其他业务收入”“营业外收入”“本年利润”4个账户。“主营业务收入”“其他业务收入”账户是收入性质账户，本年利润是双重性质账户，核算收入时是负债性质，其增加额应记入“本年利润”账户的贷方。应编制会计分录为：

借：主营业务收入	6 860 000	
其他业务收入	158 585	
营业外收入	100 000	
贷：本年利润		7 118 585

【例4-74】宏发有限责任公司期末，将本期发生的各项费用包括主营业务成本2 750 000元，其他业务成本62 900元，税金及附加121 440元，销售费用82 000元，管理费用222 130元，财务费用1 000元，营业外支出374 000元转入“本年利润”账户。

这项经济业务的发生，一方面使企业各损益类支出账户的发生额减少，另一方面使企业的本年利润减少。各损益类支出账户的结转是费用支出的减少，应记入“主营业务成本”“其他业务成本”“税金及附加”“销售费用”“管理费用”“财务费用”“营业外支出”“本年利润”账户。“主营业务成本”“其他业务成本”“税金及附加”“销售费用”“管理费用”“财务费用”“营业外支出”账户在结构上都是费用性质账户，其转出额记贷方，本年利润本年利润是双重性质账户，核算费用、损失是资产性质，其转入额应记入账户的借方。应编制会计分录为：

借：本年利润	3 613 470	
贷：主营业务成本		2 750 000
其他业务成本		62 900
税金及附加		121 440
销售费用		82 000
管理费用		222 130
财务费用		1 000
营业外支出		374 000

【例4-75】宏发有限责任公司12月份实现利润总额3 505 115元，12月份有两项纳税调整项目：支付的罚款20 000元和税收滞纳金80 000元。假定该公司1—11月份的利润总额为30 000 000元，全年除了上述两项纳税调整项目之外无其他纳税调整项目。本年度已预交所得税7 600 000元，所得税税率为25%。计算宏发有限责任公司12月份应交所得税。

应交所得税的计算公式为：

应交所得税=应纳税所得额×适用的所得税税率

应纳税所得额=利润总额±纳税调整项目

在计算应纳税所得额时，需要调整的项目主要有：企业的不征税收入、免税收入如国债利息等应从利润总额中减去；根据税法规定不得扣除的支出，如税收滞纳金、罚金、罚款和被没收财物的损失、赞助支出等应加回利润总额；其他项目（如资产、负债的账面价值与其计税基础不同产生的差额等）为暂时性差异，通过递延所得税资产和递延所得税负债核算。

本年度应纳税所得额=30 000 000+3 505 115+20 000+80 000=33 605 115（元）

本年度应交所得税=应纳税所得额×适用的所得税税率=33 605 115×25%=8 401 278.75（元）

本月应交所得税=本年度应交所得税-本年度已预交所得税=8 401 278.75-7 600 000

=801 278.75 （元）

这项经济业务的发生，一方面使企业的所得税费用增加801 278.75元，另一方面使企业的应交税费增加801 278.75元。因此，该项经济业务涉及“所得税费用”和“应交税费——应交所得税”两个账户。所得税费用在结构上属于费用性质账户，其增加额应记入账户的借方；应交税费在结构上属于负债性质账户，其增加额应记入账户的贷方。应编制会计分录为：

借：所得税费用　　　　801 278.75

　贷：应交税费——应交所得税　　　　801 278.75

【小补丁4-5】根据税法规定，企业所得税应按纳税年度计算，分月或者分季预交，自月份或者季度终了之日起15日内，预缴税款。自年度终了之日起5个月内汇算清缴，结清应缴、应退税款。

【例4-76】沿用【例4-75】，宏发有限责任公司期末将本月所得税费用账户发生额结转到“本年利润”账户。

这项经济业务的发生，一方面使企业所得税费用减少，另一方面使企业的本年利润减少。因此，该项经济业务涉及“所得税费用”和“本年利润”两个账户。所得税费用在结构上属于费用性质账户，其减少额应记入账户的借方；本年利润在结构上属于双重性质账户，所记金额为资产性质金额，其增加额应记入账户的借方。应编制会计分录为：

借：本年利润　　　　801 278.75

　贷：所得税费用　　　　801 278.75

本年净利润=30 000 000+3 505 115-8 401 278.75=25 103 836.25（元）

【例4-77】沿用【例4-76】，宏发有限责任公司2×18年所得税汇算清缴，用银行存款结清应交所得税款。

计算应补交所得税款=8 401 278.75-7 600 000=801 278.75（元）

这项经济业务的发生，一方面使企业的应交所得税减少，另一方面使企业的银行存款减少。因此，该项经济业务涉及“应交税费——应交所得税”和“银行存款”两个账户。应交所得税在结构上属于负债性质账户，其减少额应记入账户的借方；银行存款在结构上属于资产性质账户，其减少额应记入账户的贷方。应编制会计分录为：

借：应交税费——应交所得税　　801 278.75

　贷：银行存款　　801 278.75

【小思考4-4】企业预交所得税时应如何进行账务处理？

二、利润分配的核算

（一）利润分配顺序

会计上的利润分配是指确定净利润的用途或去向。企业所实现的净利润的去向，包括弥补以前年度亏损、提取法定盈余公积、向投资者分配利润或股利（包括支付现金股利和转为所有者投资的股票股利）、提取任意盈余公积金等。净利润是由所有者支配的利润。净利润的用途或去向，由所有者的意愿，按所有者权衡其效用最大化确定。除法定盈余公积是公司法规定必须按净利润的10%计提以外，其余净利润的分配通过股东大会投票表决决定。

根据《公司法》等有关法规的规定，企业当年实现的净利润，一般应当按照下列顺序进行分配：

1.弥补以前年度亏损

企业以往某一年度发生了重大亏损，在一般情况下，按所得税法规定可以以下一年度的税前利润弥补，但连续弥补最长不得超过5年。如果超过5年仍未完全弥补，这时就需以缴纳所得税以后的税后利润弥补了。这个环节的弥补亏损就是指连续以税前利润弥补5年，仍未完全弥补的亏损。

2.提取法定盈余公积

公司制企业的法定盈余公积金按照税后利润的10%的比例提取（非公司制企业也可以根据需要确定提取比例，但不得低于10%），在计算提取法定盈余公积金的基数时，不应包括企业年初未分配利润。当企业提取的法定盈余公积金累计额超过公司注册资本的50%以上时，可以不再提取。

公司的盈余公积不足以弥补以前年度亏损的，在提取法定盈余公积之前，应当先用当年利润弥补亏损。

3.向投资者分配利润或股利

企业实现的净利润在扣除上述项目后，再加上年初未分配利润和其他转入数（公积金弥补的亏损等），形成可供投资者分配的利润，用公式表示为：

$$\text{可供投资者分配的利润}=\text{净利润}-\text{弥补以前年度的亏损}-\text{提取的法定盈余公积}+\text{以前年度未分配利润}+\text{公积金转入数}$$

可供投资者分配的利润，应按下列顺序进行分配：

（1）支付优先股股利。支付优先股股利是指企业按照利润分配方案分配给优先股股东的现金股利，优先股股利是按照约定的股利率计算支付的。

（2）提取任意盈余公积金。公司从税后利润中提取法定盈余公积金之后，经股东会或者股东大会决议，还可以从税后利润中提取任意盈余公积金。非公司制企业经类似权力机构批准，也可提取任意盈余公积金。

（3）支付普通股现金股利。公司弥补亏损和提取盈余公积金之后所余税后利润，有限责任公司股东按照实缴的出资比例分取红利（但全体股东约定不按出资比例分取红利的除外）；股份有限公司按照股东持有的股份比例分配（但股份有限公司章程规定不按持股比例分配的除外）。如果是非股份制企业则为分配给投资人的利润。

（4）转作资本（或股本）的普通股股利。除支付普通股现金股利之外，企业还可能以按照利润分配方案分配股票股利的形式增加资本（或股本）。

企业按照利润分配顺序对当年净利润分配之后剩余的利润，称为未分配利润（或未弥补亏损）。

年末未分配利润可以按下式计算：

本年未分配利润=可供投资人分配的利润-优先股股利-提取盈余公积金-普通股股利

未分配利润是企业留待以后年度进行分配或等待分配的历年结存利润，它是所有者权益的一个重要组成部分。相对于所有者权益的其他部分来说，企业对于未分配利润具有较大的自主权。

（二）账户设置

1.“利润分配”账户

用途：“利润分配”账户用来核算企业利润的分配（或亏损的弥补）和历年分配（或弥补）后的未分配利润（或未弥补亏损）情况，属于所有者权益类账户。

结构：“利润分配”账户属于双重性质账户。其贷方登记年度终了，自“本年利润”账户转入的企业本年实现的净利润以及用盈余公积弥补亏损的金额，借方登记实际分配的利润额，包括提取盈余公积和向投资者分配利润或股利以及年度终了自“本年利润”账户转入的企业本年发生的净亏损。年内期末借方余额，反映已分配的利润额。年度终了借方余额，反映未弥补的亏损；贷方余额，反映未分配利润。

“利润分配”账户应当设置“提取法定盈余公积”“提取任意盈余公积”“应付现金股利或利润”“转作资本（或股本）的股利”“盈余公积补亏”“未分配利润”等明细账户，进行明细核算。

“提取法定盈余公积”“提取任意盈余公积”“应付现金股利或利润”“转作股本的股利”明细账户，其借方登记实际分配的利润额，贷方登记年度终了转入“未分配利润”明细账户的金额，年终结转后该类明细账户无余额。

“盈余公积补亏”明细账户，其贷方登记用盈余公积弥补亏损的金额，借方登记年度终了转入“未分配利润”明细账户的金额，年终结转后该明细账户无余额。

“未分配利润”明细账户，其贷方登记年度终了，自“本年利润”账户转入的企业本年实现的净利润以及年度终了自“盈余公积补亏”明细账户转入的用盈余公积弥补亏损的金额，借方登记年度终了自“提取法定盈余公积”“提取任意盈余公积”“应付现金股利或利润”“转作股本的股利”明细账户转入的实际分配的利润额以及自“本年利润”账户转入的企业本年发生的净亏损。

年终结转后，除“未分配利润”明细账户外，其他明细账户应无余额。

“利润分配”账户的结构如下：

利润分配

实际分配的利润额： 提取盈余公积 应付现金股利 转作资本的股利 年末转入的亏损	盈余公积补亏 年末从“本年利润”账户转入的全年净利润
年内余额：已分配利润额 年末余额：未弥补亏损额	期末余额：未分配利润

2.“盈余公积”账户

用途：“盈余公积”账户核算企业从净利润中提取的盈余公积，包括法定盈余公积和任意盈余公积，属于所有者权益类账户。

结构：“盈余公积”属于所有者权益性质账户。贷方登记提取的盈余公积，即盈余公积的增加，借方登记用盈余公积弥补亏损或转增资本等减少的盈余公积，期末贷方余额，反映企业已提取而未使用的盈余公积累计额。该账户应分别“法定盈余公积”“任意盈余公积”进行明细核算。

“盈余公积”账户的结构如下：

盈余公积

实际使用的盈余公积（减少）	年末提取的盈余公积（增加）
	期末余额：结余的盈余公积

3.“应付股利”账户

用途：“应付股利”账户用于核算企业分配的现金股利或利润，属于负债类账户。

结构：“应付股利”账户属于负债性质账户，用来核算企业按照股东大会或类似权力机构决议分配给投资人股利（现金股利）或利润的增减变动及结余情况。其贷方登记应支付给投资者的现金股利或利润，借方登记实际支付给投资者的现金股利或利润，期末贷方余额，反映应付未付的现金股利或利润。该账户可按投资者进行明细核算。“应付股利”账户的结构如下：

应付股利

实际支付的利润或股利	应付未付的利润或股利
	期末余额：尚未支付的利润或股利

在董事会或类似机构通过的利润分配方案中，拟分配的现金股利或利润，不做账务处理，应在附注中披露。根据股东大会或类似机构审议批准的利润分配方案，做利润分配的账务处理。需要注意的是企业分配给投资人的股票股利不在本账户核算。

利润分配的核算包括：①本年实现的净利润从借方转出至“利润分配”账户的贷方；②盈余公积补亏，从“盈余公积”账户的借方转出至“利润分配”账户的贷方；③提取盈余公积，从“利润分配”账户的借方转出至“盈余公积”账户的贷方；④转为股本或实收资本的股利或利润，从“利润分配”账户的借方转出至“股本”或“实收资本”账户的贷方；⑤向普通股股东分配股利或利润，从“利润分配”账户的借方转出至“应付股利”账户的贷方。

（三）核算举例

【例4-78】宏发有限责任公司年度终了，结转当年实现的净利润25 103 836.25元。

年度终了企业应将本年收入和支出相抵后结出的本年实现的净利润转入“利润分配——未分配利润”账户，结转后“本年利润”账户无余额。这项经济业务的发生，一方面使企业在“本年利润”账户记录的累积净利润减少25 103 836.25元，另一方面使企业的可供分配的利润增加25 103 836.25元。因此，该项经济业务涉及“本年利润”和“利润分配——未分配利润”两个账户。应编制会计分录为：

借：本年利润　　25 103 836.25

　贷：利润分配——未分配利润　　25 103 836.25

【例4-79】宏发有限责任公司全年实现净利润25 103 836.25元，按当年净利润的10%提取法定盈余公积。

应提取的法定盈余公积=25 103 836.25×10%=2 510 383.63（元）

这项经济业务的发生，一方面使企业已分配的利润额增加，另一方面使企业的盈余公积增加。因此，该项经济业务涉及“利润分配——提取法定盈余公积”和“盈余公积——法定盈余公积”两个账户。利润分配账户在结构上属于双重性质账户，核算利润分配额是资产性质金额，其增加额应记入账户的借方；盈余公积账户在结构上属于所有者权益性质账户，其增加额应记入账户的贷方。应编制会计分录为：

借：利润分配——提取法定盈余公积　　2 510 383.63

　贷：盈余公积——法定盈余公积　　2 510 383.63

【例4-80】宏发有限责任公司经股东会批准，按净利润的5%提取任意盈余公积。

应提取的任意盈余公积=25 103 836.25×5%=1 255 191.81（元）

这项经济业务的发生，一方面使企业已分配的利润额增加，另一方面使企业的盈余公积增加。因此，该项经济业务涉及“利润分配——提取任意盈余公积”和“盈余公积——任意盈余公积”两个账户。利润分配账户在结构上属于双重性质账户，核算利润分配额是资产性质金额，其增加额应记入账户的借方；盈余公积账户在结构上属于所有者权益性质账户，其增加额应记入账户的贷方。应编制会计分录为：

借：利润分配——提取任意盈余公积　　1 255 191.81

　贷：盈余公积——任意盈余公积　　1 255 191.81

【例4-81】宏发有限责任公司经股东会批准，按照股东实缴的出资比例发放现金股利8 000 000元。宏发公司实收资本的构成情况为A公司占20%，B公司占40%，C公司占14%，D公司占6%，E公司占20%。

由题意可知，A公司应分得现金股利1 600 000元（8 000 000×20%），B公司应分得现金股利3 200 000元（8 000 000×40%），C公司应分得现金股利1 120 000元（8 000 000×14%），D公司应分得现金股利480 000元（8 000 000×6%），E公司应分得现金股利1 600 000元（8 000 000×20%）。对于现金股利，在股东会批准利润分配方案之后，应做账务处理。这项经济业务的发生，一方面使企业已分配的利润额增加，另一方面使企业的应付股利增加。因此，该项经济业务涉及“利润分配——应付现金股利或利润”和“应付股利”两个账户。利润分配账户在结构上属于双重性质账户，核算利润分配额是资产性质金额，其增加额应记入账户的借方；应付股利账户在结构上属于负债性质账户，其增加额应记入账户的贷方。应编制会计分录为：

借：利润分配——应付现金股利或利润　　8 000 000

　贷：应付股利——A公司　　1 600 000

　　　　　　——B公司　　3 200 000

　　　　　　——C公司　　1 120 000

　　　　　　——D公司　　480 000

　　　　　　——E公司　　1 600 000

【小补丁4-6】投资者的出资比例或股东的股份比例，通常是确定所有者在企业所有者权益中所占份额和参与企业财务经营决策的基础，也是企业进行利润分配或股利分配的依据，同时还是企业清算时确定所有者对企业净资产的要求权的依据。

【例4-82】宏发有限责任公司实际发放现金股利8 000 000元。

这项经济业务的发生，一方面使企业的应付股利减少，另一方面使企业的银行存款减少。因此，该项经济业务涉及“应付股利”和“银行存款”两个账户。应付股利在结构上属于负债性质账户，其减少额应记入账户的借方；银行存款在结构上属于资产性质账户，其减少额应记入账户的贷方。应编制会计分录为：

借：应付股利——A公司　　1 600 000

　　　　　——B公司　　3 200 000

　　　　　——C公司　　1 120 000

　　　　　——D公司　　480 000

　　　　　——E公司　　1 600 000

　贷：银行存款　　8 000 000

【例4-83】宏发有限责任公司年度终了，结清利润分配账户所属的各有关明细账户的余额。

年度终了应将“利润分配”所属明细账户的余额转入“利润分配——未分配利润”账户，年终结转后，除“未分配利润”明细账户外，其他明细账户应无余额。结转前“利润分配”所属明细账户的记录为：“提取法定盈余公积”明细账户借方余额2 510 383.63元、“提取任意盈余公积”明细账户借方余额1 255 191.81元、“应付现金股利或利润”明细账户借方余额8 000 000元。利润分配账户在结构上属于双重性质账户，核算利润分配额是资产性质金额，其增加额应记入账户的借方，减少额记贷方。“未分配利润”明细账户作为已分配利润转入额记借方；“提取法定盈余公积”“提取任意盈余公积”“应付现金股利或利润”明细账户作为已分配利润转出额记贷方。因此这项经济业务应编制会计分录为：

借：利润分配——未分配利润　　11 765 575.44

　贷：利润分配——提取法定盈余公积　　2 510 383.63

——提取任意盈余公积　　1 255 191.81

——应付现金股利或利润　　8 000 000

“利润分配——未分配利润”账户的余额为：

25 103 836.25−11 765 575.44=13 338 260.81（元）

企业净利润实现的核算即收入、营业外收入和费用、损失账户向“本年利润”的结转过程如图4−7所示：

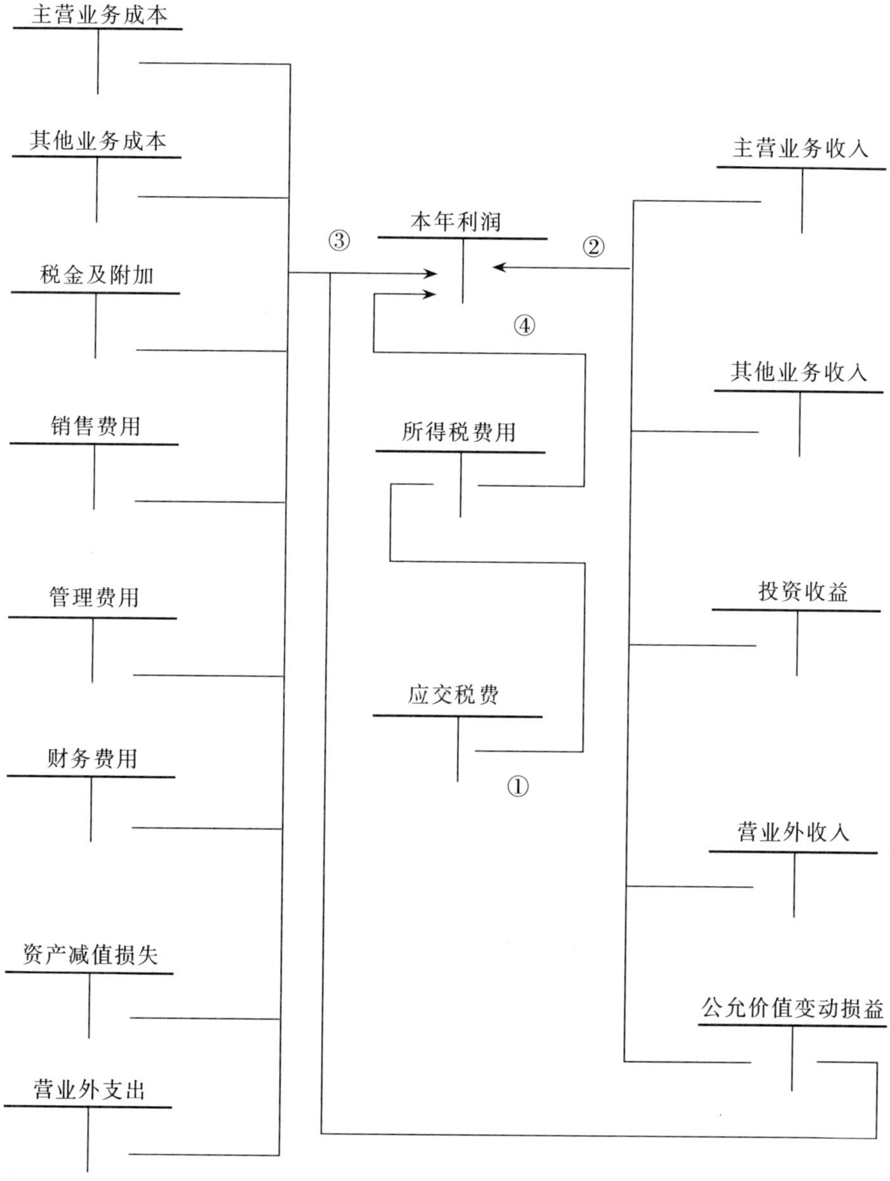

图4−7　“本年利润”账户结转过程图

说明：①计算所得税费用；②将收入类账户转入“本年利润”账户的贷方；③将费用类账户转入“本年利润”账户的借方；④将所得税费用转入“本年利润”账户的借方。

年末本年实现的利润应从“本年利润”账户结转到“利润分配”账户。

利润分配的核算即提取盈余公积和计算应付股利的过程，账户结转如图4-8所示：

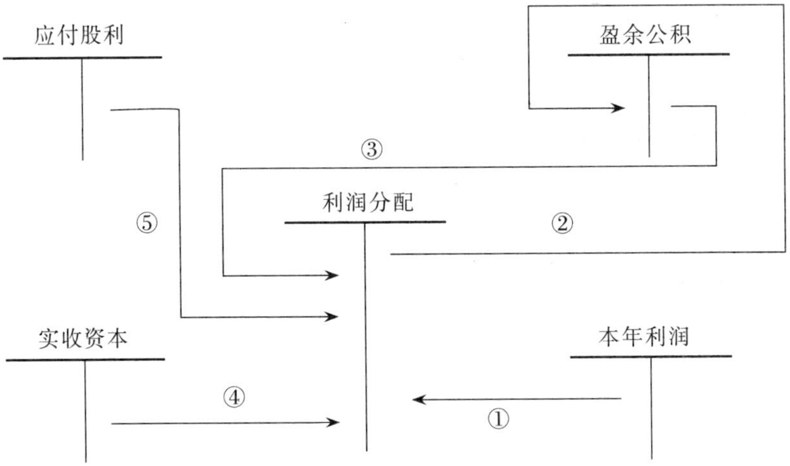

图4-8 “利润分配”账户结转过程图

说明：①将“本年利润”账户由借方转入“利润分配”的贷方；②盈余公积补亏；③提取盈余公积；④转作资本（或股本）的股利；⑤分配现金股利。

【小　结】

本章主要是运用我们已经学习并掌握的账户和借贷记账法的知识对工业企业发生的主要经济业务进行核算的具体内容，包括了资金筹集业务、供应过程业务、产品生产过程业务、产品销售过程业务以及财务成果形成与分配业务的核算。

资金筹集业务核算。资金进入企业的渠道主要有两个：一是投资者投入资本，形成了所有者权益；二是企业通过各种方式向债权人借入资金，形成了负债。所有者投入资本的账务处理主要涉及企业取得投资时资本与相关资产增加的核算，主要通过“实收资本”“资本公积”“银行存款”“固定资产”“无形资产”等账户进行会计核算。向债权人借入资金的账务处理，主要是核算借入、归还本金，偿付利息以及确认利息费用，主要通过“短期借款”“长期借款”“应付债券”“银行存款”等账户进行会计核算。

供应过程业务核算。在供应过程中，企业要购买各种材料，为生产建立储备，形成材料存货以保证供应生产上的需要。因此，其主要经济业务是购买各种材料，支付采购费用，计算确定材料采购成本，材料验收入库。供应过程业务主要通过“原材料”“在途物资”“材料采购”“材料成本差异”“应付账款”“预付账款”“应付票据”“应交税费”等账户进行会计核算。

生产过程业务核算。企业的生产过程是投入各种生产要素生产产品的过程。在生产过程中生产要素的耗费就是所发生的费用。生产过程中所发生的各种费用，依据费用受益原则进行归集和分配，计算产品的总成本和单位成本。生产过程经济业务通过“生产成本”“制造费用”“管理费用”“应付职工薪酬”“累计折旧”“其他应收款”“库存商品”的账户进行核算。

销售过程业务核算。销售过程是企业销售收入实现的阶段，是企业实现利润的重要环节，所以其会计处理对企业来说尤为重要。销售收入的实现、销售成本的结转、销售费用的发生和税金及附加的计算，通过“主营业务收入”“主营业务成本”“其他业务收入”“其他业务成本”“税金及附加”“销售费用”等科目进行会计核算；为了核算货款的收到情况，企业应设置“应收账款”“应收票据”“预收账款”“资产减值损失”“坏账准备”科目。

财务成果形成与分配业务核算。利润是某一会计主体在某个会计期间实现的经营成果，利润的3个层次：营业利润、利润总额、净利润，其主要通过“本年利润”“利润分配”等账户进行核算。

【复习思考题】

1.企业筹集资金的渠道主要有哪些?

2.原材料按实际成本计量时，采购材料如何进行账务处理?

3.原材料按计划成本计量时，材料采购如何进行账务处理?

4.如何理解费用与成本的联系和区别?

5.工业企业是如何计算产品成本的?完工产品的成本如何结转?

6.企业销售商品收入确认的条件有哪些?

7.制造业“生产成本”、“库存商品”及“主营业务成本”3个账户的联系与区别是什么?

8.什么是利润?企业利润有哪几个层次?它们分别是怎么计算的?

9.企业利润分配的程序有哪些?核算原理是什么?

【练习题】

一、单项选择题

1.企业接受投资者投资时，应贷记的科目是（　　）。

A.“盈余公积”　B.“实收资本”　C.“资本公积”　D.“投资收益”

2.企业向银行借入的短期借款按期计提的利息，贷方应记入的科目是（　　）。

A.“财务费用”　B.“应付利息”　C.“短期借款”　D.“应收利息”

3.企业归还短期借款利息时，正确的账务处理是（　　）。

A.借：财务费用

　　贷：应付利息

B.借：银行存款

贷：短期借款

C.借：银行存款

贷：长期借款

D.借：应付利息

贷：银行存款

4.某工业企业为一般纳税人，本期外购材料一批，发票注明买价为30 000元，增值税税额为4 800元，入库前发生挑选整理费为1 000元，则该批原材料的入账价值为（　　）元。

A.30 000　　B.34 800　　C.35 800　　D.31 000

5.原材料按实际成本核算，购买原材料的账务处理是（　　）。

A.借：在途物资

应交税费——应交增值税（进项税额）

贷：银行存款

B.借：材料采购

应交税费——应交增值税（进项税额）

贷：银行存款

C.借：材料采购

贷：原材料

D.借：原材料

贷：材料采购

6.原材料按计划成本核算，购买原材料的账务处理是（　　）。

A.借：原材料

应交税费——应交增值税（进项税额）

贷：银行存款

B.借：材料采购

应交税费——应交增值税（进项税额）

贷：银行存款

C.借：材料采购

贷：原材料

D.借：原材料

贷：材料采购

7.在计算产品的生产成本时，不予以考虑的是（　　）。

A.直接材料　　B.直接人工　　C.期间费用　　D.制造费用

8.已经完工并已验收入库，可供对外销售的产品即（　　）。

A.已销产品　　B.生产成本　　C.销售成本　　D.库存商品

9.预借差旅费业务的会计处理，应贷账户为货币资金账户，应借账户为（　　）。

A.“应收账款” B.“管理费用” C.“其他应收款” D.“应收票据”

10.分配制造费用业务的会计处理，应贷账户为“制造费用”，应借账户为（ ）。

A.“生产成本” B.“库存商品” C.“在建工程” D.“原材料”

11.“主营业务成本”账户的借方对应账户是（ ）。

A.“生产成本” B.“库存商品” C.“管理费用” D.“原材料”

12.企业为销售产品所发生的费用是（ ）。

A.管理费用 B.制造费用 C.销售费用 D.财务费用

13.甲企业销售商品一批，增值税专用发票上注明的价税合计为11 600元，增值税税率为16%，则该批商品不含税的售价为（ ）元。

A.10 000 B.11 600 C.1 989 D.1 600

14.甲企业采用应收账款余额百分比法计提坏账准备，且按照应收账款余额的5%计提坏账准备。2×18年年末，应收账款余额为300 000元，2×19年年末，应收账款余额为400 000元，则2×18年年末、2×19年年末应计提的坏账准备分别为（ ）。

A.15 000元；20 000元 B.15 000元；5 000元

C.20 000元；15 000元 D.15 000元；15 000元

15.在下列项目中，不属于营业外支出的是（ ）。

A.非常损失 B.固定资产盘亏

C.销售材料成本 D.出售固定资产净损失

16.某公司“盈余公积”账户的年初余额为100万元，本期提取盈余公积60万元，用盈余公积转增资本30万元。该公司“盈余公积”账户的年末余额为（ ）万元。

A.190 B.70 C.130 D.180

17.某企业年初未分配利润为10 000元，当年净利润为40 000元，按15%的比例提取盈余公积，该企业可供投资者分配的利润为（ ）元。

A.5 000 B.42 500 C.44 000 D.34 000元

18.已知某企业主营业务收入200万元，主营业务成本80万元，其他业务收入60万元，其他业务成本40万元，税金及附加8万元，管理费用40万元，财务费用2万元，销售费用10万元，投资收益10万元，营业外收入2万元，则填入利润表中的营业利润应为（ ）万元。

A.102 B.90 C.80 D.92

19.经年终利润结转后，可能有余额的账户是（ ）。

A.“本年利润” B.“利润分配——未分配利润”

C.“利润分配——提取盈余公积” D.“利润分配——盈余公积补亏”

20.在以下收支项目中，不需要配比的是（ ）。

A.主营业务收入与主营业务成本

B.营业外收入与营业外支出

C.其他业务收入与其他业务成本

D.主营业务收入与销售费用

二、多项选择题

1.企业接受固定资产投资，正确的账务处理有（　　）。

A.借记“银行存款”　　B.贷记“实收资本”

C.借记“固定资产”　　D.贷记“长期借款”

2.企业借入长期借款，正确的账务处理有（　　）。

A.借记“银行存款”　　B.贷记“实收资本”

C.借记“短期借款”　　D.贷记“长期借款”

3.关于“实收资本”账户，下列说法正确的有（　　）。

A.核算企业接受投资者投入的实收资本

B.属于所有者权益类账户

C.借方登记实收资本的减少额

D.贷方登记实收资本的增加额

4.材料的采购成本包括（　　）。

A.材料买价　　B.增值税进项税额

C.采购过程中的合理损耗　　D.采购过程中的挑选整理费

5.对于在采购过程中发生的采购费用，下列说法正确的有（　　）。

A.凡是能够明确其归属对象的，直接计入相关材料的成本中

B.凡是不能分清应由哪种材料直接负担的采购费用，应按照一定的分配标准（如重量、体积、价值、数量等），在该批材料各品种间进行合理分配

C.不管能否明确其归属对象，都直接计入相关材料的成本中

D.采购过程中发生的采购费用计入管理费用

6.与“制造费用”账户可能发生对应关系的账户有（　　）。

A.“原材料”　　B.“生产成本”　　C.“库存商品”　　D.“应付职工薪酬”

7.应计入产品成本的费用有（　　）。

A.制造费用　　B.管理费用　　C.直接材料费用　　D.直接人工费用

8.期间费用按经济内容分为（　　）。

A.销售费用　　B.管理费用　　C.财务费用　　D.制造费用

9.材料按实际成本核算时，仓库发出材料单位成本的确定方法有（　　）。

A.先进先出法　　B.月末一次加权平均法

C.移动加权平均法　　D.个别计价法

10.“税金及附加”账户借方登记的税费内容可能有（　　）。

A.增值税　　B.消费税　　C.所得税　　D.城市维护建设税

11.下列项目，属于其他业务收入的有（　　）。

A.出租无形资产收入　　B.出售无形资产收入

C.出售原材料收入　　D.出售商品收入

12.下列各项内容，不应确认为收入的有（　　）。

A.一般纳税企业对外销售商品时应向购买方收取的增值税销项税额

B.出售无形资产取得的净收益

C.出售不需用固定资产取得的净收益

D.出租无形资产使用权取得的租金

13.下列各项费用，属于“管理费用”的有（　　）。

A.公司经费　　B.工会经费　　C.诉讼费　　D.业务招待费

14.以下构成企业营业利润的内容有（　　）。

A.经营期间的汇兑损益　　B.主营业务收入

C.其他业务成本　　D.罚款净收入

15.企业的留存收益包括（　　）。

A.法定盈余公积　　B.任意盈余公积

C.资本公积　　D.未分配利润

三、判断题

1.“固定资产”账户专门用于核算固定资产原价的增加、减少和实有数额。（　　）

2.短期借款是指企业向银行或其他金融机构借入的期限在1年以下（含1年）的各种借款，通常是为了满足正常生产经营的需要。（　　）

3.企业从债权人处筹集到的资金形成企业的负债，它表示企业的投资者对企业资产的要求权，即所有者权益。（　　）

4.企业为生产产品而购进材料时，需要向供应单位支付的增值税进项税额，应计入采购材料的采购成本。（　　）

5.预付账款是指企业按照合同规定预付的货款或服务款项，按核算的经济内容分类属于资产类账户。（　　）

6.构成产品制造成本的是“直接材料”“直接人工”两个项目，“制造费用”属于管理费用，不构成产品成本。（　　）

7.应付职工薪酬，是指企业为获得职工提供的服务而给予各种形式的报酬以及其他相关支出。（　　）

8.产成品验收入库业务的会计处理，应借账户为“库存商品”，应贷账户为“制造费用”。（　　）

9.企业销售自己在生产过程中不需用的原材料，应通过“主营业务收入”账户核算。（　　）

10.已经入账的售出商品在当期发生销售退回的，应当冲减商品销售收入。（　　）

11.企业应交的增值税是为销售商品而发生的费用，应该与销售收入配比。（　　）

12.法定盈余公积与任意盈余公积的计提依据是相同的。（　　）

13.用盈余公积转增资本或弥补亏损，均不影响所有者权益总额的变化。（　　）

14.“利润分配”账户在分配完成后，一般没有余额。（　　）

15.所得税是企业的一项费用支出，一定要先交所得税，再弥补亏损。（　　）

四、业务题

1.资料：甲企业发生下列业务：

（1）甲企业购入材料，买价30 000元，增值税进项税额4 800元，材料验收入库，款项尚未支付。

（2）甲企业向蓝天工厂购入A材料13 000千克，每千克5元，B材料7 000千克，每千克4元，货款共计93 000元，增值税14 880元，对方代垫运杂费4 800元，材料尚未到达，所有款项通过银行支付（按材料重量比例分摊运杂费）。

（3）上述材料到达，验收入库。

（4）预付给鸿雁工厂购买乙材料货款20 000元。

（5）收到鸿雁工厂发来的乙材料，货款20 000元，增值税进项税额3 200元，对方代垫运杂费800元，余款4 200元通过银行转账支付。

（6）以银行存款支付前欠某工厂货款34 800元。

（7）甲企业购入材料，买价40 000元，增值税进项税额6 400元，开出期限6个月，面值46 400元的商业承兑汇票，材料验收入库。

要求：假设甲企业原材料按实际成本进行核算，根据上述经济业务编制会计分录。

2.资料：甲企业发生下列经济业务：

（1）本月车间生产H产品领用A材料43 000元，领用B材料21 000元，生产F产品领用A材料18 000元，领用B材料6 000元，车间一般耗用B材料5 000元。

（2）开出现金支票，提取现金134 000元，备发工资。

（3）以现金134 000元发放本月工资。

（4）以银行存款购入车间办公用品1 300元。

（5）月末分配工资，其中生产H产品工人工资55 000元，生产F产品工人工资31 000元，车间管理人员工资4 000元，企业管理人员工资44 000元。

（6）月末，计提本月生产车间的折旧费6 300元，行政管理部门固定资产折旧费3 700元。

（7）根据上述业务，汇总制造费用，按H、F两种产品的生产工时进行分摊，H产品生产工时1 200小时，F产品生产工时800小时。

（8）计算H、F两种产品成本。

假设H、F两种产品本月投产，月末全部完工，结转完工入库产品成本。

要求：根据上述经济业务编制会计分录。

3.资料：甲企业发生下列经济业务：

（1）职工张某预借差旅费900元，以现金支付。

（2）张某出差回厂报销差旅费830元，余款交回。

要求：根据上述经济业务编制会计分录。

4. 资料：E有限责任公司2×18年11月发生经济业务如下：

（1）1日，向N公司销售A产品2 000件，每件售价50元，增值税专用发票上注明价款为100 000元，增值税税额为16 000元，款项已收存银行。

（2）2日，向Y公司销售B产品5 000件，每件售价20元，增值税专用发票上注明价款为100 000元，增值税税额为16 000元，用银行存款为Y公司支付代垫运输费1 000元，款项尚未收到。

（3）3日，向M公司销售A产品3 000件，每件售价50元，增值税专用发票上注明增值税税额为24 000元；销售B产品300件，每件售价20元，增值税专用发票上注明增值税税额为960元，收到M公司签发并承兑的商业汇票一张，面值180 960元，期限3个月。

（4）3日，按照合同规定预收D公司订购A产品的货款20 000元，存入银行。

（5）3日，收到上月C公司所欠货款8 000元，存入银行。

（6）6日，收到A公司签发并承兑的商业汇票一张，面值11 700元，期限3个月，用以抵偿其以前所欠本公司的货款。

（7）15日，开出现金支票5 000元支付广告费。

（8）16日，开出转账支票2 000元支付销售产品的运输费。

（9）17日，开出现金支票20 000元，支付本公司某销售网点业务费18 000元，固定资产修理费2 000元。

（10）18日，一张面值为15 000元的商业承兑汇票到期，通过银行取得票据款。

（11）19日，按照合同规定向D公司发出A产品10 000件，每件售价50元，增值税专用发票上注明增值税税额为80 000元。

（12）20日，收到D公司补付的购货款565 000元，存入银行。

（13）21日，向M公司销售甲材料1 000千克，单价800元，增值税专用发票上注明增值税税额为128 000元，款项已收存银行。

（14）21日，上述向M公司销售甲材料的单位成本为每千克500元，结转已销售甲材料的实际成本。

（15）22日，向W公司转让专有技术的使用权，取得收入100 000元，存入银行。

（16）26日，出租一批包装物，收到租金5 800元，存入银行。

（17）26日，结转上述出租包装物的成本3 000元。

（18）30日，对已出租的某专利权进行摊销，本月摊销额为1 000元。

（19）30日，结转本月已销售的A、B产品的销售成本，其中A产品15 000件，单位成本20元/件，B产品5 300件，单位成本10元/件。

（20）30日，按规定计算本月应缴纳的消费税为8 000元，城市维护建设税为7 000元，教育费附加为3 000元。

要求：根据上述经济业务编制会计分录。

5.资料：某企业适用的所得税税率为25%。2×18年年初，“利润分配——未分配利润”账户有借方余额100 000元，假定已超过税法允许的补亏年限。当年发生下列经济业务：

（1）销售产品价款为1 740 000元（含税），以赊销方式售出。售出产品的实际成本为900 000元。

（2）以银行存款支付本期全部销售运杂费65 000元。

（3）本期发生广告费支出100 000元，用银行存款支付。

（4）本期短期借款利息2 000元，以银行存款支付。

（5）原欠山南公司的款项10 000元，因对方公司豁免而无须支付，予以转销。

（6）收到子公司分来的现金股利25 000元。

（7）本年发生管理费用共计160 000元。

（8）向灾区捐赠现金15 000元。

（9）发放现金股利9 000元。

要求：根据上述资料，做出相应会计分录。

第五章

账　户

学习目的

通过本章学习账户的概念、基本结构、特点和不同分类，对账户从各个不同角度进行全面理解。按经济内容分类，可以将账户分为资产类账户、负债类账户、所有者权益类账户、收入类账户、费用类账户和利润类账户，也可以按会计准则应用指南分为资产类账户、负债类账户、共同类账户、所有者权益类账户、成本类账户、损益类账户；按提供的会计资料详细程度，可以将账户分为总分类账户与明细分类账户；按账户结构即增加额所记方向分类，可以将账户分为借项账户和贷项账户；按与财务报表的关系分类，可以将账户分为表内账户和表外账户；按用途和结构分类，可以将账户分为盘存类账户、结算类账户、资本类账户、对外投资类账户、跨期摊配类账户、成本计算类账户、集合分配类账户、期间收入类账户、期间费用类账户、财务成果类账户、调整类账户、暂记类账户。

第一节 账户概述

一、账户的概念

会计科目是对会计对象的具体内容进行分类的项目名称。为了连续、系统、全面、准确地记录由于经济业务的发生而引起的会计要素的增减变动，以便为会计信息的使用者提供所需要的各种会计信息，还必须根据规定的会计科目在账簿中开设账户，通过账户的一定结构和内容来现实。

账户是根据会计科目设置的具有一定格式和结构，在账簿中系统、连续记录各项经济业务，反映会计要素增减变动及其结果的一种载体。设置账户是会计核算的重要方法之一。每一个账户都有一个简明的名称，用以说明该账户登记的经济内容，各账户之间既有严格的界限，又有科学的联系，会计科目就是会计账户的名称。

会计科目和账户是会计学中两个既有联系又有区别的概念。它们的联系表现在：两者所反映的会计对象的具体内容是相同的，会计账户是根据会计科目开设的，会计科目作为会计账户的名称规定了账户记录的内容，账户记录的内容正是会计科目所规定的内容。它们的区别表现在：会计科目只是对会计要素的分类，只表明经济业务的内容，并不能记录经济的增减变化情况，不存在结构问题；而会计账户既有名称，又有结构，能够把经济业务的发生情况及其结果分类、连续、系统地记录和反映。另外，在我国，会计科目由财政部统一制定，是会计的一项基本制度，账户则是各核算单位根据会计科目的规定和管理需要自行在账簿中开设的。

二、账户的基本结构

账户的结构是指账户用来记录交易或事项所必备的具体格式。由于交易或事项的发生所引起的会计要素具体内容的变化从数量上不外乎增加和减少两种情况，因此，账户的基本结构就包括增加和减少两个部分，相应地分为左、右两方一方登记增加，另一方登记减少。至于在账户的左右两方中，哪一方用来登记增加，哪一方用来登记减少，则取决于所采用的记账方法和所记录的经济业务的内容。

为了便于教学，在教科书中往往将账户的基本结构用简化格式"T"形式来表示。"T"形账户的结构如下：

左方	账户名称	右方

上列账户格式反映的是账户的基本结构，也是手工记账经常采用的格式。账户的基本结构一般应包含下列内容：①账户的名称（即会计科目）；②日期和摘要（记录经济业务的日期和概括说明经济业务的内容）；③增加和减少的金额及余额；④凭证号数（说明账户记录的依据）。

账户存在四个金额：期初余额、本期增加额、本期减少额、期末余额。期初余额是指期初时点的某种要素项目的实有数。

宏发公司库存现金账户2017年8月的月初余额5 000元，表示企业在2017年8月1日零时整存在5 000元库存现金；本期增加额是指本期某项目的增加合计数，如库存现金账户2017年8月的本月增加额100 000元，是指2017年8月共收入现金100 000元；本期减少额是指某项目减少的合计数，如库存现金2017年8月的本月减少额为0，则表示2017年8月共支付现金0；期末余额是指期末时点某项目的实有数，如库存现金账户2017年8月的月末余额105 000元，是指企业2017年8月31日24时整有105 000元库存现金。上述账户中的四个金额存在一定的相等的关系，即：

期初余额+本期增加发生额-本期减少发生额=期末余额

如：库存现金账户月初余额5 000元+本月增加额100 000元-本月减少额0=月末余额105 000元

对于上述账户究竟哪一方记录增加，哪一方记录减少应视其所采取的记账方法和各账户的性质。

三、账户的特点

账户的特点可以归纳如下：

第一，账户左右两方按相反方向来记录增加额和减少额。也就是说，如果规定在左方记录增加额，那么应该在右方记录减少额；反之，如果规定在右方记录增加额，那么应该在左方记录减少额。在具体账户中究竟规定哪一方记录增加额、哪一方记录减少额，取决于各账户所记录的经济内容和所采用的记账方法。这一特点可以推广到“资产=负债+所有者权益”的等式上，此时资产和负债、所有者权益也应按相反方向记录，如果规定等号左方记录资产，等号右方记录负债、所有者权益；反之亦然；推广到“收入-费用=利润”的等式上，在等号一边，如果符号不同，应按相反方向记录。

第二，账户金额之间的“平衡”关系。账户金额之间的关系应满足“本期期末余额=期初余额+本期增加发生额-本期减少发生额”。同样这一特点可以推广到“资产=负债+所有者权益”的等式上，资产类账户的余额与负债、所有者权益类账户的余额应相等；推广到“收入-费用=利润”的等式上，收入类账户的发生额与费用类账户的发生额应等于利润账户的当前发生额。

第三，账户的余额一般与记录的增加额在同一方，本期的期末余额为下期的期初余额。

四、账户的分类

账户可以按照不同的依据进行分类。这些依据包括账户核算的经济内容、提供会计资料的详细程度、增加额所记方向、与财务报表的关系、用途和结构等。不同依据的分类，对账户理解的角度不同：按经济内容分类，解决账户的作用，是分析所发生的经济业务，找出应记账户的途径；按提供会计资料详细程度分类，是解决企业根据经济管理对会计信息的需要确定设置账户的问题；按增加额所记方向分类，是解决金额的登记问题；按与财务报表的关系分类，是解决账户与财务报表的关系，解决编制财务报表所依据的账户范围问题；按用途和结构分类，是进一步掌握对不同交易和事项的会计核算问题。

1.账户按照经济内容分类

账户按所核算的经济内容，可以分为资产类、负债类、所有者权益类、收入类、费用类、利润类六大类。会计对企业发生过的交易或事项进行确认、计量和报告，实际就是按生产要素进行核算的。企业会计准则应用指南将账户按用途分为资产类、负债类、共同类、所有者权益类、成本类、损益类六大类。

按经济内容与按用途分类基本是同一依据，因为两者都强调所核算的经济内容。但按经济内容分类，是直接按会计要素进行分类，因为会计要素就是对会计对象的经济内容的基本分类；而按用途分类则着重从作用方面对账户分类，所以有共同类、成本类、损益类。共同类账户既核算资产，又核算负债；成本类账户用于计算某种资产的成本；而损益类账户强调收入、利得，费用、损失对经营成果即利润的影响。

2.账户按照所提供的会计资料的详细程度分类

账户按照所提供的会计资料详细程度，可分为总分类账户和明细分类账户。会计科目表上所列账户均是总分类账户。为提供具体的、详细的会计资料，每一个总分类账户根据需要可以设置明细分类账户，进行明细分类核算。例如，总分类账户原材料可设置甲材料、乙材料、丙材料等明细账户；生产成本账户可设置A产品、B产品、C产品等明细账户；应收账款账户可按购买单位的名称设置北京西单商场、天津劝业场、郑州紫荆山大楼、新乡胖东来商场等明细账户；应付账款账户可设置首都钢铁公司、上海宝山钢铁公司、安阳钢铁公司等明细账户。

3.按账户增加额所记方向分类

账户按照增加额在账户上所记方向，可以分为借项账户和贷项账户。借项账户即资产性质账户：增加额记借方，减少额记贷方，余额在借方，表示某种资产的实有数；贷项账户即负债性质账户：增加额记贷方，减少额记借方，余额在贷方，表示某种负债或所有者权益的实有数。借贷记账法对所有账户进行固定分类，可以设置双重性质账户，增加额所记方向不固定的账户是双重性质账户。双重性质账户根据所记金额的性质决定增加额决定所记方向，所记金额为资产性质记借方；所记金额为负债性质记贷方。减少额记相反方向。双重性质账户余额方向不固定，余额在借方，表示某种资产的实有数；余额在贷方，表示某种负债或所有者权益的实有数。

借项账户即资产性质账户包括资产类（其备抵调整账户为负债性质账户）、费用类（含损失类账户）、权益账户的备抵调整账户；负债性质账户包括负债类、所有者权益类（其备抵调整账户属于资产性质账户）和收入（含利得）类账户。双重性质账户包括既核算资产又核算负债的账户，如应收账款、应付账款账户；也包括既核算收入又核算费用的账户，如固定资产清理、待处理财产损溢、本年利润、材料成本差异账户。

4.按照财务报表的关系分类

账户按照与财务报表的关系账户，可以分为表内账户和表外账户。作为编制财务报表数据依据的账户是表内账户，与编制财务报表无关的账户可称为表外账户。表内账户按与具体财务报表的关系分为资产负债表账户和利润表账户等。会计科目表上资产类、负债类、共同类、所有者权益类、成本类账户的余额是编制资产负债表的依据，所以是资产负债表账户；损益类账户的本期发生额是编制利润表的依据，所以是利润表账户。

第二节 账户按用途和结构分类

账户的用途是指账户所核算的具体经济内容和作用，是解决该账户用来记什么的问题。账户的结构是指增加额和减少额就应该记在该账户的哪一方，余额在哪方，即账户的结构要解决发生交易和事项所引起的资金运动应该怎么记的问题。账户按照用途和结构分类，就是将用途和结构相同的账户归为一类。按用途和结构分类，可以将账户分为盘存类、结算类、资本类、对外投资类、跨期摊配类、成本计算类、集合分配类、期间收入类、期间费用类、财务成果类、调整类和暂记类等。

一、盘存类

1.用途

盘存类账户用于核算和监督各项财产物资和货币资金的增减变动及实有数额。

2.结构

盘存类账户为资产性质账户，借方登记增加额，贷方登记减少额，余额在借方，表示某种货币资金或财产物资的结存数。

借方　　　　**盘存类账户**　　　　贷方

借方	贷方
期初余额 本期增加额	本期减少额
期末余额：财产物资、货币资金的期末实有数	

3.包括账户

盘存类账户包括库存现金、银行存款、原材料、库存商品、固定资产、无形资产等账户。

4.特点

期末需要对盘存类账户进行账实核对（财产清查）。当进行财产清查时，为与账簿余额核对，要通过对企业的财产物资、货币资金、往来款项进行实物盘点或核对，弄清实有数，即盘存数。

二、结算类

1.用途

结算类账户用于核算和监督企业与其他单位和个人之间往来款项结算业务。

2.分类

（1）债权结算类账户

第一，用途：用来核算和监督企业债权的增减变动和实有数额。

第二，结构：资产性质，借方登记债权增加数，贷方登记债权减少数，余额在借方，表示某种债权的实有数额。

借方　　　　**债权结算类账户**　　　　贷方

借方	贷方
期初余额 本期增加额	本期减少额
期末余额：债权的实有数	

第三，包括账户：应收票据、应收账款、预付账款、应收利息、应收股利、其他应收款等。

（2）债务结算账户

第一，用途：用来核算和监督债务的增减变动和实有数额。

第二，结构：负债性质，贷方登记债务的增加额，借方登记债务的减少额，余额在贷方，表示某种债务的实有数。

借方 **债务结算类账户** 贷方

借方	贷方
本期减少额	期初余额 本期增加额
	期末余额：债务的期末实有数

第三，包括账户：短期借款、应付账款、应付票据、预收账款、应付职工薪酬、应交税费、应付利息、应付股利、其他应付款、长期借款、应付债券、长期应付款等。

从表面看，债权结算账户增加额和减少额与债务结算类账户增加额和减少额所登记的方向相反，债权结算账户增加额记借方，减少额记贷方；债务结算账户增加额记贷方，减少额记借方，但从资金运动的方向看，不论债权结算账户还是债务结算账户，相同资金运动方向的金额所登记的账户方向相同：资金流出企业的金额，都应登记在账户的借方；资金流入企业的金额，都应登记在账户的贷方。

在借贷记账法下，结算类账户从资金运动方向上，其结构是相同的。借方反映资金去向，贷方反映资金来源。

正因为如此，所以在借贷记账法下，可以设置债权债务结算账户。

（3）债权债务结算类账户

第一，用途：用来核算和监督本企业与其他单位或个人，以及企业内部各单位相互往来结算。

第二，结构：双重性质，债权的增加（发生）额记借方，债权的减少（债权的收回）额记贷方；债务的增加（发生）额记贷方，债务的减少（偿还）额记借方。双重性质账户的期末余额的方向不固定，如果在借方表示某种债权的实有数；如果在贷方，表示某种债务的实有数。

借方 **债权债务结算类账户** 贷方

借方	贷方
债权的增加额 债务的减少额 本期发生额：资金流出企业	债务的增加额 债权的减少额 本期发生额：资金流入企业
期末余额：某种债权实有数	期末余额：某种债务实有数

第三，包括账户：例如在不设置预收账款的企业中，预收账款和应收账款类业务都登记在应收账款账户中，应收账款账户既核算应收账款又核算预收账款，就是一个债权债务结算类账户。该账户在核算应收账款时是债权结算类账户；在核算预收账款时是债务结算类账户。同样，在不设置预付账款的企业中，预付账款和应付账款类业务都登记在应付账款账户中，应付账款账户也是一个债权债务结算类账户。该账户在核算应付账款时是债务结算类账户；在核算预付账款时是债权结算类账户。

借方 **应收账款** 贷方

借方	贷方
应收账款的增加额 预收账款的减少额 本期发生额：资金流出额	预收账款的增加额 应收账款的减少额 本期发生额：资金流入额
期末余额：应收账款实有数	期末余额：预收账款实有数

三、资本类

1.用途

资本类账户用于核算企业资本增减变动及其实有数额。

2.结构

资本类账户为负债性质账户，贷方登记增加额，借方登记减少额，余额在贷方，表示资本的实有数。

借方 **资本类账户** 贷方

借方	贷方
本期减少额	期初余额 本期增加额
	期末余额：资本期末实有数

3.包括账户

资本类账户包括实收资本（股本）、资本公积、盈余公积等账户。

四、对外投资类

1.用途

对外投资类账户用于核算对外投资的发生和收回。

2.结构

对外投资类账户为资产性质账户，借方登记增加额，贷方登记减少额，余额在借方，表示对外投资的实有数。

3.包括账户

对外投资类账户包括交易性金融资产、持有至到期投资、可供出售金融资产、长期股权投资等。

借方 **对外投资类账户** 贷方

借方	贷方
期初余额 本期增加额	本期减少额
期末余额：期末实有数	

五、跨期摊配类

1.用途

跨期摊配类账户用来核算和监督应由几个会计期间承担的支出。

2.结构

跨期摊配类账户为资产性质账户，借方登记几个会计期间共同收益的款项支出额，贷方登记支付款项的本期摊销额即费用计入（发生）额，期末余额在借方，表示尚未摊销的已支出款项金额。

借方　　　　跨期摊配类账户　　　　贷方

借方	贷方
期初余额 本期增加额	本期减少额
期末余额：尚未摊销的支出	

3.包括账户

跨期摊配类账户包括长期待摊费用等。

六、成本计算类

1.用途

成本计算类账户用于计算成本计算对象的成本。

2.结构

成本计算类账户为资产性质账户，借方登记可计入成本计算对象费用的发生额和分配额，贷方登记已形成某种资产成本的转出额，期末余额在借方，表示正在形成资产的成本。

借方　　　　成本计算类账户　　　　贷方

借方	贷方
期初余额 本期增加额：计入成本的费用	本期减少额：资产的成本转出额
期末余额：正在形成的资产成本	

3.包括账户

成本计算类账户包括在途物资、生产成本、在建工程等账户。

在途物资账户用于计算供应过程中所购买的物资（原材料、库存商品等）的成本，结构上属于资产性质账户，可计入所采购的物资成本的费用发生额记借方，验收入库的物资成本转出额记贷方，期末如果有余额在借方，表示在途物资成本。

生产成本账户用于计算生产过程中所生产的产品成本，结构上属于资产性质账户，可计入所生产产品成本的费用发生额记借方，完工入库的产品成本转出额记贷方，期末如果有余额在借方，表示在产品成本。

在建工程账户用于计算固定资产购建过程中所购建的固定资产成本，结构上属于资产性质账户，可计入所购建固定资产成本的费用发生额记借方，已达到预定可使用状态且投入使用的固定资产成本转出额记贷方，期末如果有余额在借方，表示正在形成的固定资产成本。

七、集合分配类

1.用途

集合分配类账户用于汇集和分配在生产过程中发生的间接费用。

2.结构

集合分配类账户为资产性质账户，借方登记间接费用的发生额，贷方登记间接费用的期末分配额，期末无余额。

集合分配类账户

借方	贷方
期初无余额	期初无余额
间接费用发生额	间接费用分配额

3.包括账户

集合分配类账户包括制造费用等账户。

八、期间收入类

1.用途

期间收入类账户核算企业在一定会计期间实现的收入、利得。

2.结构

期间收入类账户为负债性质账户，贷方登记各种收入的实现额，借方登记本期收入的期末转出额，期末没有余额。

期间收入类账户

借方	贷方
期初无余额	期初无余额
期末收入转出额	本期收入实现额

3.包括账户

期间收入类账户包括主营业务收入、其他业务收入、投资收益、公允价值变动损益、营业外收入等账户。

九、期间费用类

1.用途

期间费用类账户用于核算应由本期收入全部补偿的费用、损失。

2.结构

期间费用类账户为资产性质账户，借方登记费用的发生额，贷方登记费用的期末转出额，期末无余额。

期间费用类账户

借方	贷方
期初无余额	期初无余额
费用的发生额	费用期末转出额

3.包括账户

期间费用类账户包括主营业务成本、其他业务成本、税金及附加、销售费用、管理费用、财务费用、资产减值损失、营业外支出、所得税费用等账户。

十、财务成果类

1.用途

财务成果类账户用于核算和监督企业在一定会计期间的经营成果。

2.结构

财务成果类账户为双重性质账户，贷方登记各种期间收入的转入额，借方登记各种期间费用的转入额，如为贷方余额表示本期该企业实现的净利润，如为借方余额表示本期该企业发生的净亏损。

借方 **财务成果类账户** 贷方

借方	贷方
本期费用、损失转入额 本期发生额：本期费用、损失的发生额	本期收入、利得转入额 本期发生额：本期收入、利得的实现额
期末余额：本期发生的净亏损	期末余额：本期实现的净利润

3.包括账户

财务成果类账户包括本年利润等账户。

该类账户也可视为计价对比账户，贷方的收入转入额，实际上是产品的销售价格，该价格通过产品市场的供求关系决定；借方的费用转入额，可看作生产要素价格，是由要素生产供求关系决定。产品是生产经营过程的产出，要素是生产经营过程的投入。所投入的生产要素价格与所产出的产品价格对比，如果产出产品价格大于投入的生产要素价格，其差额就是企业实现的利润；如果产出的产品价格小于投入的要素价格，其差额就是企业发生的亏损。

十一、调整类

1.用途

调整类账户用于调整某个账户余额。

2.分类

（1）备抵调整类

该类账户的用途主要是抵减被调整账户余额。结构：备抵调整类账户与被调整账户的余额方向相反，所以调整账户与被调整账户的性质相反。正因为此，调整账户的性质与其被调整账户所在类别相反，如“累计折旧”“累计摊销”“坏账准备”等资产减值准备账户按经济内容分类都属于资产类，但由于是备抵调整类账户，余额在贷方，所以是负债性质账户。再例如，“利润分配”账户用于备抵调整“本年利润”，虽然其按照经济内容是所有者权益类账户，但由于是备抵调整类账户，余额在借方，所以它是资产性质账户。

①资产备抵类账户：该类账户用于备抵资产账户余额。其账户结构属于负债性质账户，贷方登记发生额，借方登记转销额，余额在贷方，用于备抵资产类账户余额。

借方 **资产备抵类账户** 贷方

借方	贷方
备抵转销额	期初余额：备抵额 备抵提取额
	期末余额：备抵额的实有数

资产备抵类账户包括累计折旧、累计摊销、坏账准备等账户。

累计折旧账户作为备抵调整类账户，用于备抵调整固定资产账户的借方余额，固定资产账户的借方余额表示固定资产原价，减去累计折旧账户的贷方余额，表示固定资产净值。

累计摊销账户作为备抵调整类账户，用于备抵调整无形资产账户的借方余额，无形资产账户的借方余额表示无形资产原价，减去累计摊销账户的贷方余额，表示无形资产的摊余成本。

坏账准备账户作为备抵调整类账户，用于备抵调整应收账款账户的借方余额，应收账款账户的借方余额表示应收账款的发生额，减去坏账准备账户的贷方余额，表示应收账款的净额。

②权益备抵类账户：该类账户用于备抵调整某种权益的账户。其账户结构为资产性质账户，通常为借方登记增加额（发生额），余额在借方，表示备抵额。

权益备抵类账户包括利润分配等账户。

利润分配账户作为权益备抵类账户，用于备抵本年利润的贷方余额。本年利润账户的贷方余额反映本年利润的实现额，利润分配账户的借方余额表示利润分配额，本年利润账户的贷方余额减去利润分配账户的借方余额，其差额表示未分配利润。

权益备抵调整类账户

借方	贷方
利润分配发生额 本期发生额：本期利润分配额	
期末余额：本年已分配利润	

（2）附加调整类账户

附加调整类账户用于附加调整被调整账户的余额。其结构与被调整账户余额方向相同，所以性质相同。会计科目表无真正的附加调整账户。

（3）备抵附加调整类账户

备抵附加调整类账户既可用来抵减，又可用来增加被调整账户的余额。其结构为双重性质账户。如果该调整账户的余额与被调整账户的方向一致，就是附加调整账户；如果该调整账户与被调整账户的余额方向相反，就是备抵调整账户。

备抵附加调整类账户

借方	贷方
期初余额：资产附加额 资产性质调整额	期初余额：资产备抵额 债性质调整额
期末余额：资产附加额	期末余额：资产备抵额

备抵附加调整类账户包括材料成本差异、产品成本差异等账户。

材料成本差异账户是原材料账户在计划成本法下的备抵附加调整类账户。因为原材料账户的期末余额在借方，所以，如果该账户的期末余额在借方，就是附加调整：

原材料的实际成本=原材料账户的借方余额+材料成本差异账户的借方余额（此时为超支差异）

反之，材料成本差异账户方向在贷方，就是原材料账户的备抵调整类账户：

原材料的实际成本=原材料账户的借方余额-材料成本差异账户的贷方余额（此时为节约差异）

借方 **原材料** 贷方

借方	贷方
期初余额：材料的计划成本 入库材料计划成本	发出材料计划成本
期末余额：库存材料计划成本	

借方 **材料成本差异** 贷方

借方	贷方
期初余额：期初库存材料的超支差异 验收入库材料的超支差异的发生额 本月发出材料的节约差异摊销额 附加调整发生额	期初余额：验收入库材料的节约差异 发出材料的超支差异摊销额 备抵调整发生额
期末余额：附加调整成本差异	期末余额：备抵调整成本差异

十二、暂记类

1.用途

暂记类账户用于核算需等上级批复或审核后才能处理的事项，所以暂记此账户，如“待处理财产损溢”。

暂记类账户核算企业在清查资产过程中查明的各种财产盘盈、盘亏和损毁的价值、物资在运输途中发生的非正常短缺与损耗的发生额和批准后的处理额（企业如果盘盈固定资产的，应作为前期差错记入以前年度损益调整账户）。

2.结构

暂记类账户为双重性质账户，贷方登记盘盈的各种材料、产成品、商品、生物资产的发生额等；借方登记盘亏、损毁的各种材料、产成品、商品、生产物资、固定资产的发生额等。经批准后，盘亏处理额转记贷方，盘盈处理额转记借方，期末无余额。

本账户按照盘盈、盘亏的资产种类和项目设置明细分类账户进行明细分类核算。

借方 **待处理财产损溢** 贷方

借方	贷方
期初无余额 待处理财产盘亏发生额	期初无余额 待处理财产盘盈发生额

3.包括账户

暂记类账户包括待处理财产损溢等账户。

待处理财产损溢账户之所以作为暂记类账户，是因为待处理财产盘亏和盘盈期末必须全部处理。因为这个账户属于资产类账户，如果有余额，表示某种资产的实有数。根据资产的定义，资产必须预期带来经济利益。借方余额表示待处理财产净损失，不符合资产的定义。

待处理财产损溢账户的贷方余额，表示待处理财产净收益，并不是某种负债或所有者权益的实有数。正因如此，该账户期末无余额。

账户按用途和结构分类图如图5-1所示。

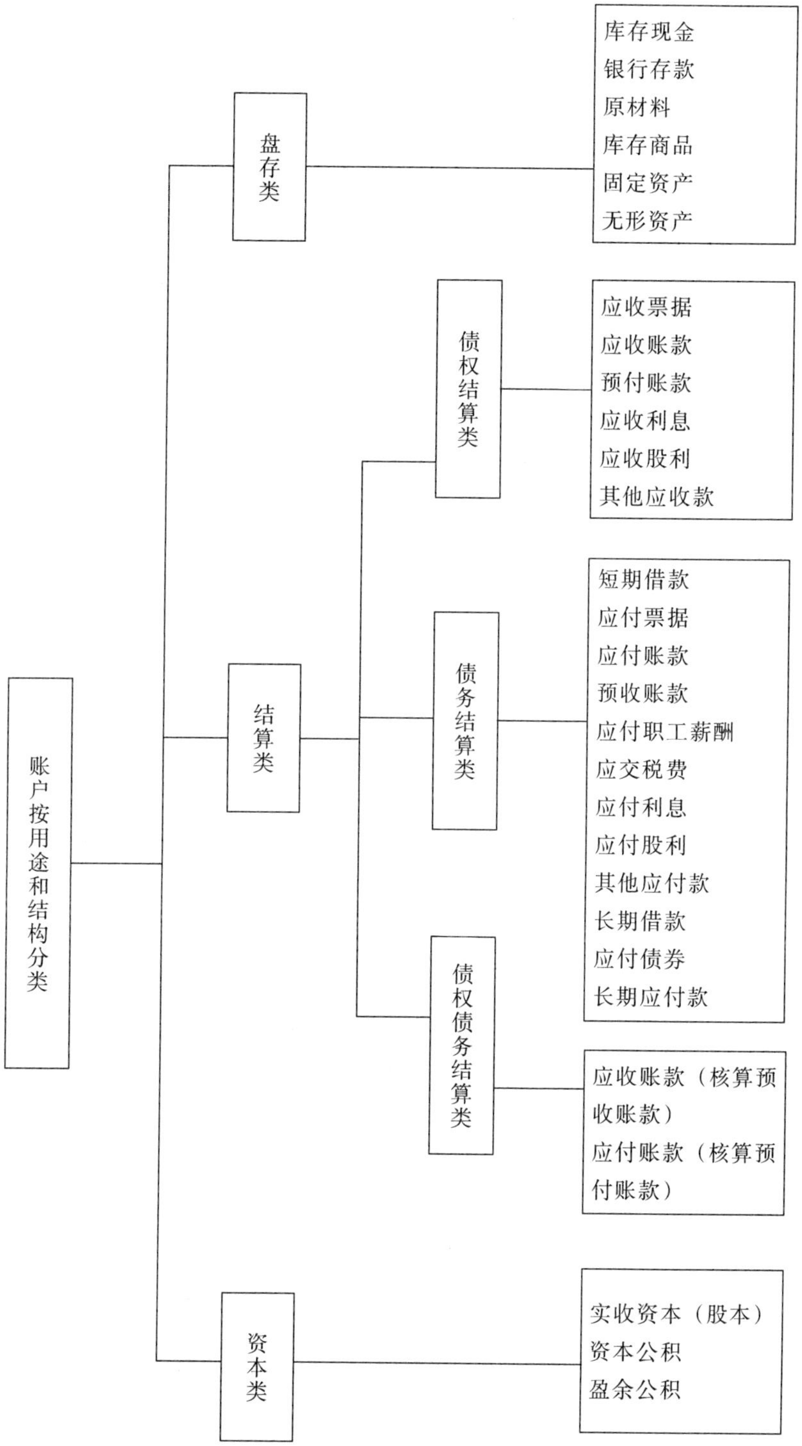
账户按用途和结构分类
盘存类
库存现金
银行存款
原材料
库存商品
固定资产
无形资产
结算类
债权结算类
应收票据
应收账款
预付账款
应收利息
应收股利
其他应收款
债务结算类
短期借款
应付票据
应付账款
预收账款
应付职工薪酬
应交税费
应付利息
应付股利
其他应付款
长期借款
应付债券
长期应付款
债权债务结算类
应收账款（核算预收账款）
应付账款（核算预付账款）
资本类
实收资本（股本）
资本公积
盈余公积

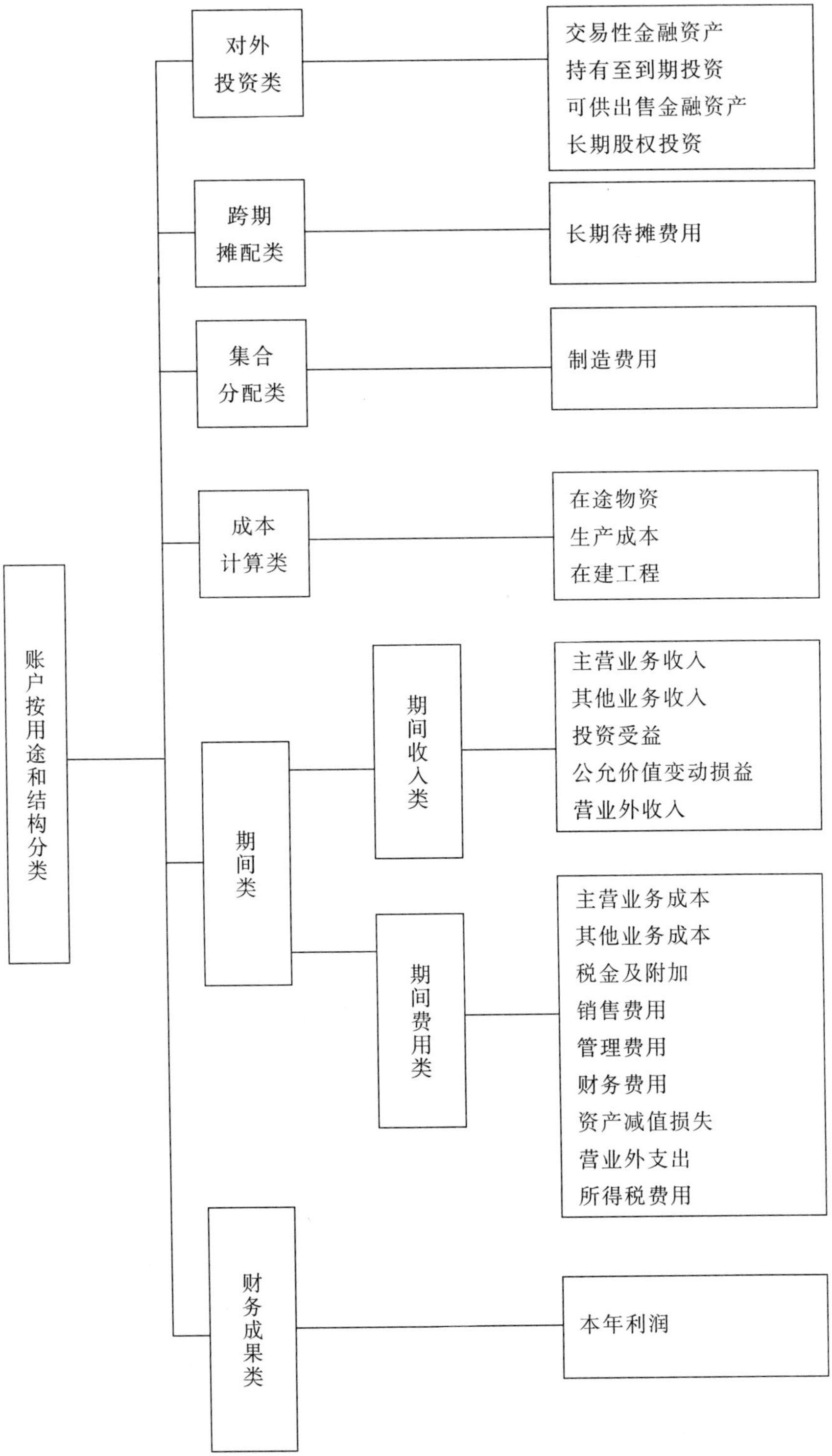
账户按用途和结构分类
对外投资类
交易性金融资产
持有至到期投资
可供出售金融资产
长期股权投资
跨期摊配类
长期待摊费用
集合分配类
制造费用
成本计算类
在途物资
生产成本
在建工程
期间类
期间收入类
主营业务收入
其他业务收入
投资受益
公允价值变动损益
营业外收入
期间费用类
主营业务成本
其他业务成本
税金及附加
销售费用
管理费用
财务费用
资产减值损失
营业外支出
所得税费用
财务成果类
本年利润

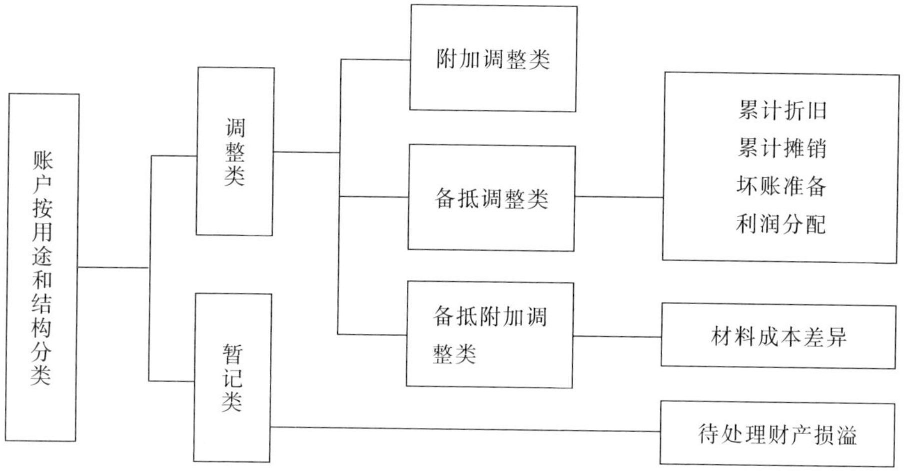

图5-1 账户按用途和结构分类图

【小 结】

账户是根据会计科目设置的具有一定格式和结构，在账簿中系统、连续记录各项经济业务，反映会计要素增减变动及其结果的一种载体。账户的结构是指账户用来记录交易或事项所必备的具体格式。账户可以按照不同的依据进行分类：按经济内容分为资产类账户、负债类账户、所有者权益类账户、收入类账户、费用类账户、利润类账户；按会计准则应用指南分为资产类账户、负债类账户、共同类账户、所有者权益类账户、成本类账户、损益类账户；按提供的会计资料详细程度分为总分类账户和明细分类账户；按账户结构即增加额所记方向分为借项账户和贷项账户，在借贷记账法下可设置双重性质账户；按与财务报表的关系分为表内账户和表外账户；按账户的用途和结构分为盘存类账户、结算类账户、资本类账户、对外投资类账户、跨期摊配类账户、成本计算类账户、集合分配类账户、期间收入类账户、期间费用类账户、财务成果类账户、调整类账户、暂记类账户。

【复习思考题】

1.什么是账户？账户的基本结构是什么？

2.盘存类账户包括哪些账户？其用途和结构是什么？

3.结算类账户有哪些分类？各包括哪些账户？其用途和结构是什么？债权结算类与负债结算类账户在结构上为什么说有共同点？

4.资本类账户包括哪些账户？其用途和结构是什么？

5.对外投资类账户包括哪些账户？其用途和结构是什么？

6.成本计算类账户包括哪些账户？其用途和结构是什么？

7.集合分配类账户的用途和结构是什么？

8.期间类账户包括哪些？其用途和结构是什么？

9.财务成果类账户的用途和结构是什么？

10.调整类账户的用途是什么？有哪些分类？调整类账户的调整方向怎么确定？为什么备抵调整账户与被调整账户性质相反？

【练习题】

一、单项选择题

1.盘存类账户如按照经济内容分类，则属于（　　）。

A.负债类账户　B.收入类账户　C.资产类账户　D.利润类账户

2.在下列所有者权益类账户中，反映所有者原始投资的账户是（　　）。

A.“盈余公积”　B.“利润分配”　C.“本年利润”　D.“实收资本”

3.在会计核算中具有过渡性质的账户类别是（　　）。

A.计价对比类　B.财务成果类　C.暂记类　D.集合分配类

4.按用途和结构分类，“本年利润”账户是（　　）。

A.收益类账户　B.财务成果类账户

C.计价对比类账户　D.集合分配类账户

5.“累计折旧”账户按用途和结构分类属于（　　）。

A.附加调整类账户　B.备抵调整类账户

C.成本计算类账户　D.费用类账户

6.“生产成本”账户按用途和结构分类属于（　　）。

A.跨期摊配类账户　B.集合分配类账户

C.盘存类账户　D.成本计算类账户

7.按账户的用途和结构进行分类，“材料成本差异”账户属于（　　）。

A.附加调整类账户　B.备抵调整类账户

C.成本计算类账户　D.备抵附加调整类账户

8.下列账户属于集合分配类账户的是（　　）。

A.“管理费用”账户　B.“利润分配”账户

C.“材料采购”账户　D.“制造费用”账户

9.“长期待摊费用”账户按经济内容分类属于（　　）。

A.所有者权益类账户　B.负债类账户

C.资产类账户　D.费用类账户

二、多项选择题

1.下列账户属于资产抵减类账户的有（　　）。

A.“坏账准备”账户　B.“利润分配”账户

C.“累计摊销”账户　D.“累计折旧”账户

2.按用途和结构分类，下列账户属于盘存类账户的有（　　）。

A.“实收资本”账户　　B.“管理费用”账户

C.“银行存款”账户　　D.“原材料”账户

E.“固定资产”账户

3.下列账户属于财务成果计算类账户的有（　　）。

A.“本年利润”账户　　B.“其他业务收入”账户

C.“利润分配”账户　　D.“营业外收入”账户

4.按反映经济内容分类，下列账户属于所有者权益类账户的有（　　）。

A.“盈余公积”账户　　B.“本年利润”账户

C.“利润分配”账户　　D.“实收资本”账户

E.“资本公积”账户

5.在企业使用的账户中，属于资本类账户的有（　　）。

A.“资本公积”账户　　B.“盈余公积”账户

C.“实收资本”账户　　D.“本年利润”账户

6.下列账户一般没有期末余额的有（　　）。

A.盘存类账户　　B.结算类账户　　C.收入类账户　　D.费用类账户

7.反映流动负债账户的有（　　）。

A.“长期借款”账户　　B.“应付账款”账户

C.“应交税费”账户　　D.“交易性金融资产”账户

8.按用途结构分类，下列账户属于成本计算类账户的有（　　）。

A.“主营业务成本”账户　　B.“材料采购”账户

C.“制造费用”账户　　D.“在建工程”账户

E.“生产成本”账户

9.期末余额既可能在借方，又可能在贷方的账户类别是（　　）。

A.备抵调整类账户　　B.财务成果类账户

C.债权债务结算类账户　　D.备抵附加调整类账户

10.盘存类账户，通过设置和运用明细账可提供数量和金额两种指标的有（　　）。

A.“库存现金”账户　　B.“库存商品”账户

C.“原材料”账户　　D.“银行存款”账户

三、判断题

1.按照用途和结构分类，“坏账准备”账户是“应收账款”账户的附加调整账户。（　　）

2.账户按经济内容分类，可以分为资产、负债、所有者权益、共同类、损益五类。（　　）

3.“待处理财产损溢”账户按增加额所记方向分类，属于资产性质账户。（　　）

4.“交易性金融资产”账户按照用途和结构分类属于对外投资类账户。 （ ）

5.“材料成本差异”账户属于“原材料”账户的备抵附加账户。 （ ）

6.调整类账户与被调整类账户的用途和结构是相同的，但反映的经济内容不同。 （ ）

7.备抵调整类账户余额与被调整账户余额方向相反，附加账户余额则方向相同。 （ ）

8.“累计折旧”账户是费用类账户，也是资产类账户。 （ ）

9.属于集合分配账户的有“长期待摊费用”账户、“制造费用”账户等。 （ ）

10.“本年利润”账户，月末余额可能在借方也可能在贷方，但年末余额只在贷方。 （ ）

四、业务题

资料：假设卫华公司××月有关会计核算资料如下：

（1）生产A产品耗用甲材料400吨，共计60 000元；生产B产品耗用乙材料300吨，共计30 000元，车间耗用甲材料50吨，乙材料10吨，共计8 500元。

（2）计算应付职工工资及福利费：A产品生产工人工资52 000元，B产品生产工人工资30 200元，车间人员工资5 000元。

（3）计提生产用固定资产折旧2 000元。

（4）全月投产A产品8台，B产品6台，已全部完工。

要求：

（1）根据上述资料汇集全月制造费用。

（2）将制造费用按工资比例在A产品、B产品之间分配。

（3）计算完工A产品、B产品的总成本及单位成本。

（4）编制各个经济业务的会计分录。

第六章

会计凭证

学习目的

通过本章的学习，理解、掌握会计凭证的含义、作用、分类依据；熟悉原始凭证和记账凭证的定义、分类、格式、内容；理解、熟练掌握原始凭证和记账凭证的填制要求与填制方法；理解、掌握原始凭证和记账凭证的审核内容；了解会计凭证的传递途径与保管措施和期限。通过实验，掌握填制和审核原始凭证、记账凭证的基本技能。

第一节 会计凭证的作用和种类

一、会计凭证的作用

会计凭证，是指记录经济业务、明确经济责任并据以登记账簿的书面证明。填制和审核会计凭证是会计核算的基本方法之一，也是会计核算工作的开始环节。

为了保证会计记录能如实反映企业的经济活动情况，一切会计凭证都必须经过有关人员的严格审核，只有经过审核无误的会计凭证，才能作为登记账簿的依据。因此，准确填制和严格审核会计凭证，对完成会计目标，具有重要的作用。

会计凭证具有以下几个方面的作用：

1.提供原始资料、传导经济信息

会计信息是经济信息的重要组成部分。它一般是通过数据，以凭证、账簿、报表等形式反映出来的。任何一项经济业务的发生，都要编制或取得会计凭证。会计凭证是记录经济业务的最原始资料，是经济信息的载体。通过会计凭证的加工、整理和传递，可以直接取得和传导经济信息，既协调了会计主体内部各部门、各单位之间的经济活动，保证生产经营各个环节的正常运转，又为会计分析和会计检查提供了基础资料。

2.记录经济业务，提供记账依据

任何单位，对每发生的一项经济业务，都必须填制会计凭证，如实记录经济业务发生的时间和具体内容、数量和金额，然后经过审核无误，才能登记入账。如果没有合法的凭证作依据，任何经济业务都不能登记到账簿中去。因此，做好会计凭证的填制和审核工作，是保证会计账簿资料真实性、正确性的重要条件。

3.明确经济责任，强化内部控制

任何一项经济业务，都要由经管人员填制凭证并签字盖章，这样便于划清职责，加强责任感，有利于查找问题，明确责任。如有发生违法乱纪或经济纠纷事件，也可借助会计凭证确定各经办部门和人员对经济业务的真实性、准确性、合理性、合法性所负的责任，并在发现问题时据以进行正确的裁决和处理，从而改善经营管理，加强经济责任制，强化内部控制。

4.监督经济活动，控制经济运行

通过审核会计凭证，可以检查和监督经济活动的合理性和合法性，充分发挥会计监督的作用，保护企业财产的安全和合理使用，从而控制经济合理运行。

会计凭证所记录的经济业务是否合法、合理、客观和真实，在记账前都要根据会计凭证逐笔进行审核。通过审核凭证，可以检查该经济业务是否符合国家的有关法律、政策和制度，是否符合企业的经营方针和财务计划；检查经济业务有无违法乱纪、违反会计制度的现象，有无浪费、贪污、盗窃等损害公共财产的行为发生；可以及时发现经济管理中存在的问题和管理制度中存在的漏洞，及时加以制止和纠正，以改善经营管理，提高经济效益。

二、会计凭证的种类

会计凭证是个统称。企业发生的经济业务内容非常丰富复杂，用以记录、监督经济业务的会计凭证，也必然是多种多样。按照企业取得和填制会计凭证的程序和用途不同，将其分为原始凭证和记账凭证两大类。原始凭证是用来记载和说明经济业务的发生和完成情况、明确经济责任的书面证明；记账凭证是企业会计人员根据审核无误的原始凭证填制的，以会计分录作为主要内容的会计凭证，是登记账簿的依据。

第二节 原始凭证

一、原始凭证的种类

原始凭证是在经济业务发生时填制的，证明经济业务的发生和完成情况的书面证明，如出差乘坐的车票、采购材料的发货票、到仓库领料的领料单等，都是原始凭证。原始凭证在法律上具有证明效力，也是填制记账凭证和登记账簿的依据。

原始凭证可按不同依据分类：

（一）按取得的来源不同分类

1.自制原始凭证

自制原始凭证是由本单位内部具体经办业务的部门和人员，在执行或完成某项经济业务时所填制的凭证。自制原始凭证按其填制手续不同，又可分为一次凭证、累计凭证、汇总原始凭证和记账编制凭证4种。

（1）一次凭证。一次凭证是指只反映一项经济业务，或者同时反映若干项同类性质的经济业务，其填制手续是一次完成的会计凭证。在自制原始凭证中，大部分都是一次凭证，如企业购进材料验收入库，由仓库保管员填制的“收料单”（见表

6-1)；车间或班组向仓库领用材料时填制的“领料单”(见表6-2)，都是一次凭证。

表6-1 收料单

供货单位：蓝天有限责任公司

发票编号：2345　　2×18年5月7日　　凭证编号：620

材料类别	材料编号	名称规格	计量单位	数量		金额（元）			
				应收	实收	单价	买价	运杂费	合计
钢材	3712	圆钢	kg	1 000	1 000	0.75	750	100	850
备注						合计			850

保管员：(签章)　　收料：(签章)　　仓库主管：(签章)

表6-2 领料单

领料单位：一车间　　凭证编号：120

用途：生产甲产品　　2×18年5月16日　　发料仓库：2号库

材料类别	材料编号	材料名称	计量单位	数量		单价	金额（元）
				请领	实发		
钢材	3712	圆钢	kg	500	500	0.85	425
备注					合计	425	

仓库保管员：(签章)　　发料：(签章)　　领料主管：(签章)

(2) 累计凭证。为了连续反映某一时期内不断重复发生而分次进行的同类业务，需要在一张凭证中连续、多次填列该类业务的具体情况的凭证，称为累计凭证。累计凭证多次有效，直到期末才算完成，以期末累计数作为记账依据的原始凭证，如限额领料单（见表6-3)，就是一种累计凭证。使用累计凭证，可以简化核算手续，能对材料消耗、费用发生起到事先控制的作用，是企业进行计划管理的手段之一。

(3) 汇总原始凭证。汇总原始凭证是指将一定时期内若干份记录同类经济业务的原始凭证，按照一定标准汇总编制的原始凭证。汇总原始凭证可以在会计核算工作中集中反映某项经济业务总括发生情况，简化记账凭证的编制工作。例如，月末根据月份内所有领料单汇总编制的领料单汇总表（见表6-4)，就是汇总原始凭证。汇总原始凭证可以简化编制记账凭证的手续，但它本身不具备法律效力。

表 6-3

限额领料单

领料单位：加工车间　　2×18 年 5 月　　凭证编号：005

材料用途：生产乙产品　　发料仓库：2 号库

材料类别	材料编号	材料名称及规格	计量单价	单价	领用限额	实际领用	
						数量	金额
黑色金属	6638	φ25mm 圆钢	kg	30	6 000	5 800	174 000

供应部门负责人			生产计划部门负责人					
领料日期	请领		实发			限额结余	退库	
	数量	领料单位负责人	数量	发料人	领料人		数量	退料单编号
3	1 200	王研	1 200	李敏	陈晓	4 800		
6	1 200	王研	1 200	李敏	陈晓	3 600		
11	1 200	王研	1 200	李敏	陈晓	2 400		
16	1 200	王研	1 200	李敏	陈晓	1 200		
22	1 200	王研	1 200	李敏	陈晓	0		
26							200	
31	6 000	合计	6 000					

供应部门负责人：（签章）　　生产计划部门负责人：（签章）　　仓库负责人：（签章）

表 6-4

领料单汇总表

2×18 年 5 月　　单位：元

应借科目		应贷科目：原材料		
		原料及主要材料	燃料	合计
生产成本	1—10 日	10 000		10 000
	11—20 日	5 000		5 000
	21—31 日	5 000		5 000
	小计	20 000		20 000
制造费用	1—10 日	30 000	10 000	40 000
	11—20 日	10 000		10 000
	21—31 日	3 000		3 000
	小计	43 000	10 000	53 000
管理费用	1—10 日		5 000	5 000
	11—20 日	4 000		4 000
	21—31 日	16 000		16 000
	小计	20 000	5 000	25 000
		83 000	15 000	98 000

会计主管：（签章）　　记账：（签章）　　稽核：（签章）　　制单：（签章）

（4）记账编制凭证。在自制原始凭证中，一般都是以实际发生或完成的经济业务为依据，由经办人员直接填制。但也有些自制原始凭证，不是依据实际发生的经济业务，而是由会计人员根据账簿记录的结果，对某些特定事项进行归类、整理编制而成的，这种根据账簿记录而填制的原始凭证，称为记账编制凭证。例如，月末在计算产品成本时编制的“制造费用分配表”（见表6-5），就是根据制造费用明细账记录的数字按费用的用途填制的。

表6-5

制造费用分配表

2×18年5月

应借科目		生产工时（小时）	分配率	分配金额（元）
生产成本	A产品	2 000	2	4 000
	B产品	3 000	2	6 000
合计		5 000	2	10 000

2.外来原始凭证

外来原始凭证是指在经济业务发生时，从其他单位或个人取得的凭证。例如，供货单位开来的发货票，运输部门开来的运费收据，银行开来的收款或付款通知等都属于外来原始凭证。外来原始凭证一般都是一次凭证。

（二）按照格式的不同分类

1.通用凭证

通用凭证是指由有关部门统一印制、在一定范围内使用的具有同一格式和使用方法的原始凭证，如银行统一印制的结算凭证；省、自治区、直辖市税务局印制的各个企业销售商品必须使用的增值税专用发票、增值税普通发票；省、自治区、直辖市财政厅印制的各个单位收款必须使用的收据。

2.专用凭证

专用凭证是指由单位自行印制，仅在本单位内部使用的原始凭证，如领料单、入库单、产品成本计算表、工资计算表等。

二、原始凭证的基本内容

原始凭证所包括的基本内容，通常称为凭证要素，主要有：原始凭证名称、填制凭证的日期、凭证的编号、接受凭证单位名称（抬头人）、经济业务内容（含数量、单价、金额等）、填制单位签章、有关人员（部门负责人、经办人员）签章、填制凭证单位名称或者填制人姓名、凭证附件。

由于各种经济业务的内容和经济管理的要求不同，原始凭证的格式和内容也是千变万化的，但每一种原始凭证都必须客观地、真实地记录和反映经济业务的发生、完成情况，都必须明确有关单位、部门和人员的经济责任。这些共同的要求，决定了每种原始凭证都必须具备的基本内容。

三、原始凭证的填制

原始凭证绝大部分不是由财会人员填制的，而是由有关单位或本单位有关业务人员填制的。但是，全部原始凭证都必须经过财会人员审核，才能登记入账。因此，财会人员不仅本身应掌握原始凭证的内容和填制方法，而且还要向有关业务人员说明原始凭证的重要作用，帮助他们掌握正确填制原始凭证的方法。

原始凭证既是具有法律效力的证明，又是会计核算的原始资料和重要依据，为了保证会计核算资料的真实、正确并及时反映，应按下列要求填制原始凭证。

（一）具有合法性

凭证所反映的经济业务必须合法，符合国家有关政策、法令、规章、制度的要求，不符合以上要求的，不得列入原始凭证。

（二）记录真实

填制在凭证上的日期、业务内容和数字，必须真实可靠，不得任意编造，要符合有关经济业务的实际情况。对于实物的数量、质量和金额，都要经过严格审核，从而确保凭证内容真实可靠。从外单位取得的原始凭证如有丢失，应取得原签发单位盖有“财务专用章”的证明，并注明原凭证的号码、所载金额等内容，由经办单位负责人批准后，可代作原始凭证；对于确实无法取得证明的，如火车票、轮船票、飞机票等，可由当事人写出详细情况，由经办单位负责人批准后，也可代作原始凭证。

（三）内容完整

各种凭证的内容必须逐项填写齐全，不得遗漏和省略。凡是填有大小写金额的原始凭证，大写金额与小写金额必须相符。经办业务的有关部门和人员要认真审查，签名盖章，对凭证的真实性和正确性负责。

（四）手续完备

购买实物的原始凭证，必须有验收证明；支付款项的原始凭证，必须有收款单位和收款人的收款证明。经办人员及有关单位、人员要签名盖章，经上级有关部门批准办理的业务，应将批准的文件作为原始凭证的附件。外来原始凭证一般由税务局等部门统一印制，或经税务部门批准由经济单位印制，在填制时加盖出具凭证单位公章方为有效，做到手续完备。

（五）书写清楚、规范

财会人员在填制原始凭证时，必须遵守以下技术规范要求：

1.各种凭证的书写要用蓝黑墨水，字迹必须清楚规范，易于辨认，不得使用未经国务院颁布的简化字；对于一式多联的原始凭证必须用复写纸套写。

2.阿拉伯数字应逐个书写，不得连笔写。最高位前面应写人民币符号“￥”，人民币符号“￥”和阿拉伯数字之间不得留有空白，且数字后面不再写“元”字。

3.所有以元为单位的阿拉伯数字，除表示单价等情况外，一律填写到角分。无角分的，角位和分位可写“00”或“—”；有角无分的，分位应写“0”，不得用符号“—”代替。

4.金额栏要自上而下逐行书写。最后一行下的空行，要从左下角至右上角用斜线划掉。

5.汉字大写金额数字，一律用正楷字或行数字书写，不得任意用简化字。第一个字要紧靠左边（大写）书写，不得留空。阿拉伯金额数字中间有“0”时，汉字大写金额要写“零”字；阿拉伯金额数字中间连续有几个“0”时，汉字大写金额中只写一个“零”字；阿拉伯金额数字万位或元位是“0”，或者数字中间连续有几个“0”，元位也是“0”，但千位、角位不是“0”时，汉字大写金额中可以只写一个“零”字，也可以不写“零”字；阿拉伯金额数字角位是“0”，而分位不是“0”时，汉字大写金额“元”后面应写“零”字；阿拉伯金额数字角位和分位都是“0”，汉字大写金额应在“元”后加“整”字。

（六）编号要连续

原始凭证的连续编号，是为了以后查找。填写凭证时，要按时间发生的先后顺序填写编号。有预先编号的，不得隔号。写错作废时，在作废的凭证上加盖“作废”戳记，连同存根一起保存，不得撕毁。

（七）不得涂改、刮擦、挖补

原始凭证的填写要求字迹清楚，易于辨认。一般凭证如果发现错误，应当按规定方法更正，而有关现金、银行存款收支业务的凭证，如果填写错误，不能在凭证上更正，填写错误，包括文字和数字错误，特别是金额错误，不得涂改，可作废重新填制。如果凭证已有预先编号的，在写错作废时，应加盖“作废”戳记，连同存根一起保存，不得销毁。

（八）填制及时

原始凭证应在业务发生或完成时及时填制，并按规定程序及时送交财会部门，以便及时办理后续业务，进行会计审核和记账。

四、原始凭证的审核

为了保证会计信息的真实、正确和合法，财会部门必须对原始凭证进行认真审核。其审核主要包括以下几个方面：

（一）真实性审核

原始凭证是会计信息的基本来源，其真实性对会计信息的质量具有至关重要的影响。真实性的审核，首先是对原始凭证本身的真实性的审查，防止以假冒的原始凭证记账；其次是对原始凭证上的日期、业务内容和数据等项目是否真实的审查；最后还必须对原始凭证上的签章进行审查。

（二）合法性审查

审查发生的经济业务是否符合国家的法令、政策、制度和计划的规定，有无违反财政纪律等违法乱纪的行为。对于弄虚作假，营私舞弊，伪造涂改凭证等违法乱纪行为，必须及时揭露，有权拒绝接受，并向领导汇报，严肃处理。

（三）合理性审查

审核原始凭证所记录的经济业务是否符合企业生产经营活动的需要，有无超出预算和计划的现象。

（四）完整性审查

会计人员必须依据原始凭证的要素，逐项审查经济业务的手续是否完整，原始凭证的内容是否填写齐全，有关人员是否已签名盖章等。对手续不完备的凭证，应由经办人员补办手续或更正错误，才可据以入账。

（五）正确性审查

审核原始凭证的摘要是否填写清楚、正确；数量、单价和金额的计算是否正确；大写、小写金额是否一致；凭证有无刮擦、涂改等现象。如发现上述情况之一的，应退还经办人员纠正后，予以接受。

（六）及时性审核

原始凭证的及时性是保证会计信息及时性的基础。一方面，要注意收到的有关票据（支票、银行汇票和银行本票等）和结算单据（委托收款通知、托收承付的通知）的时效性；另一方面，应审查原始凭证填制或取得的及时性，是否符合规章制度。

第三节 记账凭证

一、记账凭证的基本内容

记账凭证是会计机构、会计人员根据审核无误的原始凭证，按照经济业务的内容进行分类、整理，并据以确定会计分录而填制的，作为登记账簿直接依据的会计凭证。

记账凭证虽然种类不一，编制依据各异，但各种记账凭证的主要作用都在于对原始凭证进行归类整理，运用账户和复式记账方法，编制会计分录，为登记账簿提供直接依据。因此，所有记账凭证都应满足记账的要求，都必须具备下列基本内容：①记账凭证的名称；②记账凭证的日期；③记账凭证的编号；④经济业务事项的内容摘要；⑤经济业务事项所涉及的会计科目及其记账方向；⑥经济业务事项的金额；⑦记账标记；⑧所附原始凭证的张数；⑨制证、审核、记账、会计主管等有关人员的签章，收款凭证和付款凭证还应由出纳人员签名或盖章。

二、记账凭证的种类

（一）按其用途不同，分为专用记账凭证和通用记账凭证

1.专用记账凭证

专用记账凭证，是专门用于记录某一类经济业务的记账凭证。专用记账凭证按其所记录的经济业务是否与现金和银行存款的收付有联系，又分为收款凭证、付款凭证和转账凭证三种。

（1）收款凭证。收款凭证是用来记载库存现金和银行存款等货币资金增加的业务，根据库存现金和银行存款收款业务的原始凭证填制而成。在实际工作中，出纳人员应根据会计管理人员或指定人员审核批准的收款凭证作为记录货币资金的收入

依据。出纳人员根据收款凭证收款时，要在凭证上加盖“收讫”戳记，以避免出错。收款凭证有现金收款凭证和银行存款收款凭证两种。其借方科目是一定的，即为“库存现金”或“银行存款”，通常都在凭证的左上方列出。其格式见表6-6。

表6-6 **收款凭证**

借方科目：银行存款　　2×18年6月20日　　银收字××号　　附件：　张

摘要	贷方总账科目	明细科目	记账	金额									
				千	百	十	万	千	百	十	元	角	分
销售甲产品	主营业务收入	甲产品					5	0	0	0	0	0	0
	应交税费	应交增值税（销项税额）						8	0	0	0	0	0
合 计						¥	5	8	0	0	0	0	0

会计主管：（签章）　记账：（签章）　出纳：（签章）　稽核：（签章）　制单：（签章）

（2）付款凭证。付款凭证是用来记载库存现金和银行存款等货币资金减少业务的凭证。付款凭证是根据库存现金和银行存款支付业务的原始凭证填制的。在实际工作中，出纳人员应根据会计主管人员或指定人员审核批准的付款凭证，作为记载货币资金支付的依据。出纳人员根据付款凭证付款时，要在凭证上加盖“付讫”戳记，避免重复。与收款凭证相似，付款凭证也可以分为现金付款凭证和银行存款付款凭证两种，其贷方科目也是一定的，即为“库存现金”或“银行存款”，也在凭证的左上方列出，其格式见表6-7。

表6-7 **付款凭证**

贷方科目：库存现金　　2×18年6月20日　　现付字××号　　附件：　张

摘要	借方总账科目	明细科目	记账	金额									
				千	百	十	万	千	百	十	元	角	分
职工王华预借差旅费	其他应收款	王华						1	0	0	0	0	0
合 计							¥	1	0	0	0	0	0

会计主管：（签章）　记账：（签章）　出纳：（签章）　稽核：（签章）　制单：（签章）

值得注意的是，在会计实务中，为了避免重复记账，对于库存现金和银行存款之间的划转业务，一般只编制付款凭证，即：对于将库存现金存入银行的业务，只编制现金付款凭证；对于从银行提取现金的业务，只编制银行存款付款凭证。

（3）转账凭证。转账凭证是用来记载与库存现金、银行存款等货币资金收付款业务无关的会计事项的凭证。转账凭证是根据有关转账业务的原始凭证填制的。转账凭证是登记总分类账及有关明细分类账的依据。其格式见表6-8。

表6-8 **转账凭证**

2×18年6月18日　　转字第××号　附件：　张

摘要	会计科目		借方金额									贷方金额								
	总账科目	明细科目	百	十	万	千	百	十	元	角	分	百	十	万	千	百	十	元	角	分
购料	原材料	甲材料				8	0	0	0	0	0									
	应交税费	应交增值税				1	2	8	0	0	0									
	应付账款	深海公司													9	2	8	0	0	0
合计					¥	9	2	8	0	0	0			¥	9	2	8	0	0	0

会计主管：（签章）　记账：（签章）　出纳：（签章）　稽核：（签章）

2.通用记账凭证

各单位根据会计业务数量多少，也可以使用通用记账凭证，它记载各种性质的经济业务，其格式与转账凭证完全相同，一般适用于业务量较少、凭证不多的单位。

（二）按其填列会计科目的数目不同，可分为单式记账凭证和复式记账凭证

1.单式记账凭证

单式记账凭证是把一项经济业务所涉及的每个会计科目，分别登记在相关的不同记账凭证中，即每一张会计凭证只填列一个会计科目的记账凭证。单式记账凭证主要有两种：借项记账凭证和贷项记账凭证，格式见表6-9、表6-10。单式记账凭证便于汇总计算每一个会计科目的发生额，便于分工记账；但是填制记账凭证的工作量大，而且不易查找。因此，它适用于会计部门内部分工较细的单位。

表6-9 **借项记账凭证**

借方科目：银行存款　2×18年6月24日　银收字第××号　附件：·张

明细科目		摘　要	账　页	金　额
		收到甲单位前欠货款	28	4 800
对方科目	应收账款	合　计		4 800

会计主管：（签章）　记账：（签章）　出纳：（签章）　稽核：（签章）　制单：（签章）

表6-10

贷项记账凭证

2×18年6月24日

贷方科目：应收账款　　　　转字第××号　　附件：　　张

明细科目		摘 要	账 页	金 额
甲单位		收到甲单位前欠货款	32	4 800
对方科目	银行存款	合 计		4 800

会计主管：（签章）　记账：（签章）　出纳：（签章）　稽核：（签章）　制单：（签章）

2.复式记账凭证

复式记账凭证是把一项经济业务所涉及的所有会计科目及其金额都填列在一张记账凭证中的记账凭证。复式记账凭证可以在一张记账凭证上反映一笔完整的经济业务，记账反映账户的对应关系。通过复式记账凭证，便于了解经济业务的全貌，了解资金的来龙去脉，便于查账，同时可以减少填制记账凭证的工作量，减少记账凭证的数量。但是复式记账凭证不便于汇总计算每一个会计科目的发生额，不利于会计人员分工记账。上述收款凭证、付款凭证和转账凭证的格式都是复式记账凭证的格式。

（三）按其包括的内容不同，可以分为单一记账凭证和汇总记账凭证

1.单一记账凭证。单一记账凭证是指只记录一笔经济业务的记账凭证。上述的专用记账凭证和通用记账凭证，均为单一记账凭证。

2.汇总记账凭证。汇总记账凭证是根据一定时期内同类单一记账凭证定期加以汇总而重新编制的记账凭证。其目的是为了简化总分类账的登记手续。汇总记账凭证又可进一步分为汇总收款凭证、汇总付款凭证和汇总转账凭证。

三、记账凭证的填制

（一）记账凭证填制要求

1.依据原始凭证

记账凭证的填制要依据审核无误的原始凭证。记账凭证作为登记账簿的直接依据，必须有根据地填制，以保证账簿记录的真实正确。记账凭证，可以根据每一张原始凭证单独填制，也可以根据同类原始凭证编制，还可以根据原始凭证汇总表填制。

通过原始凭证的名称和内容，可以了解所发生经济业务的种类和内容。根据所发生经济业务的内容选择记账凭证的类别。库存现金收入业务应填制现金收款凭证；库存现金付出业务应填制现金付款凭证；银行存款收入业务应填制银行收款凭证；银行存款付出业务填制银行付款凭证；从银行提取现金的业务只填制银行付款凭证；将现金存入银行的业务只填现金付款凭证；与库存现金和银行存款收入、付

出无关的经济业务填制转账凭证。

2.书写规范

用钢笔和蓝黑墨水填制，除错账更正外不得使用红字填制，所填文字、数字应当规范。

3.日期准确

记账凭证日期，应以财会部门受理经济业务事项的日期为准（年、月、日应写全），即填制记账凭证的实际时间。

4.连续编号

填制记账凭证时，应当对记账凭证进行连续编号，不得重号或隔号。采用通用记账凭证，可按全部经济业务发生的先后顺序编号，每月从第1号编起；采用专用记账凭证，可按凭证类别分类编号，每月从现收字第1号、现付字第1号、银收字1号、银付字1号和转字第1号编起。若一笔经济业务需填制多张记账凭证的，可采用“分数编号法”，即按该项经济业务的记账凭证数量编列分号。例如，某笔经济业务需编制3张转账凭证，凭证顺序号为50时，这3张凭证的编号应分别为转字第50-1/3号、50-2/3号、50-3/3号。每月月末最后一张记账凭证的编号旁边要加注“全”字，以免凭证散失。为避免重号或隔号，在开始填凭证前预备一个销号单：现收1、2、3、4、5、6…；现付1、2、3、4、5、6…；银收1、2、3、4、5、6…；银付1、2、3、4、5、6…；转1、2、3、4、5、6…每填制一张记账凭证，销去相应的顺序号，下次填凭证可确定应填号数。

5.摘要简明

填制记账凭证摘要，应简明扼要，说明问题。记账凭证的摘要应用简明扼要的语言，概括出经济业务的主要内容。既要防止简而不明，又要避免过于烦琐。为了满足登记明细分类账的需要，对不同性质的账户，其摘要填写应有所区别。例如，反映原材料等实物资产的账户，摘要中应注明品种、数量、单价；反映现金、银行存款或借款的账户，摘要中应注明收付款凭证和结算凭证的号码，以及款项增减原因、收付款单位名称等。

6.分录正确

会计科目内容，记账方向及金额填制应做到：科目运用准确。必须按会计制度统一的会计科目填写，不得任意简化或改动，不得只写科目编号，不写科目名称；同时，二级和明细科目也要填列齐全。应“借”、应“贷”的记账方向和账户对应关系必须清楚；编制复合会计分录，应是一“借”多“贷”或一“贷”多“借”，一般不编多“借”多“贷”的会计分录。

分录的填制，遵循先上后下、先左后右的原则。收款凭证先填左上角的借方科目，然后填表格内的贷方科目及金额，最后填合计行金额；付款凭证先填左上角的贷方科目，再填表格内的借方科目及金额，最后填合计行金额；转账凭证填制会计科目时应先填写借方科目，后填写贷方科目，且借方金额合计与贷方金额合计应当一致。通用记账凭证的分录部分可比照转账凭证的填制方法。

每张记账凭证只能反映一项经济业务，除少数特殊业务外。

记账凭证合计行金额数字前必须填写人民币币值符号。

记账凭证填制完经济业务事项后，如有空行，应当自最后一笔金额数字下的左下角最底一行处至右上角划一条对角斜线注销。

记账凭证所填金额要和所附原始凭证或原始凭证汇总表的金额一致。

7.附件齐全

记账凭证后应附原始凭证。记账凭证所附的原始凭证必须完整无缺，并在凭证上注明所附原始凭证的张数，以便核对摘要及所编会计分录是否正确无误。若两张或两张以上的记账凭证依据同一原始凭证，则应在未附原始凭证的记账凭证上注明“原始凭证×张，附于第×号凭证之后”，以便日后查阅。

8.填制人签章

记账凭证填制完成，填制人应签章。如果采取签字，那么必须签真实姓名，并且签全名，以明确责任。

（二）记账凭证填制的方法

本节主要介绍专用记账凭证的填制。

1.收款凭证的填制方法

收款凭证是用来记录货币资金增加业务的凭证。填制时，在收款凭证左上方所填写的借方科目，应是“库存现金”或“银行存款”科目；年、月、日要按填制日期填写。右上角编号填写收款凭证的顺序号；“摘要”填写所记录的经济业务内容的简要说明；在凭证内所反映的贷方科目，应填写与“库存现金”或“银行存款”相对应的科目（包括一级科目和明细科目）。金额栏填写经济业务实际发生的数额；合计行填写左上角科目的金额，金额用币种单位符号封头，小写金额栏空行从左下角向右上角划斜线；贷方科目在凭证的右侧填写所附原始凭证张数；在制单处签名或盖章。记账符号栏不填。

2.付款凭证的填制方法

付款凭证是用来记录货币资金支付业务的凭证。填制时，在付款凭证左上方所填写的贷方科目，应是“库存现金”或“银行存款”科目；年、月、日要按填制日期填写。右上角编号填写付款凭证的顺序号；摘要栏填写所记录的经济业务内容的简要说明；在凭证内所反映的借方科目，应填写与“库存现金”或“银行存款”相对应的科目（包括一级科目和明细科目）。金额栏填写经济业务实际发生的数额，合计行填写左上角科目的金额，金额用币种单位符号封头，小写金额栏空行从左下角向右上角划斜线；在凭证的右侧填写所附原始凭证的张数，并在制单处签名或盖章。记账符号栏不填。

3.转账凭证的填制方法

转账凭证是用以记录与货币资金收付无关的转账业务的凭证，会计人员根据审核无误的转账业务原始凭证填制。年、月、日要按填制日期填写。右上角编号填写转账凭证的顺序号；摘要栏填写所记录的经济业务内容的简要说明；经济业务所涉及的会计科目全部填列在凭证内，借方科目在先，贷方科目在后，将各会计科目所记应借应贷的金额填写在“借方金额”或“贷方金额”栏内；借、贷方金额合计数应该相等；金额用币种单位符号封头，小写金额栏空行从左下角向右上角划斜线；制单人应在填制凭证后签名盖章，并在凭证的右侧填写所附原始凭证的张数。记账符号栏不填。此种填制方法也适用于通用记账凭证，在此不再赘述。

四、记账凭证的审核

记账凭证是登记账簿的直接依据，为了保证账簿记录的正确性，以及整个会计信息的质量，记账前必须由专人对已编制的记账凭证进行认真、严格的审核。审核的内容主要有以下几个方面：

1.内容是否真实

审核记账凭证是否附有原始凭证；所附原始凭证的经济业务内容与记账凭证所记录的内容是否一致；所附原始凭证张数与原始凭证上所列张数是否相符。

2.项目是否齐全

审核记账凭证的项目填列是否完整，摘要是否清楚，有关人员的签章是否齐全。

3.科目是否正确

审核记账凭证上所使用的会计科目是否符合国家会计制度规定，应借、应贷科目（包括一级科目和明细科目）是否正确，其对应关系是否清晰。

4.金额是否正确

审核记账凭证所记录的金额与原始凭证的有关金额是否一致；计算是否正确；原始凭证汇总表的金额与记账凭证的金额是否相符。

5.书写是否正确

审核记账凭证所填写的文字是否工整，数字是否清晰，小写金额是否符合规定的书写方式。

第四节 会计凭证的传递和保管

一、会计凭证的传递

会计凭证的传递是指会计凭证从取得或填制时起至归档保管的过程中，在单位内部各有关部门和人员之间的传送程序。

正确、合理地组织会计凭证的传递，对于及时处理和登记经济业务，协调单位内部各部门、各环节的工作，加强经营管理的岗位责任制，实行会计监督，具有重要作用。例如，对材料收入业务的凭证传递，应明确规定：材料运达企业后，需多长时间验收入库，由谁负责填制收料单，又由谁在何时将收料单送交会计及其他有关部门；会计部门由谁负责审核收料单，由谁在何时编制记账凭证和登记账簿，又由谁负责整理或保管凭证等等。这样，既可以把材料收入业务从验收入库到登记入账的全部工作在本单位内部进行分工，并通过各部门的协作来共同完成，同时又便于考核经办业务的有关部门和人员是否按照规定的会计手续办事。

二、会计凭证的保管

会计凭证的保管，是指会计凭证登账后的整理、装订和归档存查。会计凭证是各项经济活动的历史记录，是重要的经济档案。为了便于查阅利用，各种会计凭证在办理好各项业务手续并据以记账后，应由会计部门加以整理、归类，并送交档案部门妥善保管。

（一）会计凭证的整理归类

会计部门在记账以后，应定期（一般为每月）将会计凭证加以归类整理，即把记账凭证及其所附原始凭证，按记账凭证的编号顺序进行整理，在确保记账凭证及其所附原始凭证完整无缺后，将其折叠整齐，加上封面、封底，装订成册，并在装订线上加贴封签，以防散失和任意拆装。在封面上要注明单位名称、凭证种类、所属年月和起讫日期、起讫编号、凭证张数等。会计主管或指定装订人员要在装订线封签处签名或盖章，然后入档保管。

对于那些数量过多或各种随时需要查阅的原始凭证，可以单独装订保管，在封面上注明记账凭证的日期、编号、种类，同时在记账凭证上注明“附件另订”。各种经济合同和重要的涉外文件等凭证，应另编目录，单独登记保管，并在有关记账凭证和原始凭证上注明。

（二）会计凭证的造册归档

每年的会计凭证都应由会计部门按照归档的要求，负责整理立卷或装订成册。当年的会计凭证，在会计年度终了后，可暂由会计部门保管1年，期满后，原则上应由会计部门编造清册移交本单位档案部门保管。档案部门接收的会计凭证，原则上要保持原卷册的封装，个别需要拆封重新整理的，应由会计部门和经办人员共同拆封整理，以明确责任。会计凭证必须做到妥善保管，存放有序，查找方便，并要严防毁损、丢失和泄密。

（三）会计凭证的借阅

会计凭证原则上不得借出，如有特殊需要，须报请批准，但不得拆散原卷册，并应限期归还。需要查阅已入档的会计凭证，必须办理借阅手续。其他单位因特殊原因需要使用原始凭证时，经本单位负责人批准，可以复制。但向外单位提供的原始凭证复印件，应在专设的登记簿上登记，并由提供人员和收取人员共同签名或盖章。

（四）会计凭证的销毁

会计凭证的保管期限，一般为30年。保管期未满，任何人都不得随意销毁会计凭证。按规定销毁会计凭证时，必须开列清单，报经批准后，由档案部门和会计部门共同派员监销。在销毁会计凭证前，监督销毁人员应认真清点核对，销毁后，在销毁清册上签名或盖章，并将监销情况报告本单位负责人。

【小 结】

会计凭证，是记录经济业务、明确经济责任和据以登记账簿的书面证明。会计凭证具有四个方面的作用：会计凭证是提供原始资料、传导经济信息的工具；会计凭证是登记账簿的依据；会计凭证是加强经济责任制的手段；会计凭证是实行会计监督的条件。按填制会计凭证的程序和用途不同，会计凭证可分为两大类：原始凭证和记账凭证。

原始凭证是在经济业务发生时填制的，载明经济业务的具体内容和完成情况的书面证明。原始凭证的内容包括：原始凭证的名称；填制凭证的日期及编号；接受凭证的单位名称；经济业务的数量和金额；填制凭证单位的名称和有关人员的签章。原始凭证按其来源不同，可分为自制原始凭证和外来原始凭证；按其格式的不同可分为通用凭证和专用凭证。原始凭证填制时应满足下列要求：具有合法性；记录真实；内容完整；手续完备；书写格式规范；编号要连续；不得涂改、刮擦、挖补；填制及时。原始凭证审核时应从真实性、合法性、合理性、完整性、正确性、及时性6个方面进行审核。

记账凭证是会计机构、会计人员根据审核后的原始凭证，按照经济业务的内容进行分类、整理，并确定会计分录而编制的，作为登记账簿直接依据的会计凭证。记账凭证的基本内容包括：记账凭证的名称；记账凭证的日期；记账凭证的编号；经济业务事项的内容摘要；经济业务事项所涉及的会计科目及其记账方向；经济业务事项的金额；记账标记；所附原始凭证的张数；制证、审核、记账、会计主管等有关人员的签章，收款凭证和付款凭证还应由出纳人员签名或盖章。记账凭证填制时应满足下列要求：依据原始凭证、书写规范、日期准确、连续编号、摘要简明、分录正确、附件齐全、填制人签章。记账凭证审核时应从以下几个方面进行审核：内容是否真实；项目是否齐全；科目是否正确；金额是否正确；书写是否正确。

填制和取得会计凭证是会计核算工作的开始，只有规范、合法的会计凭证，才能保证账户记录和财务报表数据的真实和完整。因此，学习本章应达到以下两点要求：第一，正确认识填制和审核会计凭证在会计核算中的重要地位；第二，掌握会计凭证——原始凭证和记账凭证在内容、填制和审核等各方面的规范要求和方法。一般来讲，本章没有太多难点，只是规范性的要求、技术性的方法和技能较多，要求记忆和理解，也重在操作能力的提高。

【复习思考题】

1.什么是会计凭证？它有什么重要作用？

2.原始凭证有哪些分类？

3.填制原始凭证应遵循哪些要求？

4.记账凭证有哪些分类?

5.填制记账凭证应遵循哪些要求?

6.收款、付款、转账凭证各填制何种经济业务?

7.会计凭证保管的一般要求是什么?

【练习题】

一、单项选择题

1.下列凭证属于外来原始凭证的有（ ）。

A.购货发票　B.领料单

C.销货发票　D.工资结算单

2.将现金存入银行，应该填制（ ）。

A.银行收款凭证　B.现金付款凭证

C.转账凭证　D.单式凭证

3.“限额领料单”是（ ）。

A.一次凭证　B.累计凭证

C.汇总原始凭证　D.复式凭证

4.原始凭证取得时间是在（ ）。

A.经济业务发生时　B.填制记账凭证时

C.登记总账时　D.登记明细账时

5.记账凭证的内容不包括（ ）。

A.接受单位的名称　B.记账凭证的编号

C.记账凭证的日期　D.记账凭证的名称

6.应编制转账凭证的业务是（ ）。

A.支付购买材料价款　B.支付材料运杂费

C.收回出售材料款　D.车间领用材料

7.原始凭证的基本内容不包括（ ）。

A.日期及编号　B.内容摘要

C.实物数量及金额　D.会计科目

8.原始凭证是（ ）。

A.登记日记账的依据　B.编制记账凭证的依据

C.编制科目汇总表的依据　D.编制汇总记账凭证的依据

9.原始凭证和记账凭证的相同点是（ ）。

A.反映经济业务的内容相同　B.编制时间相同

C.所起作用相同　D.经济责任的当事人相同

10.填制原始凭证应做到大小写数字符合规范，填写正确，如大写金额为“壹仟零壹元伍角”，其小写应为（ ）。

A.1 001.50元　　B.¥1 001.50

C.¥1 001.50元　　D.¥1 001.5

二、多项选择题

1.“收料单”包括（　　）。

A.外来原始凭证　　B.自制原始凭证　　C.一次凭证

D.累计凭证　　E.记账凭证

2.原始凭证应具备的基本内容有（　　）。

A.原始凭证的名称和填制日期　　B.接受凭证单位名称

C.经济业务的内容　　D.数量、单价和大小写金额

E.填制单位和有关人员的签章

3.记账凭证必须具备的基本内容有（　　）。

A.记账凭证的名称　　B.填制日期和编号

C.经济业务的简要说明　　D.会计分录

E.有关人员的签名和盖章

4.在下列经济业务中，应填制付款凭证的有（　　）。

A.提现金备用　　B.购买材料预付定金

C.购买材料未付款　　D.以银行存款支付前欠某单位账款

E.将现金存入银行

5.下列经济业务应填制转账凭证的有（　　）。

A.国家以厂房对企业投资　　B.外商以货币资金对企业投资

C.购买材料未付款　　D.销售商品收到商业汇票一张

E.支付前欠某单位账款

6.下列属于一次原始凭证的有（　　）。

A.限额领料单　　B.领料单　　C.领料登记表

D.购货发票　　E.销货发票

7.记账凭证编制的依据可以有（　　）。

A.收、付款凭证　　B.一次凭证　　C.累计凭证

D.汇总原始凭证　　E.转账凭证

8.企业购入材料一批，货款已付，材料验收入库，则应编制的全部会计凭证有（　　）。

A.收料单　　B.累计凭证　　C.收款凭证

D.付款凭证　　E.转账凭证

9.如果某一笔经济业务需填制两张某种记账凭证，该凭证的顺序号为70号，则此两张记账凭证的编号应为（　　）。

A.70（1）号　　B.70（2）号　　C.$70\frac{1}{2}$号

D.$70\frac{2}{2}$号　　E.均为70号

10.汇总记账凭证有（ ）。

A.汇总收款凭证 B.汇总付款凭证 C.汇总转账凭证

D.科目汇总表 E.累计凭证

三、判断题

1.记账凭证的编制依据是审核无误的原始凭证。（ ）

2.会计凭证的保管期满以后，企业可自行进行处理。（ ）

3.原始凭证和记账凭证都是具有法律效力的证明文件。（ ）

4.在一项经济业务中，如果既涉及现金和银行存款的收付，又涉及转账业务，应同时填制收（或付）款凭证和转账凭证。（ ）

5.原始凭证是登记日记账、明细账的根据。（ ）

6.制造费用分配表属于记账编制凭证。（ ）

7.累计凭证是指在一定时期内连续记载若干项同类经济业务，其填制手续是随着经济业务发生而分次完成的凭证，如“限额领料单”。（ ）

8.将记账凭证分为收款凭证、付款凭证、转账凭证的依据是凭证的填制手续和凭证的来源。（ ）

9.会计凭证登账后需要进行整理、装订和归档，保管2年后可销毁。（ ）

10.根据账簿记录和经济业务的需要而编制的自制原始凭证是记账编制凭证。（ ）

四、业务题

资料：宏发有限责任公司会计科采用的是收、付、转记账凭证，2×18年3月1日至15日发生的经济业务如下：

（1）1日，国家投资流动资金100 000元，存入银行。

（2）4日，从银行存款户开出转账支票20 000元，支付材料款，材料已验收入库。

（3）5日，收回客户还来货款4 200元，存入银行。

（4）7日，将现金300元存入银行。

（5）8日，国家投资机器一台，计50 000元，已验收使用。

（6）8日，生产车间领用材料140 000元，投入生产。

（7）10日，从银行存款户开出转账支票6 000元，偿还应付账款。

（8）11日，向银行借入流动资金借款30 000元，存入银行。

（9）12日，用现金支付电话费150元。

（10）14日，购入材料180 000元，已验收入库，由银行存款户开出转账支票10 000元偿还进料款，其余未付。

（11）15日，向银行提取现金6 000元。

（12）15日，用现金发放职工工资6 000元。

要求：根据以上经济业务填制记账凭证。

第七章

会计账簿

学习目的

通过本章的学习，应理解和掌握会计账簿的含义、各种分类及每种账簿的优缺点及适用范围；会计账簿的设置原则；熟练掌握会计账簿的内容、账簿的启用和登记规则；库存现金日记账和银行存款日记账的格式和登记方法、总分类账簿和明细分类账簿的格式及其登记方法，各种错账更正方法的适用范围和具体更正方法；结账的程序和方法；对账的内容；账簿的更换与保管要求等。通过会计实验，掌握设账、登账、对账、结账的基本技能。

第一节 会计账簿概述

一、会计账簿的概念

会计账簿是指由一定格式账页组成的，以经过审核的会计凭证为依据，全面、系统、连续地记录各项经济业务事项的簿籍。各单位应当按照国家统一会计制度的规定和会计业务的需要设置会计账簿。

企业在生产经营过程中会发生许多经济业务，如购买材料、生产产品和销售产品及进行收、付款业务等。对发生的每一项经济业务，都必须取得或填制原始凭证并进行审核，根据审核无误的原始凭证填制记账凭证，以便及时反映和监督企业所发生的每一笔经济业务情况。由于记账凭证的数量多，数据分散，每张凭证只能反映个别经济业务的内容，所提供的会计信息是零散的，缺乏系统性，而且也不便于日后的整理和报告，无法满足信息使用者的需要。为此，我国《会计法》第三条中规定“各单位必须依法设置会计账簿，并保证其真实、完整”。所以，要全面反映和监督企业的经济活动和财务收支情况、提供完整的会计核算数据，在会计核算中，除了填制和取得会计凭证外，还需要运用账簿这一会计载体，把分散在会计凭证上的全部信息，加以集中和分类汇总。企业一般要设置总账、库存现金日记账、银行存款日记账，根据经营需要设置明细账。

设置账簿是会计工作的一个重要步骤。根据会计凭证，按照一定的程序，在账簿中登记各项经济业务的过程，叫做登记账簿，即通常所说的记账。通过设置和登记会计账簿，把大量分散的数据通过账簿进行归类整理，逐步加工成有用的会计信息，以便全面记录各单位经济活动的全过程，并为下一步编制财务报表提供重要依据。会计凭证是登记账簿的依据，账簿记录是编制财务报表的依据。设置和登记会计账簿是连接会计凭证与财务报表的中间环节，在会计核算中具有重要意义。

（1）设置账簿，并将经济业务登记在账簿中，能够全面、连续、系统地反映一个单位的经济业务，从而为提供完整有用的会计信息打下基础。

（2）账簿记录是编制财务报表的主要依据，财务报表编制是否及时，财务报表质量是否可靠，都同账簿的设置和登记密切相关。账簿记录的会计资料是否正确、完整，将直接影响财务报表的质量。

（3）为企业管理部门提供分类、汇总的会计信息。会计账簿是企业连续、分类、系统地记录经济业务，提供会计信息的载体。登记会计账簿，既能提供总括的核算数据，又能提供详细的核算资料；既可进行分类核算，又能进行序时核算。因此，会计账簿可以分类、汇总会计信息，提供企业财务状况及经营成果的综合价值指标。

（4）会计账簿是积累、储存经济活动情况的数据库。企业的一切财务收支、经营过程和结果都体现在账簿中。因此，利用账簿提供的资料，可以有效地开展会计检查和会计分析，加强会计监督，保护财产的安全和完整，提高企业的经济管理水平。

二、会计账簿的种类

会计账簿多种多样，其用途、形式、内容及登记方法各有不同，为了更好地掌握和使用会计账簿，应对会计账簿进行分类。常见的会计账簿的分类方法如下。

（一）按照会计账簿的用途不同分为序时账簿、分类账簿和备查账簿

1.序时账簿

序时账簿又称为日记账簿，是指按照经济业务发生或完成时间的先后顺序、逐日逐笔进行登记的账簿。序时账簿可以用来核算和监督某一类型经济业务或全部经济业务的发生或完成情况。记录全部经济业务的日记账称为普通日记账；记录某一类型经济业务的日记账称为特种日记账。企业一般必须设置的特种日记账有库存现金日记账和银行存款日记账。库存现金日记账是用于核算库存现金的收入、支付和结存金额的账簿。银行存款日记账是用于核算银行存款的收入、支付和结存金额的账簿。

2.分类账簿

分类账簿是对全部经济业务进行分类登记的账簿。分类账簿按其提供核算指标的详细程度不同，又分为总分类账和明细分类账。总分类账简称总账，是根据总分类科目开设账簿，用来登记全部经济业务，进行总分类核算，提供总括核算资料的分类账簿。格式见本章第二节。明细分类账简称明细账，是根据明细分类科目开设账簿，用来登记某一类经济业务，进行明细分类核算，提供明细核算资料的分类账簿。格式见本章第二节。

在实际工作中，若经济业务较简单、总账科目数量不多的单位，可将日记账和分类账合并设置和登记，称为联合账簿，使一本账簿兼有日记账和分类账两种用途。如将日记账和总分类账结合而成为日记总账等。

3.备查账簿

备查账簿是对某些在日记账簿和分类账簿中未能记载或记载不全的经济业务进行补充登记的账簿，如租入固定资产登记簿、代销商品登记簿等。备查账簿记录的内容不受总分类账的制约，是对日记账和明细分类账的补充，它可以为某些经济业务的内容提供必要的参考资料。各单位可根据实际需要设置备查账簿。

序时账簿、分类账簿和备查账簿三者的作用是不同的。序时账簿提供连续系统的信息，反映企业资金运动的全貌。分类账簿是按照企业经营管理的需要而设置的账簿，归集并汇总各类信息，反映资金运动的各种状态、形式及其构成。而备查账簿与序时账簿、分类账簿相比，不同之处主要有以下两点：第一，备查账簿的登记可能不需要记账凭证，甚至不需要一般意义上的原始凭证；第二，备查账簿的格式和登记方法有自身的特点，即备查账簿的设置应根据企业的实际需要而定，它没有固定格式，其主要栏目不记录金额，它更注重用文字来表述某项经济业务的发生情况。例如，租入固定资产登记簿，它登记的依据主要是租赁合同与企业内部使用单位收到设备的证明，而这两者在企业一般经济业务的核算中，不能充当正式原始凭证，只能作为原始凭证的附件（如作为支付租金的依据）。登记租入固定资产备查簿，也不需要编制记账凭证，该备查簿记录的内容主要有：出租单位，设备名称、规格、编号，设备原值、净值，租用时间、月份或年度租金数额、租金支付方式、租用期间修理或改造的有关规定及损坏赔偿规定、期满退租方式及退租时间等。

（二）按照会计账簿的外表形式分为订本式账簿、活页式账簿和卡片式账簿

1.订本式账簿

订本式账簿又称订本账，是指在账簿启用之前就将若干账页进行顺序编号并固定装订成册的账簿。订本式账簿可以避免账页的散失，防止账页被抽换，从而保证账簿记录的安全与完整。但是，由于订本式账簿的账页固定，同一时间内，同一本账本只能由一人登记，不便于分工记账；同时，由于账页固定，不能增减，在使用之前必须先估计每一账户所需要的账页的数量，预留出空白账页，若预留账页过多，会造成账页的浪费，预留账页过少，又会影响账簿记录的连续性。订本式账簿一般适用于库存现金日记账、银行存款日记账和总分类账。

2.活页式账簿

活页式账簿是指在账簿启用前和使用过程中都不把账页固定装订在一起，而是把账页装在账夹中夹起来，可以随时增添、取出的一种账簿。当活页式账簿登记完毕之后（通常是一个会计年度结束之后），应给各账页进行连续编号，将账页予以装订并加具封面。活页式账簿的优点是便于根据需要，随时将空白账页装入账簿，或抽取不需要的账页，便于同一时间组织若干会计人员分工记账，也便于计算机打印记账；缺点是如果管理不善，账页易散乱、被抽换以至于丢失。各种明细账一般都采用活页式账簿。

3.卡片式账簿

卡片式账簿是由专门格式、分散的卡片作为账页存放在卡片箱中保管的账簿。

卡片式账簿实际上也是一种活页账，但它不是装在活页账夹中，而是装在卡片箱内，卡片账具有一般活页账的优缺点，仅为防止因经常抽取造成破坏而采用卡片形式，它不需每年更换、可以跨年使用。在我国，对固定资产明细账核算一般采用卡片账形式。卡片式账簿在使用结束、更换新账后，必须予以封扎，妥善保管。

（三）会计账簿按照账页格式分为两栏式账簿、三栏式账簿、多栏式账簿和数量金额式账簿

1. 两栏式账簿

两栏式账簿是指账簿的账页格式只开设借方、贷方两个金额栏。适用于普通日记账。其格式见本章第二节表7-3。

2. 三栏式账簿

三栏式账簿是指账簿的账页格式只开设借方、贷方、余额三个金额栏。三栏式账页是最基本的账页格式，其他账页格式都是据此增减栏目而形成的。总账、日记账和资本类及结算类明细账一般采用三栏式账簿。其格式见本章第二节表7-4、表7-8、表7-10。

3. 多栏式账簿

多栏式账簿是指账簿的账页中的借方或贷方或借贷两方分设若干专栏，详细反映该账户核算内容的账簿。收入、费用类明细账及应交增值税明细账采用多栏式账簿。库存现金日记账和银行存款日记账有时也采用多栏式明细账。格式见本章第二节表7-5、表7-6、表7-7、表7-9、表7-12、表7-13、表7-14和表7-15。

4. 数量金额式账簿

数量金额式账簿的账页格式是在“收入”“发生”“结余”三栏下再设“数量”“单价”“金额”栏，以便全面记录反映经济业务的数量和金额。适用于财产物资明细账。格式见本章第二节表7-11。

三、会计账簿与账户的关系

（一）账户的概念

账户是根据会计科目设置的，具有一定的格式和结构，用于分类反映会计要素增减变动情况及其结果的载体。账户按经济内容分为资产类账户、负债类账户、所有者权益类账户、收入类账户、费用类账户和利润类账户。账户的经济内容，就是账户所反映的会计对象的具体内容。由于会计对象的具体内容的基本分类就是会计要素，会计科目是会计要素细分的项目。会计科目是账户的名称，说明账户核算和监督的具体经济内容。所以会计科目的分类也是账户的分类。会计科目表规定了资产类、负债类、共同类、所有者权益类、成本类、损益类六类科目的名称和编码。资产类账户核算资产的增减变动及其实有数；负债类账户核算负债的增减变动及其实有数；共同类账户有时核算资产有时核算负债，其核算的经济内容不固定；所有者权益类账户核算所有者权益的增减变动及其实有数；成本类账户用于计算资产的成本；损益类账户核算收入、利得的实现和费用、损失的发生。账户按所提供会计资料分为总分类账户和明细分类账户。总分类账户进行总括核算，提供总括会计资

料；明细分类账户进行明细分类核算，提供具体的、详细的会计资料。

（二）账户的基本结构

账户的基本结构是指增加额、减少额记在账户的哪一方，余额在哪一方。账户的金额可分为期初余额、本期增加额、本期减少额和期末余额。期初余额+本期增加额-本期减少额=期末余额。账户的哪一方登记增加额，哪一方登记减少额，余额在哪一方，取决于账户的性质。会计等式左边的账户即资产类、费用类账户，是资产性质账户，增加额记借方，减少额记贷方，余额在借方；会计等式右边的账户即负债类、所有者权益类、收入类账户，是负债性质账户，增加额记贷方，减少额记借方，余额在贷方。

资产类账户：期初余额（借方）+本期借方发生额-本期贷方发生额=期末余额（借方）

负债类账户：期初余额（贷方）+本期贷方发生额-本期借方发生额=期末余额（贷方）

（三）账簿与账户的关系

账户存在于账簿之中，账簿中的账页是账户的存在形式和载体。没有账簿，账户就无法存在；账簿序时地、分类地登记经济业务，是通过在账户中登记完成的。因此，账簿是账户的外在形式，账户是账簿的实际内容。二者是形式与内容的关系。

第二节 会计账簿的设置与登记

一、会计账簿的设置

会计账簿的设置，包括确定账簿的种类、设计账页的格式及内容、规定账簿的登记方法等。每个单位都应根据本身的业务特点和经营管理的需要，设置一定种类和数量的账簿。一般来说，应遵循以下几项原则：

（1）满足需求。账簿的设置要能满足经营管理的需要，全面、系统、完整地反映和监督经济活动及财务状况。

（2）讲求科学。账簿的设置，体系要完整，组织要严密，有关账簿之间要保持上下统驭关系，以提供科学、完整的核算指标。

（3）适当简化。账簿设置要结合实际，力求简便实用和灵活，提高会计工作效率。

二、会计账簿的基本内容

每个企业在设置会计账簿时，应根据自身经济业务的特点和管理上的需求确定应设置的账簿，各企业的需要不同，所设置的账簿也会有所不同，各种账簿记录的经济内容不同，其形式也多种多样，但是，各种账簿都应具备以下基本内容。

（1）封面。封面主要标明会计主体和账簿的名称，如××公司、总分类账、××明细账、库存现金日记账、银行存款日记账等。

（2）扉页。扉页主要列明科目索引、账簿启用和经管人员一览表（活页账、卡片账在装订成册后，填列账簿启用和经管人员一览表)，应在账簿启用和经管人员一览表上填明会计账簿启用的日期、页数、册次、经管账簿人员和签章，会计主管签章等。

（3）账页。账页是账簿用来记录具体经济业务的载体，是会计账簿的主要内容。其基本内容包括：①账户的名称（一级科目、二级科目或明细科目）；②登记账户的日期栏；③凭证种类和号数栏；④摘要栏（简要说明所记录经济业务的内容）；⑤金额栏（记录经济业务引起的账户发生额、余额增减变动的数额）；⑥总页次和分户页次。

三、会计账簿的启用

为了保证账簿记录的合法性和账簿资料的完整性，保证会计核算工作的质量，明确记账责任，必须按照一定的规则启用账簿。

（1）启用新的会计账簿，应当在账簿封面上写明单位名称和账簿名称。

（2）填写账簿扉页上的“账簿启用和经管人员一览表”。账簿启用和经管人员一览表的内容包括：启用日期、账簿页数（活页式账簿一般在装订成册后填写)、记账人员和会计机构负责人、会计主管人员姓名等，并加盖名章和单位公章。更换记账人员时，要在“账簿启用和经管人员一览表”上注明交接日期、移交人员、接管人员和监交人员姓名，并由交接双方签名或者盖章，以明确有关人员的责任，加强有关人员的责任感，维护会计账簿记录的严肃性。“账簿启用和经管人员一览表”的格式和内容见表7-1。

表7-1 **账簿启用和经管人员一览表**

<table>
<tr><td>单位名称</td><td colspan="9"></td><td>印鉴</td></tr>
<tr><td>账簿名称</td><td colspan="9"></td><td rowspan="4"></td></tr>
<tr><td>账簿编号</td><td colspan="9">字第　号第　册共　册</td></tr>
<tr><td>账簿页数</td><td colspan="9">本账簿共计　页</td></tr>
<tr><td>启用日期</td><td colspan="9">年　月　日</td></tr>
<tr><td colspan="2">经管人员</td><td colspan="3">接　管</td><td colspan="3">移　交</td><td colspan="2">会计负责人</td><td>印花税票粘贴处</td></tr>
<tr><td>姓　名</td><td>盖章</td><td>年</td><td>月</td><td>日</td><td>年</td><td>月</td><td>日</td><td>姓名</td><td>盖章</td><td></td></tr>
<tr><td></td><td></td><td></td><td></td><td></td><td></td><td></td><td></td><td></td><td></td><td></td></tr>
<tr><td></td><td></td><td></td><td></td><td></td><td></td><td></td><td></td><td></td><td></td><td></td></tr>
<tr><td></td><td></td><td></td><td></td><td></td><td></td><td></td><td></td><td></td><td></td><td></td></tr>
<tr><td></td><td></td><td></td><td></td><td></td><td></td><td></td><td></td><td></td><td></td><td></td></tr>
<tr><td></td><td></td><td></td><td></td><td></td><td></td><td></td><td></td><td></td><td></td><td></td></tr>
</table>

（3）按“会计科目表”的科目排列顺序填写“账户目录”，格式和内容见表7-2。

启用订本式账簿，应当按从第一页至最后一页的顺序编定页数，不得跳页、缺号。使用活页式账页，应当按账户顺序编号，并定期装订成册，装订后再按实际使用的页面顺序编定页码，另加目录，记录每个账户的名称和页次。

表 7-2　账户目录

科目	页数	科目	页数	科目	页数	科目	页数

四、会计账簿的登记

会计人员应当根据审核无误的会计凭证登记会计账簿。这就要求记账人员在登记账簿之前，应当首先审核会计凭证的合法性、完整性和真实性。这是会计内部稽核制度中的一个重要环节。

（一）登记会计账簿的基本要求

1.依据审核无误的会计凭证

依据凭证找到应记账户，日期为登账日期，按凭证字号、摘要、方向、金额登账，并结出余额，有余额，在左边栏内写明“借”或“贷”方向，无余额写“平”字。在小写金额栏写“0”，做到数字准确、摘要清楚、登记及时、字迹工整。

2.用钢笔和蓝黑墨水

登记账簿要用蓝黑或者碳素墨水书写，不得使用圆珠笔（银行的复写账簿除外）或者铅笔书写。

除特殊记账外，不得使用红色墨水。

特殊记账，可以用红色墨水记账：

（1）按照红字冲账的记账凭证，冲销错误记录；

（2）在不设借贷等栏的多栏式账页中，登记减少数；

（3）在三栏式账页的余额栏前，如未印明余额方向的，在余额栏内登记负数余额；

（4）结账和隔行、隔页处理；

（5）根据国家统一制度的规定可以用红色墨水登记的其他会计事项。

3.书写规范

登记账簿时，要使用规范的文字、数字，靠下线书写，文字和数字上面要留有适当空格，不要写满格，一般占格距的二分之一。这样，一旦发生登记错误时，就能比较容易地进行更正，同时也方便查账工作。也就是书写要“脚踏实地”，但不能“顶天立地”。

4.逐行逐页顺序连续登记

各种账簿应逐行逐页顺序连续登记，不得跳行、隔页。如果发生跳行、隔页，应当将空行、空页用红笔划对角线注销，并注明“此行空白”“此页空白”字样，并由记账人员签名或者盖章。

5.办理转页手续

每一账页登记完毕结转下页时，应当结出本页账户本月借方发生额合计数、本月贷方发生额合计数，用“期初余额+本期增加额-本期减少额=本页余额”检查上行余额是否正确，如果相符，在本页最后一行日期栏写上转页时间，摘要栏写“转次页”或“转下页”，在借方栏写本页借方合计数、贷方栏写本页贷方合计数，余额栏写试算后的余额。然后在下页第一行日期栏写上转页时间，摘要栏写“承前页”或“承上页”，在借方栏写本页借方合计数、贷方栏写本页贷方合计数，余额栏写试算后的余额。

6.发生错账，要按规定的错账更正方法更正

发生错账，必须按规定的错账更正方法进行更正，不得涂抹、刮擦、挖补。

7.在记账凭证上注明记账符号

登记完毕后，已登账的金额，要在记账凭证上注明已经登账的符号，表示已经记账，以免发生重记或漏记。凭证登记完毕，在制证处签名或者盖章。

（二）日记账的设置和登记方法

日记账是根据企业经济业务发生或完成的时间先后顺序逐笔进行登记的账簿。按照日记账登记的经济内容不同，可分为普通日记账和特种日记账。普通日记账是用来序时登记全部经济业务的发生和完成情况的账簿。特种日记账簿是用来序时登记某一类经济业务的发生和完成情况的账簿。

1.普通日记账的设置和登记方法

普通日记账又称分录簿，一般只设置借方和贷方两个金额栏次，以满足编制会计分录的需要，由于只设借方和贷方两个金额栏次，故也称为“两栏式”账簿。普通日记账用来登记根据企业发生的各项经济业务所确定的账户名称（会计科目）及借方和贷方的金额。其格式见表7-3。

普通日记账将企业的所有经济业务，不论经济性质，全部按其发生的时间顺序进行登记。普通日记账的登记方法如下。

（1）日期栏。日期栏按经济业务发生的时间进行填列，表明经济业务发生的年、月、日。

（2）摘要栏。摘要栏简明扼要地写清经济业务的内容。如从银行提取现金业务可写“提现”两字。为表明所发生的经济业务的种类，文字必须有动词。

（3）账户名称栏。账户名称栏写明经济业务所涉及的账户名称。每一账户占一行。登记经济业务所涉及的账户名称要分两行（或多行）排列，先借后贷，借贷方账户要错开。

表7-3 普通日记账

2×18年		摘要	账户名称	借方	贷方	过账
月	日					
7	6	向银行借款	银行存款	150 000		√
			短期借款		150 000	√
7	10	购入办公用品	管理费用	800		√
			库存现金		800	√
7	14	报销差旅费	管理费用		1 000	√
			库存现金	900		√
			其他应收款	100		√
7	15	支付购货运费	在途物资	1 920		√
			银行存款		1 920	√
7	20	支付企业办公用房租金	管理费用	12 000		√
			银行存款		12 000	√
7	25	从银行提取现金	库存现金	9 600		√
			银行存款		9 600	√
7	31	发放7月份工资	应付职工薪酬	96 000		√
			库存现金		96 000	√

（4）借方金额和贷方金额栏。将对应的会计科目金额分别记入借方和贷方金额栏内。

（5）记账符号栏。记账栏登记过入总分类账中该账户的页数，或注明“√”表示已经过账。

普通日记账是根据原始凭证序时逐笔登记的，即将日常发生的每一笔经济业务转化为会计分录直接登记在日记账上，作为记入总分类账的依据，起记账凭证的作用，避免了根据经济业务直接登记总分类账可能发生的差错。

普通日记账的优点在于：有利于了解企业一定时期内发生的所有经济业务的全貌；通过全月发生额合计，可以进行试算平衡；同时，由于将每一笔经济业务涉及的应借、应贷账户的名称、金额汇集在一处，并有该业务的摘要可供查考，可以比较容易地发现记账错误。普通日记账的不足是不能分类地反映各项经济业务的发生和完成情况，不便于会计人员的分工记账，过账的工作量较大。

普通日记账适用于规模较小、经济业务较少的企业，这类企业应用普通日记账可以集中序时地记录全部经济业务，满足企业管理的需要。

2.特种日记账的设置和登记方法

特种日记账是指专门用来登记某一类经济业务的日记账。为了加强货币资金的管理，反映库存现金、银行存款的收入、支出和结余，各单位通常应设置库存现金日记账、银行存款日记账。库存现金日记账、银行存款日记账必须采用订本式账簿，按每一张账页顺序编号，不得用银行对账单或其他方法代替日记账。

（1）库存现金日记账的设置和登记方法。

库存现金日记账是指用来核算和监督库存现金每日收入、支出和结存情况的特种日记账。库存现金日记账由出纳员根据审核无误的现金收款凭证、现金付款凭证及银行付款凭证（企业从银行提取现金的业务），按时间先后顺序逐笔登记。每日业务结束后，根据“上日余额+本日收入-本日支出=本日余额”的公式，计算当天库存现金余额填入余额栏，并与库存现金实有数核对，以检查每日现金收付情况。

库存现金日记账的账页格式一般采用三栏式，也可以采用多栏式。

三栏式库存现金日记账是企业常用的一种日记账格式。这种日记账，通常设置收入、支出和余额三个基本栏目，为清楚地反映库存现金收付业务的内容，在“摘要”栏后，常常设有“对方科目”栏，用于登记对方科目的名称，以便记账时标明现金收入的来源科目和现金支出的用途科目。三栏式库存现金日记账格式见表7-4。

表7-4 三栏式库存现金日记账

2×18年		凭证		摘要	对方科目	收入	付出	结余
月	日	种类	编号					
7	1			上月结余				1 200
	4	银付	1	提取现金	银行存款	600		
	4	现付	1	借支差旅费	其他应收款		500	
	4	现付	2	支付市内运费	销售费用		80	
	4	现付	3	购买办公用品	管理费用		775	
	4			本日合计		600	1 355	445
	⋮							
	31			本日合计		565	420	396
	31			本月合计		18 670	19 474	396

三栏式库存现金日记账的登记方法说明如下：

①日期栏。日期栏根据记账凭证的日期填列。

②凭证栏。凭证栏根据收、付款凭证的种类和编号填列，其中，“种类”指记账凭证的种类，如现金付款凭证简写为“现付”，“编号”按记账凭证的编号登记。

③摘要栏。摘要栏根据记账凭证中经济业务的内容登记摘要。

④对方科目栏。对方科目栏登记与现金收入或现金支出对应的会计科目，可以根据收、付款凭证中的对方科目进行登记。

⑤收入栏。收入栏根据现金收款凭证合计金额和银行付款凭证中库存现金科目的金额填列。

⑥支出栏。根据现金付款凭证的合计金额填列。

对于从银行提取现金的业务，为了避免重复记账，只填制银行付款凭证，根据银行付款凭证登记库存现金日记账收入栏金额。

多栏式库存现金日记账是在三栏式库存现金日记账的基础上发展起来的，为了更清楚地在日记账中反映有关库存现金收入和支出来源，在现金收入栏（借方栏）下，按与现金对应的贷方科目设置专栏；在现金支出栏（贷方栏）下，按与现金对应的借方科目设置专栏。每月月末，结出与库存现金科目相对应的各科目的发生额合计数，并据以登记有关总账（采用多栏式日记账登记总账的情况下）。多栏式库存现金日记账的格式见表7-5。

表7-5 多栏式库存现金日记账

2×18年		凭证		摘要	收入				支出				余额
月	日	种类	编号		银行存款	其他业务收入	…	合计	银行存款	管理费用	…	合计	

如表7-5所示的多栏式库存现金日记账，如果库存现金对应科目较多，为避免账页过宽，可分别设置“库存现金收入日记账”和“库存现金支出日记账”两本账。其中，“库存现金收入日记账”按对应的贷方科目设置专栏，另设“支出合计”栏和“余额”栏；“库存现金支出日记账”则只按支出的对方科目，即只按对应的借方科目设置专栏。其格式分别见表7-6和表7-7。

表7-6 库存现金收入日记账

2×18年		凭证		摘要	收入（贷方科目）				支出合计	余额
月	日	种类	编号		银行存款	其他应收款	…	收入合计		

表7-7

库存现金支出日记账

2×18年		凭证		摘要	支出（借方科目）					
月	日	种类	编号		银行存款	其他应收款	管理费用	制造费用	…	支出合计

登记收入和支出分设的多栏式库存现金日记账时，由出纳人员根据审核后的有关现金收入业务的记账凭证，逐日逐笔登记库存现金收入日记账；根据有关现金支出业务的记账凭证登记库存现金支出日记账，每日营业终了，应将库存现金支出日记账中结计的当日支出合计数，一笔转记入库存现金收入日记账中当日的“支出合计”栏内，并结出当日账面余额。

（2）银行存款日记账的设置和登记方法。

银行存款日记账是用来核算和监督银行存款每日的增减变化和结存情况的特种日记账。银行存款日记账按企业在银行开立的账户和币种分别设置，由出纳员根据审核后的银行存款收款凭证、银行存款付款凭证以及与银行存款有关的现金付款凭证，逐日逐笔顺序登记。其账页格式一般采用三栏式，也可采用多栏式，但是无论是采用三栏式还是采用多栏式，银行存款日记账都应在适当位置增加“结算凭证”一栏，以便记账时标明每笔业务的结算凭证及编号，用于和银行核对账目。三栏式银行存款日记账的格式见表7-8。

表7-8

三栏式银行存款日记账

2×18年		凭证		摘要	结算凭证		对方科目	收入	付出	结余
月	日	种类	编号		种类	号数				
7	1			上月结余						3 850
	4	银收	1	收到货款			应收账款	60 000		
	4	银付	1	提取现金	现	186	库存现金		1 000	
	4	银付	2	支付运费	转	228	销售费用		750	
	4	银付	3	缴纳税金	转	229	应交税费		2 000	
	4	银收	2	收到国家投资			实收资本	500 000		
	4			本日合计				560 000	3 750	560 100
	⋮									
	31			本日合计				4 860	3 270	42 800
	31			本月合计				750 000	711 050	42 800

三栏式银行存款日记账的登记方法与三栏式库存现金日记账基本相同。但应注意“结算凭证”栏中“种类”和“号数”两个专栏，分别登记结算凭证的种类和号码。例如，用转账支票结算材料款，则应在“种类”栏登记“转账支票”，在“号数”栏登记转账支票号码，以便与银行对账；“对方科目”栏登记与银行收入或支出对应的会计科目，可根据有关收、付款凭证中的对方科目进行登记。其中，“收入”栏根据银行收款凭证和现金付款凭证中的金额填列；“支出”栏，根据银行付款凭证所列金额填列。对于将库存现金存入银行的业务，为避免重复记账，可以只填制现金付款凭证，根据现金付款凭证登记银行存款日记账收入栏金额。每日终了，计算银行存款收入和支出的合计数及账面余额，并且定期与银行送来的对账单进行核对，以保证账实相符。

银行存款日记账与库存现金日记账一样，也可以采用多栏式，采用多栏式账簿，银行存款日记账按银行存款收入、支出的对方科目分设专栏登记。月末结账时，分栏加计发生额，以便更清楚地了解银行存款的来龙去脉。多栏式银行存款日记账格式见表7–9。

表7–9 多栏式银行存款日记账

2×18年		凭证		摘要	结算凭证		收入				支出				余额
月	日	种类	编号		种类	号数	库存现金	应收账款	…	合计	原材料	销售费用	…	合计	

如表7–9格式的多栏式银行存款日记账，其不足在于当对应科目较多时，账页过长，登记不方便。为此可分别设置多栏式“银行存款收入日记账”和“银行存款支出日记账”两本账，由出纳人员根据审核后的收、付款凭证，逐日逐笔登记银行存款收入日记账和银行存款支出日记账，每日终了应将支出日记账中当日“支出合计”数，转记入银行存款收入日记账中当日“支出合计”栏内，以结算当日账面余额。

应当注意的是，采用多栏式日记账登记总账时，月末对于银行存款与库存现金之间相互划转的业务，其专栏的合计数不必过入总分类账户，以免重复。

（三）总分类账的设置和登记方法

总分类账，是根据总分类科目开设的，用来分类登记企业经济业务以提供总括会计信息的账簿。总分类账，可以全面、系统、综合地反映经济业务和财务收支情况，为编制财务报表提供资料，所以，每一企业都应设置总分类账。

总分类账一般采用订本式账簿。由于总分类账的核算是运用货币量度反映各账户金额的增减变动情况的，因此，总分类账多采用借方、贷方、余额三栏式账簿，根据企业需要，在总分类账中可以增设“对方科目”栏，也可以不设置“对方科目”栏。一般都不设置“对方科目”栏。其格式见表7-10。

表7-10　总分类账

会计科目：原材料

2×18年		凭证号		摘要	借方金额	贷方金额	借或贷	余额
月	日	种类	编号					
7	1			月初余额			借	52 000
	8			购入材料	25 600		借	77 600
	15			领用材料		36 000	借	41 600
	31			本月合计	25 600	36 000	借	41 600

总分类账登记的依据和方法取决于采用的账务处理程序，可以根据记账凭证逐笔登记，也可以按一定的方式汇总，如先将记账凭证进行汇总，编制汇总记账凭证或科目汇总表，再据以登记总分类账。

（四）明细分类账的设置和登记方法

明细分类账是根据二级科目或明细科目开设账户，分类、连续地登记经济业务以提供明细核算资料的账簿。明细分类账是总分类账的明细记录，它是按照总分类账的核算内容，按照更详细的分类，反映某一具体类别经济活动的财务收支情况，它对总分类账起补充说明的作用，其所提供的会计数据也是编制财务报表的重要依据，各企业应根据需要设置必要的明细分类账。

明细分类账的登记，一般有三种方法：一是根据原始凭证直接登记明细账；二是根据汇总原始凭证登记明细账；三是根据记账凭证登记明细分类账。登记明细分类账既可以逐日逐笔登记，也可以定期（3天或5天）汇总登记。根据会计主体业务量的多少、业务性质及管理要求选择不同的登记方法。明细分类账一般采用活页式账簿或卡片式账簿，其格式主要有三栏式、数量金额式和多栏式三种。

1.三栏式明细分类账

三栏式明细分类账设有“借方”、“贷方”和“余额”三个金额栏。它一般适用于只能或只需采用金额进行明细核算的账户，如“应收账款”“应付账款”等债权债务类和资本类账户的明细核算。三栏式明细分类账的格式与三栏式总账的格式基本相同。表7-10也可以用作明细账。

三栏式明细分类账的登记方法是：根据有关记账凭证逐笔进行借方、贷方金额登记，而后结出余额。如为借方余额，在“借或贷”栏中填写“借”字；如为贷方余额，则填写“贷”字。

2.数量金额式明细分类账

数量金额式明细分类账是在设置的收入、发出、结存三大栏目下，分别设置数量、单价、金额三个小栏目。它适用于既要进行金额核算，又要进行数量核算的经济业务，如原材料、库存商品等财产物资明细账。这种明细账能提供财产物资收、发、存的详细数据，便于加强财产物资的实物管理和使用监督。其格式见表7-11。

表7-11 数量金额式明细分类账

2×18年		凭证		摘要	收入			发出			结存		
月	日	种类	编号		数量	单价	金额	数量	单价	金额	数量	单价	金额

数量金额式明细分类账的登记方法是：根据财产物资收入、发出的原始凭证或原始凭证汇总表分别进行“收入”栏、“发出”栏的登记。如根据材料的“收料单”原始凭证可以登记材料明细账的“收入”栏，根据“发料单”可以登记“发出”栏；而后计算出“结余”栏的数量、单价、金额。

3.多栏式明细分类账

多栏式明细分类账，是根据经济业务的特点和经济管理的要求，在一张账页内记录某一科目及其所属的各明细科目的内容，按该总账科目的明细项目设置专栏，适用于成本、费用、收入、利润等明细账的登记，如“主营业务收入”“管理费用”“财务费用”“本年利润” “应交税费——应交增值税”等账户。多栏式明细分类账按登记的经济业务不同，其账页格式又可分为借方多栏、贷方多栏和借方贷方均多栏三种格式。

（1）借方多栏式明细分类账。这种账页格式适用于借方需要设多个明细科目或明细项目的账户，如“生产成本”“制造费用”“管理费用”“财务费用”“销售费用”等账户的明细账分类核算。其格式见表7-12。

多栏式明细分类账是由会计人员根据审核无误的记账凭证或原始凭证逐笔登记的。借方多栏式明细账，由于只在借方设置多栏，平时在借方登记费用发生额，如果需要冲减有关费用，可以在明细账中以红字在借方登记，月末将借方发生额从贷方结转到“本年利润”账户或其他账户。

（2）贷方多栏式明细分类账。这种账页格式适用于贷方需要设置多个明细科目或明细项目的账户，如“主营业务收入”“营业外收入”等账户。其格式和内容见表7-13。

表 7-12 **借方多栏式明细分类账（管理费用）**

2×18年		凭证		摘要	借方（项目）						贷方	余额
月	日	种类	号数		工资	折旧费	水电费	办公费	…	合计		
7	1			购买办公用品				800		800		
	8			发放工资	8 500					8 500		
	9			付水电费			950			950		
	30			计提折旧		1 260				1 260		
	30			本月发生额	8 500	1 260	950	800		11 510	11 510	0

表 7-13 **贷方多栏式明细分类账（主营业务收入）**

2×18年		凭证		摘要	借方	贷方（项目）				余额
月	日	种类	号数			百货组	鞋帽组	…	合计	
7	1			销售商品		60 000			60 000	60 000
	8			销售商品			350 000		350 000	410 000
	9			退货		2 000			2 000	408 000
	20			销售商品			12 000		12 000	420 000

贷方多栏式明细账只在贷方设置多栏，平时贷方登记收入发生额，借方登记月末将贷方发生额一次转出的数额。如果平时发生销售退回，应用红字在贷方登记栏中登记。

（3）借方贷方多栏式明细分类账。借方贷方多栏式明细分类账是在账页的借方和贷方均分设若干专栏，主要适用于借方、贷方都需要设置多栏进行明细核算的经济业务，如“本年利润”“应交税费——应交增值税”账户。其格式和内容见表 7-14、表 7-15。

表 7-14 **借方贷方多栏式明细分类账**

年		凭证		摘要	借方（项目）				贷方（项目）				余额
月	日	种类	号数					合计				合计	

表 7-15　　应交税费——应交增值税明细账

年		凭证		摘要	借方				贷方				借或贷	余额
月	日	种类	号数		进项税额	已交税额	…	合计	销项税额	进项税额转出	…	合计		

第三节 会计账簿的错账更正

由于各种原因，记账错误是难以杜绝的。为了保证账簿记录正确无误，需要根据会计核算特点，探寻常见错误的产生原因及规律，总结出有效的查错方法，以便能够及时地查找错账并按规定的方法予以更正。

一、错账发生的情况

1.倒码、错位、反方等

倒码就是相邻数字颠倒，如86记为68；错位就是多记或少记位数，如300错记为3 000，或5 000错记为500；反方就是记错借贷方向，如将借方发生额错记为贷方，借贷两方一方记账，另一方漏记账。

2.重记整笔业务

3.漏记整笔业务

4.串户

串户即把甲账户发生额错记入乙账户中。

5.几种错误交织

二、查找错误的方法

（一）全面检查

全面检查按照查错的顺序是否与记账程序的方向相同，可分为顺查法和逆查法两种。

1.顺查法

顺查法是按照记账的顺序，从原始凭证到记账凭证，再到账簿、试算表、报表的顺次查找。

顺查法按照记账的先后顺序查找，有利于全面检查账簿记录的正确性，但查错的工作量大，费时费力。因此，这种方法适用于错账比较多，难以确定查找方向与重点范围的情况。

2.逆查法

逆查法是从发现错账的位置逆着记账程序的方向，查到错误的原因为止。

逆查法将重点放在发现错账的部位，通过分析，与记账顺序反向查找，能减少查找的工作量，也符合错误的原因是在其结果之前的客观规律。

（二）局部抽查

局部抽查常用的方法有差额核对法、差额除二法、差额除九法三种。

1.差额核对法，检查重记、漏记

如果对账时发现差错数正好等于某笔经济业务的发生额，则可能是重记或漏记一方的数字。例如，本期在试算平衡时，正常的发生额合计数是10 000，而借方发生额合计为10 800，差额800正好等于某项经济业务的发生额。如果本期账目只存在这一项错误，则可以基本确定该错误是由于发生额为800的经济业务的借方重记一次造成，即该笔经济业务在借方记了两次800，贷方记了一次800；如果借方漏记，则本期借方发生额合计数为9 200。

2.差额除二法，检查借贷方向

如果错账的差错数是偶数，能被2除尽，商数等于某项经济业务的发生额，就可能是借、贷的某一方记错了方向。例如，本期试算平衡时发现借方发生额合计数大于贷方发生额合计数，差数是88，88÷2＝44，就可能是把一笔发生额为44的应记入贷方的经济业务，错记到了借方，造成借方重复记录，即借方记了两次44，贷方漏记，试算平衡时必然借方比贷方多88。

3.差额除九法，检查邻数倒置或数字错位

如果错账的差错数能用9除尽，错误可能有下述两种情况：

（1）邻数倒置。即将一笔金额中相邻的两位数字或相邻的三位数字记颠倒的错误，如75误记成57等，这种错误，可以采用差额除九法。其差额去除以9，为整数。然后在账簿记录中去检查是否出现数字颠倒的错误。例如，将金额386元记为638元，差数为252元，然后用9去除，商数为28。

（2）数字错位。如果差数的数额较大，就应检查是否在记账时发生了数字错位。因为在登账过程中，往往会把十位数错记为百位数，或者将千位数记成百位数等。出现错位这种错误情况，其差数均可被9整除，其商数就是要查找的差错数。

数字错位一般是向前或向后记错一位，使原数扩大或缩小10倍。例如，把36误记为3.6，36−3.6＝32.4，32.4是36的0.9倍，32.4÷9＝3.6，3.6是正确数36的1/10；如果把36误记为360，360－36＝324，324是36的9倍，324÷9＝36，36就是要查找的正确数。可见，如果错数与正确数的差额是正确数的9倍，可以用9除尽，则除以9所得的商就是要查找的正确数；如果错数与正确数的差额是正确数的0.9倍，可以用9除尽，则除以9所得的商就是正确数的1/10。如此类推，数字错位还有错记两位、错记三位之分，此处不再详述。

查找错账是一项耗费时间和精力的工作，有经验的会计人员查找错账不限于上述方法。会计人员应力求认真记账，做好对账和复核工作，尽量做到不出错账。一旦出现错账，查找后应按正确的方法予以更正。

三、更正错账的方法

（一）划线更正法

划线更正法适用于在结账前发现账簿记录中文字、数字错误，而其所依据的记账凭证并无错误的情况。划线更正法的具体做法是：在错误的文字或数字上划一条红线，以示注销，对注销的文字或数字，应当能辨认出原有字迹，不得涂抹，以备查考。对于错误的数字，应整个划销，不得只划销其中个别数字，并由更正人员在更正处盖章，以便明确责任。例如，将5978误写为5987，用红线居中全部划去，并在更正处盖章。又如，误将“应收账款”写为“应付账款”，更正方法是将“付”字划去，在其上方填写“收”字。如果所记账户方向都无错，用蓝黑墨水将正确数字填在上方；如果方向错误，用蓝黑墨水将正确数字填在正确方向；如果账户错误，用蓝黑墨水将正确数字填在正确账户上。

（二）红字更正法

红字更正法是指由于记账凭证错误而使账簿记录发生错误，而用红字凭证冲销原记账凭证记入账簿的金额，以更正账簿记录的一种方法。红字更正法适用于以下两种情况：

（1）记账以后，如果发现账簿记录的错误，是因为记账凭证中的应借、应贷会计科目或记账方向有错误而引起的，应用红字更正法进行更正。更正的方法是：先用红字金额填写一张应借应贷会计科目及其金额与原错误记账凭证完全相同的记账凭证，在“摘要”栏中写明“注销×年×月×号凭证的错账”，并据以用红字登记入账，以冲销原来的错误账簿记录（注意日期和编号是填制更正凭证日期和凭证的实际字及顺序号。）然后，再用蓝字或黑字填写一张正确的记账凭证，在“摘要”栏中写明“更正×年×月×号凭证的错账”，并据以用蓝字或黑字登记入账。

【例7-1】甲公司购入行政管理部门用办公用品3 000元，货款尚未支付。在填制记账凭证时，误记入“应收账款”科目，并据以登记入账，其错误记账凭证所反映的会计分录如下：

（1）借：管理费用	3 000	
贷：应收账款		3 000

该项业务正确的会计分录应贷记“应付账款”科目。在更正时，应用红字金额填制一张记账凭证冲销原会计分录，并据以登记入账，冲销原错误的账簿记录。

（2）借：管理费用	[3 000]	
贷：应收账款		[3 000]

（3）然后再用蓝字或黑字填制一张正确的记账凭证，并据以登记入账。

借：管理费用	3 000	
贷：应付账款		3 000

以上有关账户更正记录如图7-1所示。

管理费用		应收账款		应付账款	
3 000			3 000		3 000
$\boxed{3\ 000}$			$\boxed{3\ 000}$		
3 000					

图7-1 错账更正图（一）

（2）记账以后，如果发现记账凭证和账簿记录的金额有错误（所记金额大于应记的正确金额），而应借、应贷的会计科目没有错误，应用红字更正法进行更正。更正的方法是：将多记的金额用红字填制一张记账凭证，而应借、应贷会计科目与原错误记录凭证相同，在“摘要”栏写明“冲销×年×月×号凭证多记金额”，并据以登记入账，以冲销多记的金额。

【例7-2】企业的生产车间领用一批材料用于某产品生产，价值1 000元。在填制记账凭证时，误记金额为10 000元，但会计科目、借贷方向均没有错误，并已据以登记入账。其错误记账凭证所反映的会计分录如下：

（1）借：生产成本　　10 000

　　贷：原材料　　10 000

（2）更正时，应将多记的金额9 000元用红字编制如下记账凭证，并登记入账。

借：生产成本　　$\boxed{9\ 000}$

　贷：原材料　　$\boxed{9\ 000}$

以上有关账户更正记录如图7-2所示。

生产成本		原材料	
10 000			10 000
$\boxed{9\ 000}$			$\boxed{9\ 000}$

图7-2 错账更正图（二）

（三）补充登记法

补充登记法是指由于记账凭证错误只导致账簿记录金额少记，从而编制补充凭证，以更正账簿记录的一种方法。记账以后，如果发现记账凭证和账簿记录的金额有错误（所记金额小于应记的正确金额），而应借、应贷的会计科目没有错误，应用补充登记法进行更正。更正的方法是：将少记的金额用蓝字填制一张记账凭证，而应借应贷科目与原记账凭证相同，在“摘要”栏注明“补充登记×年×月×号凭证少记金额”，并据以登记入账。

【例7-3】企业从某厂购入材料一批，计40 000元，货款尚未支付（不考虑税金）。在填制记账凭证时，对应账户没有记错，但是把金额误记为4 000元，本月已记账。发现这一错误时，应将少记的36 000元（40 000－4 000）用蓝字金额填制一张与原来对应账户相同的记账凭证。

借：原材料　　36 000

　贷：应付账款　　36 000

以上有关账户更正记录如图7-3所示。

原材料		应付账款	
4 000			4 000
36 000			36 000

图7-3 错账更正图（三）

四、会计账簿的更换与保管

（一）账簿的更换

账簿更换是在会计年度末，将本年度旧账更换为下年度新账。

更换新账的程序是：年度终了，在本年有余额的账户“摘要”栏内注明“结转下年”字样。在更换新账时，注明各账户的年份，在第一行“日期”栏内写明1月1日；“凭证字号”栏空着不填；将各账户的年末余额直接抄入新账“余额”栏内，在“摘要”栏注明“上年结转”，并注明余额的借贷方向。过入新账的有关账户的余额，不需要再编制记账凭证。在新的会计年度建账并不是所有的账簿都更换为新的。一般来说，库存现金日记账、银行存款日记账、总分类账、大多数明细分类账应每年更换一次。但是固定资产明细账或固定资产卡片可以延续使用。有些财产物资明细账和债权债务明细账，由于材料品种、规格和往来单位较多，更换新账，重抄一遍，工作量较大，因此，可以跨年度使用，不必每年更换一次。第二年使用时，可直接在上年终了的双线下面记账。各种备查簿也可以连续使用。

（二）会计账簿的保管

会计账簿是会计档案的重要组成部分，每个单位都必须按照国家统一的会计制度规定，建立管理制度，妥善保管，保管期满，按规销毁。账簿管理分为日常管理和归档保管两部分。

1.日常账簿管理的要求

（1）各种账簿的管理要分工明确，指定专人管理，账簿经管人员既要负责本账簿的记账、对账、结账等工作，又要负责保证账簿的安全、完整。

（2）会计账簿未经会计负责人或有关人员批准，非经管人员不得随意翻阅、查看、摘抄和复制等。

（3）会计账簿除需要与外单位核对外，一般不能携带外出，对携带外出的账簿，会计负责人要指定专人负责，办理手续并如期归还。

（4）会计账簿不能随意交给其他人员管理，以保证账簿安全、完整和防止任意篡改、毁坏账簿等问题的发生。

2.旧账归档保管的要求

年度终了更换并启用新账后，对更换下来的旧账要整理装订，造册归档。归档前旧账的整理工作包括：检查和补齐应办的手续，如改错盖章、注销空行及空页、结转余额等。活页账应撤出未使用的空白账页，再装订成册，并注明各账页号数。旧账装订时应注意：活页账一般按账户分类装订成册，一个账户装订成一册或数册；某些账户账页较少，也可以合并装订成册。装订时需检查账簿扉页的内容是否填写齐全。会计人员必须将各种活页账簿连同“账簿启用和经管人员一览表”装订成册，写上页次，加上封面，统一编号。与各种订本式账簿一起形成的会计档案，可暂由会计机构保管一年。期满之后，应当由会计机构编制移交清册，移交本单位档案机构统一保管；未设立档案机构的，应当在会计机构内部指定专人保管。各账簿归档保管的期限分别为：日记账一般为15年，其中库存现金日记账和银行存款日记账为25年；固定资产卡片在固定资产报废清理后应继续保存5年；其他总分类账、明细分类账和辅助账簿应保存15年。保管期满后，要按照会计档案管理办法的规定，由财会部门和档案部门共同鉴定，报经批准后进行处理。

对会计账簿的保管既是会计人员应尽的职责，又是会计工作的重要组成部分。

第四节 对账与结账

一、对账

对账是指核对账目，包括账证核对、账账核对、账实核对、账表核对。

（一）账证核对

账证核对是指账簿记录同记账凭证及其所附的原始凭证核对。各种会计账簿的记录（总分类账、明细分类账以及库存现金和银行存款日记账等）应与有关会计凭证（记账凭证及其所附的原始凭证）进行核对。尽管账簿是根据审核后的会计凭证登记的，但实际工作中仍然可能发生账证不符的情况。因此，记完账后，要将账簿记录与会计凭证进行核对。

账证核对要求会计人员在日常编制凭证和记账过程中认真进行复核，在期末结账时重点抽查核对，并通过定期或不定期的复查进行核对，以保证账证相符。月终，如果发现账证不符，就应回过头来对账簿记录与会计凭证进行核对，以保证账证相符。

（二）账账核对

账账核对是指各种账簿之间的有关数字应当核对相符。具体核对包括以下内容。

（1）总分类账簿全部账户借方发生额合计数与全部账户贷方发生额合计数核对；总分类账簿全部账户借方余额合计数与全部账户贷方余额合计数核对。全部账户借方期末余额合计数应与全部账户贷方期末余额合计数相等；全部账户借方本期发生额合计数应与全部账户贷方本期发生额合计数相等。按照会计基本等式（资产=负债+所有者权益）和“有借必有贷、借贷必相等”的记账规则，总分类账簿中各账户的期初余额、本期发生额与期末余额之间存在平衡关系。全部账户的本期借方发生额合计数与全部账户本期贷方发生额合计数，全部账户的期末借方余额合计数和全部账户期末贷方余额合计数也必然存在平衡关系。该项核对工作，主要通过编制“总分类账户发生额和余额试算平衡表”来进行。

（2）总分类账簿各账户发生额和余额与所属的明细分类账户发生额合计数和余额合计数核对。总分类账中各账户的期末余额，应与其所属的各明细分类账户的期末余额合计数核对相符；总分类账中各账户的本期借方发生额，应与其所属的各明细分类账户的本期借方发生额合计数核对相符；总分类账中各账户的本期贷方发生额，应与其所属的各明细分类账户的本期贷方发生额合计数核对相符。该项核对工作，主要通过编制“总分类账户与明细分类账户发生额及余额对照表”来进行。

（3）库存现金、银行存款日记账的本期发生额和期末余额分别与各明细分类账户的本期发生额合计数和期末余额合计数、总账的库存现金和银行存款账户的本期发生额和期末余额核对。

（4）会计部门有关财产物资明细账的本期发生额和余额与财产物资保管和使用部门的明细账的本期发生额和余额要定期核对相符。核对时，可以由物资保管部门或使用部门定期编制收发存汇总表报会计部门进行核对。

（三）账实核对

账实核对是指账簿记录余额与实存数的核对，即各项财产物资、债权债务等账面余额与实有数额之间的核对。账实核对的主要内容有：

（1）库存现金日记账的账面余额与库存现金实有数额核对相符。

（2）银行存款日记账的账面余额与银行对账单的发生额和余额核对相符。

（3）各种债权、债务明细账的账面本期发生额和余额应与有关单位的账面记录核对相符。

（4）各种财产物资明细账的账面余额应与其实存数额核对相符。

账实核对通过财产清查进行。

（四）账表核对

账表核对是指将账簿记录与各种报表相互核对。

二、结账

结账是指期末结出各账户的本期发生额和期末余额。在本期内所发生的经济业务全部登记入账的基础上，于会计期末按照规定的方法结算账目，包括结计出本期发生额和期末余额。各个单位的经济活动是连续不断进行的，为了总结每一会计期间（月份、季度、年度）的经济活动情况，考核经营成果，编制财务报表，就必须在每一会计期末进行结账。

（一）结账的主要程序和内容

（1）检查本期内日常发生的经济业务是否已全部登记入账，若发现漏账、错账，应及时补记、更正。

（2）在实行权责发生制的单位，应按照权责发生制的要求，进行账项调整，以计算确定本期的成本、费用、收入和财务成果。

（3）将损益类科目转入“本年利润”科目，结平所有损益类科目。

（4）在本期全部经济业务登记入账的基础上，结算出所有账户的本期发生额和期末余额。计算登记各种账簿的本期发生额和期末余额。

（二）结账的方法

计算所登记的各种账簿的本期发生额和期末余额的工作，一般按月进行，称为月结；有的账目，还应按季结算，称为季结；年度终了，还应进行年终结账，称为年结。期末结账主要采用划线结账法，也就是期末结出各账户的本期发生额和期末余额后，加以划线标记，将期末余额结转到下期。

1.结账时应当根据不同的账户记录，分别采用不同的方法

（1）对不需要按月结计本期发生额的账户，如各项应收款明细账和各项财产物资明细账等，每次记账以后，都要随时结出余额，每月最后一笔余额即为月末余额。也就是说，月末余额就是本月最后一笔经济业务记录的同一行内的余额。月末结账时，只需要在最后一笔经济业务记录之下划一单红线，不需要再结计一次余额。

（2）库存现金、银行存款日记账和需要按月结计发生额的收入、费用等明细账，每月结账时，要在最后一笔经济业务记录下面划一单红线，结出本月发生额和余额，在“摘要”栏内注明“本月合计”字样，并在下面再划一单红线。

（3）需要结计本年累计发生额的某些明细账户，如主营业务收入、成本明细账等，每月结账时，应在“本月合计”行下结计自年初起至本月末止的累计发生额，登记在月份发生额的下面，在“摘要”栏内注明“本年累计”字样，并在下面划一单红线。12月份末的“本年累计”就是全年累计发生额，在全年累计发生额下划双红线。

（4）总账账户平时只需结计月末余额。年终结账时，为了反映全年各项资产、负债及所有者权益增减变动的全貌，便于核对账目，要将所有总账账户结计全年发生额和年末余额，在“摘要”栏内注明“本年合计”字样，并在合计数下划双红线。

（5）需要结计本月发生额的某些账户，如果本月只发生一笔经济业务，由于这笔记录的金额就是本月发生额，结账时，只要在此行记录下划一单红线，表示与下月的发生额分开就可以了，不需另结出“本月合计”数。

2.结账划线方法

结账划线的目的，是突出本月合计数及月末余额，表示本会计期间的会计记录已经截止或结束，并将本期与下期的记录明显分开。

（1）日结或月结时。

应在该日、该月最后一笔经济业务下面划一条通栏单红线，在红线下“摘要”栏内注明“本日合计”或“本月合计”、“本月发生额及余额”字样，在“借方”栏、“贷方”栏或“余额”栏分别填入本日、本月合计数和月末余额，同时在“借或贷”栏内注明借贷方向。然后，在这一行下面再划一条通栏单红线，以便与下日、下月发生额划清。

（2）季结时

通常在每季度的最后一个月月结的下一行，在“摘要”栏内注明“本季合计”或“本季度发生额及余额”，同时结出借、贷方发生总额及季末余额。然后，在这一行下面划一条通栏单红线，表示季结的结束。

（3）年结时

在第四季度季结的下一行，在“摘要”栏注明“本年合计”或“本年发生额及余额”，同时结出借、贷方发生额及期末余额。然后，在这一行下面划通栏双红线，以示封账。

（4）年度结账后

总账和日记账应当更换新账，明细账一般也应更换。但有些明细账，如固定资产明细账等可以连续使用，不必每年更换。年终时，要把各账户的余额结转到下一会计年度，只在“摘要”栏注明“结转下年”字样，结转金额不再抄写。如果账页的“结转下年”行以下还有空行，应当自余额栏的右上角至日期栏的左下角用红笔划对角斜线注销。在下一会计年度新建有关会计账簿的第一行余额栏内填写上年结转的余额，并在“摘要”栏注明“上年结转”字样。

3.账户余额的填写方法

每月结账时，应把月末余额写在本月最后一笔经济业务记录的同一行内。但在库存现金日记账、银行存款日记账和其他需要按月结计发生额的账户，如各种成本、费用、收入的明细账等，每月结账时，还应将月末余额与本月发生额写在同一行内，在“摘要”栏注明“本月合计”字样。这样做，账户记录中的月初余额加减本期发生额等于月末余额，便于账户记录的稽核。需要结计本年累计发生额的某些明细账户，每月结账时，“本月合计”行已有余额的，“本年累计”行就不必再写余额了。

4.能否用红字结账

账簿记录中使用的红字，具有特定的含义，它表示蓝字金额的减少或负数余额。因此，结账时，如果出现负数余额，可以用红字在“余额”栏登记，但如果“余额”栏前印有余额的方向（如借或贷），则应用蓝黑墨水书写，而不得使用红色墨水书写。

年度终结，要把各账户的余额结转到下一会计年度，并在“摘要”栏注明“结转下年”字样；在下一会计年度新建有关会计账簿的第一行余额栏内填写上年结转的余额，并在“摘要”栏注明“上年结转”字样。

对于怎样把有余额的账户余额结转到下年，正确的方法应该是：年度终了结账时，有余额的账户余额，直接记入新账“余额”栏内即可，不需要再编制记账凭证，也不必将余额再记入本年账户的借方或贷方，使本年有余额的账户变为零。因为，年末具有余额的账户，余额就应当如实地在账户中加以反映，这样才更清晰、明了。否则，就混淆了有余额的账户和无余额的账户。

【小　结】

会计账簿是指由一定格式账页组成的，以经过审核的会计凭证为依据，全面、系统、连续地记录各项经济业务事项的簿籍。各单位应当按照国家统一的会计制度的规定和会计业务的需要设置会计账簿。各种账簿都应具备封面、扉页、账页三项基本内容。会计账簿按用途不同可分为序时账簿、分类账簿和备查账簿；按外表形式不同可分为订本式账簿、活页式账簿和卡片式账簿；按账页格式不同又可分为两栏式账簿、三栏式账簿、多栏式账簿和数量金额式账簿。账户是根据会计科目设置的，具有一定的格式和结构，用于分类反映会计要素增减变动情况及其结果的载体。账户的基本结构是指增加额、减少额记在账户的哪一方，余额在哪一方。账户的哪一方登记增加额和减少额，余额在哪一方，取决于账户的性质。会计等式左边的账户即资产类、费用类账户，是资产性质账户，增加额记借方，减少额记贷方，余额在借方；会计等式右边的账户即负债类、所有者权益类、收入类账户，是负债性质账户，增加额记贷方，减少额记借方，余额在贷方。账户存在于账簿之中，账簿中的账页是账户的存在形式和载体，是账户的外在形式。账户是账簿的实际内容。二者是形式与内容的关系。

日记账是根据企业经济业务发生或完成的时间的先后顺序逐笔进行登记的账簿。按照日记账登记的经济内容不同，可分为普通日记账和特种日记账。普通日记账需要登记日期栏、摘要栏、账户名称栏、记账符号栏、借方金额栏和贷方金额栏。特种日记账指专门用来登记某一类经济业务的日记账，各单位通常应设置库存现金日记账、银行存款日记账。库存现金日记账是指用来核算和监督库存现金每日收入、支出和结存情况的特种日记账。三栏式库存现金日记账需要登记日期栏、凭证号栏、摘要栏、对方科目栏、收入栏、支出栏。银行存款日记账是用来核算和监督银行存款每日的增减变化和结存情况的特种日记账。三栏式银行存款日记账的登记方法与三栏式库存现金日记账基本相同。总分类账，是根据总分类科目开设的，用来分类登记企业经济业务以提供总括会计信息的账簿。总账一般采用三栏式订本式账簿。总分类账的登记依据和方法取决于采用的账务处理程序，可以根据记账凭证逐笔登记，也可以按一定的方式汇总，如先将记账凭证进行汇总，编制汇总记账凭证或科目汇总表，再据以登记总分类账。明细分类账是根据二级科目或明细科目开设账户，分类、连续地登记经济业务以提供明细核算资料的账簿。明细分类账一般采用活页式账簿或卡片式账簿，其账页格式主要有三栏式、数量金额式和多栏式三种。三栏式明细分类账适用于债权、债务结算类明细账和所有者权益类明细账；多栏式明细分类账适用于收入、费用明细账和应交税费——应交增值税明细账；数量金额式明细分类账适用于财产物资明细账。

登账产生错误的情况有：倒码、错位、反向；重记整笔业务；漏记整笔业务；串户；几种错误交织。查找错误的方法有全面检查法和局部抽查法。全面检查法又分为顺查法和逆查法两种。局部抽查常用的方法有差额核对法、差额除二法、差额除九法三种。差额核对法适用于查找某一账户的某一笔借方或贷方发生额发生漏记或重记的错误；差额除二法适用于查找某一账户的某一笔借方或贷方发生额发生漏记或重记、方向记反的错误；差额除九法适用于查找某一账户的某一笔借方或贷方发生额记账时发生错位或邻位数字颠倒的错误。

更正错账的方法有划线更正法、红字更正法、补充登记法。

账簿更换是在会计年度末，将本年度旧账更换为下年度新账。会计账簿管理分为日常管理和归档保管两部分。各账簿归档保管的期限分别为：日记账一般为15年，其中库存现金日记账和银行存款日记账为25年；固定资产卡片在固定资产报废清理后应继续保存5年；其他总分类账、明细分类账和辅助账簿应保存15年。保管期满后，要按照会计档案管理办法的规定，由财会部门和档案部门共同鉴定，报经批准后进行处理。

对账是指核对账目，内容包括账证核对、账账核对、账实核对、账表核对。

结账是指期末结出各账户的本期发生额和期末余额。在本期内所发生的经济业务全部登记入账和账项调整的基础上，于会计期末按照规定的方法结算账目，包括月结、季结、半年结和年结。结账时用红笔在结账行沿上、下线划通栏红线。

【复习思考题】

1.为什么要设置账簿？它有什么作用？

2.账簿按用途可分为哪几类？按外表形式可分为哪几类？按账页格式可分为哪几类？各有哪些优缺点？用于哪些账户？

3.明细账有哪几种账页格式？各适用于哪类账户？

4.账簿的启用和登记有哪些规则？

5.错账更正的方法有哪些？分别适用哪种错账？怎么更正？

6.账簿的更换和保管有哪些规定？

7.什么是对账？对账包括哪些内容？

8.什么是结账？结账包括哪些内容？

【练习题】

一、单项选择题

1.必须逐日逐笔登记的账簿是（　　）。

A.明细账　　　　B.总账

C.日记账　　　　D.备查账

2.记账以后，发现记账凭证中科目正确，但所记金额小于应记的金额，应采取的更正方法是（　　）。

A.红字更正法　　B.平行登记法

C.补充登记法　　D.划线更正法

3.一般采用多栏式账页的是（　　）。

A.总账　　B.管理费用明细账

C.库存现金日记账　　D.银行存款日记账

4.库存商品明细账通常采用的账页格式是（　　）。

A.多栏式　　B.三栏式

C.数量金额式　　D.卡片式

5.属于对账中账证核对的对账内容是（　　）。

A.银行存款日记账账面余额与开户银行账目定期核对

B.总分类账户各账户期末余额与银行存款日记账期末余额核对

C.库存现金日记账与某日收款凭证核对

D.总分类账户各账户期末余额与明细分类账的期末余额核对

6.总分类账的外表形式适用于（　　）。

A.订本式账簿　　B.活页式账簿

C.多栏式账簿　　D.数量金额式账簿

7.记账凭证上记账栏中的“√”记号表示（　　）。

A.已经登记入账　　B.不需登记入账

C.此凭证作废　　D.此凭证编制正确

8.“营业外收入”明细账应该采用的外表形式是（　　）。

A.活页式　　B.卡片式

C.订本式　　D.任意外表形式

9.期末根据账簿记录，计算出各账户的本期发生额和期末余额，在会计上称为（　　）。

A.对账　　B.结账

C.调账　　D.查账

10.总账和明细账之间进行平行登记的原因是总账与明细账的（　　）。

A.格式相同　　B.登记时间相同

C.反映经济业务的内容相同　　D.提供指标的详细程度相同

二、多项选择题

1.下列各项属于对账内容的是（　　）。

A.明细账与总账核对　　B.库存商品账与实物核对

C.往来账与业务合同核对　　D.记账凭证与原始凭证核对

E.库存现金与库存现金账核对

2.下列账簿必须采用订本式账簿的是（　　）。

A.明细账　　B.总账　　C.库存现金日记账

D.银行存款日记账　　E.备查账

3.在下列各项中，可以采用多栏式明细账簿的是（　　）。

A.生产成本　　B.管理费用　　C.原材料

D.应收账款　　E.制造费用

4.明细分类账登记的依据是（　　）。

A.记账凭证　　B.原始凭证　　C.科目汇总表

D.汇总原始凭证　　E.备查账

5.下列情况，可以使用红色墨水记账的有（　　）。

A.按照红字冲账的记账凭证，冲销错误记录

B.在不设借贷的多栏式账页中，登记减少数

C.在三栏式账页的余额前，如未印明余额方向的，在余额栏内登记负数余额

D.进行年结、月结时划线

E.补充登记时

6.在会计工作中红色墨水可用于（　　）。

A.记账　　B.结账　　C.对账

D.冲账　　E.算账

7.在会计上允许使用的更正错误的方法有（　　）。

A.划线更正法　　B.红字更正法　　C.补充更正法

D.用涂改液修正　　E.刮擦挖补

8.账簿按用途不同可以分为（　　）。

A.序时账簿　　B.分类账簿　　C.联合账簿

D.备查账簿　　E.活页式账簿

9.红字更正法的要点是（　　）。

A.用红字填写一张与错误记账凭证应借应贷账户相同，金额为多记金额的记账凭证并用红字记账

B.用红字填写一张与错误原始凭证应借应贷账户及其金额完全相同的记账凭证并用红字记账

C.用蓝字填写一张与错误原始凭证完全相同的记账凭证并用蓝字记账

D.再用红字重填一张正确的记账凭证，登记入账

E.再用蓝字重填一张正确的记账凭证，登记入账

10.划线更正法的要点是（　　）。

A.在错误的文字或数字（单个数字）上划一条红线注销

B.在错误的文字或数字（整个数字）上划一条红线注销

C.在错误的文字或数字上划一条蓝线注销

D.将正确的文字或数字用蓝字写在划线的上端

E.更正人在划线处盖章

三、判断题

1.总分类账和明细分类账一律都是根据记账凭证登记的。 ( )

2.记账以后，发现所记金额小于应记金额，但记账凭证正确，应采用红字更正法进行更正。 ( )

3.备查账簿是对某些在日记账和分类账中未能记录的事项进行补充登记的账簿，因此，各单位必须设置。 ( )

4.在整个账簿体系中，序时账和分类账是主要账簿，备查账为辅助账簿。 ( )

5.库存现金日记账和银行存款日记账必须采用订本式账簿，但企业可以用银行对账单代替日记账。 ( )

6.结账之前，如果发现账簿中所记的文字或数字错误，有过账笔误，而记账凭证并没有错误，应采用划线更正法进行更正。 ( )

7.登记账簿必须用蓝、黑墨水书写，不得使用圆珠笔或铅笔书写。 ( )

8.多栏式库存现金日记账的登记方法与三栏式一样，区别在于现金收入和现金支出分别反映在两本账上。 ( )

9.总账采用订本式账簿，账页格式为多栏式。 ( )

10.账簿中书写的文字和数字上面要留有适当的空白，不要写满格，一般应占格距的1/2。 ( )

四、业务题

资料：某企业在对账簿记录与记账凭证进行核对时，发现下列经济业务内容的账簿记录有误：

（1）结转本月实际完工产品的生产成本49 000元。原编制的记账凭证的会计分录为：

借：库存商品 94 000

　贷：生产成本 94 000

（2）购入材料一批，货款合计7 600元（含增值税16%）。原编制的记账凭证的会计分录为：

借：材料采购 7 600

　贷：银行存款 7 600

（3）计算本月应付职工工资，其中生产工人工资为14 000元，管理人员工资为3 400元。原编制的记账凭证的会计分录为：

借：生产成本 1 400

　　管理费用 340

　贷：应付职工薪酬 1 740

（4）结转本期商品销售收入480 000元。原编制的记账凭证的会计分录为：

借：本年利润 450 000

　贷：主营业务收入 450 000

（5）用银行存款支付所欠供货单位货款7 600元。原编制的记账凭证的会计分录为：

借：应付账款 6 700

　贷：银行存款 6 700

（6）以现金支付采购人员差旅费2 000元。原编制的记账凭证的会计分录为：

借：其他应付款 2 000

　贷：库存现金 2 000

要求：将上列各项经济业务的错误记录分别以适当的错账更正方法予以更正。

第八章

财产清查

学习目的

财产清查是通过对各项财产物资、货币资金及债权债务进行盘点和核对，弄清实存数，检查与账簿记录是否相符的一种专门的会计核算方法。通过本章的学习，应了解和掌握财产清查的原因、意义、种类，掌握两种存货盘存制度的定义、公式、优缺点和适用范围；掌握财产物资、货币资金及债权债务的清查方法；掌握财产清查结果的账务处理。

第一节 财产清查概述

一、财产清查的含义

财产清查是通过对各项财产物资、货币资金及债权债务进行实地盘点或核对，弄清实存数，检查与账簿记录是否相符的一种专门的会计核算方法。

通过财产清查可以发现账面结存数和实际结存数存在的差异，进而采用相应的会计方法进行调整，以保证账实相符，从而保证会计信息的真实性和可靠性。

图 8-1形象地展示了财产清查的过程。

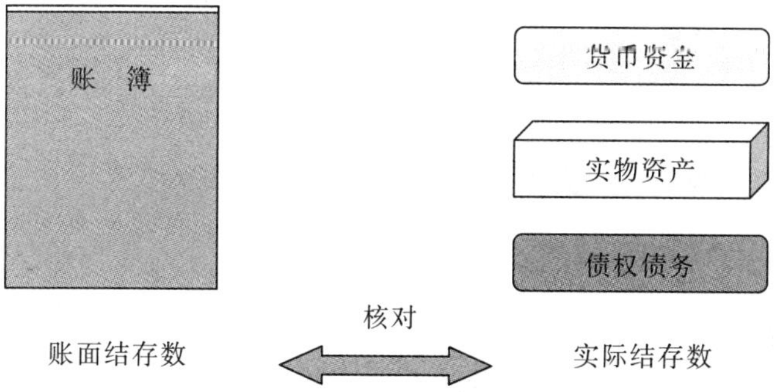

图 8-1 财产清查示意图

二、财产清查的原因

各个企业依据有关会计凭证登记账簿，并通过账证核对、账账核对等方法保证账簿记录的准确性。但是账簿记录的正确还不能保证会计信息的真实可靠，很多主观和客观原因会导致各项财产的账面数额与实际结存数额产生差异。造成各种财产账实不符的原因主要有以下几个方面：

（一）计量误差

在收、发各项财产的过程中，由于计量、检验不准确而发生品种、数量或质量上的差错，包括计量器具本身准确度误差和收发财产物资人为计量误差。

（二）记账错误

在财产发生增减变动时，没有填制凭证而登记入账；或者在填制凭证、登账时，发生计算或登记上的差错。

（三）自然损耗

在财产的保管过程中，受到气候等自然因素影响而发生的数量和质量上的变化。

（四）保管失职

由于保管不善或工作人员失职发生的财产残损、变质与短缺，以及货币资金、债权债务的差错。

（五）贪污盗窃

由于不法分子营私舞弊、贪污盗窃等造成的财产物资损失。

（六）未达账项

因未达账项或拒付而引起单位之间账账不符等。

（七）非常损失

由于发生自然灾害造成的财产物资的毁损。

三、财产清查的意义

财产清查的意义主要表现在以下几个方面：

（1）通过财产清查，可以查明各项财产物资的实有数量，确定实有数量与账面数量之间的差异，查明原因和责任，以便采取有效措施，消除差异，改进工作，从而保证账实相符，提高会计资料的准确性。

财产清查可以确保核算资料的真实可靠。企业要通过对日常业务的确认、计量、记录和汇总，将大量的经济业务数据以财务报表的形式输出会计信息，为信息使用者提供真实客观的会计信息。如前所述，因为种种原因导致企业账实不符、账账不符，这影响了会计信息的质量，使会计信息失真，不能发挥其应有的作用。因此，企业有必要通过财产清查，查明各项财产物资的实存数，并与账簿记录相核对，保证会计信息系统有效运行。

（2）通过财产清查，可以查明各项财产物资的保管情况是否良好，有无因管理不善，造成霉烂、变质、损失浪费，或者被非法挪用、贪污盗窃的情况，以便对发现的问题及时分析原因，追查责任，采取有效措施，改善管理，切实保障各项财产物资的安全完整。

财产清查为内部控制制度的实施提供了条件。建立健全内部控制制度是保证企业正常有序运转、保证会计信息完整性与真实性的必要举措。而内部控制制度实施的目的之一则是保护财产物资的安全和完整，提高会计信息质量。而内部控制制度执行的好坏，又可以通过财产清查的方法加以查验。

（3）通过财产清查，可以查明各项财产物资的库存和使用情况，合理安排生产经营活动，充分利用各项财产物资，加速资金周转，提高资金使用效率。

财产清查可以反映财产物资的使用情况，促进改善经营管理，挖掘各项财产物资的潜力，加速资金周转，提高其使用效率。通过财产清查，可查明各种财产的结存和利用情况，可发现有无储备不足、积压、闲置等情况，以便采取措施，充分挖掘物资潜力，合理有效地利用企业的各项资源。

四、财产清查的种类

财产清查的种类很多，可以按照不同的标准进行分类。主要分类有以下三种。

（一）按照清查的范围不同，财产清查可分为全面清查与局部清查

1.全面清查

全面清查就是对属于本单位或存放在本单位的所有物资、货币资金和各项债权债务等进行全面盘点和核对。全面清查的内容多、范围广，一般在以下几种情况下，才需要进行全面清查：

（1）年终决算之前，要进行一次全面清查。

（2）单位撤销、合并或者改变隶属关系时，要进行一次全面清查，以明确经济责任。

（3）开展资产评估、清产核资等活动，需要进行全面清查，摸清家底，以便按需要组织资金的供应。

2.局部清查

局部清查就是根据管理的需要或依据有关规定，对部分财产物资、债权债务进行盘点或核对。一般情况下，对于流动性较大的材料物资，年内还要轮流盘点或重点抽查；对于各种贵重物资，每月都应清查盘点一次；对于库存现金，应由出纳人员于每个工作日清点核对；对于银行存款，每月要同银行核对一次；对于各种往来账款，每年至少核对一至两次。

（二）按照清查的时间不同，财产清查可分为定期清查和不定期清查

1.定期清查

定期清查是指根据计划安排的时间对财产所进行的清查。这种清查一般在财务管理制度中予以规定，通常在年末、季末或月末结账前进行。如库存现金于每日下班前进行实物盘点，与库存现金日记账核对；银行存款日记账于每月月末与银行对账单核对；年终决算前进行全面清查等。

2.不定期清查

不定期清查是指根据需要所进行的临时清查。不定期清查通常在以下几种情况下进行：①更换财产物资保管员和现金出纳员时；②发生非常损失时；③有关单位对本企业进行审计时；④单位撤销、合并或者改变隶属关系时；⑤政府要求清产核资时等。

（三）按照清查的执行单位不同，财产清查可分为内部清查和外部清查

1.内部清查

内部清查是指由本企业有关人员对本企业的财产进行的清理。这种清查也称为

"自查"。

2.外部清查

外部清查是指由企业外部的有关部门和人员根据国家法律或制度的规定对企业所进行的财产清查。

财产清查的种类可用图8-2表示：

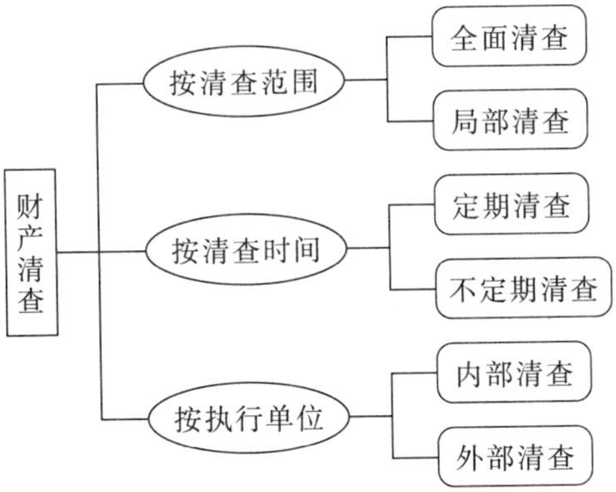

图8-2 财产清查的种类

五、财产清查的程序

（一）清查前的准备

1.组织上的准备

成立清查组织，制订清查计划，确定清查对象、范围，配备清查人员，确定盘点编组，依据盘点种类、项目编排"盘点人员编组表"，经批准后公布实施，以明确清查任务。

2.业务上的准备

（1）会计部门要将总账、明细账等有关资料登记齐全，核对正确，结出余额。各项账务账册应于盘点前登记完毕，如因特殊原因无法完成时，应由会计部门将尚未入账的有关入库单、领料单、物品领用单等单据进行结存调整。财务部门应提前准备好各种表册、银行对账单以及所需要的各种盘点表格等。

（2）物资保管部门对所保管的各种物资应挂上标签，标明品种、规格、数量，以备查对。存货的堆置应力求整齐、集中、分类，并置标示牌；库存现金、有价证券及租赁契约等，应按类别整理并列出清单；各项财产登记卡或登记册依编号顺序排列；盘点期间已收到的各种物料未办妥入账手续的，应另行分别存放并予以标示。

（3）财产清查小组的工作人员应组织各部门准备好各种计量器具，并进行提前校验，以保证清查结果的正确性。

（二）进行清查工作

对财产物资和库存现金要进行实物盘点，填写盘存单和账存实存对比表和库存现金报告表；对银行存款和债权债务采用对账单核对的方法，弄清实际金额和账实不符的原因。

（三）财产清查后的处理

1.业务处理

通过清查，弄清家底，挖掘潜力，改进管理，提高效益。

2.账务处理

对盘盈盘亏的财产物资，调整账簿记录，对发现的坏账和无法支付的应付款项进行账务处理，使账实相符。

第二节 财产清查的方法

一、财产物资的清查方法

（一）存货的盘存制度

财产清查的重要环节是盘点财产物资。对于材料及固定资产两类资产来讲，因为它们存在着实物形态，因此，可通过实物盘点的方法来确定其实存数量和金额，并可与有关明细账进行核对。

图8-3为存货盘存制度示意图。

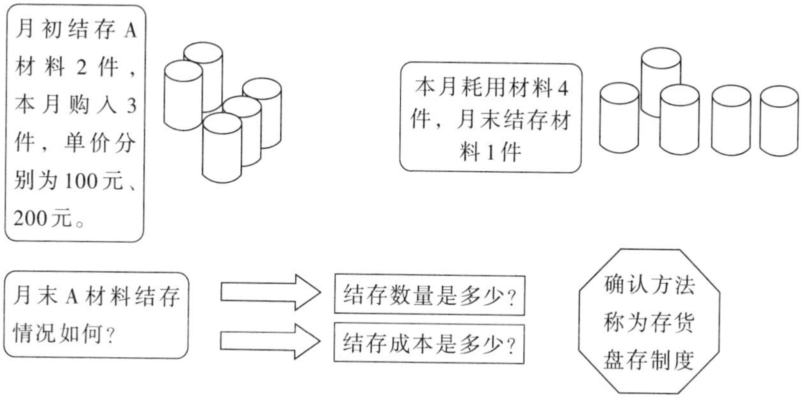

图8-3 存货盘存制度示意图

按照对本期发出数量和结存数量的核算方法不同，财产物资的盘存制度分为永续盘存制和实地盘存制。

1.永续盘存制

（1）永续盘存制的概念。

永续盘存制，亦称账面盘存制，是指在平时记账时，在存货明细账中，既记增加，也记减少，并随时计算出结存数的一种存货盘存制度。采用这种方法，存货明细账按品种规格设置；在明细账中，除登记收、发、存数量外，通常还要登记金额。

采用永续盘存制时，对存货仍需在期末进行实地盘点，至少每年实地盘点一次，以验证账实是否相符。

（2）永续盘存制的公式。

本次收发后的结存数=本次收发前的结存数+本次收入数-本次减少数

（3）期末存货数量及成本的确定。

①期末存货数量的确定：通过账簿记录计算求得。表8-1为某原材料明细账，从中可以确定该存货的数量。

表8-1 原材料明细账 单位：千克

2×18年		凭证		摘要	借方（收入）			贷方（发出）			借或贷	余额（结存）		
月	日	种类	号数		数量	单价	金额	数量	单价	金额		数量	单价	金额
5	1			月初余额							借	4 000		
	7	转	10	入库	1 000						借	5 000		
	10	转	25	发出				2 000			借	3 000		
	18	转	30	入库	1 000						借	4 000		
	20	转	32	发出				500			借	3 500		
5	31			本月合计	2 000			2 500			借	3 500		

期末存货结存数量=账面期初结存数+本期增加数-本期减少数

②存货成本的确定：根据发出存货成本计价方法确定。

在实际工作中，同一商品的购进价格在会计期内往往不同，期末存货势必存在一个按什么价格计算的问题。在永续盘存制下，存货明细分类账能随时反映商品的结存数量和销售数量，至于存货的计价方法，则主要有先进先出法、加权平均法和个别计价法等。

A.先进先出法。

a.先进先出法的基本含义。

先进先出法假设先入库的存货先发出。采用先进先出法对存货进行计价，可以将发出存货的计价工作分散在平时进行，减轻了月末的计算工作量；期末存货的计价标准为后入库存货的价格，从而使反映在资产负债表上的存货价值比较接近当前市价。但在物价上涨时，本期发出存货成本要比当前市价低，从而使本期利润偏高，需多缴所得税。

b.先进先出法下发出存货成本计算方法举例。

【例8-1】某种材料月初结余4 000千克，单价1.50元。本月购入1 000千克，单价1.35元。本月发出2 000千克。具体见表8-2。

表8-2 原材料明细账 单位：千克、元

2×18年		凭证		摘要	借方（收入）			贷方（发出）			借或贷	余额（结存）		
月	日	种类	号数		数量	单价	金额	数量	单价	金额		数量	单价	金额
5	1			月初余额							借	4 000	1.50	6 000
	7	转	10	入库	1 000	1.35	1 350				借	4 000 1 000	1.50 1.35	6 000 1 350
	10	转	25	发出				2 000	1.50	3 000	借	2 000 1 000	1.50 1.35	3 000 1 350
5	31			本月合计	1 000	—	1 350	2 000	—	3 000	借	3 000		

发出材料成本=1.50×2 000=3 000（元）

c.先进先出法下期末存货成本计算方法举例。

【例8-2】沿用例【例8-1】资料，某种材料月初结余4 000千克，单价1.50元。本月购入1 000千克，单价1.35元。本月发出2 000千克。

发出材料成本=1.50×2 000=3 000（元）

期末材料成本=6 000+1 350−3 000=4 350（元）

【例8-3】沿用【例8-1】资料，某种材料月初结余4 000千克，单价1.50元。本月购入1 000千克，单价1.35元。本月发出4 500千克。具体见表8-3。

表8-3　**原材料明细账**　单位：千克、元

2×18年		凭证		摘要	借方（收入）			贷方（发出）			借或贷	余额（结存）		
月	日	种类	号数		数量	单价	金额	数量	单价	金额		数量	单价	金额
5	1			月初余额							借	4 000	1.50	6 000
	7	转	10	入库	1 000	1.35	1 350				借	4 000 1 000	1.50 1.35	6 000 1 350
	10	转	25	发出				4 000 500	1.50 1.35	6 000 675	借	0 500	1.50 1.35	0 675
5	31			本月合计	1 000	—	1 350	4 500	—	6 675	借	500	1.35	675

发出材料成本=4 000×1.50+500×1.35=6 675（元）

期末材料成本=6 000+1 350−6 675=675（元）

B.加权平均法。

a.加权平均法的基本含义。

加权平均法是指把可供发出的存货总成本平均分配于所有可供发出的存货数量。因此，本期发出存货成本和期末存货成本都要按这一平均单价计算。在平均单价的计算中，考虑了各批存货的数量因素，即批量越大的成本，对平均单价的影响也越大。由于数量对单价起权衡轻重的作用，故由此计算的平均单价称为加权平均单价。

b.永续盘存制下存货计价的加权平均法，又分为月末一次加权平均法和移动加权平均法两种。

①月末一次加权平均法。

Ⅰ.月末一次加权平均法的基本含义。

采用月末一次加权平均法，对于本月发出的存货，平时只登记数量，不登记单价和金额，月末按一次计算的加权平均单价，计算本期发出存货成本和期末存货成本。月末一次加权平均法计算比较简单，计算出的期末存货成本和本期发出存货成本都比较平稳，但由于计价工作集中在月末进行，所以平时不能从账簿中看到存货发出和结存的金额，从而不便于加强存货资金的日常管理。月末一次加权平均单价的计算公式如下：

$$月末一次加权平均单价=\frac{期初结存存货成本+本期入库存货成本}{期初结存存货数量+本期入库存货数量}$$

II.月末一次加权平均法下发出存货成本计算方法举例。

【例8-4】某种材料月初结余4 000千克，单价1.50元。本月购入1 000千克，单价1.35元。本月发出2 000千克。具体见表8-4。

表8-4 原材料明细账 单位：千克、元

2×18年		凭证		摘要	借方（收入）			贷方（发出）			借或贷	余额（结存）		
月	日	种类	号数		数量	单价	金额	数量	单价	金额		数量	单价	金额
5	1			月初余额							借	4 000	1.50	6 000
	7	转	10	入库	1 000	1.35	1 350				借	4 000 1 000		
	10	转	25	发出				2 000			借	3 000		
5	31			本月合计	1 000	—	1 350	2 000	1.47	2 940	借	3 000		

加权平均单价：（6 000+1 350）÷（4 000+1 000）=1.47（元/千克）

发出存货成本：1.47×2 000=2 940（元）

III.月末一次加权平均法下期末存货成本计算方法举例。

【例8-5】某种材料月初结余4 000千克，单价1.50元。本月购入1 000千克，单价1.35元。本月发出2 000千克。具体见表8-5。

表8-5 原材料明细账 单位：千克、元

2×18年		凭证		摘要	借方（收入）			贷方（发出）			借或贷	余额（结存）		
月	日	种类	号数		数量	单价	金额	数量	单价	金额		数量	单价	金额
5	1			月初余额							借	4 000	1.50	6 000
	7	转	10	入库	1 000	1.35	1 350				借	5 000		7 350
	10	转	25	发出				2 000	1.47	2 940	借	3 000	1.47	4 410
5	31			本月合计	1 000	—	3 000	2 000	1.47	2 940	借	3 000	1.47	4 410

发出材料成本=1.47×2 000=2 940（元）

期末材料成本=6 000 + 1 350−2 940=4 410（元）

②移动加权平均法。

I.移动加权平均法的基本含义。

采用移动加权平均法，当每次入库存货单价与结存单价不同时，就需要重新计算一次加权平均单价，并据此计算下次入库前的发出存货成本和结存存货成本。采用移动加权平均法，可以随时结转销售成本，随时提供存货明细账上的结存数量和金额，有利于对存货进行数量、金额的日常控制。但这种方法，由于每次进货后都要计算一次平均价，势必会增加会计核算工作量。移动加权平均单价的计算公式为：

$$移动加权平均单价=\frac{本次入库前存货成本+本次入库存货成本}{本次入库前存货数量+本次入库存货数量}$$

II.移动加权平均法下发出存货成本计算方法举例。

【例 8-6】某种M材料月初余额及本月购销情况见表 8-6。

表 8-6 **M材料月初余额及本月购销情况表**

6月1日	期初结存	150千克	单价60元/千克	计 9 000元
6月8日	发出	70千克		
6月15日	购进	100千克	单价62元/千克	计 6 200元
6月20日	发出	50千克		
6月24日	发出	90千克		
6月28日	购进	200千克	单价68元/千克	计 13 600元
6月30日	发出	60千克		

存货采用移动加权平均法计价，原材料明细账的登记结果，见表 8-7。

表 8-7 **原材料明细账**

品名：M材料　　　　单位：千克、元

2×18年		凭证		摘要	借方（收入）			贷方（发出）			借或贷	余额（结存）		
月	日	种类	号数		数量	单价	金额	数量	单价	金额		数量	单价	金额
6	1			月初余额							借	150	60	9 000
	8	转	10	发出				70	60	4 200	借	80	60	4 800
	15	转	25	购进	100	62	6 200				借	180	61.11	11 000
	20	转	30	发出				50	61.11	3 056	借	130	61.11	7 944
	24	转	31	发出				90	61.11	5 500		40	61.11	2 444
	28	转	32	购进	200	68	13 600				借	240	66.85	16 044
	30	转	35	发出				60	66.85	4 011	借	180	66.85	12 033
6	30			本月合计	300		19 800	270		16 767	借	180	66.85	12 033

注：发出与结余金额存在尾差。

第一批原材料购入后的平均单价为：

$$移动加权平均单价=\frac{4\,800+6\,200}{80+100}=61.11（元/千克）$$

第二批原材料购入后的平均单价为：

$$移动加权平均单价=\frac{2\,444+13\,600}{40+200}=66.85（元/千克）$$

本期发出材料成本=70×60+50×61.11+90×61.11+60×66.85=16 767（元）

期末结存材料成本=180×66.85=12 033（元）

或　　=9 000+6 200+13 600−16 767=12 033（元）

C.个别计价法。

a.个别计价法的基本含义。

个别计价法又称个别认定法，是指每次发出存货的成本按其购入或生产的实际成本分别计价的方法。采用个别计价法需要逐一辨认各批发出存货和期末存货的购进或生产批别，分别以购入或生产时确定的单位成本来计算确定各批发出和期末存货的成本。这种方法的优点是成本计算准确，符合实际情况。其缺点是发出存货成本的分辨工作量繁重。个别计价法适用于对容易辨认，品种数量不多，且单位成本较高的存货进行计价。

b.个别计价法下发出材料成本计算方法举例。

【例8-7】仍以【例8-6】的资料为例，若通过辨认确定各批销售商品的购进批别为：6月8日发出的70千克材料系期初结存的存货；6月20日发出的50千克材料系6月15日的进货；6月24日发出的90千克材料中有60千克系期初结存的材料，有30千克系6月15日的进货；6月30日发出的60千克商品中有5千克系期初结存的材料，有10千克系6月15日的进货，有45千克系6月28日的进货。

按照个别计价法计算本期发出材料成本和期末结存材料成本如下：

本期发出材料成本=70×60+50×62+60×60+30×62+5×60+10×62+45×68=16 740（元）

c.个别计价法下结存材料成本计算。

期末结存材料成本=15×60+10×62+155×68=12 060（元）

或　　　　=9 000+6 200+13 600−16 740=12 060（元）

采用个别计价法计价，原材料明细账的登记结果，见表8-8。

表8-8

原材料明细账

品名：M材料　　　　单位：千克、元

2×18年		凭证		摘要	借方（收入）			贷方（发出）			借或贷	余额（结存）		
月	日	种类	号数		数量	单价	金额	数量	单价	金额		数量	单价	金额
6	1			月初余额							借	150	60	9000
	8	转	10	发出				70	60	4200	借	80	60	4800
	15	转	25	购进	100	62	6200				借	80 100	60 62	11 000
	20	转	30	发出				50	62	3100	借	80 50	60 62	7900
	24	转	31	发出				60 30	60 62	3600 1860		20 20	60 62	2440
	28	转	32	购进	200	68	13 600				借	20 20 200	60 62 68	16 040
	30	转	35	发出				5 10 45	60 62 68	300 620 3060	借	15 10 155	60 62 68	12 060
6	30			本月合计	300		19 800	270		16 740	借	180		12 060

（4）永续盘存制下的账簿组织。

在永续盘存制下，各企业存货核算的账簿组织不尽相同。就库存商品而言，通常除品种外还要按大类核算。其一般的账簿组织如下：

会计部门设“库存商品”总分类账，其下按商品大类设置二级账户，进行金额核算；在二级账户下，按每种商品设置明细分类账，进行金额、数量双重计量。

仓储部门按每种商品分户设置保管账和保管卡，保管账由记账员根据收、发货单登记收、发数量，进行数量控制。保管卡挂在每种商品的堆垛存放处，由保管员根据收、发货单逐笔登记数量，以控制实存商品。

“原材料”等存货账户的账簿组织与“库存商品”相同。

存货核算的这种总账、二级账、明细账的设置，可以进行逐级控制，相互核对，起到随时反映库存情况和保护存货安全完整的作用。在这种账簿组织下，一旦库存实物中发生差错，也很容易及时发现，从而便于加强对存货的日常管理。

（5）永续盘存制的优缺点。

永续盘存制的优点：

①可随时提供管理所需信息。

在存货明细账中，可以随时反映出每种存货的收入、发出和结存情况，并能进行数量和金额的双重控制；明细账的结存数量，可以与实际盘存数进行核对，如发生库存溢余或短缺，可查明原因，及时纠正；明细账上的结存数，还可以随时与预定的最高和最低库存限额进行比较，取得库存积压或不足的信息，从而便于及时采取相应对策。

②有利于保证财产物资的安全完整。

永续盘存制的缺点：存货的明细分类核算工作量较大，会计成本较高。

（6）适用范围。

同实地盘存制相比，它在随时提供所需信息，控制和保护财产物资安全完整方面具有明显的优越性，所以在实际工作中，为多数企业所采用。

2.实地盘存制

（1）实地盘存制的含义。

实地盘存制，是指平时在账簿中只登记财产物资的增加数，不登记减少数。月末通过对财产物资的实地盘点来作为账面结存，然后再倒挤出本期减少数，据以登记账簿的一种成本核算制度。在实地盘存制下，本期减少数的计算公式如下：

期初结存数+本期增加数-期末实地盘存数=本期减少数

（2）实地盘存制的优缺点。

实地盘存制的优点：可大大减少登记账簿的工作量。这一盘存制的核算工作较简单，不需要每天记录存货的发出和结存数量，工作量小。

实地盘存制的缺点：①无法随时提供管理所需信息。由于这种盘存制月末通过对财产物资的实地盘点来作为账面结存，然后再倒挤出本期减少数，据以登记账簿，不能随时反映存货的发出和结存成本，所以不能随时提供经营管理所需存货信息；同时在实地盘存制下，月末对财产物资进行清查盘点的目的，在于确定期末账面结存，并倒挤出本期减少数，这有悖于财产清查的初衷。②不利于财产物资的安全完整。采用实地盘存制，手续不严密，可能掩盖财产物资管理上存在的问题，致使成本核算不真实。倒挤出各项存货的销售或耗用成本中成分复杂，除了正常销售或耗用外，可能隐含存货损耗、短缺等非正常因素，因而不便于对存货进行控制和监督，影响成本计算的准确性，不利于财产物资的安全完整。

适用范围：所有权、经营权、劳动权三位一体的个体小企业。特别是那些经营品种多，价值低、交易频繁的商品，以及数量不稳定、损耗大且难以控制的鲜活商品等商品流通企业。

（二）财产清产的方法

对于不同的财产物资应采用合理的盘存制度。在财产清查过程中，清查人员应根据财产物资的存在形态和性质决定应采用的清查方法，以保证清查工作的顺利进行。

清查是一项涉及面广、工作量大的工作，为了保证财产清查工作的质量，达到财产清查的目的，确定各项财产清查的方法是很有必要的。

1.实物资产的清查

实物资产的清查是指对固定资产、原材料、产成品、在产品、低值易耗品等具有实物形态的各种财产，在数量和质量上所进行的清查。由于各种财产物资的形态、体积、重量、堆放方式等都不尽相同，所以，采用的清查方法也不尽相同。其方法主要有：

（1）实地盘点法。

这种方法主要是通过对财产物资的逐一点数、计件、过磅、量尺等方法来确定其实有数额。此方法适用范围较广，大多数财产物资都可以通过此方法进行。一般适用于机器设备、包装好的原材料、在产品和库存商品等的清查。

（2）技术推算盘点法。

技术推算盘点法是指利用技术方法对财产的实存数进行推算的一种方法，这种方法又称“估堆”，一般适用于散装的、大量成堆且难以逐一清点其实存数的各种资产，如煤、盐、化肥、饲料等的清查。

（3）抽样盘存法。

这是指采用抽取一定数量样品的方式对实物资产的实有数进行确定的一种方法。这种方法一般适用于数量多、重量和体积比较均衡的实物财产的清查。

（4）函证核对法。

这是指通过向对方发函的方式对实物资产的实有数进行确定的一种方法。这种方法一般适用于对委托外单位加工或保管的实物资产的清查。

盘点时，除了清点财产物资的实有数外，还要检查其质量，采用物理或化学的方法来重新确定等级，同时要查明财产物资在保管上存在的问题。

为了明确经济责任，在进行盘点清查时，保管人员必须在场，对于盘点结果，应如实登记在盘存单上，并由盘点人员和保管人员签字盖章。盘存单是记录盘点结果的书面证明，也是反映财产物资实存数的原始凭证。其一般格式见表8-9。

表8-9 **盘存单**

单位名称： 盘点时间： 编号：

财产类别： 存放地点：

编号	名称	规格型号	计量单位	实存数量	单价	金额	备注

盘点人签章： 保管人签章：

该盘存单一般填制一式三份，一份由清点人员留存备查；一份交实物保管人员保存；一份交财会部门与账面记录相核对。

为了查明实存数与账存数是否一致，确定盘亏或盘盈情况，还要根据盘存单和有关账簿的记录，编制账存实存对比表，通过对比，揭示账面结存数与实际结存数之间的差异。“账存实存对比表”是财产清查的重要报表，既是用以调整账簿记录的重要原始凭证，也是分析产生差异的原因、明确经济责任的依据，应严肃认真地填报。账存实存对比表的一般格式见表8-10。

表8-10 **账存实存对比表**

财产类别： 年 月 日 编号：

<table>
<tr><th rowspan="3">序号</th><th rowspan="3">名称</th><th rowspan="3">规格型号</th><th rowspan="3">计量单位</th><th rowspan="3">单价</th><th colspan="2">实存</th><th colspan="2">账存</th><th colspan="4">实存与账存对比结果</th><th rowspan="3">备注</th></tr>
<tr><th rowspan="2">数量</th><th rowspan="2">金额</th><th rowspan="2">数量</th><th rowspan="2">金额</th><th colspan="2">盘盈</th><th colspan="2">盘亏</th></tr>
<tr><th>数量</th><th>金额</th><th>数量</th><th>金额</th></tr>
<tr><td></td><td></td><td></td><td></td><td></td><td></td><td></td><td></td><td></td><td></td><td></td><td></td><td></td><td></td></tr>
<tr><td></td><td></td><td></td><td></td><td></td><td></td><td></td><td></td><td></td><td></td><td></td><td></td><td></td><td></td></tr>
<tr><td></td><td></td><td></td><td></td><td></td><td></td><td></td><td></td><td></td><td></td><td></td><td></td><td></td><td></td></tr>
<tr><td></td><td></td><td></td><td></td><td></td><td></td><td></td><td></td><td></td><td></td><td></td><td></td><td></td><td></td></tr>
<tr><td></td><td></td><td></td><td></td><td></td><td></td><td></td><td></td><td></td><td></td><td></td><td></td><td></td><td></td></tr>
<tr><td colspan="2">金额合计</td><td></td><td></td><td></td><td></td><td></td><td></td><td></td><td></td><td></td><td></td><td></td><td></td></tr>
</table>

盘点人签章： 会计签章：

在实际工作中，为了简化编表工作，账存实存对比表通常只列账实不符的财产物资，对于账实完全相符的财产物资并不列入。这样的账存实存对比表，主要反映盘盈盘亏情况，因而也称盘盈盘亏报告表。

盘存单和账存实存对比表可作为调整账簿的原始凭证。

【小补丁8.1】对于委托外部加工、保管的财产物资，也在清查之列，可采用询证的方法与对方单位联系核实，如有不符，同样要查明原因，按规定进行处理并及时调整账面，以达到账实相符。

二、库存现金的清查方法

货币资金的清查包括库存现金清查和银行存款清查。库存现金清查采用实地盘点法；银行存款清查采用与银行对账单核对的方法。

库存现金的清查，采用实地盘点法，即通过清点票数来确定库存现金的实存数，然后将实存数与库存现金日记账的账面余额进行核对，以查明账实是否相符。

在进行账存现金清查时，为了明确经济责任，出纳人员必须在场，库存现金的盘点应当由清查人员会同出纳人员共同负责，一般在当天业务结束或开始之前进行，注意清查时不得以“白条”充抵库存现金，也就是不能用不具有法律效力的借条、收据等充抵库存现金。盘点结果填入“库存现金盘点报告表”，并由清查人员和出纳人员签章。“库存现金盘点报告表”兼有盘存单和账存实存对比表的作用，是反映库存现金实有数和调整账簿记录的重要原始凭证，应严肃认真地填写。“库存现金盘点报告表”应由盘点人和出纳人员共同签章才能生效。“库存现金盘点报告表”的一般格式见表8-11。

表8-11 **库存现金盘点报告表**

单位名称： 年 月 日

库存现金实存余额	库存现金账面余额	实存与账存对比		备 注
		盘 盈	盘 亏	

盘点人： 出纳人员：

三、银行存款的清查方法

银行存款的清查，是采用与开户银行核对账目的方法进行的，即将本单位的银行存款日记账与开户银行转来的对账单逐笔进行核对，检查账账是否相符。

银行对账单上的余额，常与企业银行存款日记账上的余额不一致，可能由于某一方记账有错误。如有的企业同时在几家银行开户，记账时会发生银行之间串户的错误，同样，银行也可能把各存款单位的账目相互混淆。

银行对账单上的余额，常与企业银行存款日记账上的余额不一致，也可能因为出现未达账项。未达账项，是指由于本单位与对方单位记账时间不一致，而导致的一方已记账，另一方尚未记账的款项。

根据产生未达账项的原因，可以将未达账项分为四类：

（1）企业已收，银行未收款。例如，企业收到转账支票送存银行，登记银行存款增加；而银行由于还未收妥该笔款项，尚未记账。因而形成企业已收款入账，而银行尚未入账的情况。

（2）企业已付，银行未付款。例如，企业开出支票支付某笔款项，并根据有关单据登记银行存款减少；而此时银行由于尚未接到该笔款项支付的凭证，未记减少。因而形成企业已付款记账，而银行尚未付款记账的情况。

（3）银行已收，企业未收款。例如，银行代企业收入一笔外地汇款，银行已记存款增加；而企业由于尚未收到汇款凭证，未记增加。因而形成银行已收款入账，而企业尚未收款入账的情况。

（4）银行已付，企业未付款。例如，银行代企业支付某种费用，银行已记存款减少；而企业上未接到有关凭证，未记减少。因而形成银行已付款记账，而企业尚未付款记账的情况。

上述任何一种未达账项的存在，都会使企业银行存款日记账余额与银行对账单余额不一致。因此，在与银行核对对账单时，应首先检查是否存在未达账项，如确有未达账项存在，即编制“银行存款余额调节表”，待调节后，再确定企业与银行之间记账是否一致，双方账面余额是否相符。表8-12是银行存款余额调节表的基本格式。

表8-12 **银行存款余额调节表**

银行账号： 年 月 日 单位：元

项 目	金 额	项 目	金 额
企业存款日记账余额 加：银行已收，企业未收款 减：银行已付，企业未付款		银行对账单余额 加：企业已收，银行未收款 减：企业已付，银行未付款	
调节后余额		调节后余额	

【小补丁8.2】银行存款余额调节表编制的主要方法是余额调节法。所谓余额调节法，是指在编制余额调节表时，在企业和开户行各自银行存款余额的基础上，加减未达账项进行调节的方法。可采用补记方式进行调节，调节公式为：企业银行存款日记账余额＋银行已收而企业未收的款项－银行已付而企业未付的款项＝银行对账单余额＋企业已收而银行未收的款项－企业已付而银行未付的款项。

【例8-8】某企业5月31日银行存款日记账余额为65 000元，而银行对账单余额为58 000元，经过逐笔核对，发现下列未达账项：

（1）企业送存银行转账支票一张，系销售收入25 000元，银行尚未入账。

（2）企业开出现金支票一张，支付办公费3 000元，银行尚未收到支票，未入账。

（3）银行代企业收取前欠销售款17 000元，已入账，而企业尚未收到银行收款通知，未入账。

（4）银行代企业支付本月水电费2 000元，银行已付款入账，而企业尚未收到付款通知，未入账。

根据上述资料，编制“银行存款余额调节表”，调节双方余额，见表8–13。

表8–13 银行存款余额调节表

银行账号：************* 2×18年5月31日 单位：元

项目	金额	项目	金额
企业存款日记账余额	65 000	银行对账单余额	58 000
+（3）代收前欠销售款	17 000	+（1）收到销售收入款	25 000
–（4）代付水电费	2 000	–（2）支付办公费	3 000
调节后余额	80 000	调节后余额	80 000

经过调节后，企业银行存款日记账余额与银行对账单余额相符。说明双方可能记账无错误，否则说明双方记账有误，应进一步查找。

需说明的是，该调节表只反映试算企业与银行之间账目是否相符，而不能作为调整账面余额的原始凭证，不能据此更正账面记录。至于产生的未达账项，须等接到银行的收款通知和付款通知时，才能据以登账。该调节表上调节后的存款余额，为企业存放在银行的可实际动用的存款数额。

上述银行存款的清查方法，也适用于银行借款。对银行借款的清查，除核对借款金额外，还应查明借款是否按规定用途使用和按期限归还。

四、往来款项的清查

往来款项的清查是指对企业与其他企业或个人之间的各种往来款项的清查，包括各种应收款、暂付款、应付款、暂收款等往来业务。往来款项的清查盘点，宜用询证法，即通过对账单核对的方法。即企业应在清查日截止时，将有关往来款项的全部结算凭证登记入账，并编制对账单一式两联，送交对方进行核对。对方将核对结果，不论正确与否，均需在对账单上注明，并盖章寄回。对清查过程中有争议的款项，要及时采取措施，对清查过程中发现账龄已近2年的款项，要进行催收，避免坏账损失。

往来款项清查以后，应将清查结果编制“往来款项清查报告表”，填列各项债权、债务的金额。对于有争议的款项以及无法收回或者无法支付的款项，应当将清查情况在报告表中说明原因和金额。“往来款项清查报告表”的一般格式见表8–14。

表 8-14

往来款项清查报告表

编制单位： 年 月 日

<table>
<tr><th colspan="2">总分类账户</th><th colspan="2">明细分类账户</th><th colspan="2">清查结果</th><th colspan="3">不同意原因分析</th><th rowspan="2">备注</th></tr>
<tr><th>名称</th><th>金额</th><th>名称</th><th>金额</th><th>同意</th><th>不同意</th><th>待处理金额</th><th>无法收回
（或偿还）金额</th><th>其他</th></tr>
<tr><td></td><td></td><td></td><td></td><td></td><td></td><td></td><td></td><td></td><td></td></tr>
<tr><td></td><td></td><td></td><td></td><td></td><td></td><td></td><td></td><td></td><td></td></tr>
<tr><td></td><td></td><td></td><td></td><td></td><td></td><td></td><td></td><td></td><td></td></tr>
<tr><td></td><td></td><td></td><td></td><td></td><td></td><td></td><td></td><td></td><td></td></tr>
<tr><td></td><td></td><td></td><td></td><td></td><td></td><td></td><td></td><td></td><td></td></tr>
</table>

清查人员： 会计： 制表人：

对账单和“往来款项清查报告表”作为调整账簿的原始凭证。

五、其他财产的清查

其他财产的清查，是指对各种债券、无形资产、代保管物资等的清查。主要通过实地盘点法、查核法进行清查，以查明这些财产的实有数额与账面数额是否相符。

第三节 财产清查结果的处理

一、财产清查结果的处理要求

通过财产清查，如果发现财产管理和会计核算方面存在问题必须以有关法规、制度为依据，做好以下几个方面工作：

（1）分析财产清查中所发现的账实不符的原因和性质，明确责任，提出处理建议，并按规定程序，报请有关部门领导审批。

（2）积极处理积压呆滞物资和长期不清的债权、债务。

（3）认真总结经验教训，建立健全财产管理制度，进一步加强财产管理，保证财产的安全和完整。

（4）及时调整账簿记录，保证账实相符。

由于在财产清查过程中发现的盘盈、盘亏和毁损等，必须按规定的程序上报审批后，部门才能进行处理。所以对于财产清查过程中所发现的各种差异以及对这些差异的处理、核算应分两个程序进行：

（1）在审批前，根据“盘存单”或“账存实存对比表”中列明的财产盘盈、盘亏和毁损的数额，将清查核实后的盘盈盘亏情况，形成书面材料，上报有关部门办理报批手续。同时，编制记账凭证，并据以登记有关账簿，调整账簿记录，以使其账实相符。如果财产清查是办理年终决算进行的，这些差异数字必须在结账前记入有关账簿，以保证财务报表能够如实反映各项财产物资的实际结存数额。

（2）审批后或者期末，根据发生差异的原因和批复意见处理待处理财产损溢。

二、财产清查结果的会计处理

（一）账户设置

为了核算企业在财产清查过程中查明的各种财产盘盈、盘亏和毁损的价值，企业应设置“待处理财产损溢”账户。

该账户属于双重性质账户，下设“待处理流动资产损溢”和“待处理非流动资产损溢”两个明细分类账户，以进行明细分类核算。该账户借方登记审批前各项财产的盘亏发生额或者报经批准后毁损数额和各项盘盈财产的转销额；贷方登记审批前各项财产的盘盈发生额和报经批准后各项盘亏或毁损财产的转销额。企业的财产损溢，应查明原因，在期末结账前处理完毕，处理后该账户无余额。该账户的结构如下：

待处理财产损溢

盘亏和毁损的财产发生额 结转的财产盘盈处理额	盘盈的财产发生额 结转的财产盘亏和毁损处理额

（二）账务处理

1.财产物资盘盈的账务处理

盘盈的库存现金经批准后记入“营业外收入”账户；盘盈的原材料、商品等经批准后冲减管理费用；盘盈的固定资产作为前期会计差错处理。

（1）库存现金盘盈的账务处理。

一般情况下，库存现金在清查过程中发现短缺或盈余时，除了无法查明原因外，还应及时根据“库存现金盘点报告单”进行账务处理。

【例 8-9】某企业在进行库存现金清查时发现盘盈现金 120 元，经反复查核未查明原因，经批准记入“营业外收入”账户。

①批准前：

借：库存现金　　120

　贷：待处理财产损溢——待处理流动资产损溢　　120

②批准后：

借：待处理财产损溢——待处理流动资产损溢　　120

　贷：营业外收入　　120

（2）存货盘盈的账务处理。

当存货盘盈时，应根据“实存账存对比表”，将盘盈存货的价值记入“原材料”“生产成本”“库存商品”等账户的借方，同时记入“待处理财产损溢——待处理流动资产损溢”账户的贷方；经批准后，冲减管理费用。

【例 8-10】某企业在财产清查过程中，盘盈甲材料 100 千克，价值 130 元。经核查，该项盘盈系计量仪器不准所致，经批准冲减管理费用。

①批准前，根据“账存实存对比表”确定的材料盘盈数字，编制会计分录：

借：原材料——甲材料 130

　贷：待处理财产损溢——待处理流动资产损溢 130

②批准后，根据批准意见予以转账，应编制如下会计分录：

借：待处理财产损溢——待处理流动资产损溢 130

　贷：管理费用 130

（3）固定资产盘盈的账务处理。

在固定资产清查过程中，如果盘盈固定资产，应作为前期会计差错处理。

【例 8-11】某企业在财产清查过程中发现账外机器一台，估价20 000元，八成新。

借：固定资产 20 000

　贷：累计折旧 4 000

　　以前年度损益调整 16 000

借：以前年度损益调整 4 000

　贷：应交税费——应交所得税 4 000

借：以前年度损益调整 12 000

　贷：利润分配——未分配利润 12 000

2.财产物资盘亏的账务处理

对于盘亏的财产物资应分别如下情况进行处理：①因正常原因（定额内自然损耗、企业经营管理制度等原因）造成的库存现金、原材料、商品等盘亏批准后记入“管理费用”账户。②属超定额的损耗，自然灾害造成的盘亏、毁损，应由相关责任人赔偿的部分记入“其他应收款”账户，扣除有关责任人赔偿的部分后的差额记入“营业外支出”账户。

（1）库存现金盘亏的账务处理。

【例 8-12】某企业在财产清查过程中发现盘亏库存现金220元，经查属于出纳员王铁的责任。

借：待处理财产损溢——待处理流动资产损溢 220

　贷：库存现金 220

查明原因处理时：

借：其他应收款——王铁 220

　贷：待处理财产损溢——待处理流动资产损溢 220

（2）存货盘亏的账务处理。

当存货盘亏或者毁损时，批准以前应先记入“待处理财产损溢——待处理流动资产损溢”账户的借方，同时记入有关存货账户的贷方。批准后，再根据造成亏损的原因，分别以下情况进行账务处理：

①属于自然损耗产生的定额内的合理损耗，经批准后即可计入管理费用。

②属于超定额短缺的，能确定过失人的应由过失人负责赔偿；属于保险责任范

围的，应向保险公司索赔；扣除过失人和保险公司赔款和残料价值后的余额，应计入管理费用。

③属于非正常损失所造成的存货毁损，扣除保险公司赔款和残料价值后，应计入营业外支出。

【例8-13】某企业在财产清查过程中，盘亏原材料1 000元。经查，其中有100元为定额内的自然损耗，另外900元属于保管员刘统一的过失造成的损失。

①根据“账存实存对比表”所确定的材料盘亏数字，编制如下会计分录：

借：待处理财产损溢——待处理流动资产损溢 1 000

　贷：原材料 1 000

根据规定，企业购进的货物发生非正常损失，其进项税额不得从销项税额中抵扣，应从当期发生的进项税额中转出。本例库存材料非正常损失应转出的进项税额为144元（900×16%），编制如下会计分录：

借：待处理财产损溢——待处理流动资产损溢 144

　贷：应交税费——应交增值税（进项税额转出） 144

②在批准后，编制如下会计分录：

借：其他应收款——刘统一 1 044

　　管理费用 100

　贷：待处理财产损溢——待处理流动资产损溢 1 144

【例8-14】根据“账存实存对比表”资料，发现盘亏原材料14 000元，调整原材料账存数，其会计分录：

借：待处理财产损溢——待处理流动资产损溢 14 000

　贷：原材料 14 000

经查明原因如下：

①定额内损耗为600元；

②非常事故造成的损失为13 400元，其中保险公司同意赔款9 000元，其余作营业外支出处理。

其会计分录如下：

本例库存材料非正常损失应转出的进项税额为2 144元（13 400×16%）。

借：待处理财产损溢——待处理流动资产损溢 2 144

　贷：应交税费——应交增值税（进项税额转出） 2 144

借：管理费用 600

　　其他应收款——保险公司（9 000×（1+16%）） 10 440

　　营业外支出（4 400×（1+16%）） 5 104

　贷：待处理财产损溢——待处理流动资产损溢 16 144

（3）固定资产盘亏的账务处理。

在固定资产清查过程中，如果发现有盘亏的固定资产，应查明原因，填制固定资产盘亏报告表并写出书面报告，报经企业主管领导批准后才能计入营业外支出。

在批准之前，只能作为待处理财产损溢处理。

对于盘亏的固定资产，企业应按盘亏的固定资产的净值借记“待处理财产损溢”账户，按已提折旧额借记“累计折旧”账户，按原值贷记“固定资产”账户。按规定程序报经批准后，应按盘亏固定资产的净值借记“营业外支出”账户，贷记“待处理财产损溢”账户。

【例8-15】宏发公司在财产清查过程中，盘亏设备一台，其原价为100 000元，累计折旧为60 000元。其会计处理如下：

①批准前：

借：待处理财产损溢——待处理非流动资产损溢 40 000

　　累计折旧 60 000

　贷：固定资产 100 000

②批准后转销：

借：营业外支出 40 000

　贷：待处理财产损溢——待处理非流动资产损溢 40 000

【例8-16】某企业在财产清查过程中发现盘亏机器一台，账面原价19 000元，已提折旧9 000元，经查该机器属自然灾害造成毁损，保险公司同意赔偿5 000元，其余列入营业外支出。

借：待处理财产损溢——待处理非流动资产损溢 10 000

　　累计折旧 9 000

　贷：固定资产 19 000

借：营业外支出 5 000

　　其他应收款 5 000

　贷：待处理财产损溢——待处理非流动资产损溢 10 000

“固定资产处置损失”不一定全部计入营业外支出，要区分以下两种情形：(1)因丧失使用功能或发生自然灾害引起毁损等原因导致的处置损失继续计入营业外支出；(2)因正常对外出售、对外投资、非货币性资产交换（按公允价值计量）以及债务重组等原因导致的处置损失应该计入资产处置损益。

3.应收、应付款项清查的账务处理

对于经查确实无法支付的应付款项和无法收回的应收款项，不通过“待处理财产损溢”账户核算，可按规定的程序报经批准后，分别作营业外收入和坏账准备处理。

【例8-17】某企业在财产清查过程中，查明应付某单位的货款5 000元确实无法支付。

借：应付账款——某单位 5 000

　贷：营业外收入 5 000

【例8-18】某企业在财产清查过程中，查明应收某单位的货款3 000元确实无法收回。

借：坏账准备　　3 000

　贷：应收账款——某单位　　3 000

【小　结】

财产清查是通过对各项财产物资、货币资金及债权债务进行实地盘点或核对，弄清实存数，检查与账簿记录是否相符的一种专门的会计核算方法。

财产清查按照清查的范围不同，可分为全面清查与局部清查；按照清查的时间不同，可分为定期清查和不定期清查；按照清查的执行单位不同，可分为内部清查和外部清查。财产物资清查根据其不同情况采用实地盘点法、技术推算盘点法、抽样盘存法、函证核对法。

存货盘存制度主要有永续盘存制和实地盘存制两种。

永续盘存制，亦称账面盘存制，是指在平时记账时，在存货明细账中，既记增加，也记减少，并随时计算出结存数的一种存货盘存制度。公式：本次收发后的结存数=本次收发前的结存数+本次收入数-本次减少数。①期末存货数量的确定：通过账簿记录计算求得。②存货成本的确定：根据发出存货成本计价方法确定。发出存货的计价方法，则主要有先进先出法、加权平均法和个别计价法等。

永续盘存制的优点：①可随时提供管理所需信息；②有利于保证财产物资的安全完整。

实地盘存制，是指平时在账簿中只登记财产物资的增加数，不登记减少数。月末通过对财产物资的实地盘点来作为账面结存，然后再倒挤出本期减少数，据以登记账簿。实地盘存制的优点：可大大减少登记账簿的工作量。实地盘存制的缺点：①无法随时提供管理所需信息。②不利于财产物资的安全完整。适用范围：所有权、经营权、劳动权三位一体的个体小企业。特别是那些经营品种多，价值低、交易频繁的商品，以及数量不稳定、损耗大且难以控制的鲜活商品等的商品流通企业。

盘存单和账存实存对比表可作为调整账簿的原始凭证。

货币资金的清查包括库存现金清查和银行存款清查。库存现金清查采用实地盘点法，“库存现金盘点报告表”可作为调整账簿的原始凭证。

银行存款清查采用与银行对账单核对的方法。银行对账单上的余额，常与企业银行存款日记账上的余额不一致，可能因为双方记串户，也可能因为出现未达账项。未达账项，是指由于本单位与对方单位记账时间不一致，而导致的一方已记账，另一方尚未记账的款项。

往来款项的清查是指对企业与其他企业或个人之间的各种往来款项的清查，包括各种应收款、暂付款、应付款、暂收款等往来业务。往来款项的清查盘点，宜用询证法，即通过对账单核对的方法。

其他财产的清查，是指对各种债券、无形资产、代保管物资等的清查。主要通过实地盘点法、查核法进行清查，以查明这些财产的实有数额与账面数额是否相符。

财产清查结果的处理要求：分析账实不符的原因和性质，提出处理建议；积极处理多余积压财产，清理往来款项；总结经验教训，建立健全各项管理制度；及时调整账簿记录，保证账实相符。

财产清查结果的处理步骤和方法：

（一）审批之前的处理

在财产清查结果的账务处理中，设置的账户为“待处理财产损溢”，该账户属于双重性质账户，下设“待处理流动资产损溢”和“待处理非流动资产损溢”两个明细分类账户，以进行明细分类核算。该账户借方登记各项财产的盘亏或者毁损数额和各项盘盈财产报经批准后的转销数；贷方登记各项财产的盘盈数额和各项盘亏或毁损财产报经批准后的转销数，该账户期末无余额。

（二）审批之后的处理

盘盈的库存现金经批准后计入营业外收入；盘盈的原材料、商品等经批准后冲减管理费用；盘盈的固定资产作为前期会计差错处理。

对于盘亏的财产物资应分别如下情况进行处理：①因正常原因（定额内自然损耗、企业经营管理制度等原因）造成的库存现金、原材料、商品等盘亏批准后计入管理费用。②属超定额的损耗、自然灾害造成的盘亏、毁损，应由相关责任人赔偿的部分计入其他应收款，扣除有关责任人赔偿的部分后的差额计入营业外支出。

对于经查确实无法支付的应付款项和无法收回的应收款项，不通过“待处理财产损溢”账户核算，可按规定的程序报经批准后，分别作营业外收入和坏账准备处理。

【复习思考题】

1. 什么是财产清查？财产清查有何重要意义？
2. 永续盘存制和实地盘存制有何优缺点？适用条件是什么？
3. 什么是未达账项？未达账项的种类有哪些？
4. 财产清查的种类有哪些？其适用的范围是什么？举例说明。
5. 如何编制银行存款余额调节表？
6. “待处理财产损溢”账户的结构如何？
7. 对盘盈、盘亏的财产物资查明原因后应如何结转？
8. 怎样进行库存现金清查？

【练习题】

一、单项选择题

1. 在永续盘存制下，平时在账簿中对各项财产物资的登记方法为（　　）。

A.只登记增加数，不登记减少数
B.只登记减少数，不登记增加数
C.既登记增加数，又登记减少
D.上述方法都可以

2.在日常管理中，对各项财产的增减变化，依据会计凭证连续记载并随时结出余额的盘存制度是（　　）。

A.实地盘存制
B.应收应付制
C.永续盘存制
D.实收实付制

3.在财产清查中，发现财产短缺的原因是由于工作中的收发差错造成的，应记入的会计账户为（　　）。

A.“管理费用”
B.“其他应付款”
C.“营业外支出”
D.“生产成本”

4.在财产清查中，财产盘亏是由于自然灾害所造成，应记入的会计账户为（　　）。

A.“管理费用”
B.“其他应收款”
C.“营业外支出”
D.“生产成本”

5.在财产清查中，发现材料盘亏，经核对是由于管理不善造成的，应记入的账户是（　　）。

A.“坏账损失”
B.“管理费用”
C.“原材料”
D.“营业外支出”

6.在财产清查中，对库存现金清查应采取的方法是（　　）。

A.与银行核对账目
B.实地盘点
C.抽查库存现金
D.抽查库存现金日记账

7.对未达账项调整可以通过（　　）。

A.资产负债表
B.利润表
C.库存现金盘点报告表
D.银行存款余额调节表

8.银行存款的清查方法是（　　）。

A.银行存款凭证与银行存款日记账核对
B.银行存款总账与银行存款日记账核对
C.银行存款备查账与银行存款日记账核对
D.银行对账单与银行存款日记账核对

9.盘盈的固定资产在处理时应（　　）。

A.计入其他业务收入
B.计入营业外收入
C.作为以前年度损益调整
D.冲减营业外支出

10.银行存款实有数为（　　）。

A.银行存款日记账余额
B.银行对账单余额
C.银行存款余额调节表中调节后相等的余额
D.以上都不对

二、多项选择题

1.永续盘存制与实地盘存制的不同之处包括（　　）。

A.销售成本的确定方法　　B.实物资产增加的登记

C.实物资产减少的登记　　D.实物资产期末数的确定方法

2.在财产清查中，往来账项清查的内容有（　　）。

A.本企业与其他企业因债权债务关系形成的结算款项

B.本企业与其他个人因债权债务关系形成的结算款项

C.本企业与本企业职工之间因债权债务关系形成的结算关系

D.其他企业与本企业职工之间因债权债务关系形成的结算关系

3.财产清查按清查的时间分为（　　）。

A.全面清查　　B.定期清查

C.不定期清查　　D.局部清查

4.“待处理财产损溢”账户的借方核算（　　）。

A.发生的财产盘盈数　　B.发生的财产盘亏和毁损数

C.处理的财产盘盈数　　D.处理的财产盘亏和毁损数

5.银行存款日记账与银行对账单不一致的原因有（　　）。

A.企业或银行出现记账错误　　B.出现未达账项

C.出现已达账项　　D.以上均是

6.财产清查中发现的账实不符，一般记入“待处理财产损溢”账户，报经批准后该账户可能对应的账户有（　　）。

A.“营业外支出”　　B.“管理费用”

C.“原材料”　　D.“其他应收款”

7.造成未达账项是由于（　　）。

A.银行没登账　　B.企业没登账

C.企业和银行都有没登的账　　D.企业登错了账

8.造成账实不符的原因有（　　）。

A.财产收发过程计量不准确造成的　　B.财产管理不善造成的

C.账簿记录差错造成的　　D.财产保管过程中的自然损耗

三、判断题

1.造成财产物资账实不符的原因主要是登账错误。（　　）

2.永续盘存制下，账实一定相符。（　　）

3.企业单位撤销、合并或改变隶属关系时，应进行局部清查。（　　）

4.全面清查可能定期进行，也可能不定期进行。（　　）

5.银行存款的清查，是通过实地盘点的方法来确定其实存数。（　　）

6.企业应根据银行存款余额调节表后的存款余额去更改账簿记录。（　　）

7.存货盘亏，过失人或者保险公司等赔款，均应计入当期管理费用。（　　）

8.盘盈的固定资产，计入当期营业外收入。（　　）

9.银行已付企业未付款项造成银行存款日记账金额小于银行对账单金额。 ( )

10.清查库存现金应采用实地盘点法。 ( )

四、业务题

1.资料：某公司2×18年8月31日银行存款日记账的余额为560 000元，银行转来对账单的余额为740 000元，经过逐笔核对发现下列未达账项：

（1）企业收到销货款20 000元，已记银行存款增加，银行尚未记增加；

（2）企业支付购料款180 000元，已记银行存款减少，银行尚未记减少；

（3）银行代收某公司汇来购货款100 000元，银行已登记存款增加，企业尚未记增加；

（4）银行代企业支付购料款80 000元，银行已登记存款减少，企业尚未记减少。

要求：根据以上资料编制银行存款余额调节表。

2.资料：某公司在财产清查过程中，盘盈盘亏如下财产物资：

（1）发现E材料盘盈1 000千克，价值5 000元。

（2）发现库存现金短缺800元，其中500元系出纳员过失造成，300元系无法查明的其他原因造成。

（3）某公司在财产清查过程中，发现B材料短缺和毁损价值为7 000元，其中800元由过失人赔偿，3 500元是非常灾害造成的材料毁损，2 700元短缺是由于经营不善造成的。

要求：根据以上资料编制会计分录。

第九章

财务报告

学习目的

本章重点介绍了会计核算的基本方法——编制财务报告，目的是要使初学者了解财务报告的有关基本概念，掌握财务报告的基本编制方法。通过本章的学习，应了解财务报告的定义和作用，熟练地掌握利润表和资产负债表的基本编制方法。

第一节 财务报告概述

一、财务报告的定义

财务会计报告（简称财务报告）是指企业对外提供的反映企业在某一日期的财务状况和某一会计期间的经营成果、现金流量等会计信息的文件。

二、财务报告的目的

财务报告的目的是向财务报告使用者提供与企业财务状况、经营成果和现金流量等有关的会计信息，反映企业管理层受托责任的履行情况，有助于财务报告使用者做出经济决策。

财务报告使用者包括投资者、债权人、政府及其有关部门和社会公众等。

虽然这些报告使用者对财务报告信息需求的侧重点不同，但他们都需要了解企业全面的财务状况、经营成果和现金流量的变动情况。事实上，财务报告本身所提供的信息并不能完全满足所有报告使用者的需要，因为财务报告主要是提供财务信息，目前还不能提供诸如人力资源等非财务信息。但是，对大部分的报告使用者而言，财务报告所提供的信息是其所需财务信息的主要来源，并基本上能满足大部分报告使用者的需要。

三、财务报告的作用

财务报告是会计核算中确认、计量、报告的重要环节，企业会计核算的最终成果，是企业对外提供会计信息的主要形式。账簿记录的会计信息虽然比会计凭证中的信息更加条理化、系统化，但就某一期间经济活动的整体情况而言，其所提供的会计信息仍然是分散的、部分的，不能集中反映该会计期间企业经营活动的全貌。为此需要在日常核算的基础上，定期把分散在账簿中的会计资料加以归纳整理，编制财务报告，以全面、系统、概括地反映会计主体在一定会计期间的经济活动情况和结果，为有关方面提供总括性的会计资料。

财务报告是根据账簿记录，总括反映企业、行政事业单位一定会计期间的经济活动和财务收支状况的总结性的书面文件。编制财务报告是会计核算的专门方法，是会计核算的终结。财务报告所提供的会计信息，对企业和其他使用者具有重要作用：便于企业了解自身某一日期的财务状况、一定会计期间的经营成果及经济管理中存在的问题；考核、评价内部各责任部门的工作业绩，总结经验、加强管理、挖掘潜力、提高效益；投资者、债权人等使用者利用所提供的会计信息，可分析企业的偿债能力和盈利能力，预测企业的发展前景，据以做出正确的决策；国家财政和税务部门利用所提供的会计信息，可检查国家财政、税收政策在企业的执行情况以及企业税费的上缴情况，保证国家财政收入的及时、完整，为上级主管部门和政府管理部门进行宏观调控提供参考资料。

四、财务报告的构成

一套完整的财务报告至少包括“四表一注”。“四表”指的是资产负债表、利润表、现金流量表和所有者权益变动表；“一注”指的是各个财务报表的附注。

财务报表是财务报告的主干部分，它是以会计账簿为依据，按照规定的格式、内容和填报要求定期编制并对外报送的、以货币作为计量单位总括反映企业的财务状况、经营成果和现金流量的书面报告文件。

财务报表附注是为了使使用者便于理解财务报表的内容而对财务报表的编制基础、编制依据、编制原则和方法以及主要项目等所做的解释。

财务报表可按不同的依据进行分类。

（一）按反映的经济内容分类

财务报表按反映的经济内容可分为资产负债表、利润表、现金流量表、所有者权益变动表和附注。

（二）按编制和报送时间分类

财务报表按编制和报送时间可分为年度报表和中期报表。中期报表是指以中期为基础编制的财务报表，包括月度报表、季度报表和年中报表。中期报表至少包括资产负债表、利润表、现金流量表和附注。

（三）按服务对象分类

财务报表按服务对象可分为对外报表和内部报表。对外报表是定期向上级部门、银行、财税部门报送或定期公布的财务报表；内部报表是根据内部经营管理需要编制的，供其内部管理人员使用的财务报表。

（四）按编制单位分类

财务报表按编制单位可分为个别（单位）财务报表、合并财务报表和汇总财务报表。个别财务报表是母公司、子公司单独编制的财务报表，反映各自单位的财务状况、经营成果和现金流量。合并财务报表是以母公司和子公司组成的企业集团作为会计主体编制的财务报表，是以母公司和子公司单独编制的个别财务报表为基础，由母公司编制的综合反映企业集团的财务状况、经营成果和现金流量的财务报表。汇总财务报表是指上级主管部门将本身的财务报表与其所管辖单位报送的财务报表汇总编制的财务报表。

五、财务报告的编制要求

为了保证财务报告的质量，满足使用者对财务报告的决策需要，充分发挥财务报告的作用，财务报告应当真实可靠、全面完整、编报及时、便于理解。

（一）真实可靠

可靠性是会计信息质量要求的第一要求。只有真实可靠的会计数据，才能如实反映企业的财务状况、经营成果，才能为使用者提供决策所需要的信息资料。只有账证相符、账账相符、账实相符的账簿记录，才能作为编制财务报告的依据。财务报表各项目来源于日常账簿记录。但并不完全是账簿金额的简单照抄，有些项目需要根据有关账户金额进行分析、计算才能填列。报表项目之间存在数量勾稽关系。所以，对于需要计算填列的项目，必须根据会计准则规定的口径、计算方法进行计算填列，不得任意删减和增加，以保证本单位本期会计数据与上期数据可比，本单位会计数据与其他单位数据可比，以满足会计信息使用者的决策需要。

（二）全面完整

根据相关性的会计信息要求，财务报告应提供使用者决策所需要的各种会计资料。对外财务报告中的各项指标都是由国家统一规定的，是经济管理和会计信息使用者进行经济决策不可缺少的信息资料，因此，必须按国家规定的报表种类、格式、内容编写，无论表内项目还是报表附注资料，都应填列齐全，不得漏填。对于汇总财务报表和合并财务报表，按准则规定对相关项目进行汇总和扣除，不得漏汇，对财务报表项目需要说明的事项要有附注。应报送的财务报表不得缺报。

（三）编报及时

编报及时是指应按规定的时间和程序编报财务报表，及时逐级汇总，以便报表使用者能够及时、有效地利用财务报表资料。及时性是重要的会计信息要求，关系会计信息的时效性。因为经济决策具有强烈的时间性，所以提供会计信息要满足有用性的质量要求，必须具有及时性。为了及时向报表的使用者提供所需的会计信息，要求财务报告编制必须及时。按规定企业的月度财务报告，应当于月度终了后6天内（节假日顺延，下同）对外提供；季度财务报告应当于季度终了后15天内对外提供；半年度财务报告应当于年度中期结束后60天内（相当于两个连续月份）对外提供；年度财务报告应当于年度终了后4个月内对外提供。

为此，企业应科学地组织好会计的日常核算，选择适合本企业情况的会计账务处理程序，认真做好记账、对账工作，按时结账，但也不能为赶制财务报告提前结账。

（四）便于理解

可理解性是会计信息要求中的重要信息要求。可理解性要求企业提供的会计信息应当清晰明了，便于投资者等财务报告使用者理解和使用。企业对外提供的财务报告是为财务报告使用者提供企业过去、现在和未来的有关资料，为企业的当前或潜在投资者和债权人等信息使用者提供决策所需会计信息。因此，编制财务报表应当清晰明了、易于理解和使用。财务报表的项目由国家统一制定，每一项目都有确切的含义，所使用的文字清晰明了。编制财务报表应按规定的项目进行编制，不能自创项目。对于需要说明的事项应按准则的规定在附注中阐明。

第二节 资产负债表

一、资产负债表的意义

资产负债表是反映企业某一特定日期（期末）财务状况的财务报表。例如，公历每年12月31日的财务状况。由于它反映的是某一时点的情况，所以是静态报表。它表明企业在某一特定日期所拥有或控制的经济资源，所承担的现有债务和所有者对净资产的要求权。

资产负债表是根据“资产=负债+所有者权益”会计基本等式的原理，依照一定的分类标准和顺序，将一定时期的资产、负债、所有者权益项目予以适当的排列而编制的。它主要包括以下内容：①企业拥有或者控制的能以货币计量的经济资源（资产）；②企业所负担的债务以及企业的偿债能力（负债）；③企业所有者所持有的权益（所有者权益）；④企业未来财务状况的变动情况。

资产负债表主要提供有关企业财务状况方面的信息。通过资产负债表，可以提供某一日期资产的总额及其结构，表明企业拥有或控制的资源及其分布情况，即：有多少资源是流动资产、有多少资源是长期投资、有多少资源是固定资产等；可以提供某一日期的负债总额及其结构，表明企业未来需要用多少资产或劳务清偿债务以及清偿时间，即：流动负债有多少、非流动负债有多少、非流动负债中有多少需要用当期流动资金进行偿还等；可以反映所有者所拥有的权益，据以判断资本保值、增值的情况以及对负债的保障程度。资产负债表还可以提供进行财务分析的基本资料，如将流动资产与流动负债进行比较，计算出流动比率；将速动资产与流动负债进行比较，计算出速动比率等，可以表明企业的变现能力、偿债能力和资金周转能力，从而有助于财务报告使用者做出经济决策。

二、资产负债表的作用

资产负债表的作用主要有以下几个方面：

（1）资产负债表反映企业资产总额及其构成，有助于了解、分析企业掌握的经济资源总额及这些资源的分布结构和变动情况。如通过固定资产可以了解企业的生产规模；通过了解流动资产的构成可以分析企业生产管理及财务流转的情况；通过生产资金占全部资金的比例，可以分析企业资金的利用效率。

（2）资产负债表反映企业某一时点负债总额及其结构，表明目前与未来需要用多少资产和服务清偿债务以及清偿时间。了解、分析、评价、预测企业的短期偿债能力。企业的短期偿债能力主要反映在企业资产、负债的流动性上。所谓流动性主要指资产转换成现金或负债到期清偿所需的时间，亦指企业资源及负债接近现金的程度。除现金本身外，资产转换成现金越快的，流动性越强。负债到期日越短的，其流动性亦越强。短期债权人关心的是企业能否有足够的资产及时转换成现金，以清偿短期内到期的债务。长期债权人及企业股东也必须对企业的短期偿债能力加以评价，因为短期偿债能力不佳，企业破产的可能性也大，长期债权人及股东的投资报酬没有保障，投资安全亦受到威胁。资产负债表中流动资产与流动负债信息及报表中的相关附注，有助于解释、评价、预测企业资产、负债的流动性和短期偿债能力。

（3）资产负债表反映企业某一时点企业所有者权益情况，了解现有投资者在企业资产中所占有的份额，据以判断资本保值、增值的情况以及对负债的保障程度，有助于解释、评价、预测企业的资本结构和长期偿债能力。企业的长期偿债能力一方面取决于它的获利能力；另一方面取决于它的资本结构。资本结构包括企业权益总额中负债与所有者权益，负债中流动负债与非流动负债，所有者权益中投入资本与留存利润等的相对比例。负债与所有者权益相对比例的大小，影响到债权人和所有者的相对投资风险，以及企业的长期偿债能力。资产负债表可为解释、评价、预测企业的资本结构和长期偿债能力提供基础资料。通过各项负债和所有者权益可以了解企业的筹资方式及其投资各方权益的情况。

三、资产负债表的结构

资产负债表的结构，亦称资产负债表的格式，主要有账户式和报告式两种。

1.报告式资产负债表

报告式资产负债表又叫垂直式资产负债表，是上下结构，即将资产、负债、所有者权益项目采用垂直分列的形式，上部分列示资产，下部分列示负债和所有者权益。报告式资产负债表项目按“资产-负债=所有者权益”的原理排列。报告式资产负债表的优点在于便于编制比较资产负债表，即在一张报表中，陈列出本期的财务状况外，可增设几个栏目，分别列示过去几期的财务状况。其缺点是资产和权益间的恒等关系并不一目了然。

报告式资产负债表一般按照“资产=权益”的等式，上边的资产总计与垂直排列在下边的权益总计保持平衡。

2.账户式资产负债表

账户式资产负债表按照“T”型账户的形式设计，将资产列在报表左方，负债及所有者权益列在报表右方，即项目按“资产=负债+所有者权益”原理排列，左右两方总额相等。账户式资产负债表使资产和权益间的恒等关系一目了然，但要编制比较资产负债表，要做些备注，可能困难些。

目前我国一般企业的资产负债表采用“账户式”结构。

根据财务报表列报准则的规定，企业需要提供比较资产负债表，以便报告使用者通过比较不同时点资产负债表的数据，掌握企业财务状况的变动情况及发展趋势。所以，资产负债表还就各项目再分为“年初余额”和“期末余额”两栏分别填列。

四、资产负债表的项目排列顺序

报表的左边，即资产项目，按流动性大小排列。资产的流动性即资产变现所需时间，变现时间越短，流动性越强。先排流动资产，因为流动资产是企业一年内或超过一年的一个营业周期内变现的资产。然后排非流动资产，非流动资产超过一年才能变现。各个流动资产项目也按流动性大小排列。首先是货币资金，因为其变现时间为零，达到了短的极限。其次是以公允价值计量且其变动计入当期损益的金融资产，因为它是以短期获利为持有目的，所以随时能够变现。然后是各种债权，因为它有固定的收回期限，作为流动资产，一年内能够收回。最后是存货，因为它必须销售出去才能变现，而市场经济是买方市场，从商品到货币的跳跃是惊险的跳跃，跳跃不一定成功。

报表的右边，即负债及所有者权益项目，也按流动性大小排列。这里的流动性是指偿债期限。流动负债是一年内必须偿还的负债，所以先排。然后排非流动负债，非流动负债或长期负债是一年后才需偿还的负债。根据资本保全原则，所有者权益在企业正常经营期间不需偿还，所以排在最后。

五、资产负债表编制的基本方法

（一）资产负债表表首的编制方法

资产负债表的表首，应标明编制单位、报表的名称及编号、计量单位，报表名称下面要标明报表所辖时间。由于资产负债表反映的是某一特定日期的财务状况，因而其时间应标为某年某月某日，资产负债表日一般为期末时点。

（二）资产负债表内各栏目的编制依据

1.“年初余额”的填列

本表各项目“年初余额”栏内各项数字，应根据上年年末资产负债表“期末余额”栏内所列数字填列。如果本年度的资产负债表规定的各个项目名称和内容同上一年度不相一致，应对上年年末资产负债表各项目的名称和数字按照本年度的规定进行调整，再填入本表“年初余额”栏内。

2.“期末余额”的填列

由于企业的每一项资产、负债、所有者权益指标都是以反映这些项目的有关账户的余额来表示的。因此，作为总括反映企业资产、负债和所有者权益情况的资产负债表各项目，是根据资产类、负债类、共同类、所有者权益类、成本类账户的期末余额编制的。资产项目一般依据资产类、共同类、成本类账户的期末借方余额编制；负债和所有者权益项目依据负债类、共同类、所有者权益类账户期末贷方余额编制。

（1）根据总账账户的余额直接填列。

有些项目直接根据总分类账簿中有关账户的期末余额填列。

直接根据资产总账账户期末借方余额填列的项目有“以公允价值计量且其变动计入当期损益的金融资产”“工程物资”“固定资产清理”“递延所得税资产”等项目。

直接根据负债、所有者权益总账账户期末贷方余额填列的项目有“短期借款”

“以公允价值计量且其变动计入当期损益的金融负债”“应付票据”“应付职工薪酬”“应交税费”“应付利息”“应付股利”“其他应付款”“专项应付款”“预计负债”“递延所得税负债”“实收资本（或股本）”“资本公积”“库存股”“盈余公积”等项目，应根据有关总账账户的余额填列。

（2）根据总账账户的期末余额计算填列。

需要根据总账账户的期末余额计算填列的资产项目包括：

①“货币资金”项目，需根据“库存现金”“银行存款”“其他货币资金”三个总账账户的期末余额的合计数填列。“其他非流动资产”项目，应根据有关账户的期末余额分析填列。

②“固定资产”项目，应根据“固定资产”账户的借方余额减去“累计折旧”账户和“固定资产减值准备”账户的贷方余额填列。

③“无形资产”项目，应根据“无形资产”账户的借方余额减去“累计摊销”“无形资产减值准备”账户的贷方余额填列。

④“应收票据”“应收利息”“应收股利”“其他应收款”项目，应根据“应收票据”“应收利息”“应收股利”“其他应收款”账户的借方余额减去“坏账准备”账户中对应的贷方余额填列。

⑤“长期股权投资”项目，应根据“长期股权投资”账户的借方余额减去其备抵调整账户“长期股权投资减值准备”账户的贷方余额填列。

⑥“在建工程”项目，应根据“在建工程”账户的借方余额减去其备抵调整账户“在建工程减值准备”账户的贷方余额填列。

⑦“持有至到期投资”项目，应根据“持有至到期投资”账户的借方余额减去其备抵调整账户“持有至到期投资减值准备”账户的贷方余额填列。

需要根据总账账户的期末余额计算填列的所有者权益项目：

“未分配利润”项目，在1-11月应根据“本年利润”账户的贷方余额减去“利润分配”账户的借方余额填列。

（3）根据明细账户的余额计算填列。

①“开发支出”项目，应根据“研发支出”账户中所属的“资本化支出”明细账户期末余额填列。

②“应付账款”项目，应根据“应付账款”和“预付账款”两个账户的期末贷方余额合计数填列。

③“预收款项”项目，应根据“应收账款”和“预收账款”两个账户的贷方余额填列。

（4）根据总账余额和明细账余额分析填列。

①“一年内到期的非流动资产”项目，应根据有关非流动资产、“持有至到期投资”等账户中到期期限在一年内的借方余额合计数填列。

②“一年内到期的非流动负债”项目，应分别根据“长期借款”“应付债券”等账户的明细科目余额分析填列。

③“长期借款”项目，需要根据“长期借款”总账账户余额扣除“长期借款”账户所属的将在1年内到期、其企业不能自主地将清偿义务展期的明细账户期末余额后的金额填列。

④“应付债券”项目，应根据“应付债券”账户余额扣除“应付债券”账户所属的将在1年内到期、其企业不能自主地将清偿义务展期的明细账户期末余额后的金额填列。

⑤“长期待摊费用”项目，应根据“长期待摊费用”总分类账户的期末余额减去将于1年内（含1年）摊销完毕的明细账户期末余额后的金额填列；“其他非流动负债”项目，应根据有关账户的期末金额减去将于1年内（含1年）到期偿还数后的金额填列。

（5）综合运用上述填列方法分析填列。

①“应收账款”项目，应根据“应收账款”和“预收账款”账户所属各明细账户的期末借方余额合计数，减去“坏账准备”账户中有关应收账款计提的坏账准备期末余额后的金额填列。

②“预付款项”项目，应根据“预付账款”和“应付账款”账户所属各明细账户的期末借方余额合计数，减去“坏账准备”账户中有关预付款项计提的坏账准备期末余额后的金额填列。

③“存货”项目，应根据“材料采购”“原材料”“发出商品”“库存商品”“周转材料”“委托加工物资”“生产成本”等账户的期末余额合计，减去“存货跌价准备”账户期末余额后的金额填列，“原材料”账户采用计划成本法计价的，还应加上“材料成本差异”账户的借方余额或减去“材料成本差异”账户的贷方余额；“库存商品”账户采用计划成本计价的，应加上“产品成本差异”账户的借方余额或减去“产品成本差异”账户的贷方余额；“库存商品”账户采用售价计价的，应减去“商品进销差价”账户期末余额。

六、资产负债表编制举例

【例9-1】宏发有限责任公司2×17年度结账后，各相关科目的期末余额见表9-1。

要求：编制2×18年年末的资产负债表。

表9-1 科目余额表

2×18年12月31日 单位：元

会计科目	借方余额	贷方余额
库存现金	5 850.00	
银行存款	2 084 082.00	
应收票据	19 200.00	

续表

会计科目	借方余额	贷方余额
应收账款	18 000.00	
预付账款	1 000.00	
在途物资	425 008.00	
原材料	835 840.00	
库存商品	2 738 878.00	
生产成本	150 000.00	
固定资产	1 423 540.00	
在建工程	13 610.00	
无形资产	9 000.00	
长期待摊费用	27 600.00	
短期借款		155 500.00
应付账款		722 000.00
预收账款		20 000.00
应付职工薪酬		126 000.00
应付股利		193 603.00
应交税费		190 944.00
长期借款		1 758 000.00
实收资本		4 222 215.00
资本公积		23 199.00
盈余公积		48 375.00
利润分配		241 772.00
累计折旧		50 000.00
合　计	7 751 608.00	7 751 608.00

编制资产负债表见表9-2：

表 9-2

资产负债表

会企 01 表

编制单位：宏发有限责任公司　　2×18 年 12 月 31 日　　单位：元

资　产	期末余额	年初余额	负债和所有者权益（或股东权益）	期末余额	年初余额
流动资产			流动负债		
货币资金	2 089 932.00		短期借款	155 500.00	
以公允价值计量且其变动计入当期损益的金融资产			以公允价值计量且其变动计入当期损益的金融负债		
应收票据	19 200.00		应付票据		
应收账款	18 000.00		应付账款	722 000.00	
预付款项	1 000.00		预收款项	20 000.00	
应收利息			应付职工薪酬	126 000.00	
应收股利			应交税费	190 944.00	
其他应收款			应付利息		
存货	4 149 726.00		应付股利	193 603.00	
持有待售资产			其他应付款		
一年内到期的非流动资产			持有待售负债		
其他流动资产			一年内到期的非流动负债		
流动资产合计	6 277 858.00		其他流动负债		
非流动资产			流动负债合计	1 408 047.00	
可供出售金融资产			非流动负债		
持有至到期投资			长期借款	1 758 000.00	
长期应收款			应付债券		
长期股权投资			长期应付款		
投资性房地产			专项应付款		
固定资产	1 373 540.00		预计负债		
在建工程	13 610.00		递延所得税负债		
工程物资			其他非流动负债		
固定资产清理			非流动负债合计	1 758 000.00	

续表

资　产	期末余额	年初余额	负债和所有者权益（或股东权益）	期末余额	年初余额
生产性生物资产			负债合计	3 166 047.00	
油气资产			所有者权益（或股东权益）		
无形资产	9 000.00		实收资本（或股本）	4 222 215.00	
开发支出			其他权益工具		
商誉			资本公积	23 199.00	
长期待摊费用	27 600.00		减：库存股		
递延所得税资产			其他综合收益		
其他非流动资产			盈余公积	48 375.00	
非流动资产合计	1 423 750.00		未分配利润	241 772.00	
			所有者权益（或股东权益）合计	4 535 561.00	
资产总计	7 701 608.00		负债和所有者权益（或股东权益）总计	7 701 608.00	

第三节 利润表

一、利润表的概念和作用

利润表，是反映企业一定会计期间经营成果的报表。作为动态报表，其理论依据是动态会计等式“收入-费用=利润”。利润表把一定会计期间的收入与其同一会计期间相关的费用进行配比，以计算出企业一定时期的净利润（或净亏损）。

通过利润表反映的收入、费用等情况，能够反映企业生产经营的收益实现情况和成本耗费情况，表明企业的生产经营成果；同时，通过利润表提供的不同时期的比较数字（本月数、本年累计数、上年数），可以分析企业今后利润的发展趋势及获利能力，了解投资者投入资本的完整性，考核企业的经营管理水平及经营业绩，帮助企业经营者进行经营决策，帮助所有者和债权人进行投资决策。由于利润是企业经营业绩的综合体现，又是利润分配的主要依据，因此，利润表是企业的主要报表。

二、利润表的结构

利润表一般包括表头、表体两部分。表头部分包括：报表名称、编号、编制单位、所属会计期间、金额单位等；表体部分包括利润形成的各个项目。按反映利润形成的过程不同有两种格式：一种是单步式，另一种是多步式。单步式利润表是将所有收入、利得列在一起，计算出收入总额；将所有的费用、损失列在一起，计算出费用总额；用收入总额减去费用总额，一步计算出净利润。多步式利润表通过对收入、利得和费用、损失项目进行分类，按利润的形成将其分为营业利润、利润总额和净利润，分步计算净利润。多步式利润表能够清晰地反映企业的经营成果。我国采用多步式利润表结构，具体格式见表9-4。

多步式利润表主要按以下几步计算利润：

第一步，以营业收入为基础，减去营业成本、税金及附加、销售费用、管理费用、财务费用、资产减值损失，加上公允价值变动收益（减去公允价值变动损失）、投资收益（减去投资损失）、资产处置收益（减去资产处置损失）、其他收益（减去其他损失），计算出营业利润，即：

营业利润=营业收入-营业成本-税金及附加-销售费用-管理费用-财务费用-资产减值损失+公允价值变动收益-公允价值变动损失+投资收益-投资损失+资产处置收益-资产处置损失+其他收益-其他损失

第二步，以营业利润为基础，加上营业外收入，减去营业外支出，计算出利润总额，即：

利润总额=营业利润+营业外收入-营业外支出

第三步，以利润总额为基础，减去所得税费用，计算出净利润（或亏损），即：

净利润=利润总额-所得税费用

第四步，如果是股份有限公司，还应当在利润表中列示基本每股收益和稀释每股收益。

企业应当按照归属于普通股股东的当期净利润，除以发行在外的普通股的加权平均数计算基本每股收益；稀释每股收益是以基本每股收益为基础，假设企业所有发行在外的稀释性潜在普通股均已转换为普通股，从而分别调整归属于普通股股东的当期净利润以及发行在外的普通股的加权平均数计算而得的每股收益。即：每股收益=净利润÷普通股股数；基本每股收益=当期净利润÷当期发行在外的普通股的加权平均数；稀释每股收益=当期净利润÷当期发行在外的普通股的加权平均数（假设企业所有发行在外的稀释性潜在普通股均已转换为普通股）。

三、利润表的编制方法

利润表各项目均需填列“本期金额”和“上期金额”两栏。其中“上期金额”栏内各项数字，应根据上年该期利润表的“本期金额”栏内所列数字填列。“本期金额”栏内各项数字，除“基本每股收益”和“稀释每股收益”项目外，应当按照相关账户的本期发生额分析填列。

（一）直接根据相关账户的本期发生额填列

（1）“税金及附加”项目，反映企业收入实现过程中所发生的税金费用和附加费，应根据“税金及附加”账户的本期借方发生额填列。

（2）“销售费用”“管理费用”“财务费用”项目，反映发生的期间费用，应分别根据各账户的借方发生额减去其贷方发生额填列。

（3）“资产减值损失”项目，反映因资产减值而发生的损失，应根据“资产减值损失”账户的本期借方发生额填列。

（4）“营业外收入”项目反映与投入无关的产出，是非日常活动即非经营活动实现的收益，根据“营业外收入”账户的本期贷方发生额填列。

（5）“营业外支出”项目反映无产出的支出，是非日常活动即非经营活动的支出，并不打算也不可能收回的支出，根据“营业外支出”账户的本期借方发生额填列。

（6）“所得税费用”项目，反映减少所有者可支配利润的所得税费用的发生，直接根据“所得税费用”账户的本期借方发生额填列。

（二）通过总账账户的本期发生额计算填列

（1）“营业收入”项目，反映企业的实际经营收入，根据“主营业务收入”“其他业务收入”账户的本期贷方发生额的合计数填列，如果有借方发生额，应将其减去后填列。

（2）“营业成本”项目，反映企业的经营成本，根据“主营业务成本”“其他业务成本”账户的本期借方发生额的合计数填列，如果存在贷方发生额，应将其减去后填列。

（3）“营业利润”项目，“营业收入”项目减“营业成本”“税金及附加”“销售费用”“管理费用”“财务费用”“资产减值损失”项目，加“公允价值变动收益”“投资收益”“资产处置收益”“其他收益”等项目计算出“营业利润”项目的本期数，反映企业投入与产出的差额。正值反映产出大于投入，负值反映产出小于投入。

（4）“利润总额”项目，“营业利润”项目加“营业外收入”项目减“营业外支出”项目得出“利润总额”项目。

（5）“净利润”项目，“利润总额”项目减“所得税费用”项目的差额就是“净利润”项目的本期数。如果是负值，则表示本期发生的净亏损。

（6）“基本每股收益”项目，是指本期利润分配前的普通股每股的平均净利润，是本期实现的净利润，即“净利润”项目的本期数除以利润分配前的普通股股数得出的金额；“稀释每股收益”项目，是指净利润分配增加后的普通股每股平均的净利润，即“净利润”项目除以增加后的普通股股数得出的净额。

（三）根据总账账户的本期发生额方向分析填列

（1）“公允价值变动收益”项目，反映用公允价值计价的资产期末公允价值变动而实现的收益，应根据“公允价值变动损益”账户的本期贷方发生额减去借方发生额的差额填列，如果贷方发生额小于借方发生额，反映资产由于期末公允价值下降发生的损失，填列时加负号。

（2）“投资收益”项目，反映企业对外投资所实现的收益，应根据“投资收益”账户的贷方发生额减去其借方发生额填列，如果借方发生额大于贷方发生额，其差额作为投资损失，填列时应加负号。

【例9-2】宏发有限责任公司2×18年12月份有关损益类账户的发生额见表9-3。

表 9-3

损益类账户的发生额

2×18年12月

账户名称	借方发生额	贷方发生额
主营业务收入		1 000 000.00
主营业务成本	450 000.00	
其他业务收入		200 000.00
其他业务成本	80 000.00	
税金及附加	350 000.00	
销售费用	50 000.00	
管理费用	80 000.00	
财务费用	145 000.00	
投资收益		500 000.00
营业外收入		150 000.00
营业外支出	50 000.00	
所得税费用	161 250.00	

编制宏发有限责任公司2×18年度利润表见表9-4。

表 9-4

利润表

会企02表

编制单位：宏发有限责任公司　　2×18年12月　　单位：元

项　目	本期金额	上期金额
一、营业收入	1 200 000.00	（略）
减：营业成本	530 000.00	
税金及附加	350 000.00	
销售费用	50 000.00	
管理费用	80 000.00	
财务费用	145 000.00	
资产减值损失		
加：公允价值变动收益（损失以"-"号填列）		
投资收益（损失以"-"号填列）	500 000.00	
其中：对联营企业和合营企业的投资收益		
资产处置收益		

续表

项目	本期金额	上期金额
其他收益		
二、营业利润（亏损以“-”号填列）	545 000.00	
加：营业外收入	150 000.00	
减：营业外支出	50 000.00	
三、利润总额（亏损总额以“-”号填列）	645 000.00	
减：所得税费用	161 250.00	
四、净利润（净亏损以“-”号填列）	483 750.00	
（一）持续经营净利润（净亏损以“-”号填列）		
（二）终止经营净利润（净亏损以“-”号填列）		
五、其他综合收益的税后净额		
（一）以后不能重分类进损益的其他综合收益		
1.重新计量设定受益计划净负债或净资产的变动		
2.权益法下在被投资单位不能重分类进损益的其他综合收益中享有的份额		
……		
（二）以后将重分类进损益的其他综合收益		
1.权益法下在被投资单位以后将重分类进损益的其他综合收益中享有的份额		
2.可供出售金融资产公允价值变动损益		
3.持有至到期投资重分类为可供出售金融资产损益		
4.现金流量套期损益的有效部分		
5.外币财务报表折算差额		
……		
六、综合收益总额		
七、每股收益：		
（一）基本每股收益		
（二）稀释每股收益		

第四节 现金流量表

一、现金流量表概述

现金流量表是反映企业在一定会计期间现金和现金等价物流入和流出情况的报表。它是一种动态财务报表。

现金，是指企业库存现金以及可以随时用于支付的存款，包括库存现金、银行存款和其他货币资金（如外埠存款、银行汇票存款、银行本票存款和在途货币资金等）。不能随时用于支付的存款不属于现金。

现金等价物，是指企业持有的期限短、流动性强、易于转换为已知金额现金、价值变动风险很小的投资。其中，期限短，一般是指从购买日起，3个月内到期。现金等价物主要是指3个月到期的政府债券。

现金流量是指企业在一定期间内的现金流入和现金流出的数量。现金流入量与现金流出量之差为现金净流量。其基本公式为：现金流入-现金流出=现金净流量。理解现金流量表的关键是以收付实现制为基础。

将权责发生制下的盈利信息调整为收付实现制的现金流量信息，便于信息使用者了解企业净利润的质量。通过现金流量表，报告使用者能够了解现金流量的影响因素，评价企业的支付能力、偿债能力和周转能力，预测企业未来的现金流量，为其决策提供依据。

编制现金流量表的目的，是为财务报告使用者提供企业一定会计期间的现金和现金等价物流入和流出的信息，以便报告使用者了解和评价企业获取现金和现金等价物的能力，并据以预测企业未来的现金流量。

产生现金流量的经济活动包括：经营活动、投资活动和筹资活动。

在这些经济活动中，引起现金流入和现金流出的交易和事项，必须涉及现金及现金等价物与非现金项目。只涉及现金和现金等价物的交易和事项，不会引起现金及现金等价物变动，而不需要在现金流量表上反映，包括现金与现金之间的经济活动，例如，企业将现金存入银行、企业开出银行本票和银行汇票；现金与现金等价物之间的经济活动，例如企业用银行存款购买三个月到期的短期债权性投资；还有一类是等价物之间的经济活动。

既涉及现金及现金等价物又涉及非现金及非现金等价物的交易和事项，能够引起现金及现金等价物的变动，应该在现金流量表上反映。

二、现金流量表的格式和内容

现金流量表的格式我国采用报告式，其主要框架是现金和现金等价物的流入和流出，现金流入量和流出量的差额即为现金净流量。其内容又分为经营活动产生的现金流量、投资活动产生的现金流量和筹资活动产生的现金流量三大类。每类活动又细分为具体项目。这些项目从不同角度反映企业业务活动的现金流入和流出。

（一）经营活动产生的现金流量

经营活动，是指企业投资活动和筹资活动以外的所有交易和事项。我国的现金流量表分为四种：一般企业、商业银行、保险公司和证券公司的现金流量表，其区别就在于经营活动的内容不同。经营活动产生的现金流量包括现金流入、现金流出和现金净流量。一般企业的现金流入包括：销售商品、提供劳务收到的现金；收到的税费返还；收到其他与经营活动有关的现金。理解现金流入的关键是本期收到现金，只要是本期经营活动收到的现金都应进行反映。所以包括销售商品时收到的应交增值税销项税额，包括以前售出商品的货款以及预收的货款。而现金流出包括：购买商品或接受劳务支付的现金；支付给职工以及为职工支付的现金；支付的各项税费和支付其他与经营活动有关的现金。理解现金流出的关键是本期支付现金，包括支付的增值税进项税额，本期支付的以前会计期间的购买货款，以及预付货款等。

通过经营活动产生的现金流量，可以说明企业的经营活动对现金流入和流出的影响程度，判断企业在不动用对外筹得资金的情况下，是否足以维持生产经营、偿还债务等的能力。

（二）投资活动产生的现金流量

投资活动，是指企业长期资产的购建和不包括在现金等价物范围内的投资及其处置活动。投资活动产生的现金流量主要包括购建固定资产、开发无形资产和对外投资等。

编制现金流量表所指的“投资”既包括对外投资，又包括长期资产的购建与处置。长期资产是指固定资产、无形资产、在建工程、其他资产等持有期限在一年或一个营业周期以上的资产。投资活动产生的现金流量包括现金流入、现金流出和现金净流量。现金流入包括：收回投资收到的现金；处置固定资产、无形资产和其他长期资产收回的现金净额；处置子公司及其他营业单位收到的现金净额；收到其他与投资活动有关的现金。收回投资是指对外投资；其他各项均为对内投资，即处置长期资产。现金流出包括购建固定资产、无形资产和其他长期资产支付的现金；投资支付的现金；取得子公司及其他营业单位支付的现金净额；支付其他与投资活动有关的现金。通过投资活动产生的现金流量，可以判断投资活动对企业现金流量净额的影响程度。

（三）筹资活动产生的现金流量

筹资活动，是指导致企业资本及债务规模和构成发生变化的活动。筹资活动产生的现金流量包括现金流入和现金流出。现金流入包括：吸收投资收到的现金、取得借款收到的现金、收到其他与筹资活动有关的现金。其中，借款包括从银行和其他金融机构的借款，也包括通过发行债券收到现金。现金流出包括偿还债务支付的现金，分配股利、利润或偿付利息支付的现金，支付其他与筹资活动有关的现金。

通过筹资活动产生的现金流量，可以分析企业通过筹资活动获取现金的能力，判断筹资活动对企业现金流量净额的影响程度。

一般企业的现金流量表的基本格式见表9-5。

表9-5 现金流量表 会企03表

编制单位： 年 月 单位：元

项目	本期金额	上期金额
一、经营活动产生的现金流量		
销售商品、提供劳务收到的现金		
收到的税费返还		
收到其他与经营活动有关的现金		
经营活动现金流入小计		
购买商品、接受劳务支付的现金		
支付给职工以及为职工支付的现金		
支付的各项税费		
支付其他与经营活动有关的现金		
经营活动现金流出小计		
经营活动产生的现金流量净额		
二、投资活动产生的现金流量		
收回投资收到的现金		
取得投资收益收到的现金		
处置固定资产、无形资产和其他长期资产收回的现金净额		
处置子公司及其他营业单位收到的现金净额		
收到其他与投资活动有关的现金		
投资活动现金流入小计		
购建固定资产、无形资产和其他长期资产支付的现金		
投资支付的现金		
取得子公司及其他营业单位支付的现金净额		
支付其他与投资活动有关的现金		
投资活动现金流出小计		
投资活动产生的现金流量净额		

续表

项目	本期金额	上期金额
三、筹资活动产生的现金流量		
吸收投资收到的现金		
取得借款收到的现金		
收到其他与筹资活动有关的现金		
筹资活动现金流入小计		
偿还债务支付的现金		
分配股利、利润或偿付利息支付的现金		
支付其他与筹资活动有关的现金		
筹资活动现金流出小计		
筹资活动产生的现金流量净额		
四、汇率变动对现金及现金等价物的影响		
五、现金及现金等价物净增加额		
加：期初现金及现金等价物余额		
六、期末现金及现金等价物余额		

第五节 所有者权益变动表

所有者权益变动表是反映构成所有者权益的各组成部分当期的增减变动情况的报表。所有者权益变动表应当单独列示下列项目：（1）综合收益总额；（2）会计政策变更和前期差错更正的累计影响金额；（3）所有者投入资本和向所有者分配利润等；（4）按照规定提取的盈余公积；（5）所有者权益各组成部分的期初和期末余额及其调节情况。

第六节 附 注

一、编制财务报表附注的意义

财务报表附注是为了帮助报告使用者理解财务报表的内容而对报表的有关项目所作的解释。企业编制财务报表附注，可以使报告使用者对企业的财务状况、经营成果和现金流动情况获得更加充分的了解，从而做出正确的决策。

附注是财务报表不可或缺的组成部分。报告使用者要了解企业的财务状况、经营成果和现金流量，应当全面阅读附注，附注相对于报表而言，同样具有重要性。

根据本准则规定，附注应当按照一定的结构进行系统合理的排列和分类，有顺序地披露信息。

二、附注的内容

附注包括所有在财务报表内未提供的、与企业财务状况和经营成果及现金流量相关的、有助于报表使用者更好地了解财务报表的重要信息。具体来说，附注一般应包括：企业的基本情况、财务报告的编制基础、遵循企业会计准则的声明、重要会计政策和会计估计、会计政策和会计估计变更以及前期差错更正的说明、重要报表项目的说明、或有事项的说明、资产负债表日后事项的说明、关联方关系及其交易的说明等。

【小　结】

财务报告是指企业对外提供的反映企业在某一日期的财务状况和某一会计期间的经营成果、现金流量等会计信息的文件。财务报告的目的是向财务报告使用者提供与企业财务状况、经营成果和现金流量等有关的会计信息，反映企业管理层受托责任履行情况，有助于财务报告使用者做出经济决策。一套完整的财务报告至少包括“四表一注”。“四表”指的是资产负债表、利润表、现金流量表和所有者权益变动表；“一注”指的是各个财务报表的附注。财务报表按经济内容可分为资产负债表、利润表、现金流量表、所有者权益变动表；按编制和报送时间可分为年度报表和中期报表；按服务对象可分为对外报表和内部报表；按编制单位可分为个别财务报表、合并财务报表和汇总财务报表。财务报告编制时应满足真实可靠、全面完整、编报及时、便于理解四个基本要求。

资产负债表是反映企业某一特定日期（期末）财务状况的财务报表。资产负债表的格式，主要有账户式和报告式两种。目前我国一般企业的资产负债表采用“账户式”结构。资产负债表中资产、负债及所有者权益项目均按流动性大小排列。资产负债表各项目根据资产类、负债类、共同类、所有者权益类、成本类账户的期末余额编制。其中有些项目根据总账账户的余额直接填列；有些项目根据总账账户的余额计算填列；有些项目根据明细账户的余额计算填列；有些项目根据总账余额和明细账余额计算填列；有些项目综合运用上述填列方法分析填列；资产负债表附注的内容，根据实际需要和有关备查账簿等的记录分析填列。

利润表，是反映企业一定会计期间经营成果的报表。利润表的格式也有两种：单步式和多步式。我国采用多步式利润表结构。多步式利润表通过三步计算利润：首先计算营业利润，然后以营业利润为基础，加上营业外收入，减去营业外支出，计算出利润总额，最后以利润总额为基础，减去所得税费用，计算出净利润（或亏损）。如果是股份有限公司，还应当在利润表中列示基本每股收益和稀释每股收益。利润表各项目均需填列“本期金额”和“上期金额”两栏。其中“上期金额”栏内各项数字，应根据上年该期利润表的“本期金额”栏内所列数字填列。

“本期金额”栏内各项数字，除“基本每股收益”和“稀释每股收益”项目外，应当按照损益类账户的本期发生额分析填列。其中有些项目直接根据相关账户的本期发生额填列；有些项目通过总账账户的本期发生额计算填列；有些项目根据总账账户的本期发生额方向分析填列。

现金流量表是反映企业在一定会计期间现金和现金等价物流入和流出情况的报表。我国现金流量表的格式采用报告式，其主要框架是现金和现金等价物的流入和流出，现金流入量和流出量的差额即为现金净流量。其内容又分为经营活动产生的现金流量、投资活动产生的现金流量和筹资活动产生的现金流量三大类。现金，是指企业库存现金以及可以随时用于支付的存款，包括库存现金、银行存款和其他货币资金（如外埠存款、银行汇票存款、银行本票存款和在途货币资金等）。现金等价物，是指企业持有的期限短、流动性强、易于转换为已知金额现金、价值变动风险很小的投资。现金流量是指企业在一定期间内的现金流入和现金流出的数量。现金流入量与现金流出量之差为现金净流量。其基本公式为：现金流入-现金流出=现金净流量。理解现金流量表的关键是以收付实现制为基础。

所有者权益变动表是反映构成所有者权益的各组成部分当期的增减变动情况的报表。

财务报表附注是为了帮助报告使用者理解财务报表的内容而对报表的有关项目所作的解释。企业编制财务报表附注，可以使报告使用者对企业的财务状况、经营成果和现金流量情况获得更加充分的了解，从而做出正确的决策。

【复习思考题】

1.什么是财务报告？它由哪些内容构成？
2.什么是资产负债表？
3.什么是利润表？
4.我国的资产负债表采用何种格式？各项目是如何填列的？
5.我国的利润表采用何种格式？各项目是如何填列的？
6.什么是现金流量表？其结构是怎样的？
7.所有者权益变动表包括哪些项目？
8.财务报表附注有什么作用？哪些内容应在附注中披露？

【练习题】

一、单项选择题

1.下列属于静态报表的是（　　）。

A.资产负债表　B.现金流量表　C.利润表　D.利润分配表

2.资产负债表和利润表的数据直接来源于（　　）。

A.原始凭证　B.记账凭证　C.日记账　D.账簿记录

3.填列资产负债表中应付账款项目时，应考虑期末余额的账户有（　）。

A.“应付账款”总分类账户

B.“应付账款”各明细账户

C.“应付账款”各明细账户与“预付账款”各明细账户

D.“应付账款”总分类账户与“预付账款”总分类账户

4.依照我国会计准则的要求，利润表所采用的格式为（　）。

A.单步式　B.多步式　C.账户式　D.混合式

5.资产负债表反映的企业的财务状况是指（　）。

A.某一特定日期的财务状况　B.一定时期内的财务状况

C.某一年份内的财务状况　D.某一月份内的财务状况

6.在资产负债表中，下列属于流动资产项目的是（　）。

A.以公允价值计量且其变动计入当期损益的金融资产

B.可供出售金融资产

C.持有至到期投资

D.固定资产

7.以“资产=负债+所有者权益”这一会计等式作为编制依据的财务报表是（　）。

A.利润表　B.所有者权益变动表

C.资产负债表　D.现金流量表

8.如果企业本月利润表中的主营业务收入为1 000元，其他业务成本为400元，管理费用为100元，财务费用为50元，销售费用为50元，投资收益100元，则其营业利润应填（　）。

A.1 000元　B.1 500元　C.1 400元　D.1 300元

9.如果企业月末科目余额表中“固定资产”为100万元，“累计折旧”为40万元，则企业月末资产负债表中“固定资产”项目应填列（　）。

A.100万元　B.60万元　C.140万元　D.160万元

10.企业利润表是通过分步计算确认当期实现的净利润的，依次是（　）。

A.营业利润、投资净收益、营业外收支净额、净利润

B.营业利润、利润总额、净利润

C.主营业务利润、营业利润、利润总额、净利润

D.主营业务利润、其他业务利润、利润总额、净利润

二、多项选择题

1.财务报表的使用者一般包括（　）。

A.企业管理人员　B.政府有关部门　C.银行及其他商业债权人

D.债权人　E.社会公众

2.财务报表的表头部分包括（　）要素。

A.表名　B.制表人　C.编制单位
D.编制时间　E.货币计量单位

3.属于资产负债表的项目有（　　）。
A.原材料　B.应交税费　C.未分配利润
D.所得税费用　E.存货

4.企业的下列报表中，属于对外财务报表的有（　　）。
A.资产负债表　B.利润表　C.所有者权益变动表
D.制造成本表　E.现金流量表

5.有关利润表的说法，正确的是（　　）。
A.它是总括反映企业在一定时期经营结果的财务报表
B.它是动态报表
C.表体形式有单步式和多步式
D.报表右边的金额数字包括本月数和本年累计数
E.投资损失和利润总额为亏损均以“-”号填列

6.编制资产负债表中的“预收款项”项目，应依据的账户有（　　）。
A.预收账款　B.应付账款　C.预付账款
D.应收账款　E.其他应收款

7.现金流量表中的现金是指广义的现金，包括（　　）。
A.库存现金　B.银行存款　C.其他货币资金
D.现金等价物　E.应收账款

8.利润表提供的信息包括（　　）。
A.实现的营业收入　B.发生的营业成本　C.资产减值损失
D.利润或亏损总额　E.企业的财务状况

9.下列各项目中，属于资产负债表中的流动资产项目的是（　　）。
A.货币资金　B.应收账款　C.存货
D.投资性房地产　E.预收款项

10.下列各项目中，属于资产负债表中的非流动资产项目的是（　　）。
A.预收款项　B.持有至到期投资　C.投资性房地产
D.可供出售金融资产　E.应付债券

三、判断题

1.资产负债表是反映企业在一定期间经营成果的报表，所以它是动态报表。（　　）

2.资产负债表是反映企业在一定时期内的资产、负债和所有者权益情况的报表。（　　）

3.虽然资产负债表中的项目，有些是根据账簿记录直接填列，有些是根据账簿记录计算填列，但它们共同之处都是来源于账簿的期末余额。（　　）

4.利润表中的项目主要是根据损益类账户的余额分析计算填列。（　　）

5.资产负债表中的“应交税费”“应付股利”“未分配利润”均是根据有关账户，即“应交税费”“应付股利”“利润分配”记录的期末余额直接填列的。( )

6.企业的财务报告分为年度、半年度、季度和月度财务报告。( )

7.利润表中的“净利润”项目金额应与资产负债表中“未分配利润”项目金额相吻合。( )

8.现金流量表的编制方法有直接法和间接法。( )

9.现金流量表的理论依据是“现金流入-现金流出=现金净增加额”。( )

10.现金流量表的现金净增加额应与资产负债表中的货币资金期末数相等。( )

四、业务题

1.某企业2×18年年末“固定资产”账户的余额为2 000 000元，“累计折旧”账户的余额为100 000元。该企业年末资产负债表中“固定资产”项目的金额为多少?

2.某企业长期借款的情况如下：2×18年1月1日借入3年期借款200万元，2×17年1月1日借入4年期借款300万元，2×14年7月1日借入5年期借款100万元，2×18年年末资产负债表中“长期借款”项目的金额多少?

3.某企业2×18年年末“库存现金”账户的余额为20 000元，“银行存款”账户的余额为500 000元，“其他货币资金”账户的余额为50 000元。该企业年末资产负债表中的“货币资金”项目的金额为多少?

4.某企业2×18年年末“在途物资”账户的借方余额为100 000元，“原材料”账户的借方余额为2 000 000元，“库存商品”账户的借方余额为1 500 000元，“生产成本”账户的借方余额为500 000元。该企业2×18年年末资产负债表中“存货”项目的金额为多少?

5.某企业2×18年度“主营业务收入”账户的贷方发生额为500 000元，借方发生额为100 000元（系8月份发生的销货退回），“其他业务收入”账户的贷方发生额为50 000元。该企业2×18年度利润表中的“营业收入”项目的金额为多少?

6.某企业2×18年度“主营业务成本”账户的借方发生额为200 000元；“其他业务成本”账户的借方发生额为100 000元。该企业2×18年度利润表中的“营业成本”项目的金额为多少?

第十章

账务处理程序

学习目的

本章主要介绍了账务处理程序的种类和常见账务处理程序的特点、基本步骤等。通过本章的学习，应理解账务处理程序的意义和种类；掌握记账凭证账务处理程序、科目汇总表账务处理程序和汇总记账凭证账务处理程序的特点、基本步骤、优缺点和适用范围，能够根据记账凭证编制科目汇总表、汇总记账凭证；掌握各种账务处理程序下总分类账登记的依据和方法，了解多栏式日记账账务处理程序。

第一节 账务处理程序概述

一、账务处理程序的概念

账务处理程序也称会计核算组织程序，是指将会计凭证、会计账簿、财务报表有机结合的方法和步骤。

会计工作中，会计凭证、会计账簿、财务报表之间不是相互孤立的，而是以一定的形式紧密联系在一起的，形成一个完整的体系。为了使会计工作有序地进行，全面地反映企业的经济活动发生及完成情况，为财务报表的使用者提供全面的会计信息，就必须明确各种会计凭证、会计账簿、财务报表之间的关系，会计核算组织程序就把它们有机地结合了起来。

二、账务处理程序的意义

账务处理程序是做好会计工作的重要前提之一。账务处理程序是否科学合理，会对整个会计核算工作产生诸多方面的影响。科学合理的账务处理程序，对于保证准确、及时地提供系统而完整的会计信息，具有十分重要的意义，也是会计部门和会计人员的一项重要工作。由于各个企业单位的经济业务性质不同、规模大小各异，以及在经营管理上的要求不一致，因此，它们使用的凭证、账簿的格式以及记账程序和方法也就不完全相同。为了把会计工作科学地组织起来，任何单位都应结合本单位的具体情况，采用恰当的账务处理程序组织会计工作。这对于提高会计工作的质量和效率，降低会计核算工作的成本，充分发挥会计的职能，正确、及时地提供会计信息有着重要的意义。

三、设计合理账务处理程序的原则

科学合理地设计与选用会计核算组织程序，一般应遵循以下原则：

1.应满足经济管理的需要

会计的目的就是提供经济信息，加强经济管理。因此，科学合理的账务处理程序，必须能够正确、全面、及时地提供生产经营管理各方面所需的会计信息。

2.应与单位的实际相适应

各单位的生产经营特点、规模大小、业务繁简不同，会计机构设置，人员配备及分工也不完全相同。账务处理程序必须从本单位实际出发，设计或选用符合本单位业务实际的账务处理程序。

3.应力求降低会计核算成本

各单位应在能够保证会计核算资料和会计信息正确、完整的前提下，建立科学的账务处理程序，力求简化会计核算手续，节约人力、物力和财力的耗费，提高会计工作效率。

4.应有利于建立会计工作岗位责任制

设计账务处理程序，应有利于会计部门和会计人员分工与合作，有利于明确各会计人员工作岗位的职责，使会计人员责任清楚。

四、账务处理程序的种类

账务处理程序按照凭证、账簿的不同组合形式，可以分为不同的种类。不同的会计核算组织程序的主要区别在于登记总分类账的依据不同。目前，我国会计工作中主要采用的账务处理程序有以下四种类型：

1.记账凭证账务处理程序

2.科目汇总表账务处理程序

3.汇总记账凭证账务处理程序

4.多栏式日记账账务处理程序

各单位可以根据本单位的特点，选择适合本单位实际情况的账务处理程序。

第二节 记账凭证账务处理程序

一、记账凭证账务处理程序的特点

记账凭证账务处理程序的主要特点是根据记账凭证直接登记总分类账。由于总分类账是直接根据记账凭证逐笔登记的，所以这种账务处理程序就称作记账凭证账务处理程序。它是账务处理程序中最基本的一种核算形式，其他账务处理程序基本上是在这种处理程序的形式上发展和演变而形成的。

二、记账凭证账务处理程序下凭证和账簿组织

在记账凭证账务处理程序下，记账凭证通常采用收款凭证、付款凭证、转账凭证三种形式，也可以采用通用凭证。账簿的组织一般应设置库存现金日记账、银行存款日记账、总分类账和明细分类账。总分类账按总账科目设置，总分类账和日记账可以采用三栏式，明细分类账可根据经营管理的需要设置，采用三栏式、数量金额式或多栏式。

三、记账凭证账务处理程序的记账程序

记账凭证账务处理程序下填制会计凭证、登记账簿和编制财务报表的具体工作步骤如下：

（1）根据原始凭证编制原始凭证汇总表；

（2）根据原始凭证或原始凭证汇总表填制收款凭证、付款凭证和转账凭证；

（3）根据库存现金和银行存款的收款凭证、付款凭证登记库存现金日记账和银行存款日记账；

（4）根据各种记账凭证和原始凭证或原始凭证汇总表登记明细分类账；

（5）根据各种记账凭证逐笔登记总分类账；

（6）月末，将库存现金日记账、银行存款日记账和明细分类账的余额与总分类账有关账户的余额相互核对；

（7）月末，根据核对相符的总分类账和明细分类账的记录编制财务报表。

上述记账凭证账务处理程序的工作步骤归纳如图10-1所示。

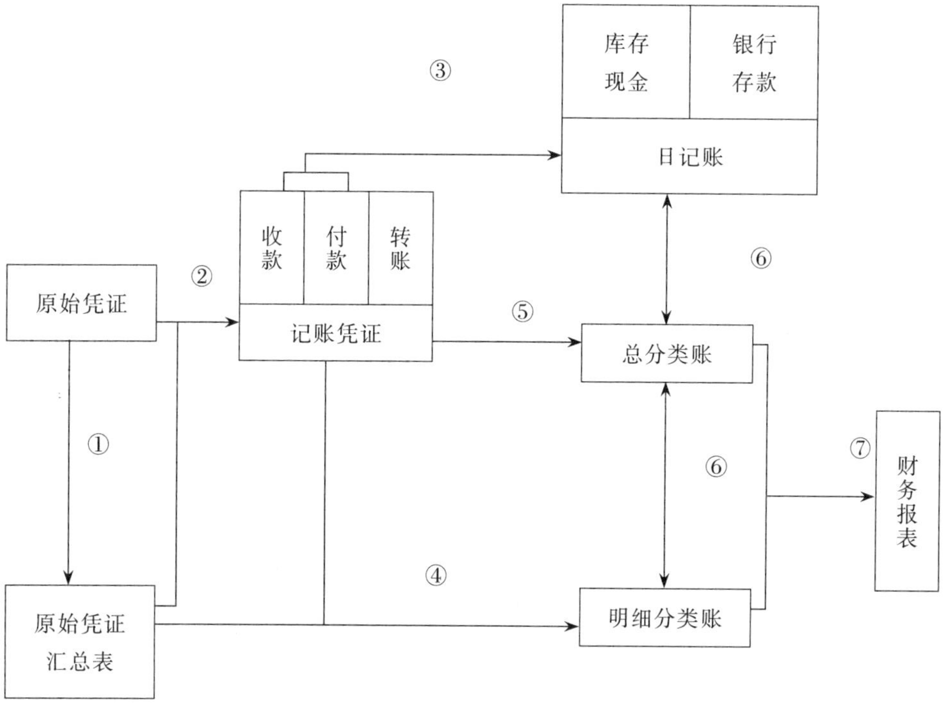

图10-1 记账凭证账务处理程序图

四、记账凭证账务处理程序的优缺点及其适用范围

记账凭证账务处理程序的优点是简单明了，核算手续简便，层次清楚、便于查账。这是由于省去了记账凭证的汇总工作，而且对于一些不经常发生经济业务的账户，可省去设置明细账，只需在总账的摘要栏中说明经济业务的主要内容，从而简化了记账工作。总分类账还较详尽地反映了全部经济业务内容，账户的对应关系和经济业务的来龙去脉比较清晰，便于查账和用账。

记账凭证账务处理程序的缺点主要是登记总分类账的工作量较大，而且不便于进行会计工作的分工。

记账凭证账务处理程序的适用范围：规模较小、经济业务较少、凭证不多的单位。

第三节 科目汇总表账务处理程序

一、科目汇总表账务处理程序的特点

科目汇总表账务处理程序的特点是：先定期（五天或十天）将所有记账凭证汇总编制成科目汇总表；然后根据科目汇总表登记总分类账。由于总分类账是根据科目汇总表登记的，所以称之为科目汇总表账务处理程序。

二、科目汇总表账务处理程序下凭证和账簿的设置

在科目汇总表账务处理程序下，对记账凭证的要求是，除了设置收款凭证、付款凭证和转账凭证外，还要求设置科目汇总表。对账簿的设置没有特殊要求，一般应设置库存现金日记账、银行存款日记账，采用三栏式；按每一总账科目设置总分类账，采用三栏式；按明细科目设置明细分类账，采用三栏式、数量金额式或多栏式。

三、科目汇总表的编制方法

根据一定时期内的所有记账凭证，按照相同的会计科目进行归类，定期（五天或十天）汇总出每一个会计科目的借方本期发生额合计数和贷方本期发生额合计数，并填入科目汇总表的有关栏内。对于库存现金和银行存款科目的借方本期发生额和贷方本期发生额，可以直接根据库存现金日记账和银行存款日记账的收入、支出合计数填列，而不必根据收款凭证和付款凭证归类汇总填列，以简化汇总手续。科目汇总表可以每月汇总一次编制一张，也可以按旬汇总一次，每月编制一张。科目汇总表的一般格式见表10-1和表10-2。

表10-1 科目汇总表

年　月　日至　日　　　　第　号

会计科目	本期发生额		总账页数
	借方	贷方	
合计			

表 10-2

科目汇总表

年　月

会计科目	总账页数	1日—10日		11日—20日		21日—30日		本月合计	
		借方	贷方	借方	贷方	借方	贷方	借方	贷方
合计									

四、科目汇总表账务处理程序的记账程序

科目汇总表账务处理程序下填制记账凭证、登记账簿和编制财务报表的具体工作步骤如下：

（1）根据原始凭证编制原始凭证汇总表；

（2）根据原始凭证或原始凭证汇总表填制收款凭证、付款凭证和转账凭证；

（3）根据收款凭证、付款凭证登记库存现金日记账和银行存款日记账；

（4）根据原始凭证或原始凭证汇总表以及记账凭证登记明细分类账；

（5）根据收款凭证、付款凭证和转账凭证编制科目汇总表；

（6）根据科目汇总表登记总分类账；

（7）月末，将库存现金日记账、银行存款日记账和明细分类账的余额与总分类账有关账户的余额相互核对；

（8）月末，根据核对相符的总分类账和明细分类账的记录编制财务报表。

上述记账程序可归纳如图 10-2 所示。

五、科目汇总表账务处理程序的优缺点及适用范围

1.科目汇总表账务处理程序的优点

（1）大大简化了登记总账的工作量。根据科目汇总表登记总分类账，大大简化了登记总账的工作量。

（2）可以进行试算平衡，发现错误，保证记账工作的质量。通过科目汇总表的编制，可以将各科目的本期借、贷发生额的合计数进行试算平衡，及时发现工作中的错误，从而保证记账工作的质量。

2.科目汇总表账务处理程序的缺点

（1）不能反映各科目的对应关系。科目汇总表不分对应科目进行汇总，不能反映各科目的对应关系，不便于对经济业务进行分析和检查。

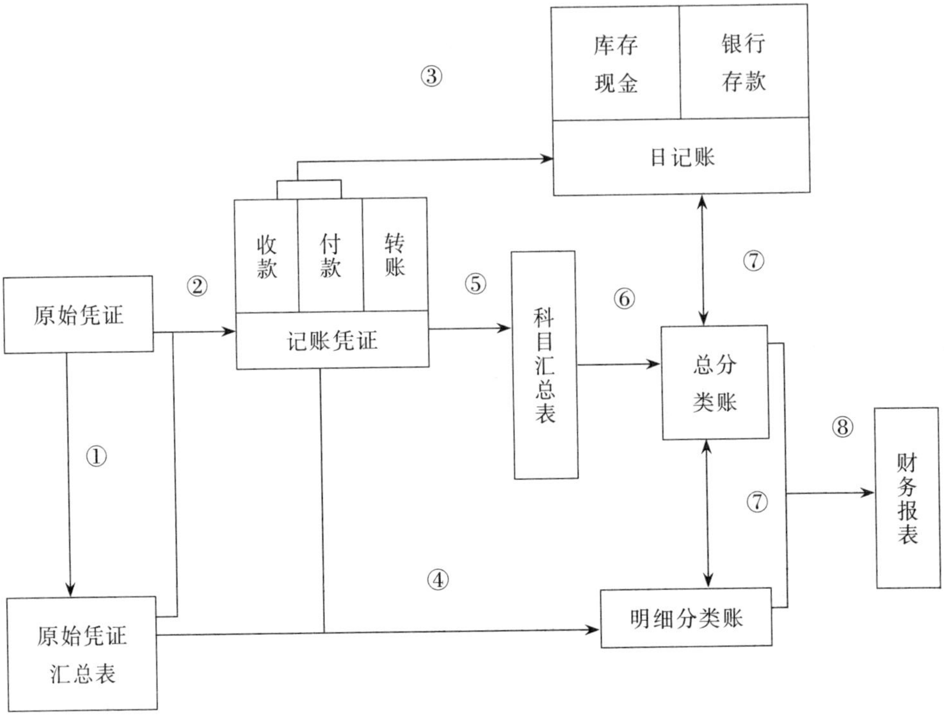

图10-2 科目汇总表账务处理程序图

(2) 编制科目汇总表比较麻烦。如果记账凭证较多，根据记账凭证编制科目汇总表本身也是一项较繁杂的工作；若记账凭证较少，运用科目汇总表登记总账又起不到简化登记总账的效果。

3.科目汇总表账务处理程序的适用范围

这种账务处理程序应用范围较广，一般规模较大、经济业务较多的单位都可以采用。

第四节 汇总记账凭证账务处理程序

一、汇总记账凭证账务处理程序的特点

汇总记账凭证账务处理程序的特点是：先定期将全部记账凭证按收款、付款和转账凭证分别归类编制成汇总记账凭证，再根据汇总记账凭证登记总账。由于总账是根据汇总记账凭证登记的，因此这种账务处理程序被称为汇总记账凭证账务处理程序。

二、汇总记账凭证账务处理程序下凭证和账簿的设置

在汇总记账凭证账务处理程序下，除设置收款、付款和转账的记账凭证外，还应设置汇总收款凭证、汇总付款凭证和汇总转账凭证，作为登记总分类账的依据。账簿的设置与记账凭证账务处理程序基本相同，应设置库存现金日记账，银行存款日记账，采用三栏式；设置总分类账，采用三栏式；按每一总账科目设置明细分类

账，根据需要可采用三栏式、数量金额式或多栏式。

三、汇总记账凭证的编制方法

汇总记账凭证可根据本企业记账凭证的多少确定编制的间隔时间，发生的经济业务多，记账凭证多，间隔时间短一些；反之，间隔时间长一些。如半月一次，也可十天一次、五天一次等。汇总记账凭证可分为设证和按对应科目分类汇总两个程序。

1. 汇总收款凭证的编制

（1）汇总收款凭证按借方科目库存现金和银行存款分别设置。

对全部现金收入凭证进行归集，在汇总收款凭证的左上角借方科目填“库存现金”，将全部现金收款凭证的合计行的合计金额进行汇总计算出合计金额，填入汇总收款凭证的合计行金额栏内。

（2）按全部现金收入凭证的对应贷方科目进行分类，对同一贷方科目的金额合计后填入汇总收款凭证，所有的贷方科目金额合计数全部填入后，该凭证填上日期和编号，据以登记总分类账。

汇总收款凭证的格式见表10-3。

表10-3 **汇总收款凭证**

借方科目：库存现金 年 月 汇收第 号

贷方科目	金额				总账页数	
	1日—10日 收款凭证 第 号至第 号	11日—20日 收款凭证 第 号至第 号	21日—30日 收款凭证 第 号至第 号	合计	借方	贷方
合计						

以银行存款为借方科目的汇总收款凭证可比照编制。

2. 汇总付款凭证的编制

（1）汇总付款凭证按贷方科目库存现金和银行存款分别设置。

对全部银行付出凭证进行归集，在汇总付款凭证的左上角贷方科目填“银行存款”，将全部银行付出凭证的合计行的合计金额进行汇总计算出合计金额，填入汇总付款凭证的合计行金额栏内。

（2）按全部付款凭证的对应科目借方科目进行分类，对同一借方科目的金额合计后填入汇总付款凭证，所有的借方科目金额合计数全部填入后，该凭证填上日期和编号，据以登记总分类账。

汇总付款凭证的格式见表10-4。

表10-4　　　　　　　　　　　**汇总付款凭证**

贷方科目：银行存款　　　　　　　　年　　月　　　　　　　　汇付第　　号

借方科目	金　额				总账页数	
	1日—10日 付款凭证 第　号至第　号	11日—20日 付款凭证 第　号至第　号	21日—30日 付款凭证 第　号至第　号	合计	借方	贷方
合计						

以库存现金为贷方科目的汇总付款凭证可比照编制。

3.汇总转账凭证的编制

汇总转账凭证的编制可比照汇总付款凭证的编制方法。

（1）汇总转账款凭证按贷方科目分别设置。

对贷方科目为同一科目的转账凭证进行归集，在汇总转账凭证的左上角贷方科目填该科目，将该科目的金额进行汇总计算出合计金额，填入汇总转账凭证的合计行金额栏内。

（2）按该贷方科目的全部转账凭证的对应借方科目进行分类，对同一借方科目的金额合计后填入汇总转账凭证，所有的借方科目金额合计数全部填入后，该凭证填上日期和编号，据以登记总分类账。

汇总转账凭证的设证的张数根据转账凭证贷方科目的数量来确定。

汇总转账凭证的格式见表10-5。

四、汇总记账凭证账务处理程序下总分类账的登记方法

在汇总记账凭证账务处理程序下，为了使总分类账的内容与各种汇总记账凭证相一致，总分类账应采用借、贷栏内设有“对方科目”专栏的三栏式，以便于清晰地反映科目的对应关系。

在汇总记账凭证账务处理程序下，登记总分类账的方法是：

表10-5 汇总转账凭证

贷方科目： 年 月 汇转第 号

借方科目	金额				总账页数	
	1日—10日 转账凭证 第 号至第 号	11日—20日 转账凭证 第 号至第 号	21日—30日 转账凭证 第 号至第 号	合计	借方	贷方
合计						

（1）根据汇总收款凭证的合计数，计入总分类账中“库存现金”或“银行存款”账户的借方，根据各贷方科目的合计数记入有关账户的贷方；

（2）根据汇总付款凭证的合计数，计入总分类账中“库存现金”或“银行存款”账户的贷方，根据各借方科目的合计数记入有关账户的借方；

（3）根据汇总转账凭证的合计数，计入总分类账户的贷方，根据各对应借方科目的合计数记入有关账户的借方。

五、汇总记账凭证账务处理程序的记账程序

汇总记账凭证账务处理程序下填制记账凭证、登记账簿和编制财务报表的具体工作步骤如下：

（1）根据原始凭证编制原始凭证汇总表；

（2）根据原始凭证或原始凭证汇总表填制收款凭证、付款凭证和转账凭证；

（3）根据收款凭证、付款凭证登记库存现金日记账和银行存款日记账；

（4）根据原始凭证或原始凭证汇总表以及记账凭证登记明细分类账；

（5）根据收款凭证、付款凭证和转账凭证分别编制汇总收款凭证、汇总付款凭证以及汇总转账凭证；

（6）根据汇总收款凭证、汇总付款凭证以及汇总转账凭证登记总分类账；

（7）月末，将库存现金日记账、银行存款日记账和明细分类账的余额与总分类账有关账户的余额相互核对；

（8）月末，根据核对相符的总分类账和明细分类账的记录编制财务报表。

上述记账程序可归纳如图10-3所示。

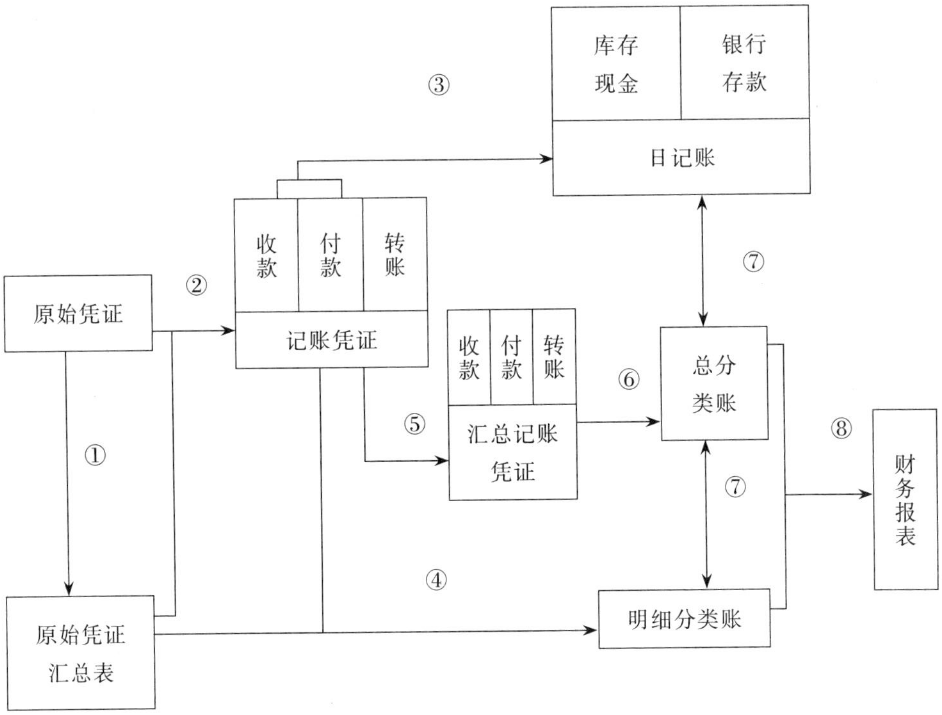

图10-3　汇总记账凭证账务处理程序图

六、汇总记账凭证账务处理程序的优缺点及适用范围

汇总记账凭证账务处理程序的优点：(1) 总分类账的登记工作大大简化。根据汇总记账凭证登记总分类账，总分类账的登记工作大大简化，工作量大大减少。(2) 便于了解科目之间的相互关系，有利于分析经济活动的情况，提供准确的会计信息资料。由于汇总记账凭证是根据许多记账凭证按照会计科目的对应关系进行归类汇总编制的，在总分类账中注明了对应科目，便于了解科目之间的相互关系，有利于分析经济活动的情况，提供准确的会计信息资料。

汇总记账凭证账务处理程序的缺点：按照每一贷方科目的转账凭证归类汇总，如果在同一贷方科目转账业务较少的情况下，就不能起到简化记账手续的作用，同时也不利于日常核算工作的合理分工，而且编制汇总记账凭证的工作量较大。

汇总记账凭证账务处理程序一般适用于规模较大、业务较多的单位。

第五节　多栏式日记账账务处理程序

一、多栏式日记账账务处理程序的特点

多栏式日记账账务处理程序的特点是：设置多栏式的库存现金日记账和银行存款日记账，月末根据多栏式日记账各专栏的合计数登记有关总分类账户。转账业务通常根据有关转账凭证编制转账科目汇总表，然后根据转账科目汇总表登记有关总分类账，也可以直接根据转账凭证逐笔登记总分类账。由于这种账务处理程序是根

据多栏式日记账登记总分类账，所以称之为多栏式日记账账务处理程序。

多栏式日记账账务处理程序是在前面几种账务处理程序的基础上简化而来的。由于在汇总记账凭证和科目汇总表账务处理程序下，设置日记账和编制汇总记账凭证及科目汇总表存在重复工作。同时，会计制度规定库存现金日记账和银行存款日记账的收入、支出必须逐笔序时登记，这样在多栏式日记账账务处理程序下，在日记账收入、支出栏设置专栏，逐笔序时登记收、付业务款项，然后据此登记总分类账，转账业务根据科目汇总表或转账凭证登记总分类账，这样就大大地简化了会计核算工作。

多栏式日记账账务处理程序下总账与明细账的设置均与前面账务处理程序相同。

二、多栏式日记账账务处理程序的记账程序

（1）根据原始凭证编制原始凭证汇总表；

（2）根据原始凭证或原始凭证汇总表填制记账凭证（收款凭证、付款凭证和转账凭证）；

（3）根据收款凭证、付款凭证及所附的原始凭证逐笔登记多栏式库存现金日记账和多栏式银行存款日记账；

（4）根据原始凭证、原始凭证汇总表和记账凭证登记各种明细分类账；

（5）根据多栏式库存现金日记账、多栏式银行存款日记账和转账凭证登记总分类账；

（6）月末，将多栏式库存现金日记账、多栏式银行存款日记账和明细分类账的余额与总分类账有关账户的余额相互核对；

（7）月末，根据核对相符的总分类账和明细分类账的记录编制财务报表。

上述记账程序可归纳如图10-4所示。

三、多栏式日记账账务处理程序下总账的登记方法

在多栏式日记账账务处理程序下，库存现金和银行存款日记账都按对应账户设置专栏，它具有收、付款凭证科目汇总表的作用，在登记总分类账时，可以直接根据日记账的本月收、付方发生额和各对应账户的发生额登记。登记时，根据库存现金日记账、银行存款日记账收入栏的本月合计数登记库存现金和银行存款账户的借方；根据专栏中的对应科目登记有关账户的贷方；根据库存现金日记账和银行存款日记账的支出栏的本月合计数登记库存现金和银行存款账户的贷方；根据对应科目登记有关账户的借方。库存现金和银行存款之间相互划转的收、付数额，已分别包括在它们的日记账的收入和支出合计数的本月发生额之内，所以不必再根据有关对应账户专栏的合计数登记总分类账，以免重复。

四、多栏式日记账账务处理程序的优缺点和适用范围

多栏式日记账账务处理程序的优点：（1）简化了总账的登记手续。根据多栏式日记账登记总账，减少了编制汇总凭证的工作量，简化了总账的登记手续。（2）可以直接反映货币资金的来龙去脉。在日记账中列示若干对应科目专栏，可以直接反映货币资金的来龙去脉。

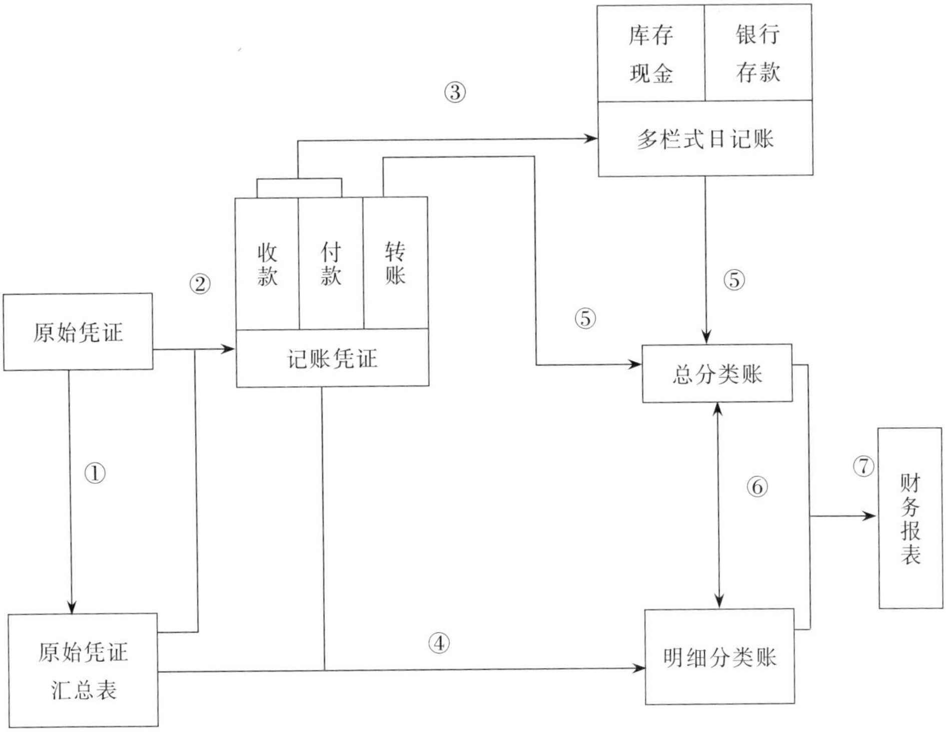

图10-4　多栏式日记账账务处理程序图

多栏式日记账账务处理程序的缺点：（1）账页过长，不便于登记，不利于分工协作。由于日记账设置了专栏，会导致账页过长，使登记工作不方便，也不利于分工协作。（2）不利于会计的内部牵制制度的实施。由于根据日记账登记总账，使日记账与总账的核对关系不存在，不利于会计的内部牵制制度的实施。

多栏式日记账账务处理程序一般适用于经济业务较多，特别是货币资金收付业务较多，涉及有关科目相对较少的单位。

【小　结】

会计核算组织程序，也称账务处理程序，是指将会计凭证、会计账簿、财务报表有机结合的方法和步骤。目前我国会计工作中的账务处理程序主要有四种类型：记账凭证账务处理程序、汇总记账凭证账务处理程序、科目汇总表账务处理程序、多栏式日记账账务处理程序。

记账凭证账务处理程序的主要特点是根据记账凭证直接登记总分类账。记账凭证账务处理程序的优点是简单明了，核算手续简便，层次清楚、便于查账，缺点主要是登记总分类账的工作量较大，而且不便于对会计工作进行分工。记账凭证账务处理程序一般适用于规模较小、经济业务较少、凭证不多的单位。

科目汇总表账务处理程序的特点是：先定期（五天或十天）将所有记账凭证汇

总编制成科目汇总表；然后根据科目汇总表登记总分类账。科目汇总表账务处理程序的优点是大大简化了登记总账的工作量，可以进行试算平衡，发现错误，保证记账工作的质量；缺点是不能反映各科目的对应关系，编制科目汇总表比较麻烦。这种账务处理程序应用范围较广，一般规模较大、经济业务较多的单位都可以采用。

汇总记账凭证账务处理程序的特点是：先定期将全部记账凭证按收款、付款和转账凭证分别归类编制成汇总记账凭证，再根据汇总记账凭证登记总账。汇总记账凭证账务处理程序的优点是使总分类账的登记工作大大简化，便于了解科目之间的相互关系，有利于分析经济活动的情况，提供准确的会计信息资料；缺点是如果在同一贷方科目转账业务较少的情况下，就不能起到简化记账手续的作用，同时也不利于日常核算工作的合理分工，而且编制汇总记账凭证的工作量较大。汇总记账凭证账务处理程序一般适用于规模较大、业务较多的单位。

多栏式日记账账务处理程序的特点是：设置多栏式库存现金日记账和银行存款日记账，月末根据多栏式日记账各专栏的合计数登记有关总分类账户。多栏式日记账账务处理程序的优点：可以简化总账的登记手续，可以直接反映货币资金的来龙去脉；缺点是账页过长，不便于登记，不利于分工协作，不利于会计的内部牵制制度的实施。多栏式日记账账务处理程序一般适用于经济业务较多，特别是货币资金收付业务多，涉及有关科目相对较少的单位。

【复习思考题】

1.什么是会计账务处理程序？设置会计账务处理程序的意义是什么？
2.设置会计账务处理程序应当遵循哪些原则？
3.什么是记账凭证账务处理程序？这种账务处理程序有哪些优缺点？
4.简述记账凭证账务处理程序的内容。
5.什么是汇总记账凭证账务处理程序？简述其账务处理步骤。
6.什么是科目汇总表账务处理程序？这种账务处理程序有哪些优点？
7.简述科目汇总表账务处理程序的内容。
8.怎样编制科目汇总表？科目汇总表的主要作用是什么？

【练习题】

一、单项选择题

1.记账凭证账务处理程序下登记总分类账的根据是（　　）。

A.记账凭证　　B.汇总记账凭证

C.科目汇总表　　D.原始凭证

2.在下列账务处理程序中，被称为最基本的账务处理程序的是（　　）。

A.记账凭证账务处理程序　　B.汇总记账凭证账务处理程序

C.科目汇总表账务处理程序
D.日记总账账务处理程序

3.汇总收款凭证按（　　）。

A.收款凭证上的借方科目设置
B.收款凭证上的贷方科目设置
C.付款凭证上的借方科目设置
D.付款凭证上的贷方科目设置

4.汇总付款凭证上的对应科目按（　　）。

A.收款凭证上的借方科目定期汇总
B.收款凭证上的贷方科目定期汇总
C.付款凭证上的借方科目定期汇总
D.付款凭证上的贷方科目定期汇总

5.汇总转账凭证按（　　）。

A.收款凭证上的贷方科目设置
B.付款凭证上的贷方科目设置
C.转账凭证上的贷方科目设置
D.转账凭证上的借方科目设置

6.汇总记账凭证账务处理程序的特点是（　　）。

A.根据各种汇总记账凭证登记明细分类账
B.根据各种汇总记账凭证登记总分类账
C.根据各种汇总记账凭证登记日记账
D.根据各种记账凭证直接登记总分类账

7.科目汇总表的基本编制方法是（　　）。

A.按照不同会计科目进行归类定期汇总
B.按照相同会计科目进行归类定期汇总
C.按照借方会计科目进行归类定期汇总
D.按照贷方会计科目进行归类定期汇总

8.科目汇总表账务处理程序的特点是（　　）。

A.根据各种记账凭证直接登记总分类账
B.根据科目汇总表登记总分类账
C.根据汇总记账凭证登记总分类账
D.根据科目汇总表登记明细分类账

9.多栏式日记账账务处理程序的特点是（　　）。

A.根据多栏式日记账各专栏的合计数和转账凭证登记总分类账
B.根据各种记账凭证直接逐笔登记总账
C.根据多栏式日记账各专栏的合计数登记明细分类账
D.根据汇总收款凭证和汇总付款凭证登记日记账

二、多项选择题

1.会计循环的主要环节有（　　）。

A.设置账户
B.填制会计凭证
C.成本计算
D.登记账簿
E.编制财务报表

2.在会计循环中，属于会计主体日常核算工作内容的有（　　）。

A.根据原始凭证填制记账凭证
B.根据编制的会计分录登记分类账

C.编制调整分录并予以过账

D.根据分类账记录编制结账前试算表

E.编制结账分录并登记入账

3.在会计循环中，属于会计主体期末核算工作内容的有（　　）。

A.编制结账前试算表　　B.编制调整分录并予以过账

C.编制结账后试算表　　D.编制结账分录并登记入账

E.编制财务报表

4.记账凭证账务处理程序的优点有（　　）。

A.在记账凭证上能够清晰地反映账户之间的对应关系

B.便于账证核对

C.总分类账的登记方法易于掌握

D.可以减轻总分类账登记的工作量

E.账页耗用较少

5.为便于编制汇总收款凭证，日常编制收款凭证时，分录形式最好是（　　）。

A.一借一贷　　B.一借多贷　　C.多借一贷

D.多借多贷　　E.多借两贷

6.为便于汇总转账凭证的编制，日常编制转账凭证时，分录形式最好是（　　）。

A.一借一贷　　B.一贷多借　　C.一借多贷

D.多借多贷　　E.一借两贷

7.科目汇总表账务处理程序的优点有（　　）。

A.可以进行账户发生额的试算平衡

B.可减少登记总账的工作量

C.能够保证总分类账登记的正确性

D.适用性比较强

E.可清晰地反映账户之间的对应关系

三、判断题

1.每一个会计循环一般都是在一个特定的会计期间内完成的。（　　）

2.记账凭证账务处理程序是最基本的一种账务处理程序。（　　）

3.汇总记账凭证是根据各种专用记账凭证汇总而成的。（　　）

4.汇总收款凭证、汇总付款凭证和汇总转账凭证应每月分别编制一张。（　　）

5.多借多贷的会计分录会使账户之间的对应关系变得模糊不清。（　　）

6.编制汇总记账凭证的作用是可以对总分类账进行汇总登记。（　　）

7.科目汇总表也是一种具有汇总性质的记账凭证。（　　）

8.可以根据科目汇总表的汇总数字登记相应的总分类账。（　　）

9.科目汇总表的汇总结果体现了所有账户发生额的平衡相等关系。（　　）

10.日记总账是一种兼具序时账簿和分类账簿两种功能的联合账簿。（　　）

第十一章

会计工作组织

学习目的

通过本章的学习，应了解会计工作组织的意义，熟悉会计机构的设置、会计工作岗位的设置；会计人员的职责、权限，专业技术职务，会计人员的奖惩和继续教育；熟悉会计档案的归档、保管和销毁程序；会计人员的职业道德；了解会计电算化；能够结合实践合理组织安排会计工作。

第一节 会计工作组织的基本内容

一、会计工作组织的含义

会计工作是指运用一系列会计专门方法，对会计事项进行处理的活动。会计是通过会计工作对各单位日常活动实施管理的，所以，我们说会计是经济管理的一个重要组成部分，会计具有管理的职能。会计管理是指会计机构和会计人员按照一定的目标，为满足国家宏观调控、决策、计划、考核和分析等的总称。在不同的社会历史时期，由于所处的社会经济环境不同，导致了作为核算和管理社会经济运行过程的会计的内容也有所不同，而且是随着社会经济的发展而发展，经历了从简单到复杂、从低级到高级的演变过程。

全面地考察会计工作，我们应该看到，会计工作是一项综合性的管理工作，各单位所发生的各项经济业务，都要通过会计加以反映和监督管理，因而会计工作就与其他经营管理工作有着密切的联系；会计工作也是一项政策性很强的工作，必须按照有关的财经政策、法规、制度的要求办理业务；会计工作还是一项严密细致的工作，会计所产生的数据信息要经过一连串的记录、计算、分类、汇总和分析等处理程序。因此要做好会计工作，就必须建立专门的会计机构，要有专职的办事人员，并按照规定的会计制度开展日常的会计工作。

会计管理职能作用的发挥离不开会计工作组织的存在及其正常运行。所谓会计工作组织就是为了适应会计工作的综合性、政策性、相关性和严密细致性的特点，对会计机构的设置、会计人员的配备、会计制度的制定与执行等项工作所做的统筹安排。

会计工作既然是一项复杂而细致的管理工作，而且又与其他管理工作诸如统计、审计等密切相关，为了做好会计工作，协调好会计工作与其他经济管理工作之间的关系，就要科学、合理地组织会计工作，以便具体实施对会计工作的有效管理。

二、组织会计工作的意义

会计是一项复杂、细致的综合性经济管理活动，会计工作又是一项系统工作，有系统就必然存在着系统的组织和管理。只有对系统的各组成部分进行科学、有效的组织和管理，使系统中的各部分互相协调、合理有序，才能保证系统的正常运行。科学地组织好会计工作，对于顺利完成会计的各项任务，保证实现会计目标，充分发挥会计的职能作用，促进国民经济健康、有序发展等方面都具有十分重要的意义。具体可概括如下：

（一）科学地组织会计工作，有利于保证会计工作的质量和提高社会会计工作的效率

会计是通过对社会再生产过程中的经济活动和财务收支情况进行反映和监督，为管理者以及社会各界提供准确、可靠的会计信息。具体来说，对于各项经济活动及财务收支，会计是通过从凭证到账簿，从账簿到报表，进行连续的记录、计算、分类、汇总并进一步分析检查的。全部过程包括了一系列的程序，需要履行各种手续，各程序及手续之间环环相扣、紧密相连。在任何一个环节上出现了差错，都必然造成整个核算结果不正确或不能及时完成，进而影响整个会计核算工作的质量和效率。所以必须要结合会计工作的特点，科学地设置会计机构并配备高素质的会计人员，认真制定并严格执行会计法规和会计制度，只有这样，才能保证会计工作正常、高效地运行，圆满完成会计的各项任务。

（二）科学地组织会计工作，有利于加强同其他经济管理工作的协调一致，提高企业的整体管理水平

会计工作是企业单位整个经济管理工作的一个重要组成部分，它既有独立性，又同其他管理工作存在着相互制约、相互促进的关系，可以说科学而完善的会计工作组织，需要其他经济管理工作的配合与协调，同时也能促进其他经济管理工作的顺利进行。因此，只有科学地组织好会计工作，才能处理好会计同其他经济管理工作之间的关系，做到相互促进、密切配合、口径一致，从而全面完成会计任务。

（三）科学地组织会计工作，有利于完善企业单位的内部经济责任制

前已述及，会计是经济管理的重要组成部分，而经济管理的一个重要手段就是各单位的内部经济责任制，所以实行内部经济责任制当然离不开会计。总而言之，科学地组织好会计工作，可以促使企业单位内部各有关部门管好、用好资金，增收节支，通过提高经营管理水平，达到提高经济效益、取得最佳经济效果的目的。

（四）科学地组织会计工作，有利于维护财经法纪，贯彻经济工作的方针政策

会计工作是一项错综复杂的系统工作，政策性又很强，必须通过核算如实地反映各单位的经济活动和财务收支，通过监督来贯彻执行国家有关政策、方针、法令和制度。因此，科学地组织好会计工作，可以促使各单位更好地贯彻实施各项方针

政策，维护好财经纪律，为建立良好的社会经济秩序打下基础。

总而言之，会计工作是一项要求极高的综合性经济管理活动，科学、有效地组织和管理会计工作，对于贯彻执行国家的法律、法规，维护财经纪律，建立良好的社会经济秩序都具有十分重要的意义。

三、组织会计工作应符合的要求

对会计工作进行组织和管理要遵循一定的要求，或者说要遵循一定的原则。组织会计工作应符合的要求，是指组织好会计工作、提高会计工作质量和效率所应遵循的一些基本规律。它是组织好会计工作的基本保证。

要保证科学、有效地组织和管理会计工作，必须遵循以下几项要求：

（一）统一性要求

统一性要求，是指组织会计工作必须按照《会计法》和《企业会计准则》以及其他相关会计法规制度对会计工作的统一要求，贯彻执行国家规定的法令制度，进行会计核算，实行会计监督，以便更好地发挥会计工作在维护社会主义市场经济秩序，加强经济管理，提高经济效益中的应有作用。

（二）适应性要求

适应性要求，是指组织会计工作必须适应本单位经营管理的特点。各单位应在遵守国家法规和准则的前提下，根据自身管理特点及规模大小等情况，制定出相应的具体办法，采用不同的账簿组织、记账方法和程序处理相应的经济业务，以适应企业自身发展的需要。

（三）效益性要求

效益性要求，是指在组织会计工作时，在保证会计工作质量的前提下，应讲求效益，节约人力和物力。会计工作十分繁杂，如果组织不好，就会造成重复劳动、浪费人力和物力。所以对会计管理程序的规定，会计凭证、账簿、报表的设计，会计机构的设置以及会计人员的配备等，都应避免繁琐，力求精简，引入会计电算化，从工艺上改进会计操作技术，提高工作效率。应防止机构过于庞大、重叠，人浮于事和形式主义，影响会计工作的效率和质量。

（四）内部控制及责任制要求

内部控制及责任制要求，是指在组织会计工作时，要遵循内部控制的原则，在保证贯彻整个单位责任制的同时，建立和完善会计工作自身的责任制，从现金出纳、财产物资进出以及各项费用的开支等方面形成彼此相互牵制的机制，防止工作中的失误和弊端。对会计工作进行合理分工，不同岗位上的会计人员各司其职，使得会计处理手续和会计工作程序达到规范化、条理化。

综上所述，组织会计工作，应在保证会计工作质量的前提下，尽量节约耗用在会计工作上的时间和费用。会计账、证、表的设计，各种核算程序的选择、有关措施的确定，会计机构的设置和会计人员的配备等，应做到成本与效益相结合，符合精简节约的原则，既要组织好会计工作，又要减少人、财、物的消耗。

第二节 会计机构与会计人员

建立健全各单位的会计机构，配备与工作要求相适应的、具有一定素质和数量的会计人员，是在空间上保证会计工作正常进行，充分发挥会计管理职能作用的重要条件。《会计法》《会计基础工作规范》等会计规范对会计机构设置和会计人员配备的相关要求作了具体的规定。

一、会计机构的设置

所谓会计机构，是指各企事业单位内部直接从事和组织领导会计工作的职能部门。

企业、行政事业单位会计机构的设置，必须符合社会经济对会计工作所提出的各项要求，并与国家的会计管理体制相适应。同时，根据设置的会计机构，制定出符合国家管理规定，适合本单位具体情况的内部会计管理制度，以最大限度地发挥会计机构以及每个会计人员在经济管理过程中的应有作用。

《会计法》第七条规定，国务院财政部门主管全国的会计工作。县级以上地方各级人民政府的财政部门管理本行政区域内的会计工作。为此，国家财政部设立会计司，主管全国的会计工作。其主要职责是在财政部领导下，拟定全国性的会计法令，研究、制定改进会计工作的措施和总体规划，颁布会计工作的各项规章制度，管理报批外国会计公司在我国设立的常驻代表机构，会同有关部门制定并实施全国会计人员专业技术职称考评制度等。

地方财政部门、企业主管部门一般设财务会计局、处等，主管本地区或本系统所属企业的会计工作。其主要职责是：根据财政部的统一规定，制定适合本地区、本系统的会计规章制度；负责组织、领导和监督所属企业的会计工作；审核、分析、批复所属企业的财务报告，并编制本地区、本系统的汇总财务报表；了解和检查所属企业的会计工作情况；负责本地区、本系统会计人员的业务培训，以及会同有关部门评聘会计人员技术职称等。同时，基层企事业单位的主管部门在会计业务上受同级财政部门的指导和监督。

由上可见，我国基层企事业单位的会计工作，受财政部门和单位主管部门的双重领导。在每个基层单位内部，一般都需要设置从事会计工作的职能部门，以完成本单位的会计工作。《会计法》第三十六条规定，各单位应当根据会计业务的需要，设置会计机构，或者在有关机构中配备会计人员并指定会计主管人员；不具备设置条件的，可以委托经批准设立从事会计代理记账业务的中介机构代理记账。《会计法》的这一规定是对会计机构设置所做出的具体要求，这里包含两层含义：

第一，基层企事业单位一般应该设置会计处、科、股等会计机构，在厂长、经理或单位行政领导人的直接领导下，负责组织、领导和从事会计工作。规模太小或业务量过少的单位可以不单独设置会计机构，但要配备专职会计工作人员或指定专人负责会计工作。大中型企业要设置总会计师主管本单位的经济核算和经营管理工作，直接领导本单位的财务会计工作，并且直接对厂长、经理负责。此外，单位的仓库等部门，也要根据工作的需要，设置专职的核算人员或指定专人负责业务核算工作。各部门的会计核算人员，在业务上都要接受总会计师或会计部门负责人的指导和监督。一个单位是否单独设置会计机构，往往取决于以下几个因素：一是单位规模的大小；二是经济业务和财政收支的繁简；三是经营管理的要求。

第二，对于不具备设置会计机构条件的单位，应由提供代理记账业务的机构完成其会计工作，根据《代理记账管理暂行办法》的规定，在我国从事代理记账业务的机构，应至少有3名持有会计从业资格证书的专职人员，同时聘用一定数量相同条件的兼职从业人员。主管代理记账业务的负责人必须具有会计师以上专业技术资格。代理记账机构要有健全的代理记账业务规范和财务会计管理制度。代理记账业务的机构，除会计师事务所外，必须申请代理记账资格并经过县级以上财政部门审查批准，并领取由财政部统一印制的代理记账许可证书，才能从事代理记账业务。

由于会计工作与账务工作都是综合性的经济管理工作，二者的关系十分密切。因而，在我国实际工作中，通常将处理财务与会计工作的职能机构合并为一个部门。这个机构的主要任务就是组织和处理本单位的财务与会计工作，如实地反映本单位的经济活动情况，以便及时地向各有关利益关系人提供他们所需要的财务会计资料，参与企业单位经济管理的预测和决策，严格执行会计法规制度，最终达到提高经济效益的目的。

二、会计人员

设置了会计机构，还必须配备相应的会计人员。会计人员通常是指在国家机关、社会团体、公司、企业、事业单位和其他组织中从事财务会计工作的人员，包括会计机构负责人（会计主管人员）以及具体从事会计工作的会计师、会计员和出纳员等。合理的配备会计人员，提高会计人员的综合素质是每个单位做好会计工作的决定性因素，对会计核算管理系统的运行起着关键的作用。可以说提高会计人员的素质是发展知识经济的需要、是中国加入世界贸易组织的需要，更是企业单位自身发展的需要。

《会计法》第三十八条规定，会计人员应当具备从事会计工作所需要的专业能力。担任单位会计机构负责人（会计主管人员）的，应当具备会计师以上专业技术职务资格或者从事会计工作三年以上经历。《会计基础工作规范》第十四条规定，会计人员应当具备必要的专业知识和专业技能，熟悉国家有关的法律、法规、规章和国家统一会计制度，遵守职业道德。这些都是对会计人员任职资格的具体规定。

为了充分发挥会计人员的积极性，使会计人员在工作时间有明确的方向和办事准则，以便更好地完成会计的各项工作任务，就应当明确会计人员的职责、权限和任免的各项规定。

（一）会计人员的主要职责

会计人员的职责也是会计机构的职责，具体包括以下几项内容：

（1）进行会计核算。会计人员应按照会计制度的规定，切实做好记账、算账、报账工作。各单位必须根据实际发生的经济业务事项进行会计核算，要认真填制和审核原始凭证，编制记账凭证，登记会计账簿，正确计算各项收入、支出、成本、费用、财务成果。按期结算、核对账目，进行财产清查，在保证账证相符、账账相符、账实相符的基础上，按照手续完备、数字真实、内容完整的要求编制和报出财务报告。

《会计法》第十条规定，下列经济业务事项，应当办理会计手续，进行会计核算：①款项和有价证券的收付；②财物的收发、增减和使用；③债权和债务的发生和结算；④资本、基金的增减；⑤收入、支出、费用、成本的计算；⑥财务成果的计算和处理；⑦需要办理会计手续、进行会计核算的其他事项。

（2）实行会计监督。实行会计监督，即通过会计工作，对本单位的各项经济业务和会计手续的合法性、合理性进行监督。对不真实、不合法的原始凭证不予受理，对账簿记录与实物、款项不符的问题，应按有关规定进行处理或及时向本单位领导人报告；对违反国家统一的财政制度、财务规定的收支不予受理。此外，各单位必须依照法律和国家有关规定，接受财政、审计、税务机关的监督，如实提供会计凭证、会计账簿、财务报表和其他会计资料以及有关情况。

建立健全本单位内部会计监督制度。《会计法》第二十七条规定，单位内部会计监督制度应当符合下列要求：①记账人员与经济业务事项和会计事项的审批人员、经办人员、财物保管人员的职责权限应当明确，并相互分离、相互制约；②重大对外投资、资产处置、资金调度和其他重要经济业务事项的决策和执行的相互监督和制约程序应当明确；③财产清查的范围、期限和组织程序应当明确；④对会计资料定期进行内部审计的办法和程序应当明确。

（3）编制业务计划及财务预算，并考核、分析其执行情况。会计人员应根据会计资料并结合其他资料，按照国家各项政策和制度规定，认真编制并严格执行财务计划、预算，遵照经济核算原则，定期检查和分析财务计划、预算的执行情况。遵守各项收支制度、费用开支范围和开支标准，合理使用资金，考核资金使用效果等。

（4）制定本单位办理会计事项的具体办法。会计主管人员应根据国家的有关会计法规、准则及其他相关规定结合本单位具体情况，制定本单位办理会计事项的具体办法，包括会计人员岗位责任制度、钱账分管制度、内部稽核制度、财产清查制度、成本计算办法、会计政策的选择以及会计档案的保管制度等。

（二）会计人员的主要权限

为了保障会计人员更好地履行其职责，《会计法》及其他相关法规在明确了会计人员职责的同时，也赋予了会计人员相应的权限，具体有以下三个方面的权限：

（1）会计人员有权要求本单位各有关部门及相关人员认真执行国家、上级主管部门等批准的计划和预算。严格遵守国家财经纪律、会计准则和相应会计制度。如果发现有违反上述规定的，会计人员有权拒绝付款、拒绝报销或拒绝执行，对于属于会计人员职权范围内的违规行为，在自己的职权范围内予以纠正，超出其职权范围的应及时向有关部门及领导汇报，请求依法处理。

(2) 会计人员有权履行其管理职能，也就是有权参与本单位编制计划、制定定额、签订合同、参加有关的生产经营管理会议和业务会议，并以会计人员特有的专业地位就有关事项提出自己的建议和意见。

(3) 会计人员有权监督、检查本单位内部各部门的财务收支，资金使用和财产保管、收发、计量、检验等情况，各部门应该大力支持和协助会计人员工作。

会计人员在正常工作过程中的权限是受法律保护的，《会计法》第四十六条规定，单位负责人对依法履行职责、抵制违反本法规定行为的会计人员以降级、撤职、调离工作岗位、解聘或者开除等方式实行打击报复，构成犯罪的，依法追究刑事责任；尚不构成犯罪的，由其所在单位或者有关单位依法给予行政处分。对受打击报复的会计人员，应当恢复其名誉和原有职务、级别。由此可见，任何人干扰、阻碍会计人员依法行使其正当权利，都会受到法律的追究乃至制裁。

(三) 总会计师制度

我国在20世纪60年代初开始在规模较大的企业中试行总会计师制度，而真正确立这项制度是在20世纪70年代末期，即1978年，国务院颁发施行了《会计人员职权条例》，其中就规定了企业应建立总会计师经济责任制。1984年10月中共十二届三中全会通过的《关于经济体制改革若干问题的决定》中再一次强调了企业应设置总工程师、总经济师和总会计师，并对其职责作了相应的规定。1990年国务院发布的《总会计师条例》进一步明确了总会计师制度的相关内容：全民所有制大中型企业设置总会计师；事业单位和业务主管部门根据需要，经批准可以设置总会计师。总会计师是企业厂级行政领导人员，《总会计师条例》规定总会计师的主要职责是：

(1) 负责组织本单位的下列工作：编制和执行预算，财务收支计划、信贷计划，拟订资金筹措和使用方案、开辟财源，有效地使用资金；进行成本费用预测、计划、控制、核算、分析和考核，督促本单位有关部门降低消耗、节约费用，提高经济效益；建立健全经济核算制度；承办单位主要领导人交办的其他工作。

(2) 负责对本单位财会机构的设置、会计人员的配备、会计专业职务的设置和聘用提出方案；组织会计人员的业务培训和考核，支持会计人员依法行使职权。

(3) 领导企业财务与会计工作，组织资金、成本、利润等的归口分级管理，对企业财务负责，审查和监督企业各项计划和经济合同的签订和执行。

(4) 协同单位的主要行政领导人制定企业生产经营的方针、战略目标和有关决策，提高企业的经济效益；参与新产品的开发、技术改造、科技研究、商品（劳务）价格和工资奖金等方案的制定等。

一般来说，总会计师应由具有会计师、高级会计师技术职称的人员担任。

(四) 会计委派制

改革开放给我国的社会政治、经济生活的各个方面都带来了巨大的变化。但是，在新旧经济体制转轨时期，新的体制尚未完全建立，相关的法律体系和社会监督体系还不够健全，致使社会经济生活中出现了一些亟待解决的问题。对于国有企业，所有者主体的缺位、国有投资代表人的不具体、对经营者缺乏必要的监督和约束，导致国有资产流失严重。在一些行政事业单位，由于内部控制制度和监督机制不健全，导致预算外资金管理混乱，乱收费、乱罚款、乱摊派以及私设小金库的问题十分突出，不但造成国家财政收入的流失，而且为各种贪污腐败等经济犯罪行为提供了便利。这些问题反映在会计工作中，突出的表现为信息失真、秩序混乱、造假严重。然而，从一定程度上讲，我国会计人员现行的管理体制仍然具有很大的局限性，法律赋予会计人员的监督职能实际上也难以履行，形同虚设。因此，一方面，为了解决经济生活中所存在的某些问题需要强化会计监督机制，而另一方面，现行的会计管理体制又使会计人员行使会计监督职能存在诸多困难，于是人们提出要进行会计人员管理体制的改革，会计委派制也正是在这样的背景下应运而生的。

会计委派制是指由政府部门直接向独立核算的会计单位委派会计机构负责人或财务总监，为被委派单位会计业务服务并代表所有者对经营者进行监督的制度。其实质是对会计人员管理体制的一种改革，即把现行的会计单位制改为国家委派制。政府部门或产权管理部门以所有者身份凭借其管理职能，委派会计人员代表政府或产权管理部门监督国有企业、集体企业和行政事业单位的资产经营或财务收支状况，也包括企业集团对下属企业实行派驻会计人员的体制。

实行会计委派制，有利于保证会计信息的质量，巩固会计秩序整顿的工作效果；有利于会计人员依法行使会计工作职能，特别是会计的监督职能；有利于建立竞争机制、培养机构，从而提高会计人员业务素质和其他综合素质；有利于提高各单位的会计监督水平，建立相互制约机制；有利于提高财政支出的有效性，促进财政收入的增长；有利于与国际经济接轨。

（五）会计人员的任免

会计工作者既要为本单位经营管理服务，维护本单位的合法经济利益，又要执行国家的财政、财务制度和财经纪律，维护国家的整体利益，同各种本位主义行为、违法乱纪行为做斗争。针对会计的这一工作特点，国家对会计人员，特别是对会计机构负责人和会计主管人员的任免，在《会计法》和其他相关法规中做了若干特殊的规定，其主要内容包括：

（1）在我国，国有经济占主导地位，为了保证国有经济健康有序发展，在国有企事业单位中任用会计人员应实行回避制度，也就是说，单位领导人的直系亲属不得在本单位担任会计机构负责人，同时，会计机构负责人的直系亲属也不得在本单位的会计机构中担任出纳工作。

（2）企业单位的会计机构负责人、会计主管人员的任免，应当经过上级主管单位同意，不得任意调动或者撤换。也就是说，各单位应该按照干部管理权限任命会计机构负责人和会计主管人员，在任命这些人员时应先由本单位行政领导人提名报主管单位，上级主管单位的人事和会计部门对提名进行协商、考核，并经行政领导人同意后，即可上报单位按规定程序任免。

（3）会计人员在工作过程中忠于职守、坚持原则，如果受到错误处理的，上级主管单位应当责成所在单位予以纠正。会计人员在工作过程中玩忽职守、丧失原则，不宜担任会计工作的，上级主管单位应责成所在单位予以撤换。对于认真执行会计法以及其他相关会计法规，做出显著成绩的会计人员，应给予精神和物质奖励。

第三节 会计规范体系

一、会计规范的含义

会计是信息的生产者，信息是一种产品和资源，任何信息使用者都期望自己所得到的是对自己决策有效的信息，而信息的使用者很多，包括投资者、债权人、企业经营管理者、政府管理部门等，不同的信息使用者对信息的数量、质量、形式等的需求是不同的，而且外界的信息使用者与企业存在信息不对称，这将危害在信息占有上处于劣势的一方，这是违反公平原则的。不论在何种经济条件下，会计主要是为信息使用者提供信息的，而提供会计信息就必须要规范信息的提供行为。为了保证各公司财务会计信息之间的可比性，就必须有统一的、被普遍接受的会计规范来约束其信息的生产过程。

所谓会计规范，是指协调、统一会计处理过程中对不同处理方法做出合理选择的假设、原则、制度等的综合，它是会计行为的标准。

二、会计规范体系的总体构成及其特征

会计规范的内容繁杂多样，如果将所有属于会计规范的内容综合在一起表示，就构成一个体系。会计规范体系并不是简单地罗列这些规范的内容，而是将它们按照一定的逻辑顺序、层次分明地、有机地联系起来所组成的一个框架结构。

（一）会计规范体系的总体构成

从我国目前的实际情况来看，我国会计规范体系主要由以下几个方面构成：

1.会计法律规范

会计法律规范包括与会计相关的法律和行政法规，是会计规范体系中最具约束力的组成部分，它是调整经济活动中会计关系的法律规范的总称，是社会法律制度在会计方面的具体体现，是调节和控制会计行为的外在制约因素。我国目前与会计有关的法律主要有《会计法》、《注册会计师法》及其他有关法律；与会计有关的行政法规主要是国务院颁布的各种条例，如《企业财务会计报告条例》《总会计师条例》等。

2.会计准则与制度规范

法律和制度都是一种社会制度、一种合理安排。会计准则与制度规范是从技术角度对会计实务处理提出的要求、准则、方法和程序的总称。从广义来看，会计制度是指国家制定的会计方面所有规范的总称，包括会计核算制度、会计人员管理制度和会计工作管理制度等。但狭义的会计制度仅指会计核算制度。会计准则与制度

规范主要是由财政部根据会计法律和行政规范制定并发布的各种会计准则、会计制度。

3.会计职业道德规范

会计职业道德规范是从事会计工作的人员所应该遵守的具有本职业特征的道德准则和行为规范的总称，是对会计人员的一种主观心理素质的要求，控制和掌握着会计管理行为的方向和合理化程度。会计职业道德规范是一类比较特殊的会计规范，采用道德的形式对会计人员进行理性规范，促使会计人员树立正确的人生观、会计观，使其行为符合社会习俗和惯例。

4.会计理论规范

理论是实践的总结，它来源于实践，反过来又指导实践，促进实践的发展，会计理论现已形成了比较完备的概念和框架结构。从一般意义上看，整个成熟的会计理论都是会计规范体系的组成部分，包括会计目标、会计假设、会计要素、会计原则、会计处理程序和方法。它要揭示和规定的是会计系统内在的特性问题，确定会计管理行为需要遵循的内在要求，是引导会计管理行为科学化、有效化的重要标准。尽管会计理论规范是会计规范体系中重要的内容，但作为指导实践的规范而言，没有必要也不可能单独制定会计理论方面的规范，只能将其融入其他实务处理的规范中。如我国的《企业财务会计报告条例》和《企业会计制度》等都有各种会计理论的规范内容。

（二）会计规范体系特征

1.权威性

会计规范作为评价会计行为合理、合法的有效标准，必然具有充分的影响力和威望，能够让会计人员信服，而不管这种信服是自发的还是强制的，也不管这种规范是成文的还是惯例性的，通过这种标准，让人明白哪些行为是符合规范的，哪些行为是不符合规范的。权威性可以来自于会计规范的制定机关，如国家立法机关和行政机关，也可以来自社会的广泛支持。

2.统一性

会计规范体系在一定范围内是统一的，适用的对象不是针对具体和特定的某一单位、某一企业，而是广泛适用于全国范围内的；不是针对某一具体和特定的业务，而是适用于任何会计行为。当然，会计规范的适用也有一定的限制，如地方性会计法规只能适用于本地区；企业内部的会计管理制度只在本企业具有较强的约束力。

3.科学性

会计是一门科学，会计规范体系更需要有科学合理的特征。科学性是指会计规范体系能够体现会计工作的内在规律和内在要求。毋庸置疑，会计规律与会计所处的客观环境、条件要实现有机结合，体现高度科学性。

4.相对稳定性

会计规范体系在一定时期、一定客观环境下是相对稳定的，但并不是一成不变的，随着社会政治经济条件的发展变化，一些会计规范可能不再适宜，或变得过时而需要进行修正甚至放弃，而一些新的会计规范逐渐被建立、被接受。因此，会计规范体系的建立和发展是一个动态的演进过程。

三、我国会计规范体系的具体内容

按照我国的国情（主要是经济环境），考虑大多数人的传统观念与认识，我国会计规范体系应该选择广义的会计规范体系概念，即凡是对会计进行制约、限制和引导的规范都应当作为会计规范体系的组成部分，鉴于此，我国会计规范体系的构成如图11-1所示：

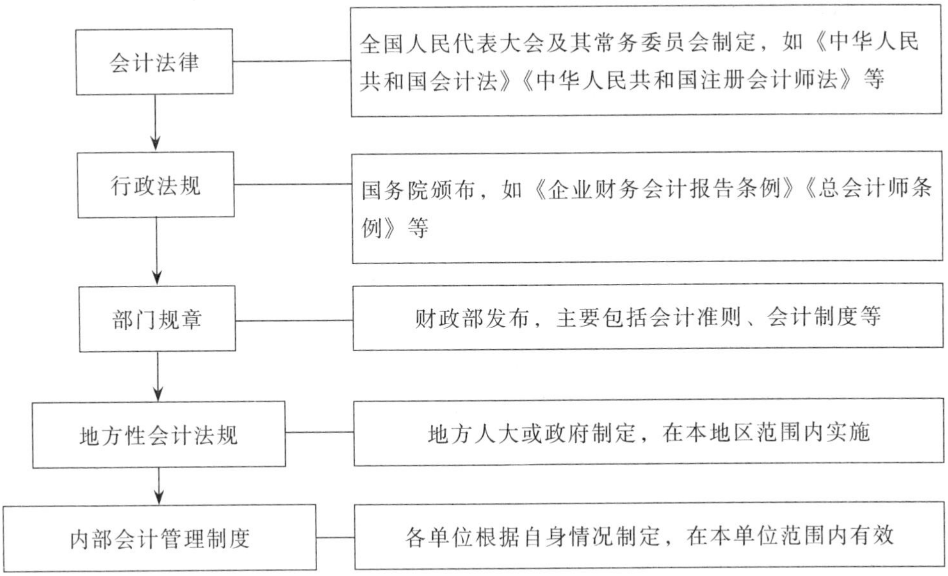

图11-1　我国会计规范体系示意图

从图11-1可以看出，我国会计规范体系由五个层次构成，按照规范的强制力排序。其中，会计法律是由全国人民代表大会及其常务委员会制定的；行政法规是由我国最高行政机关——国务院颁布的；部门规章主要是指国务院财政部门根据法律、法规的规定发布的指导会计工作的具体规定；地方性会计法规是由省市人大或政府制定的在本地区范围内实施的各种与会计有关的规范；内部会计管理制度是由各单位根据国家统一的会计制度，结合本单位实际情况制定的适合本单位使用的规范。

（一）会计法律

法律是由国家最高权力机关——全国人民代表大会及其常务委员会制定的。在会计领域中，属于法律层次的规范主要是指《中华人民共和国会计法》（以下简称《会计法》）、《中华人民共和国注册会计师法》（以下简称《注册会计师法》）。它是会计规范体系中权威性最高、最具法律效力的规范，是制定其他各层次会计规范的依据，是会计工作的基本大法。

1.《会计法》

我国的《会计法》经历了多次修订。最早的《会计法》于1985年1月21日经第六届全国人民代表大会常务委员会第九次会议通过，并于1985年5月1日实施。此后，在1993年12月29日第八届全国人民代表大会常务委员会第五次会议上，对其进行了第一次修订。随着社会的发展和经济环境的变化，1999年10月31日召开的第九届全国人民代表大会常务委员会第十二次会议对《会计法》进行了第二次修订。2017年11月4日第十二届全国人民代表大会常务委员会第三十次会议对其进行了第三次修订。现行的《会计法》共七章五十二条：第一章，总则；第二章，会计核算；第三章，公司、企业会计核算的特别规定；第四章，会计监督；第五章，会计机构和会计人员；第六章，法律责任；第七章，附则。

2.《注册会计师法》

《注册会计师法》于1993年10月31日经第八届全国人民代表大会常务委员会第四次会议通过，并且于1994年1月1日施行。该法共七章四十六条：第一章，总则；第二章，考试和注册；第三章，业务范围和规则；第四章，会计师事务所；第五章，注册会计师协会；第六章，法律责任；第七章，附则。

（二）行政法规

行政法规是指由国家最高行政机关——国务院制定的。会计行政法规是根据会计法律制定的，是对会计法律的具体化或对某个方面的补充，一般称为条例。

1.《企业财务会计报告条例》

《企业财务会计报告条例》是国务院于2000年6月20日发布的，自2001年1月1日起实施。它共分六章四十六条：第一章，总则；第二章，财务会计报告的构成；第三章，财务会计报告的编制；第四章，财务会计报告的对外提供；第五章，法律责任；第六章，附则。

2.《总会计师条例》

《总会计师条例》是国务院于1990年12月31日发布的，并自发布之日起施行。它共分五章二十三条；第一章，总则；第二章，总会计师的职责；第三章，总会计师的权限；第四章，任免与奖惩；第五章，附则。

（三）部门规章

部门规章是指国家主管会计工作的行政部门——财政部以及其他部委制定的会计方面的规范。制定会计部门规章必须依据会计法律和会计行政法规。

1.国家统一的会计核算制度

国家统一的会计核算制度指的就是狭义的会计制度，它包括会计准则和会计制度两个层次。会计准则一般按会计对象要素、经济业务的特点或财务报表的种类分别确定，主要规范会计要素的确认、计量与报告，会计准则中一般不涉及会计科目和会计分录列示。会计制度和会计准则作为会计规范形式，关键在于确认、计量、报告的标准、方式和内容是否适应本国的社会和经济环境，是否趋同国际惯例和便于国际交流。

（1）会计准则。

会计准则是对会计实践活动的规律性总结，是进行会计工作的标准和指导思想，是一个包括普遍性指导意义和具体指导会计业务处理意义在内的具有一定层次结构的会计规范。会计准则包括企业会计准则和非企业会计准则两个方面。

①企业会计准则。

企业会计准则是规范企业会计确认、计量、报告的会计准则。现行的企业会计准则包括《企业会计准则》和适用于小企业的《小企业会计准则》。企业会计准则包括基本准则、具体准则和应用指南三个层次。

②非企业会计准则。

非企业会计准则是企业之外的其他单位适用的会计准则，主要包括《事业单位会计准则》《政府会计准则》等。

（2）会计制度。

①企业会计制度。

企业会计制度是关于企业会计核算的制度规范。关于企业会计制度的演变，我国经历了一个较长的历史时期。我国历来重视会计制度建设，近10年来，企业会计制度的改革与发展也折射出我国会计经济环境的变化对会计改革的影响。

②非企业会计制度。

非企业会计制度是指除了企业以外的其他单位使用的会计制度，主要包括《事业单位会计制度》《行政单位会计制度》《财政总预算会计制度》等。

除了上述会计准则和会计制度外，财政部还根据会计实务的需要，对会计准则和会计制度中没有规定或者虽有规定但是已经不能适应新情况的会计问题，做出了暂行规定或补充规定。它们也属于国家统一的会计核算制度的范畴。

2.国家统一的会计监督制度

作为会计两大基本职能之一的会计监督，在我国会计规范体系中占有重要的地位。在会计规范体系的第一层次《会计法》中，专门有一章来规定“会计监督”。在这一章中，第二十七条明确规定：各单位应当建立、健全本单位内部会计监督制度。其余各条分别就会计监督的基本要求、内容、方式责任等做出了规定。

财政部根据《会计法》的规定，制定了《会计基础工作规范》。在规范中，要求各单位的会计机构、会计人员对本单位的经济活动进行会计监督。

3.国家统一的会计机构和会计人员制度

为加强会计人员继续教育管理，推进会计人员继续教育工作科学化、规范化、信息化，培养造就高素质的会计队伍，提高会计人员专业胜任能力，适应会计人员继续教育方式、技术手段等变化，2013年8月27日财政部以财会〔2013〕18号印发《会计人员继续教育规定》，自2013年10月1日起施行，共八章三十八条，同时废止2006年11月20日发布的《会计人员继续教育规定》。

4.国家统一的会计管理制度

现行的国家统一的会计管理制度主要包括：

（1）《会计档案管理办法》。

为了加强会计档案的管理，统一会计档案管理制度，更好地为发展社会主义市场经济服务，根据《中华人民共和国会计法》和《中华人民共和国档案法》等有关法律的规定，在原《会计档案管理办法》（征求意见稿）的基础上，中华人民共和国财政部、国家档案局于2015年12月11日修订通过了《会计档案管理办法》，自2016年1月1日起施行。《会计档案管理办法》共三十一条，主要就会计档案的概念、内容与种类，会计档案管理的基本要求，会计档案的归档、保管、销毁、移交，会计档案的保管期限等作了明确规定。

（2）《企业会计信息化工作规范》。

为推动企业会计信息化，节约社会资源，提高会计软件和相关服务质量，规范信息化环境下的会计工作，根据《会计法》《财政部关于全面推进我国会计信息化工作的指导意见》的要求，财政部于2013年12月6日以财会〔2013〕20号发布了《企业会计信息化工作规范》，自2014年1月6日起施行，共五章四十九条，同时废止1994年6月30日发布的《会计电算化管理办法》和1996年6月10日发布的《会计电算化工作规范》。

第四节 会计职业道德

会计行业作为市场经济活动的一个重要领域，主要为社会提供会计信息或者鉴证服务，其服务质量的好坏直接影响着经营者、投资者和社会公众的利益，进而影响整个社会的经济秩序。会计工作者在提供信息或者鉴证服务的过程中，除了必须将本职工作置于法律、法规的约束和规范之下以外，还必须具备与其职能相适应的职业道德水准。市场经济越发达，对会计工作的职业道德水准要求越高。正确认识和分析我国会计职业道德现状，建立健全会计职业道德规范体系，广泛开展会计职业道德宣传教育，全面提高会计职业素养和执业质量，是新时期以德治国、建立和谐社会和会计工作发展的需要。

一、会计职业道德含义

道德是一定社会调节人际关系的行为规范的总和。职业道德是指人们在职业活动中应遵循的基本道德，即一般社会道德在职业生活中的具体体现，是职业品德、执业纪律、专业胜任能力以及职业责任的总称，属于自律范畴，它通过公约、守则等对职业生活中的某些方面加以规范。职业道德既是本行业人员在职业活动中的行为规范，又是行业对社会所负的道德责任和义务。

社会的经济发展水平，决定着人们的行为方式、生产方式和消费方式，也影响着人们的职业道德观念。社会生产力的不断发展，丰富了会计执业活动的内容，使会计职业关系日趋复杂，人们对会计职业行为的要求也不断更新，从而推动会计职业道德的不断发展和完善。一些经济发达国家和国际组织先后对会计职业道德提出了明确的要求，如1980年7月，国际会计师联合会职业道德委员会拟定并经国际会计师联合会理事会批准，公布了《国际会计职业道德准则》，规定了正直、客观、独立、保密、技术标准、业务能力、道德自律七个方面的职业道德内容。会计职业道德规范来源不同，其约束机制也必然有所差别。职业主义特色较浓的国家，职业道德准则的制定和颁布机构就是会计职业团体，其制约能力很大程度上来源于职业团体，属于行业自律性。这样的制约机构在问题的处理过程中灵活、独立性强，很少受其他组织的影响，便于适用不同的情况，但是，在约束力、治理方面略显不足。而法律控制特色较浓的国家，职业道德起源于法律规定，其制约力也会在很大程度上依靠法律，属于政府管理型。这样的制约机构惩罚力度大，约束力比较强，只是不利于职业团体发挥其职能和作用。我国的《会计法》《会计基础工作规范》，中国注册会计师协会颁布的《中国注册会计师职业道德守则》《中国注册会计师职业道德规范指导意见》等都对会计职业道德提出了若干明确要求。

会计职业作为经济活动中的一种特殊职业，其职业道德与其他职业道德相比具有自身的特征：一是具有一定的强制性。如为了强化会计职业道德的调整职能，我国会计职业道德中的许多内容都直接纳入了会计法律制度中。二是较多关注公众利益。会计职业的社会公众利益性，要求会计人员客观公正，在会计职业活动中，发生道德冲突时要坚持准则，把社会公众利益放在第一位。

二、会计职业道德与经济发展

会计是一个反映经济活动的信息系统，这个系统的正常运行对社会经济的发展特别是市场经济发展的促进作用是人所共知的，应该说这一点从复式记账理论产生之后就已经表现出来了。而实际上，会计这个信息系统对经济环境的作用存在着两种可能性：科学、良好、能适应经济环境发展要求的会计系统，会促进经济健康、稳定、有序发展；而混乱的会计系统在一定程度上必定妨碍经济的发展，助长经济发展的无序化状态。而会计人员职业道德的建设无疑是会计系统正常建立的一个关键因素。

“经济越发展，会计越重要。”这样一句简单的话表达了会计与经济发展之间的密切关系。我国从20世纪80年代开始，打破传统的计划经济体制，着手建立市场经济体制，在新旧体制转换时期，传统的会计理论和方法已不能适应新经济体制的要求，亟须建立全新的会计理论和会计方法，以适应经济发展的需要。在新的会计理论和方法尚未完全构建完成之前，我们遇到了一个非常大的问题就是会计信息失真。由于会计人员是会计信息加工、生成和传递的直接承担者，因此，他们对会计信息失真应当负直接责任。当然，我们不否认不健康的外部经济环境也应对会计信息失真承担责任。正因为会计信息失真是由多方面原因造成的，所以我们说治理会计信息失真，是一个庞大的系统工程，需要各方面的有效配合，如重塑良好的外部经济环境，建立约束企业家行为的有效机制，建立国有资产管理体制等，但会计人员毕竟是这个失真现象中的主体，应该从其自身寻找原因，特别是从会计职业道德出发，对自身提出更严格的要求。会计人员应从做人的品格出发，尽最大可能保证会计信息客观、可靠。会计职业道德中的极为重要的内容就是实事求是，不弄虚作假，把全面维护国家利益、企业利益和社会公众利益作为工作的最高要求。

三、会计职业道德与法律的关系

我国实行改革开放以来，确立了社会主义市场经济体制，市场经济的发展迫切需要建立健全社会主义法制。在市场经济中，生产、流通、分配与消费是靠市场主体间的契约联结在一起的。为了保证这些契约的公正并得到遵守，就需要有完备的法律制度。另外，市场经济的负面效应也使社会转型时期的道德失范现象严重存在，导致目前人们对道德的认识相当混乱。因此，有必要对会计职业道德与会计法律之间的关系加以充分的认识。

（一）会计职业道德与会计法律制度的联系

会计职业道德与会计法律制度有着共同的目标、相同的调整对象，承担着共同的职责，在作用上相互补充；在内容上相互渗透、相互重叠；在地位上相互转化、相互吸收；在实施上相互作用、相互促进。两者之间联系主要表现在以下几个方面：

1.根本目标一致

会计职业道德是通过调整会计工作中的人际关系，激发会计人员的工作热忱，把提高会计职业水平作为自身的道德责任，达到为单位、为国家更好地聚财、理财、用财、生财的目的。同样，会计法律制度也是旨在通过稳定会计工作秩序和保证社会再生产过程顺利进行，提高会计工作效率，从而也达到为单位和国家更好地聚财、理财、用财、生财的目的。

2.作用上相互补充

在规范会计行为的过程中，我们不可能完全依赖会计法律制度的强制功能而排斥会计职业道德的教化功能，因为会计行为不可能都由会计法律制度进行规范，不需要或不宜由会计法律制度进行规范的行为，可以通过会计职业道德进行规范。会计法律只能对会计人员不得违反的行为做出规定，不宜对他们如何勤勉敬业、提高技能、强化服务等提出具体要求，但如果会计人员缺乏工作的热情和态度，没有必要的职业技能和服务意识，则很难保证会计信息达到真实、完整的法定要求。显然，会计职业道德起着重要的辅助和补充作用。

3.内容上相互渗透、相互重叠

会计法律制度中含有会计职业道德规范的内容、特色，会计职业道德规范中也包含会计法律制度的某些条款。可以说，会计法律制度是会计职业道德的最低要求。在一般情况下，凡是会计法律制度不允许的行为，都是会计职业道德规范要谴责的行为；而会计法律制度所规定的行为，又都是会计职业道德规范所倡导的行为。

4.地位上相互转化，相互吸收

会计职业道德规范就是对会计职业行为约定俗成的基本要求，后来制定的会计法律制度吸收了这些基本要求，便形成了会计法律制度，可以说，会计法律制度是会计职业道德的最低要求。

5.实施过程中相互作用、相互促进

会计职业道德是会计法律制度正常运行的社会和思想基础，而会计法律制度则是促进会计职业道德规范形成和遵守的重要保证。

（二）会计职业道德与会计法律制度的区别

1.性质不同

会计法律制度从工作业务角度对会计人员的会计行为做出规范，它是在总结会计工作实践经验的基础上，由国家立法部门或行政管理部门颁布的对会计人员的工作行为的具体规定，而会计职业道德作为行为规范主要是从品行角度对会计人员的会计行为做出规范。会计职业道德对会计人员的规范基本上是非强制执行的，对他们的行为只产生约束作用，主要依靠社会舆论和会计从业人员的自觉性，具有很强的自律性。

2.作用范围不同

会计法律制度侧重于调整会计人员的外在行为和结果，具有较强的客观性。会计职业道德不仅要求调整会计人员的外在行为，还要求调整会计人员内在的精神世界，要求会计人员的动机高尚和纯洁，具有较强的主观性。一般来说，会计法律制度的各种规定是会计职业关系得以维系的最基本条件，是对会计从业人员行为的最低限度的要求，用以维持现有的会计职业关系和正常的会计工作秩序。会计职业道德处在会计行为规范的较高层次上，在会计职业活动的实践中，虽然有很多不良的会计行为在违反了会计法律制度的同时也违反了会计职业道德，但也有些不良会计行为只是违反了会计职业道德而没有违反会计法律制度。

3.实现形式不同

会计法律制度是通过一定的程序由国家立法部门或行政管理部门制定的，其实现形式是具体的、明确的、正式形成文字的成文规定。而会计职业道德出自会计人员的职业生活和职业实践，日积月累，约定俗成。会计职业道德要求的是应该对违背会计职业道德规范的行为予以舆论谴责，并引起违背良心的内疚感和对行为的反思。

4.实施保证机制不同

会计法律制度不仅仅是一种权利和义务的规定，而且为了达到有法必依、执法必严、违法必究的目的，还需要一套实施保障机制。会计法律制度的这套保障机制不仅体现在其法律规范的内容中，具有明确的制裁和处罚条款，而且体现在设有与之相配合的权威的制裁和审判机关，由国家强制力保障实施，而会计职业道德既有国家法律的相应要求，又需要会计人员的自觉遵守。当人们对会计职业道德上的权利与义务发生争议时，并没有权威机构对其中的是非曲直明确做出裁定，或者即使有裁定也是舆论性质的，通常缺乏权威机构对裁定行为的保障。

四、会计职业道德的基本内容

会计职业道德规范是指在一定的社会经济条件下，对会计职业行为及职业活动的系统要求或明文规定，它是社会道德体系的一个重要组成部分，是职业道德在会计职业行为和会计职业活动中的具体体现。尽管不同的国家因经济发展程度不同，社会制度和经济体制各异，其会计职业道德有一定差异，但也有许多共同点，只是实施和管理方式不同而已，根据我国会计工作和会计人员的实际情况，结合国际上对会计职业道德的一般要求，我国会计人员职业道德的内容可以概括为爱岗敬业、诚实守信、廉洁自律、客观公正、坚持准则、提高技能、参与管理和强化服务。

（一）爱岗敬业

爱岗敬业包括爱岗和敬业两个方面的要求。爱岗就是热爱自己的工作岗位，热爱本职工作。爱岗是对人们工作态度的一种普遍要求。热爱本职工作，就是职业工作者以正确的态度对待各种职业劳动，努力培养热爱自己所从事的工作的幸福感、荣誉感。一个人，一旦爱上了自己的职业，他的身心就会融合在职业工作中，就能在平凡的岗位上做出不平凡的事业。所谓敬业就是用一种严肃的态度对待自己的工作，勤勤恳恳、兢兢业业、忠于职守、尽职尽责。如果一个从业人员不能尽职尽责，忠于职守，就会影响整个企业和单位的工作进程，严重的还会给企业和国家带来损失，甚至还会在国际上造成不良影响。会计职业道德中的敬业，要求从事会计职业的人员充分认识到会计工作在国民经济中的地位和作用，以从事会计工作为荣，尊重会计工作，具有献身于会计工作的决心。

爱岗与敬业总的精神是相通的，是相互联系在一起的。爱岗是敬业的基础，敬业是爱岗的具体体现，不爱岗就很难做到敬业，不敬业也很难说是真正的爱岗。爱岗敬业是会计人员干好本职工作的基础和条件，是其应具备的基本道德素质。爱岗敬业需要有具体的行动来体现，即要有安心会计工作、献身会计事业的工作热情，严肃认真的工作态度、勤学苦练的钻研精神，忠于职守的工作作风。爱岗敬业要求会计人员热爱会计工作，安心本职岗位，忠于职守，尽心尽力，尽职尽责。

（二）诚实守信

诚实守信就是忠诚老实，信守诺言，是为人处世的一种美德。所谓诚实，就是忠诚老实，不讲假话。诚实的人能忠于事物的本来面目，不歪曲，不篡改事实，同时也不隐瞒自己的真实思想，光明磊落，言语真切，处事实在。诚实的人反对投机取巧，趋炎附势，吹拍逢迎，见风使舵，争功诿过，弄虚作假，口是心非。所谓守信，就是信守诺言，说话算数，讲信誉，重信用，履行自己应承担的义务。诚实和守信两者的意思是相通的，是互相联系在一起的。诚实是守信的基础，守信是诚实的具体体现，不诚实很难做到守信，不守信也很难说是真正的诚实。诚实侧重于对客观事物的反映是真实的，对自己内心的思想、情感的表达是真实的。守信侧重于对自己应承担、履行的责任和义务的忠实，毫无保留地实现自己的诺言。

市场经济越发达，职业越社会化，道德信誉就越重要，市场经济是信用经济、契约经济，注重的就是诚实守信。可以说信用是维护市场经济步入良性发展轨道的前提和基础，是市场经济社会赖以生存的基石。

诚实守信的基本要求是：首先，做老实人，说老实话，办老实事，不弄虚作假。做老实人要求会计人员言行一致，表里如一，光明正大。说老实话，要求会计人员说话诚实，如实反映和披露单位经济业务事项。办老实事，要求会计人员工作踏踏实实，不弄虚作假，不欺上瞒下。其次，执业谨慎，信誉至上。诚实守信，要求会计人员在执业中始终保持应有的谨慎态度，维护职业信誉及客户和社会公众的合法权益。最后，保密守信，不为利益所诱惑。在市场经济中，秘密可以带来经济利益，而会计人员因执业特点经常接触到单位和客户的一些秘密。因而，会计人员应依法保守单位秘密，这也是诚实守信的具体体现。

（三）廉洁自律

廉洁自律是中华民族的一种传统美德，也是会计职业道德规范的重要内容之一。在会计职业中，廉洁要求会计人员公私分明、不贪不沾、遵纪守法，经得起金钱、权利、美色的考验，不贪污挪用、不监守自盗。保持廉洁主要靠会计人员的觉悟、良知和道德水准，而不是受制于外在的力量。所谓自律是指会计人员按照一定的具体标准作为具体行为或言行的参照物，进行自我约束、自我控制，使具体的行为或言论达到至善至美的过程。自律包括两层意思：一是会计行业自律，是会计职业组织对整个会计职业的会计行为进行自我约束、自我控制的过程；二是会计从业人员的自我约束，会计人员的自我约束是靠其科学的价值观和正确的人生观来实现的，每个会计人员的自律性强，则整个会计行业的自律性也强。

廉洁自律的基本要求可以概述如下：第一，公私分明，不贪不沾；第二，遵纪守法，抵制行业不正之风；第三，重视会计职业声望。

（四）客观公正

客观是指按事物的本来面目去反映，不掺杂个人的主观意愿，也不为他人意见所左右，既不夸大，也不缩小。公正就是公平正直，没有偏失，但不是中庸。在会计职业中，客观公正是会计人员必须具备的行为品德，是会计职业道德规范的灵魂。客观要求会计人员在处理经济业务时必须以实际发生的交易或事项为依据，如实反映企业的财务状况、经营成果和现金流量的情况。公正要求会计人员不偏不倚、一视同仁，会计人员在履行会计职能时，摒弃单位个人私利，不偏不倚地对待有关利益各方。客观公正，不只是一种工作态度，更是会计人员追求的一种境界。

客观公正的基本要求是：首先，端正态度。做好会计工作，不仅要有过硬的技术和本领，同样需要有实事求是的精神和客观公正的态度。其次，依法办事。当会计人员有了端正的态度和知识技能基础之后，他们在工作中必须遵守各种法律、法规、准则，依照法律制度进行核算，并做出客观的会计职业判断。最后，实事求是，不偏不倚，保持独立。客观公正还要求保持会计人员从业的独立性，独立性有形式上的独立性和实质上的独立性；要求会计人员保持客观公正的从业心态。

（五）坚持准则

坚持准则要求会计人员在处理业务的过程中，严格按照会计法律制度办事，不为主观或他人的意志左右。这里所指的准则不仅指的会计准则，而且包括会计法律、会计行政法规、国家统一的会计制度以及与会计工作相关的法律制度。会计人员应当熟悉和掌握准则的具体内容，并在会计核算中认真执行，对经济业务事项进行确认、计量、记录和报告的全过程应符合会计准则的要求，为政府、企业、单位和其他相关当事人提供真实完整的会计信息。

坚持准则的基本要求：首先熟悉准则。会计工作不单纯是进行记账、算账和报账，在记账、算账和报账的过程中会时时事事处处涉及政策界限、利益关系的处理，需要遵守准则、执行准则、坚持准则。只有熟悉准则，才能按照准则办事，才能保证会计信息的真实性和完整性。其次坚持准则。在企业的经营活动中，国家利益、集体利益与单位部门以及个人利益有时会发生冲突，会计法规定，单位负责人对本单位会计信息的真实性和完整性负责。也就是说，单位的会计责任主体是单位负责人。会计人员坚持准则，不仅是对法律负责，对国家、对社会公众负责，也是对单位负责人负责。

（六）提高技能

会计是一门不断发展变化、专业性很强的学科，它与经济发展有密切联系。近年来，随着市场经济体制的日益完善和经济全球化进程的加快，需要会计人员提供会计服务的领域越来越广泛，专业化、国际化服务的要求越来越高。会计职业技能的内容主要包括：一是会计专业基础知识；二是会计理论、专业操作的创新能力；三是组织协调能力；四是主动更新知识能力；五是提供会计信息的能力等。提高技能就是指会计人员通过学习、培训等手段提高专业技能，以达到足够的专业胜任能力的活动。

提高技能的基本要求是：首先，增强提高专业技能的自觉性和紧迫感，会计人员要适应时代发展的步伐，就要有危机感和紧迫感，要有不断提高专业技能的自觉性。只有具备专业胜任能力，才能适应会计工作以及会计职业道德要求。其次，勤学苦练、刻苦钻研。现代会计是集高科技、高知识于一体的事业，会计理论不断创新，新的会计学科分支不断出现，如跨国公司会计、国际税收会计、金融工具及衍生工具会计、知识产权会计以及会计电算化和网络化的发展，要求会计人员去不断地学习和探索。

（七）参与管理

参与管理就是为管理者当参谋，为管理活动服务。会计工作或会计人员与管理决策者在管理活动中分别扮演着参谋人员和决策者的角色，承担着不同的责任和义务。会计人员只参与管理过程，并不直接从事管理活动，只是尽职尽责地履行会计职责，间接地从事管理活动或者说参与管理活动。

会计人员要树立参与管理的意识，积极主动地做好参谋。具体说，应积极主动做好以下几方面的工作：

第一，在做好本职工作的同时，努力钻研相关业务。做好本职工作，要求会计人员要有扎实的基本功，使自己的知识和技能适应所从事工作的要求，从而做好会计核算的各项基础工作，确保会计信息真实完整。

第二，全面熟悉本单位经营活动和业务流程，主动提出合理化建议，协助领导进行决策，积极参与管理。会计人员要充分利用掌握的大量会计信息去分析单位的管理，从财务会计的角度渗透到单位的各项管理中，找出经营管理中的问题和薄弱环节，把管理与日常的工作相结合，从而使会计的事后反映变为事前的预测分析，真正起到当家理财的作用，成为决策层的参谋助手，为改善内部管理、提高经济效益服务。

（八）强化服务

强化服务是现代经济社会对劳动者所从事职业的更高层次的要求，它表现为人们在参与对外工作交往和组织内部协调运作的过程中，人际关系的融洽程度和与之相对的工作态度。强化服务要求会计人员树立服务意识、提高服务质量，努力维护和提升会计职业的良好社会形象。

强化服务的基本要求是：首先，树立服务意识。会计人员要树立服务意识，不论是为经济主体服务，还是为社会公众服务，都要摆正自己的工作位置。其次，提高服务质量。提高服务质量，并非无原则地满足服务主体的需要。最后，努力维护和提升会计职业的良好社会形象。会计人员服务的态度直接关系到会计行业的声誉和全行业运作的效率，会计人员服务态度好、质量好，做到讲文明、讲礼貌、讲诚信、讲质量，坚持准则，严格执法，服务周到，就能提高会计职业的信誉，维护和提升会计职业的良好社会形象，增强会计职业的生命力；反之就会影响会计职业的信誉，甚至直接影响到全行业的生存和发展。

以上八项，是每一个会计从业者在会计工作中都应具备的基础职业道德，会计从业者应在实践中自觉遵守、不断充实和发扬光大。

第五节 会计岗位责任制

一、会计岗位责任制含义

会计工作的岗位责任制，就是在财务会计内部按照会计工作的内容和会计人员的配备情况，进行合理的分工，使每项会计工作都有专人负责，每位会计人员都能明确自己的职责的一种管理制度。

《会计基础工作规范》第八十七条规定：各单位应当建立会计人员岗位责任制度，主要内容包括：会计人员的岗位设置；各会计工作岗位的职责和标准；各会计工作岗位的人员和具体分工；会计工作岗位轮换办法；对各会计工作岗位的考核办法。为了科学地组织会计工作，应建立健全会计部门内部的岗位责任制，将会计部门的工作划分为若干个工作岗位，并根据分工情况为每个岗位规定其各自的职责和要求。分工可以一岗多人、一岗一人，也可以一人多岗。各个岗位的会计人员，既要认真履行本岗位职责，又要从企业全局出发，相互协作，共同做好会计工作。

二、会计岗位责任制的具体内容

不同的企业单位，可以根据自身管理的需求、业务的内容以及会计人员的配备情况，确定各自的岗位分布。《会计基础工作规范》第十一条规定：会计工作岗位可以分为：会计机构负责人或者会计主管人员、出纳、财产物资核算、工资核算、成本费用核算、财务成果核算、资金核算、往来结算、总账报表、稽核、档案管理等。

（一）会计机构负责人工作岗位

负责组织领导本单位的财务会计工作，完成各项工作任务，对本单位的财务会计工作负全面责任；组织学习和贯彻党的经济工作方针、政策、法令和制度，并根据本单位的具体情况，制定本单位的各项财务会计制度、办法，并组织实施；组织编制本单位的财务成本计划、单位预算，并检查其执行情况；组织编制财务报表和有关报告；负责财会人员的政治思想工作；组织财会人员学习政治理论和业务知识；负责对财会人员的工作考核等。

（二）出纳工作岗位

出纳工作岗位的具体职责是负责办理现金收付和银行结算业务；登记库存现金、银行存款日记账；保管库存现金和各种有价证券；保管有关印章、空白收据和空白支票。

（三）财产物资核算工作岗位

财产物资核算工作岗位的具体职责是按财务会计有关法规的要求，会同有关部门制定本企业材料物资核算与管理办法；负责审查材料物资供应计划和供货合同，并监督其执行情况；会同有关部门制定和落实储备资金定额，办理材料物资的请款和报销业务，计算确定材料物资采购成本；严格审查核对材料物资入库、出库凭证，进行材料物资明细核算，参与库存材料、物资的清查盘点工作；对于固定资产进行核算，负责审核、办理有关固定资产的购建、调拨、内部转移、盘盈、盘亏、报废等会计手续，配合固定资产的管理部门和使用部门建立固定资产管理制度；进行固定资产的明细核算，参与固定资产清查，按规定正确计算提取固定资产折旧，以真实体现固定资产价值；制订固定资产重置、修理计划，指导和监督有关部门管好、用好固定资产。

（四）工资核算工作岗位

工资核算工作岗位的具体职责是负责计算职工的各种工资和奖金，办理职工的工资结算，并进行有关明细核算，分析工资总额计划的执行情况，控制工资总额支出；参与制订工资总额计划。在由各车间、部门的工资员分散计算和发放工资的组织方式下，还应协助企业劳动工资部门负责指导和监督各车间、部门的工资计算和发放工作。

（五）成本费用核算工作岗位

成本费用核算工作岗位的具体职责是负责编制成本、费用计划，并将其指标分解落实到有关责任单位和个人；会同有关部门拟定成本费用管理与核算方法，建立健全各项原始记录和定额资料，遵守国家的成本开支范围和开支标准，正确地归集和分配费用，计算产品成本，登记费用成本明细账，并编制有关财务报表，分析成本计划的执行情况。

（六）财务成果核算工作岗位

财务成果核算工作岗位的具体职责是负责编制收入、利润计划并组织实施；随时掌握销售情况，预测销售前景，及时督促销售部门完成销售计划，组织好销售货款的回收工作，正确地计算并及时地解缴有关税费；负责收入、应收款和利润的明细核算，编制有关收入、利润方面的财务报表，并对其进行分析和利用。

（七）资金核算工作岗位

资金核算工作岗位的具体职责是负责资金的筹集、使用和调度。资金核算岗位的人员应随时了解、掌握资金市场的动态，为企业筹集生产经营所需资金并满足需要，同时应合理安排调度使用资金，本着节约的原则运用好资金，以尽可能低的资金耗费取得尽可能好的效果。

（八）往来结算工作岗位

往来结算工作岗位的具体职责是负责办理应收、应付款项的往来结算业务，对于各种应收、应付、暂收、暂付等往来款项，要随时清理结算，应收的抓紧催收，应付的及时偿付，暂收暂付款项要督促清算；负责备用金的管理和核算，负责其他应收款、其他应付款和备用金的明细核算；管理其他应收款和其他应付款的凭证、账册和资料等。

（九）总账报表工作岗位

总账报表工作岗位的具体职责是负责总账的登记和核对，并与有关日记账和明细账核对，依据账簿记录编制有关财务报表和报表附注等相关内容，负责财务状况和经营成果的综合分析，收集、整理各方面经济信息以便进行财务预测，制订或者参与制订财务计划，参与企业的生产经营决策等。

（十）档案管理工作岗位

档案管理工作岗位的具体职责是负责制定会计档案的立卷、归档、保管、查阅和销毁等管理制度，保证会计档案的妥善保管、有序存放、方便查阅，严防毁损、散失和泄密。

（十一）稽核工作岗位

稽核工作岗位的具体职责是负责确立稽核工作的组织形式和具体分工，明确稽核工作的职责、权限，审核会计凭证，复核会计账簿、报表。

上述会计工作岗位的设置并非是固定的模式，企业单位可以根据自身的需要合并或者重新分设。总而言之，应做到各项会计工作有岗有责，各司其职，必要时可以将各岗位人员进行适当的轮换，以便提高会计人员的综合能力，也有利于各岗位之间的相互协调和配合。开展会计电算化的单位，可以根据需要设置相应的工作岗位，也可以与其他工作岗位相结合。

第六节 会计档案管理与会计交接制度

一、会计档案管理

（一）会计档案的概念

会计档案是指会计凭证、会计账簿和财务报告等会计核算专业资料，是记录和反映单位经济业务的重要史料和证据。由此可见，会计档案是机关团体和企事业单位在其日常经营活动的会计处理过程中形成的，并按照规定保存备查的会计信息载体，以及其他有关财务会计工作应予集中保管的财务成本计划、重要的经济合同等文件资料。

会计档案是国家经济档案的重要组成部分，是企业单位日常发生的各项经济活动的历史记录，是总结经营管理经验、进行决策所需的主要资料，也是检查各种责任事故的重要依据。各单位的会计部门对会计档案必须高度重视，严加保管。大中型企业应建立会计档案室，小型企业应有会计档案柜并指定专人负责。对会计档案应建立严密的保管制度，妥善管理，不得丢失、损坏、抽换或任意销毁。

（二）会计档案包括的具体内容

按照《会计档案管理办法》的规定，企业单位的会计档案包括以下具体内容：

（1）会计凭证类：原始凭证、记账凭证、汇总凭证、其他会计凭证。

（2）会计账簿类：总账、明细账、日记账、固定资产卡片、辅助账簿、其他会计账簿。

（3）财务报告类：月度、季度、年度财务报告，包括财务报表、附表、附注及文字说明，其他财务报告。

（4）其他类：银行存款余额调节表、银行对账单、其他应当保存的会计核算专业资料、会计档案移交清册、会计档案保管清册、会计档案销毁清册。

（三）会计档案管理的基本内容

为了加强会计档案的科学管理，统一全国会计档案管理制度，做好会计档案的管理工作，国家财政部、国家档案局于2015年修订并发布了《会计档案管理办法》，自2016年1月1日起执行，该办法共三十一条，统一规定了会计档案管理的基本内容。

各单位往年形成的会计档案，都应由企业财会部门按照归档的要求整理、立卷并装订成册。采用电子会计档案替代纸质会计档案的单位，应按照国家规定标准对电子会计文件进行归档和管理。当年的会计档案，要在会计年度终了后，由本单位财会部门保管1年，期满后移交单位档案管理部门，如有特殊需求，会计机构可适当延长会计档案的移交期限，但最长不得超过会计文件形成年度终了后3年。

会计档案的保管期限分为永久、定期两类。定期保管期限一般分为10年和30年。会计档案的保管期限，从会计年度终了后的第1天算起。

企业和其他组织会计档案的具体保管期限见表11-1。

会计档案归档保管之后，需要查阅会计档案的，应办理档案查阅手续方可查阅，应设置会计档案查阅登记簿，详细登记查阅日期、查阅人、查阅理由、归还期限等内容。会计档案查阅包括单位内部查阅和外部查阅：内部查阅通常只需申请部门负责人和档案部门负责人签字即可，无须单位负责人批准；外部查阅则需由本单位负责人批准。档案查阅的批准事宜属于单位内部管理制度的一部分，因此《会计档案管理办法》强调企业应建立健全会计档案查阅制度，严格按照有关制度进行档案查阅。

表11-1 企业和其他组织会计档案保管期限表

序号	档案名称	保管期限	备注
一	会计凭证类		
1	原始凭证	30年	
2	记账凭证	30年	
二	会计账簿类		
3	总账	30年	
4	明细账	30年	
5	日记账	30年	
6	固定资产卡片		固定资产报废清理后保管5年
7	其他辅助性账簿	30年	
三	财务报告类		
8	月度、季度、半年度财务报告	10年	
9	年度财务报告	永久	
四	其他类		
10	银行存款余额调节表	10年	
11	银行对账单	10年	
12	纳税申报表	10年	
13	会计档案移交清册	30年	
14	会计档案保管清册	永久	
15	会计档案销毁清册	永久	
16	会计档案鉴定意见书	永久	

凭证、账簿和财务报表等会计档案超过规定的保管期限予以销毁时，应经过认真的鉴定，填写会计档案销毁清册（报告单），详细列明欲销毁会计档案的类别、名称、册数及所属年月等，如有需要，可由单位审计机构或委托会计师事务所对拟销毁的会计档案是否符合销毁条件进行审计，并给出审计意见。然后由单位负责人、档案机构负责人、会计机构负责人在会计档案销毁清册上签署意见。报经上级主管部门批准后办理销毁。在销毁时，单位档案机构和会计机构共同负责组织销毁工作，单位负责人或委托会计师事务所派员监销。审计部门销毁会计档案时，应当由同级财政部门派员参加监销。会计档案监销清册要长期保存。

采用电子计算机进行会计核算的单位，应当保存打印出的纸质电子档案。具备采用磁带、磁盘、光盘、微缩胶片等磁性介质保存会计档案条件的，由国务院业务主管部门统一规定，并报财政部、国家档案局备案。

关、停、并、转单位的会计档案，要根据会计档案登记簿编制移交清册，移交给上级主管部门或指定的接收单位接收保管。

会计档案保管人员调动工作，应按照规定办理正式的交接手续。

二、会计工作交接

会计工作交接，是会计工作汇总的一项重要内容，办好会计工作交接，有利于保持会计工作的连续性，有利于明确各自的责任。

会计人员调动工作或者离职时，与接替人员办清交接手续，可以使会计工作前后紧密联系衔接，保证会计工作继续进行，防止因会计人员的更换而出现会计核算混乱的现象，同时可以分清移交人员和接替人员的责任。关于会计工作交接问题，有关的会计法规都做了明确的规定。《会计法》第四十一条规定，会计人员调动工作或者离职，必须与接替人员办理交接手续。《会计基础工作规范》也有相关的规定。

（一）会计工作交接的要求

《会计基础工作规范》对会计工作交接做了比较具体的规定，其内容包括：

（1）会计人员工作调动或者因故离职，必须与接替人员办理交接手续，并将本人所经管的会计工作，在规定期限内移交清楚。会计人员临时离职或因事、因病不能到职工作的，会计机构负责人、会计主管人员或单位领导必须指定专门人员接替或者代理。没有办清交接手续的，不得调动或者离职。

（2）接替人员应认真接管移交的工作，并继续办理移交的未了事项。移交后，如果发现原经管的会计业务有违反财会制度和财经纪律等问题，仍由原移交人员负责。接替的会计人员应继续使用移交的账簿，不得自行另立新账，以保持会计记录的连续性。

（3）交接完毕后，交接双方和监交人要在移交清册上签名或者盖章，并应在移交清册上注明单位名称、交接日期、交接双方以及监交人的职务和姓名，移交清册页数，以及需要说明的问题和意见等。移交清册一般应填制一式三份，交接双方各执一份，存档一份。

（4）单位撤销时，必须留有必要的会计人员，会同有关人员办理清理工作，编制决算，未移交前，移交人不得离职。接收单位和移交日期由主管部门确定。

（二）会计工作交接程序

1.移交前的准备工作

会计人员办理移交手续前，必须做好以下各项准备工作：

（1）对已经受理的经济业务，应全部填制会计凭证。

（2）尚未登记的账目，应登记完毕，并在最后一笔余额后加盖经办人员印章。

（3）整理应移交的各项资料，对未了事项写出书面材料。

（4）编制移交清单，列明移交的凭证、账表、公章、库存现金、有价证券、支票簿、发票、文件、其他会计资料和物品等内容。

2.移交

移交人员按移交清册逐项移交，接替人员逐项核对、点收，具体内容包括：

（1）库存现金、有价证券等要根据账簿余额进行点交。库存现金、有价证券必须与账簿余额一致，不一致时，移交人员应在规定期限内负责查清处理。

（2）会计凭证、账簿、报表和其他会计资料必须完整无缺，不得遗漏；如果有短缺，要查明原因，并在移交清册中注明，由移交人员负责。银行存款账户余额要与银行对账单核对相符；各种财产和债权、债务的明细账余额，要与总账有关账户的余额核对相符；必要时，可抽查个别账户余额，与实物核对相符或与往来单位、个人核对清楚。

（3）移交人经管的公章和其他实物，也必须交接清楚。

（4）会计机构负责人、会计主管人员移交时，除按照移交清册逐项移交外，还应将全部财务会计工作、重大的财务收支和会计人员的情况等向接替人员详细介绍，并对需要移交的遗留问题写出书面材料。

3.监交

会计人员办理交接手续，必须有监交人员负责监交。其中，一般会计人员办理交接手续，由会计机构负责人监交；会计机构负责人办理交接手续，由单位负责人监交，必要时主管单位可以派人会同监交。通过监交，保证双方都按照国家有关规定认真办理交接手续，防止流于形式，保证会计工作不因人员变动而受影响，保证交接双方处在平等的法律地位上享有权利和承担义务，不允许任何一方以大压小、以强凌弱，或采取不正当乃至非法手段进行威胁。移交清册应当经过监交人员审查和签名、盖章，作为交接双方明确责任的证据。

交接工作完成后，移交人员应当对所移交的会计资料的真实性、完整性负责。

【小　结】

要科学、有效地组织会计工作，企业应该根据业务需要设置会计机构，配备会计从业人员，建立内部稽核制度，提高会计从业人员的职业道德，对会计人员进行培训和继续教育。运用会计电算化提高会计工作效率和质量，使会计理论和实务不断地发展。在会计工作中，注重对会计档案的归档和保管。

【复习思考题】

1.会计工作组织的意义是什么？会计工作组织有哪些基本要求？

2.企业单位设置会计机构应符合哪些要求？

3.企业会计工作的组织方式有哪些？各自的内容如何？

4.我国会计规范体系由哪几个层次构成？

5.企业会计工作岗位有哪些？各自应承担什么职责？

6.什么是会计职业道德？其具体内容有哪些？

7.按照《会计基础工作规范》的要求，会计工作交接有哪些具体要求？

【练习题】

一、单项选择题

1.会计法规包括（　　）。

A.会计法、会计制度、会计准则

B.会计法、会计准则、会计制度和有关其他法

C.会计法、会计制度、会计准则和公司法

D.会计法、会计准则、会计制度和税法

2.会计人员专业技术职称主要包括（　　）。

A.高级会计师、总会计师、会计师和助理会计师

B.总会计师、高级会计师、注册会计师、会计师

C.高级会计师、会计师、助理会计师、会计员

D.注册会计师、高级会计师、会计师、会计员

3.企业财务机构的具体名称一般视（　　）而定。

A.企业的行业特性　　B.企业的规模大小

C.企业的组织形式　　D.企业对财会工作的重视程度

4.我国开始实行会计专业技术资格全国统一考试制度的年份是（　　）。

A.1990年　　B.1993年　　C.1991年　　D.1992年

5.现行制度规定，应永久保存的会计档案是（　　）。

A.年度财务报表　　B.季度、月度财务报表

C.会计凭证　　D.会计账簿

6.采用集中核算，整个企业的会计工作主要集中在（　　）进行。

A.企业的会计部门　　B.企业内部的各职能部门

C.上级主管部门　　D.会计师事务所

7.企业单位记账凭证和汇总凭证的保管年限是（　　）。

A.3年　　B.5年　　C.30年　　D.永久

8.下列不属于会计执业资格的是（　　）。

A.会计师　　B.注册会计师　　C.会计员　　D.总会计师

9.企业单位库存现金日记账和银行存款日记账的保管期限是（　　）。

A.3年　　B.5年　　C.15年　　D.30年

二、多项选择题

1.会计工作组织的内容包括（　　）。

A.会计机构的设置　　B.会计人员的配备　　C.会计规范的制定与执行

D.会计档案的保管　　E.会计人员的培训

2.会计法规定会计人员的主要职责是（　　）。

A.进行会计核算　　B.会计监督　　C.经营决策

D.保管会计资料　　E.进行商业谈判

3.下列关于总会计师表述正确的是（　　）。

A.它是一个专业技术资格

B.它是一个行政职务

C.它是一个会计职称

D.它必须由会计师以上专业技术资格的人员担任

E.总会计师直接对单位主要行政领导人负责

4.下列属于会计人员的违法行为的有（　　）。

A.伪造、编造虚假会计资料

B.隐匿或故意销毁依法应当保存的会计资料

C.不依法进行会计管理、核算和监督

D.按规定发布企业会计信息

E.随意丢失会计档案

5.会计法规包括（　　）。

A.会计法　　B.会计准则　　C.会计制度

D.其他有关法规　　E.企业财经制度

6.下列属于会计执业资格的是（　　）。

A.会计师　　B.注册会计师　　C.会计员

D.总会计师　　E.高级会计师

三、判断题

1.基本会计准则是制定具体会计准则的依据。（　　）

2.企业会计制度，既要以会计准则为依据，又要适应各个行业的条件。（　　）

3.会计工作岗位责任制要求一人一岗，以符合内部控制制度的要求。（　　）

4.会计人员专业技术职称分为以下几种：总会计师、高级会计师、注册会计师、会计师、助理会计师和会计员。（　　）

5.无论企业是采用集中核算还是非集中核算，其所属各车间、部门一般不能与外单位直接发生经济往来。（　　）

6.为了便于查阅历史证据，各种会计资料应永久保存。（　　）

7.一个实行独立核算的单位，其工作组织形式既可以选择集中核算形式，也可以选择非集中核算形式。（　　）

8.《会计法》是我国会计法规体系中最高层次的法律规范。（　　）

9.无论企业规模大小都必须设置总会计师。（　　）

10.目前，在我国取得注册会计师资格的唯一途径和前提是通过全国统一的注册会计师考试。（　　）